聚焦创新

〔德〕布凌格○主编
王河新 刘百宁○主编译

科学出版社
北 京

图字：01－2007－3108号

图书在版编目(CIP)数据

聚焦创新/〔德〕布凌格主编；王河新，刘百宁主编译．—北京：科学出版社，2007

ISBN 978-7-03-020414-1

Ⅰ．①聚…　Ⅱ．①布…②王…③刘…　Ⅲ．①技术革新－研究－德国②创造发明－研究－德国　Ⅳ．F151．643　N19

中国版本图书馆CIP数据核字（2007）第165713号

责任编辑：侯俊琳　张　莉　卜　新／责任校对：李奕萱
责任印制：张　伟／封面设计：有道文化
编辑部电话：010-64035853
E-mail：houjunlin@mail.sciencep.com

科学出版社出版
北京东黄城根北街16号
邮政编码：100717
http://www.sciencep.com
涿州市京南印刷厂印刷
科学出版社发行　各地新华书店经销
*
2007年11月第一版　开本：720×1000 1/16
2020年1月第三次印刷　印张：21
字数：420 000

定价：58.00元
（如有印装质量问题，我社负责调换）

科技造福人類
創新成就未來

韓啓德 二〇〇六年八月

中国科学技术协会主席韩启德院士为本书题词

中文版序一

海外华人与中华民族命脉相连，这使他们对祖国有着天生的深厚感情。我非常欣喜地看到，越来越多的中国海外科技工作者作为世界跨文化交流的使者，正以他们特有的身份和个人的奉献，通过各种各样的形式，一方面把中国的传统文化和理念带到西方，介绍给西方的大众；另一方面把西方的文化、知识和先进理念带回祖国，推动中国的现代化发展。他们作为一个特殊的群体，对于促进中西文化交流、知识共享，促进世界文明，建设和谐世界起到了不可忽视的桥梁作用。留德中国物理学者学会则是其中表现尤为突出的一个科技团队。这些留德学者近年来通过翻译、编辑并出版德国科技文化精品书籍等形式，通过将欧洲最新的科技发展、文化精髓介绍给祖国同胞，使更多的中国人能及时地领略到全球最新、最前沿的科技创新知识与理念，为祖国发展和精神文化的建设贡献着自己的力量。

继2005年《未来世界的100种变化》成功翻译、出版和发行之后，留德中国物理学者学会的部分成员又利用他们在国外多年积累的工作经验和语言能力完成了姊妹篇《聚焦创新》的翻译、编辑工作，把德国著名科学研究会弗劳恩霍夫协会（Fraunhofer Society）及其科研人员的工作方法和创新成果全面、详细地介绍给中文读者，使大家能尽早了解和借鉴书中所描述的一些具体方法和成果，为提高和持续保持所处领域的自主创新能力，并为快速自主创新开拓新道。同时，书中以德国历史悠久、闻名于世的蔡司（Zeiss）光学公司为例，介绍了德国的企业创新。留德中国物理学者学会以“出‘好书’、‘出好’书、‘读好’书、‘用好’书”为宗旨，一步一个脚印，构筑出一条中国留德学者群体可持续地“为国服务”之道。通过实施“精品科普工程”，结合目前国内发展的特点，有的放矢地将国外科技领域的成功经验和管理理念，尤其是国外目前极为推崇的创新理念、创新机制、创新资源、创新能力和创新服务，介绍到国内，从而进一步推动开辟中国各领域可持续发展的创新之道。

留德中国物理学者学会部分成员多年来利用自己的节假日，不计回报地为国服务的精神使我深受感动。我相信他们的奉献精神和献给我们的书籍会鼓舞、帮助我们每个人不断努力前行。在此，我也希望更多的海外华人科技团体和科技工作者能够在发展自身事业的同时，更为积极地投身于祖国的科技文化发展建设中来，为建设和谐中国、和谐世界更好地发挥你们独特的桥梁作用。

中国科学技术协会名誉主席

周光召

2007年10月

中文版序二

我们在国家间的全球竞争中再也无暇休整了。日前，居于领先地位的北美洲、欧洲和东南亚等地区的工业国家正在感受到来自迅速增长的地区的竞争压力，尤其是中国、印度、韩国、新加坡等国在世界经济中扮演着日益重要的角色。在变迁日趋加速的时代，创新能力已经成为政治和经济决策中必须核心考量的焦点，是否具备创新能力往往成为企业生死攸关的问题。因为对于未来而言：不进则退，竞争对手是不断赶超的。企业只有勇于持续创新，方能在未来取得比竞争对手更加优异的业绩。而传统型企业经常无法进行快速激进的转变，企业取得成功后，考量自身何以取得成功的能力就会有所下降。然而，这一能力正是获取未来竞争力的先决条件。

企业应当具备哪些条件呢？首先必须拥有常备常新的创意库。在《未来世界的 100 种变化》一书中，我们介绍了相关的激励措施，介绍了多家德国企业的 100 多项革新创意。然而，仅仅拥有创意库还不够。因为企业不能使创新进程听命于偶然，企业需要系统性的创新管理机制。这主要包括能加速并提高创新进程和效率的新方法及新工具。在一个规模庞大的项目中，我们将多家合作伙伴企业纳入其中。我们对大量的创意目标进行了分析和评估，分析评估结果将在本书予以介绍。来自企业的实例——卡尔·蔡司股份公司可以展示这家拥有丰富传统底蕴的德国光学企业是如何将创意转化为创新并运用创新拓展新的业务领域的。希望本书介绍的研究成果、经验及全新工具也能帮助中国的企业应对未来的挑战。

德国弗劳恩霍夫协会主席

汉斯-约克·布凌格

Hans-Jörg Bullinger

2007 年 6 月 25 日于德国慕尼黑

重印版序

经过近9年时间的沉淀，《聚焦创新》中文版再次与中文读者见面了，时值“大众创业、万众创新”成为中国的国家战略之后，二十国集团领导人峰会（G20）与二十国集团工商峰会（B20）在杭州召开之际，全球目光聚焦中国。与此同时，我们深深地感到，“在激烈竞争中创新合作、在创新合作中继续竞争”开始成为国家间新型关系的新常态和全球化企业创新运营的必由之路。

我们知道，某个产品或某项服务是一家企业实施创新之后所产生的结果，而此产品或此服务的成本、质量及时间与其创新密切相关。《聚焦创新》一书中描述到，20世纪六七十年代的德国，成本是占绝对优势且最重要的因子；到了20世纪80年代，质量因子发展成为具有同等权重的竞争因子；到了20世纪90年代，一直被人们所忽略的时间因子开始成为一个具有决定性的因子。近9年前，《聚焦创新》中文版第一次问世时，中国众多企业尚处于成本因子权重最大的初级发展阶段，仅有部分中国知名企业成功地提升到了质量因子权重最大的中级发展阶段。如今，我们欣慰地看到，成本因子、质量因子和时间因子在中国开始共同成为创新由“好”到“更好”及“卓越”的三人要素。借此机会，我们简要回顾一下《未来世界的100种变化》和其姊妹篇《聚焦创新》中文版的出版背景和发展情况。

2004年（德国“技术之年”），为了“描绘世界科技未来，推动中国创新进程”，留德中国物理学者学会9名会员启动了第一项“为国服务工程”，首次群体创新，把德文原版专业图书《技术发展趋势》翻译成通俗易懂的中文版科普图书《未来世界的100种变化》，来“展示现代科技即将给人类生活带来的100种精彩变化”，由科学出版社出版。2005年7月9日，中国驻德国前特命全权大使、时任中国人民外交学会会长卢秋田先生在北京中关村出席了《未来世界的100种变化》首发仪式并致辞演讲。

作为德国创新系列的悟道篇，即在“理”和“术”的层面上悟“创新之道”，《未来世界的100种变化》中文版问世之后，荣获第二届国家图书馆“文津图书奖”，并以最高票数名列榜首，被誉为“新时期的‘十万个为什么’”；先后入选新闻出版总署“向全国青少年推荐百种优秀图书”；“知识工程——中华全民读书推荐书目”；中国科学技术协会“大手拉小手——科技专家进百校”活动推荐用书；国家文化部、财政部“送书下乡工程”指定用书；福建省“海外智力为海西服务——科普讲坛”活动用书等。至今已重印十余次，为广大读者带来了阅读和思考的双重享受。

2006 年，为了“描述德国创新体系，加速中国创新进程”，留德中国物理学者学会 30 名会员启动了第二项“为国服务工程”，再次群体创新，对富有艰涩专业术语和创新概念的德文原版专著《聚焦创新》进行了系统编译，首次把太阳系八大行星与原版八章内容进行了对应，借用《易经》思想对每章加以引述，并用通俗易懂的文字对每章予以综述，中文版继续由科学出版社出版。2007 年 11 月 11 日，时任中国科学技术协会名誉主席周光召院士和德国弗劳恩霍夫协会主席布凌格院士在北京友谊宾馆共同出席了《聚焦创新》研讨会暨中文版首发仪式并致辞演讲。

作为德国创新系列的谋术篇，即在“德”和“道”的层面上谋“创新之术”，《聚焦创新》充分展现了创新的三重性：创新内涵和创新速度之变易、创新意志和创新精神之不易、创新审计和创新卡片之简易；作为创新的主体，《聚焦创新》把企业九大职能部门围绕产品和服务列为创新聚焦的九大领域；作为创新的载体，《聚焦创新》就人才创新潜力开发和释放之关节点从实践中总结出了四十个时间要素，并用本体论对此进行了阐述。

我们衷心感谢上海科学院，其是最早引进《聚焦创新》的中国学术单位之一。本着“出‘好书’、‘出好’书、‘读好’书、‘用好’书”之宗旨，我们将一如既往，继续构筑一条中国留德学者群体可持续的“为国服务”之道。在时间因子权重最大的高级发展阶段，越来越多的中国企业开始迈出了由“中国制造”向“中国创造”转型的脚步，我们希望《聚焦创新》的再次出版能成为越来越多的中国企业破解创新难题之帮手。与此同时，我们也诚挚希望有更多创新卓越的中国企业涌现，可以作为案例写进《聚焦创新》未来版本的第九章中。

主编译者

2016 年 9 月 4 日于上海—柏林

译 者 序

什么是创新？简单地讲，创新就是把知识或能力成功地转换为直接的或间接的市场价值的过程！

继《未来世界的100种变化》的翻译、出版和成功发行之后，翻译和编辑《聚焦创新》是“留德中国物理学者学会”本着从我做起、干实事的准则联合志同道合的同人启动的第二个为国服务工程。这两部科技著作均由弗劳恩霍夫协会主编，贯穿创新思想，从如何发掘创意到如何开发创意、把创意转换为有直接市场价值的产品和服务或有间接市场价值的体制和服务，可谓姊妹篇，前呼后应，以德国众多成功的实例描述了创新的全过程和如何加速创新的方法及步骤。更加有意义的是，汉斯尔出版社已把弗劳恩霍夫协会技术管理专版系列著作纳入出版计划，能让我们以后向中文读者连续介绍弗劳恩霍夫协会研究工作的发光点和杰出的研究成果。这是我们翻译此书的主要目的。

第二个目的在于通过此书让中文读者不仅了解西方最新的创新方法和成果，而且领会西方科研人员的思维方式，为国家创新人才队伍培养国际型人才。例如，原著前言中提到：仅加点汽油并不足以缩短和最快者的差距，我们必须考虑新的、更好的驱动系统，才有把握控制更快的速度。言下之意是，不仅要会加速，还要知道如何控制高速，才能立于不败之地。正所谓：“创业难，守业更难！”

原著由八章组成：

第一章在大量的调查研究基础上，分析了德国与其他国家相比的创新能力，提出本书的第一个主题——四大创新领域：基于科研开发的新产品、服务、生产技术和组织方面的创新。结论是：加速创新必须全面着手！

第二章介绍了创新的集成管理，对于第一章中描述的四大创新领域，首先从企业角度具体化为贯穿全书主题的九个创新领域，构成了提高创新能力及加速创新进程方法的基础：战略策划、组织结构和伙伴网络、创新文化、核心能力和知识结构、创新过程、项目管理、核心技术、产品和服务、市场开发。然后从项目角度讨论了加速创新的可能性：时间驱动因子分析——本书的第二个主题！

第三章详细地描述了如何在第一章所述四大创新领域中利用创新审计，如何在第二章所述九个创新领域中利用创新卡片（控制）来系统地提高企业创新能力，并以两个实例解释了创新审计和创新卡片的成功应用。

第四章在一系列的调查结果分析基础上，提出时间驱动要素[①]分析法，并总结出在九个创新领域中的40个影响创新速度的时间驱动因素及与之相对应的加速创新措施。

第五章结合第二章的企业创新加速分析和第四章的时间驱动要素分析，归纳出13个降低创新速度的时间内耗因素，并对其给予详细解释，同时也介绍了如何减少/排除这些时间内耗因素的影响，以达到加速创新的目的。

第六章通过对聚合物电子、多元配套服务和产品、光学技术和自适应电子技术等领域的案例记录分析描述了如何加速创新。值得指出的是，本章介绍了四大创新领域的前沿技术，可以满足专业技术人员的好奇心。

第七章介绍了利用软件辅助创新管理的尝试。有意义的是，这里是利用本体论来分析、描述和实现创新的软件（原型）管理。

第八章着重从技术演变的角度阐述了加速创新周期的可能性和德国弗劳恩霍夫协会的主要任务——本书的第三个主题。本章介绍的弗劳恩霍夫协会的业务特点和核心能力，尤其值得国内单位如中国科学院和中国工程院参考。

最后，我们在翻译时加入了一章关于德国卡尔·蔡司股份公司的创新，作为企业创新的案例。

本书由38位原作者编写，思路和文体各有千秋，同时内容涉及领域相当广泛，使得翻译难度倍增！为保证翻译质量，我们组织了一个由25人组成的编译团队，利用业余时间以最快的速度完成了本书的翻译和校对。尽管如此，某些句子读起来难免显得“老外”，希望读者能从中多体会原文的思路和意义。我们欢迎读者能给我们提出内容尤其是措辞方面的修改意见。

全体译者

2007年11月

说明：

太阳系的发现和不断深入研究向我们展现了宇宙的无止无尽和知识的深奥无穷。随着人们生活水平的逐步提高、科学技术的不断发达及人们对自然资源和环境的渐新认识，研究和探索宇宙及人类的起源已经成为许多国家的科研目标。我们祖先从观察日月运行及其所产生的阴阳变化发现了一整套认识、分析及处理问题的方法和规律——易经。

我们利用太阳系八大行星代表本书前八章关于多种多样的创新阐述，其他星星代表创新案例的第九章，希望能给予读者启示，把太阳系、宇宙的起源、演变及其预测和创新的点子、实现和引导联系起来，持之以恒、不断创新、造福人类！

---

① 因为时间是加速创新的要点，所以译者根据上下文中的需求，引用了时间要素、时间驱动因子、时间内耗因素等概念，以保证翻译和内容的匹配。

前　言

——用“更好”战胜“很好”

当我们在筹备写这本关于创新的书的时候，很多人说这已经没有了原创性。创新一词是奥地利经济学家约瑟夫·熊彼特（Joseph Schumpeter）在1912年引入经济学的，今日它已成为“万能药方”，它承诺在全球竞争大环境下的竞争能力及富裕。难道大谈创新只是一种时髦现象？人们越频繁地使用它，就会引出越多的时髦词？非也。否则，亲爱的读者怎么会翻阅本书！否则，我们也不会在一个大项目的框架内研究该主题。我们认为，没有一个更好的词汇来描绘我们目前所面临的技术及经济方面的变革。黑尔加·诺沃特尼（Helga Nowotny）在她的书《无尽的好奇心》中写道：“要更好地理解，为什么创新会成为我们时代的一个中心词汇，人们必须超越经济思考的框架。”创新在词汇上填补了我们对未来共同思维的真空。对未来技术进步及其无所不能的天真的信仰，早已被怀疑主义甚至对技术的仇视所取代。诺沃特尼在她的书中推论出，我们缺少一种与未来的正面联系：创新这一概念正开始填补我们社会中的漏洞。创新标志着一些事物的上升，这些事物虽然已存在，但只被人们刚刚认识或部分认识……所以创新似乎成为能开启许多大门的万能钥匙，无论是通过它摆脱目前的危险，还是敢于通过它奔向未来。

创新一词凝聚着现代的许多矛盾，它对未来的不可预见性敞开着大门，同时为人类的努力又提供了空间。其中，包含着风险与机会、失败与成功。尤其是它发射着激励发展的脉冲，让人们凭借勇气和想象来战胜对未来的不可测。它为愿意影响未来的人们提供了施展身手的空间。正如目前媒体宣传的——“你就是德国”，意在根据“创新之伙伴”的倡议在德国准备好一种养育新的创新文化的沃土。倡议号召每个人重在参与，不要成为时代变革的随波逐流者，而要参加对自己未来命运的设计。这是对创新体系的政体改变的公众反映，正如诺沃特尼在她的书中所写：“创新不仅仅涉及某一个强大的参与者，如熊彼特式产业①或国家及其代理机构。大家都被要求且被授权

① 熊彼特式产业不再仅仅指一个产业中的企业通过相互杀价展开竞争，更重要的是指一个产业中的竞争者或潜在竞争者通过不停地创新和发明来摧毁旧的产品和企业赖以生存的基础。微软公司正是这种竞争性企业中的一个。它将产品价格定在一个较低水平，力图在短期内大面积占领市场，同时又将大量资源投入新产品开发，不断更新自己的成熟产品，并通过这种不停的创新活动来阻止竞争者或潜在竞争者的进入。

参与创新，将自身从困境和危险中解脱出来。”

熊彼特在对经济活动中持续创新过程的描述中也提到，随着经济市场的全球化和世界经济的共同增长，描述经济界中不断更新的“创新式毁灭的持久冲击”将变得更加强烈和波动。在许多领域，产品的市场周期明显缩短。在这种情况下，有效的创新将是企业能够长期成功生存的决定性因素，对国民经济也是如此。新产品、工艺和经营模式将诱发新的动态市场，从而构建增长的基础。现在，谁能够对快速变化的环境进行足够迅速和灵活的调节，谁就不会被这种变化所淘汰。时代呼唤着创新 —— 在经济领域、国家和社会中！

在其他一些国家进一步推动科技发展的步伐、进行基础的改革和明显加强对研究开发投入的时候，创新的动力在德国却陷入了停滞。德国在将自身科技发展速度调整到更快的进程中存在着严重的问题。创新发展从哪里来？用什么推动技术的向前发展？是发明家没有活力，还是当前的环境限制了发明家的活力？科研工作者的素质是否变得更差，还是科研的条件变得更差？是企业理念使企业失去了创新能力，还是银行缺少承担风险的能力？我们是否有太多的法律条款和官僚作风、太少的标准和计划准确性？创新对我们来说是否变得程序化以至失去了动力？

事实上，并不缺少总体的解决方案、对立的争论和善意的呼吁，但是我们在近几年里几乎没有前进。当然，我们并不能期待短期的成功，但由此引出的问题是：为什么在德国创新的过程这么长？为什么我们的基础研究和专利统计总是在前列，而在新技术向新产品和新工艺转化的过程中却落在后面？这就使得当前对加强创新动力、提高创新能力和加速创新的要求变得更迫切。这种将我们的想法快速地转移到经济中以取得成功的挑战，最终会聚焦到一个疑问：我们如何才能将驱动经济的发动机重新点燃！仅加点汽油并不足以缩短和最快者的差距，这点我们都很清楚。我们必须考虑新的、更好的驱动系统，才有把握控制更快的速度。这样，我们就又可以置身于创新体系的根本思想的转换中：将传统的大型企业和国家的科研机构灵活地创新网络化。科技分析家维纳·拉曼尔特（Werner Rammert）将这种创新网络称为“混合式驱动系统”。因为它类似于混合式电动汽车，综合了电动和汽油驱动的优点，将不同参与方的竞争力耦合起来。也有人称为公共创新，意思是企业不应该再封闭自己，什么都是自己来开发；而是应该把外面的创意引入企业，与合作伙伴共同来开发项目。美国麻省理工学院（MIT）的创新管理教授埃里克·冯·希贝尔（Eric von Hippel）教授为此研究提出了产品“领先用户方法”（Lead User Method），理由是一大部分工业化创新不是由产品制造商提出的，而是由产品用户提出的。“领先用户”是指那些能够用新产品创造价值，同时能够将这些新产品按照自己的需求改进和进一步研究、开发的用户。德国弗劳恩霍夫协会多年来一直实施利用不同组织内部和组织之间协同合作，将创意转化为产品、工艺和服务。德国弗劳恩霍夫协会极其出色地探索新点子，酝酿创意，协调和组织科学、经济和企业界之间的交流合作。这样的网络化合作方式已经在德国两个地区性的“创新基地”（Innovation Cluster）得到实践验证。

上述知识是我们在研究如何促进企业创新的过程中获得的，我们想利用“汇聚力量——加速进程”这个口号把这些知识介绍给读者。本书介绍了德国弗劳恩霍夫协会项目“快速达到创新”的结果。这个项目共持续了两年，其目的是针对下述问题探索如何能一如既往地增强创新能力，坚持不懈地加速创新进程：

- 影响创新的重要因素有哪些？
- 在哪些领域可以发挥创新能力？
- 如何在上述两个问题答案的基础上建立评价和控制，从而达到加速增强创新能力的持久方案？
- 阻止创新快速进程的因素何在？
- 怎样识别并排除时间内耗因素？
- 如何在现有复杂的实践经验和全面的创新知识基础上推出一个可持续发展的创新管理体系？

德国弗劳恩霍夫协会的许多研究所及其专家参与了上述问题的解答，要强调的研究所有：

- 弗劳恩霍夫协会劳动经济和组织研究所（IAO），项目总经理；
- 弗劳恩霍夫协会系统技术与创新研究所（ISI）；
- 弗劳恩霍夫协会应用光学与精密机械研究所（IOF）；
- 弗劳恩霍夫协会加工机械及加工技术研究所（IWU）；
- 弗劳恩霍夫协会物理测量技术研究所（IPM）；
- 弗劳恩霍夫协会可靠性和微集成研究所（IZM）；
- 弗劳恩霍夫协会集成传播和信息系统研究所（IPSI）；
- 弗劳恩霍夫协会工作可靠性研究所（LBF）。

如果一个企业要系统地实行创新管理，就得知道自己的强处和弱点。弗劳恩霍夫协会劳动经济和组织研究所为此提出了一个审计（audit）企业创新能力的方法——“创新审计”和衡量创新能力的“创新卡片”（innovation card）。这一建立在本体论基础上的新的项目管理方法能被有效地用于操作日趋复杂的项目和掌握多学科、多部门之间的综合知识。一个现实的研发例子分析表明，时间内耗因素是“没有协议书”、“责任不明确”或“一个当事公司不拥有所需的现代技术”。研究分析还给出了各时间内耗因素之间的相互联系和重复出现频率。在此基础上，研究人员提出了加速创新项目的方法。成功的创新不只是其更好的结果，而是其快速的效益：快速投入市场和达到用户！

本书具体地介绍了新近发展起来的用来评价和控制创新能力以及加速创新过程的方法和步骤，包括通过各种以实际经验为依据的调查研究所获得的有现实意义的结果，如一个全面的关于时间驱动因素的研究成果。亲爱的读者：我们工作的目的是使您的企业能成功地采用我们项目中取得的一些成果以持续提高创新能力，并且为快速创新铺平道路。

我在此谨向所有使“弗劳恩霍夫协会作为创新催化剂”这一项目付诸实施并给予支持和赞助的各位致以感谢。尤其感谢弗劳恩霍夫协会中直接参加这一项目的研究所，感谢所有参加这一项目的工作人员，感谢本书的各位作者。此外，也要感谢许多在企业和公共设施中工作的专业人员。他们不仅参加了大量的以实际经验为依据的调研，并且支持了大量的专家采访、会见以及专题讨论会等。

本书是弗劳恩霍夫协会技术管理专版系列的第一部著作。今后，我们会在这一出版系列中连续向您介绍弗劳恩霍夫协会研究工作的发光点和杰出的研究成果。感谢汉斯尔出版社不仅对本书的出版提供了不少方便，而且把弗劳恩霍夫协会技术管理专版纳入其出版计划。

谁要想跟上当今创新的全球化竞争，谁就必须走彻底创新之路，加快新产品开发并乐于承担风险。变化多端的未来日趋不稳定，希望我们在此提出的一些见解、方法和工具能帮助您在走向未来的道路上把握住自己的方向并坚信自己的力量。

德国弗劳恩霍夫协会主席
汉斯-约克·布凌格
Hans-Jörg Bullinger

原著作者简介

ARDILIO, ANTONINO, Fraunhofer-Institut für Arbeitswirtschaft und Organisation (IAO), Nobelstraße 12, 70569 Stuttgart

ASLANIDIS, STEPHANIE, Fraunhofer-Institut für Arbeitswirtschaft und Organisation (IAO), Nobelstraße 12, 70569 Stuttgart

BANNERT, MARC, Fraunhofer-Institut für Arbeitswirtschaft und Organisation (IAO), Nobelstraße 12, 70569 Stuttgart

BOCK, KARLHEINZ, Dr.-Ing., Fraunhofer-Institut für Zuverlässigkeit und Mikrointegration (IZM), Hansastraße 27d, 80686 München

BRAUN, ANNETTE, Dr. rer. nat., Fraunhofer-Institut für Physikalische Messtechnik (IPM), Heidenhofstraße 8, 79110 Freiburg

DREHER, CARSTEN, Dr. rer. pol., Fraunhofer-Institut für Systemtechnik und Innovationsforschung (ISI), Breslauerstraße 48, 76139 Karlsruhe

DROSSEL, WELF-GUNTRAM, Dr.-Ing., Fraunhofer-Institut für Werkzeugmaschinen und Umformtechnik (IWU), Institutsteil Dresden, Nöthnitzer Straße 44, 01187 Dresden

EGGERS, TORSTEN, Dr. rer. pol., Fraunhofer-Institut für Systemtechnik und Innovationsforschung (ISI), Breslauerstraße 48, 76139 Karlsruhe

FREITAG, MIKE, Fraunhofer-Institut für Arbeitswirtschaft und Organisation (IAO), Nobelstraße 12, 70569 Stuttgart

FRIETSCH, RAINER, Fraunhofer-Institut für Systemtechnik und Innovationsforschung (ISI), Breslauerstraße 48, 76139 Karlsruhe

GANZ, WALTER, Fraunhofer-Institut für Arbeitswirtschaft und Organisation (IAO), Nobelstraße 12, 70569 Stuttgart

HEMER, JOCHEN, Fraunhofer-Institut für Systemtechnik und Innovationsforschung (ISI), Breslauerstraße 48, 76139 Karlsruhe

KARTHE, WOLFGANG, Prof. Dr. sc. nat., Fraunhofer-Institut für Angewandte Optik und Feinmechanik (IOF), Albert-Einstein-Str. 7, 07745 Jena

KINKEL, STEFFEN, Fraunhofer-Institut für Systemtechnik und Innovationsforschung (ISI), Breslauerstraße 48, 76139 Karlsruhe

KIRNER, EVA, Dr. rer. pol., Fraunhofer-Institut für Systemtechnik und Innovationsforschung (ISI), Breslauerstraße 48, 76139 Karlsruhe

KLINK, GERHARD, Fraunhofer-Institut für Zuverlässigkeit und Mikrointegration (IZM), Hansastraße 27d, 80686 München

KORELL, MARKUS, Fraunhofer-Institut für Arbeitswirtschaft und Organisation (IAO), Nobelstraße 12, 70569 Stuttgart

KUNZE, HOLGER, Fraunhofer-Institut für Werkzeugmaschinen und Umformtechnik (IWU), Institutsteil Dresden, Nöthnitzer Straße 44, 01187 Dresden

LAUFS, UWE, Fraunhofer-Institut für Arbeitswirtschaft und Organisation (IAO), Nobelstraße 12, 70569 Stuttgart

LEYH, JENS, Fraunhofer-Institut für Arbeitswirtschaft und Organisation (IAO), Nobelstraße 12, 70569 Stuttgart

MALOCA, SPOMENKA, Fraunhofer-Institut für Systemtechnik und Innovationsforschung (ISI), Breslauerstraße 48, 76139 Karlsruhe

MATTHIAS, MICHAEL, Fraunhofer-Institut für Betriebsfestigkeit und Systemzuverlässigkeit (LBF), Bartningstr. 47, 64289 Darmstadt

MAURONER, OLIVER, Fraunhofer-Institut für Angewandte Optik und Feinmechanik (IOF), Albert-Einstein-Str. 7, 07745 Jena

MELZ, TOBIAS, Dr.-Ing., Fraunhofer-Institut für Betriebsfestigkeit und Systemzuverlässigkeit (LBF), Bartningstr. 47, 64289 Darmstadt

MUSCOGIURI, CLAUDIO, Fraunhofer-Institut für Integrierte Publikations- und Informationssysteme (IPSI), Dolivostraße 15, 64293 Darmstadt

NIEDERÉE, CLAUDIA, Dr. rer. nat., Fraunhofer-Institut für Integrierte Publikations- und Informationssysteme (IPSI), Dolivostraße 15, 64293 Darmstadt

OHLHAUSEN, PETER, Dr.-Ing., Fraunhofer-Institut für Arbeitswirtschaft und Organisation (IAO), Nobelstraße 12, 70569 Stuttgart

PAUKERT, MARCO, Fraunhofer-Institut für Integrierte Publikations- und Informationssysteme (IPSI), Dolivostraße 15, 64293 Darmstadt

ROGOWSKI, THORSTEN, Fraunhofer-Institut für Arbeitswirtschaft und Organisation (IAO), Nobelstraße 12, 70569 Stuttgart

SCHMOCH, ULRICH, Priv. Doz. Dr. phil Fraunhofer-Institut für Systemtechnik und Innovationsforschung (ISI), Breslauerstraße 48, 76139 Karlsruhe

SCHNALZER, KATHRIN, Fraunhofer-Institut für Arbeitswirtschaft und Organisation (IAO), Nobelstraße 12, 70569 Stuttgart

SCHUMACHER, OLIVER, Dr.-Ing., Fraunhofer-Institut für Arbeitswirtschaft und Organisation (IAO), Nobelstraße 12, 70569 Stuttgart

SLAMA, ALEXANDER, Fraunhofer-Institut für Arbeitswirtschaft und Organisation (IAO), Nobelstraße 12, 70569 Stuttgart

SPATH, DIETER, Prof. Dr.-Ing., Fraunhofer-Institut für Arbeitswirtschaft und Organisation (IAO), Institut für Arbeitswissenschaft und Technologiemanagement (IAT) der Universität Stuttgart, Nobelstraße 12, 70569 Stuttgart

STECHER, RODOLFO, Fraunhofer-Institut für Integrierte Publikations- und Informationssysteme (IPSI), Dolivostraße 15, 64293 Darmstadt

WAGNER, KRISTINA, Fraunhofer-Institut für Arbeitswirtschaft und Organisation (IAO), Nobelstraße 12, 70569 Stuttgart

WARSCHAT, JOACHIM, Prof. Dr.-Ing. habil., Stuttgart Institute of Management and Technology (SIMT), Fraunhofer-Institut für Arbeitswirtschaft und Organisation (IAO), Nobelstraße 12, 70569 Stuttgart

致　谢

感谢留德中国物理学者学会（www. gcpd. de）部分成员翻译者利用业余时间完成的翻译工作！

感谢中国科学技术协会“海智计划”办公室（hzb. cast. org. cn）把留德中国物理学者学会为国服务工程纳入“海外智力为国服务行动计划”！

感谢中国图书馆学会（www. lsc. org. cn）在留德中国物理学者学会为国服务工程实施过程中所给予的配合和支持！

感谢中国科学院科学出版社（www. sciencep. com）在翻译过程中给予的支持和出版本书！

感谢原书出版公司汉斯尔（Hanser Verlag，www. hanser. de）及作者们在版权转让上给予的优惠！

感谢中国驻德国使馆教育处（www. edu – chinaembassy. de）历年来给予留德中国物理学者学会的关怀和支持！

感谢下列单位对留德中国物理学者学会为国服务工程所给予的配合和支持：

德国百宁咨询公司（www. baining – consulting. com）

德国弗劳恩霍夫协会北京代表处（www. fraunhofer. cn）

德国蔡司股份公司（www. zeiss. com. cn）

德国 EdgeWave 有限公司（www. edge – wave. cn）

济南市科学技术协会（www. jnkp. com）

上海科学院（www. sast. org. cn）

最后全体“留德中国物理学者学会”会员衷心感谢其家人对我们学会工作的理解和支持！

全体编译者

2007 年 11 月于德国

目　录

第一章　国家创新竞争与企业创新能力

企业创新能力是保证和提高国民经济竞争力的关键因素，
就像地球是千万种生命赖以生存的沃土。
可谓易者，不易也！

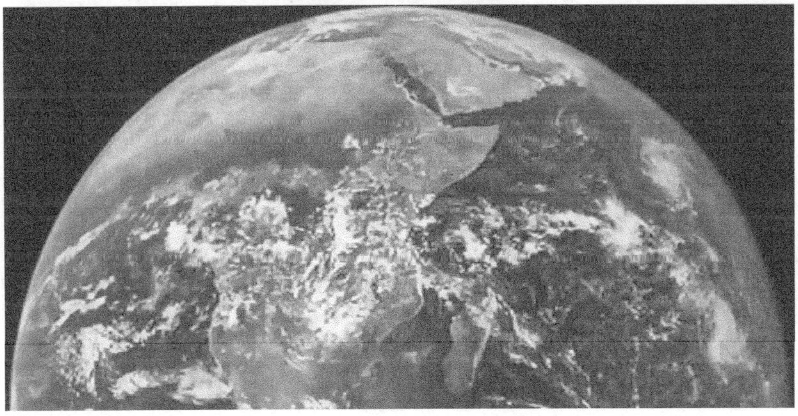

原著：德莱赫（Carsten Dreher）
艾格斯（Torsten Eggers）
金　克（Steffen Kinkel）
马罗卡（Spomenka Maloca）

翻译：孟　虹（本章编辑）
丁菲娅

审校：张志坤

决定国家创新竞争和企业创新能力的四大创新包括：

基于科研开发的新产品创新、

服务创新、

生产技术创新、

组织方面的创新。

❖ 加速创新必须全面着手

通过大量的调查研究，

分析德国与其他国家相比的创新能力，

知己知彼，才能百战百胜！

加速企业创新过程的三大出发点：

加大资源的投入、

提高创新过程效率、

改善创新及技术策略的有效性！

一、引言

企业的创新能力被视为保证和扩大国民经济竞争能力的关键因素。这种创新能力既表现在一连串新产品、新服务、新方法和生产技术的使用上，也表现在具有创新精神组织方案的实施。为了实现这种有助于提高增长率且有望促进劳工市场开拓的创新，我们的讨论就不应该仅限于税收和调节等框架条件，因为创新能力的核心潜藏于企业创新过程之中。

目前，德国工业企业创新能力和创新活动的公开讨论，主要由政府和经济界自行发起，给人的印象是供研究与开发所需的资源不足。下面，我们先简要描写一下上述相关讨论，同时尝试探寻除此之外还有哪些其他观点，如德国工业企业的创新时机、期限以及创新过程的整体处理方法等，对解决人们常抱怨的创新薄弱问题会富有意义，可望为提高创新能力提供更好的启迪，并对创新可能性加以更好的梳理。

本文主要依据德国弗劳恩霍夫协会主席布凌格教授发起的一项关于加速创新的项目，该项目由弗劳恩霍夫协会系统技术与创新研究所具体承担完成。在此，除了参照有关重要文献外，我们还对德国联邦教育和研究部（BMBF，以下简称教研部）有关科技实力和竞争能力的报告进行了一系列的分析，对弗劳恩霍夫协会系统技术与创新研究所就创新能力所做的横向经验性调查进行了评估，并分析了专利和图书资料数据，同时还采用了专家们为汉斯·伯克勒基金会（Hans-Böckler-Stiftung）撰写的有关整体理解创新和创新系统的鉴定报告。本文是对这些调查报告的一篇综述。

二、创新竞争中的德国

德国联邦教研部2004年的科技实力报告，就德国在创新竞争中的地位进行了如下归纳（图1-1）。

- 与20世纪90年代初相比，生产力增长幅度、知识性强度大的企业比例以及高科技贸易方面，似乎没有发生太大的变化。相对于略显下降的生产力增长幅度以及高科技产品贸易额，专利权保护方面的工作却得到了改善。然而，后者被解释为具有国际市场诱导性的发展，原因在于德国国内市场对本土经济发展的推动力不大，从而迫使以出口为导向的德国经济，超常地借助专利化来保障其知识产权。
- 与20世纪90年代初相比，排行榜中被视为评价未来投资能力的指数值变弱了。这些数值不仅涉及重要技术专业的高校毕业生人数，而且还包括德国科研在国际竞争中的认同情况，以及用于教育和科研开发的资金投入情况。

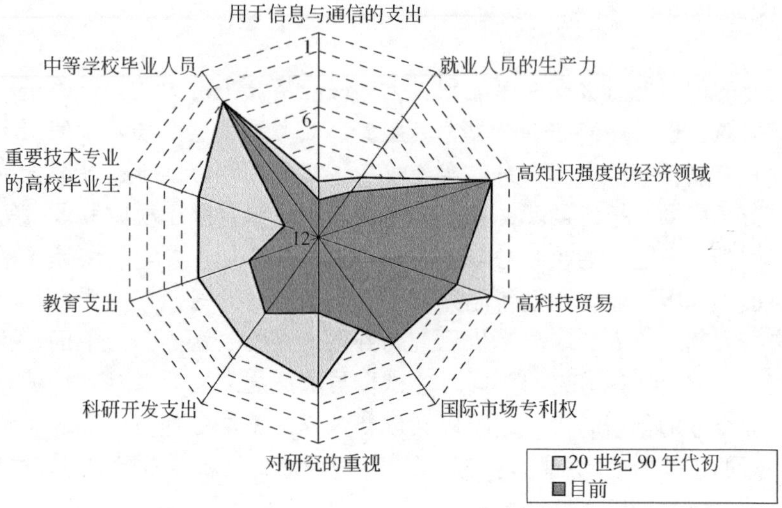

图 1-1　以科技实力为重要标准，德国在所选国家中的排行［西方七大发达国家（G7）及瑞士、瑞典、芬兰、荷兰和韩国］
［格鲁泊等（Grupp et al.），2004，第 2 页］

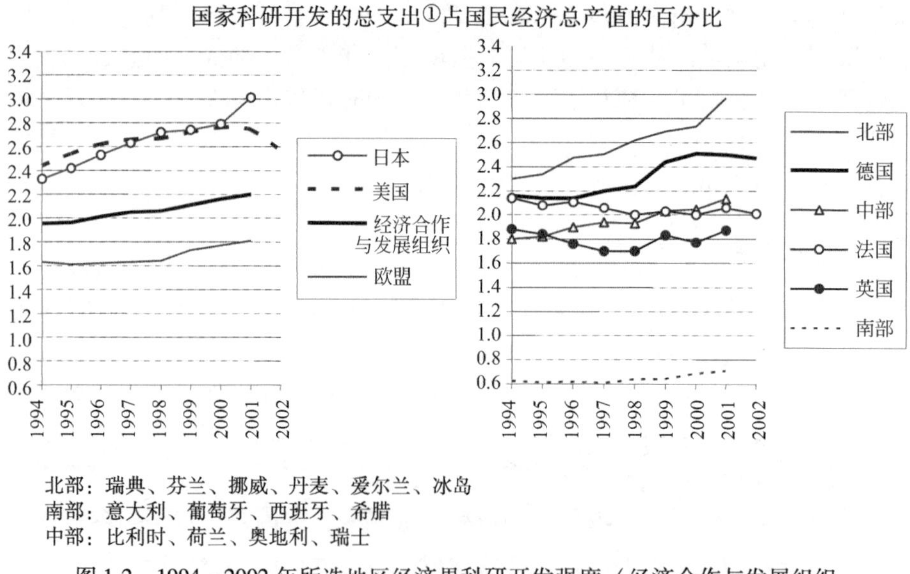

图 1-2　1994～2002 年所选地区经济界科研开发强度（经济合作与发展组织 Organization for Economic Cooperation and Development OECD），主要服务和科技指标（2003，第二卷），下萨克森经济研究所（NIW）计算估值
（格鲁泊等，2004，第 23 页）

---

① 用于国内科研开发活动的支出。

我们可以就这些高密度排行榜之意义持有不同看法，但国际社会对此还是有其冷静之处。恰恰通过国际对比，暴露出了德国在科研开发与教育未来投资方面并没有达到突出的水平。由此可见，长期使人困惑的主要原因则在于对未来的投资发展尚不尽如人意。

图 1-2 清楚地表明了 1994～2002 年欧盟在用于国内科研开发总支出方面所处的弱势地位。在欧盟，经济界科研开发的强度占其总创造值的 1.8%，而主要竞争对手日本和美国分别高达 2.2% 和 2.6%。在欧盟内部，2002 年略超过 2.4% 的德国排行于欧盟成员国中间。与经济界对科研开发支出不断增加的南欧和日本相比，特别引人注意的是，多年来德国一直保持这一水准。

除了国际对比中所反映出的水平外，令参加科技实力调研工作的专家们担忧不已的主要还有长期以来德国的发展情况。

经济界对科研开发的投资是一项重要指标，通过政府渠道对民用科研的投资则是另一项重要指标。从政府对民用科研投资的一组范例来看（图 1-3），德国始终停留在东西德统一前的水准。恰恰在政府投资方面，大多数国家都有了大幅度的提高。如日本，与 1995 年相比，用于民用科研开发的资金投入就增加了近 60%，而德国则相反，近 12 年来政府对科研开发的投资幅度几乎未变。简而言之，德国的地位首先由于其他国家投资幅度的大大增加而有所下降。格鲁泊等（2004）认为，这一过程至少在德国统一出现特殊经济状况之后，但怀疑也有可能在此之前就已经开始了。

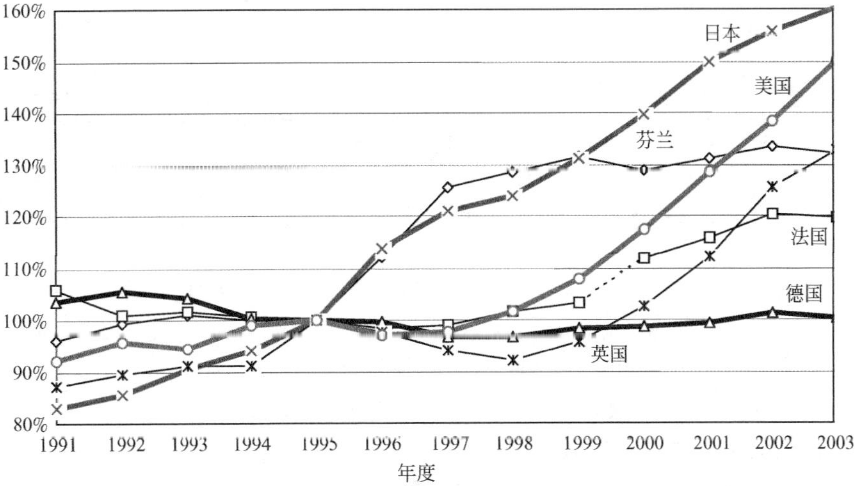

图 1-3　国家对民用科研的投资（1995 年为 100%）
（格鲁泊等，2004，第 68 页）

目前，投资静止状态的后果已有所呈现，如在研究性强度高的新建企业的发展方面（图1-4）。自1995年以来，这类企业占所有新企业的比例在反常下降。虽然1998～2001年因特网的大幅度增加带动了知识性强度较大的服务性行业的建立，但其数量已降至1995年以下。根据德国科学基金协会提供的数据，弗劳恩霍夫协会系统技术与创新研究所通过计算获知，用于科研开发的支出，因受聘员工人数的多少而异。结果表明（相对来看），员工数少于100人的小型企业，其科研开发的支出占销售额的比例（科研开发的强度）要高一些（图1-5）。

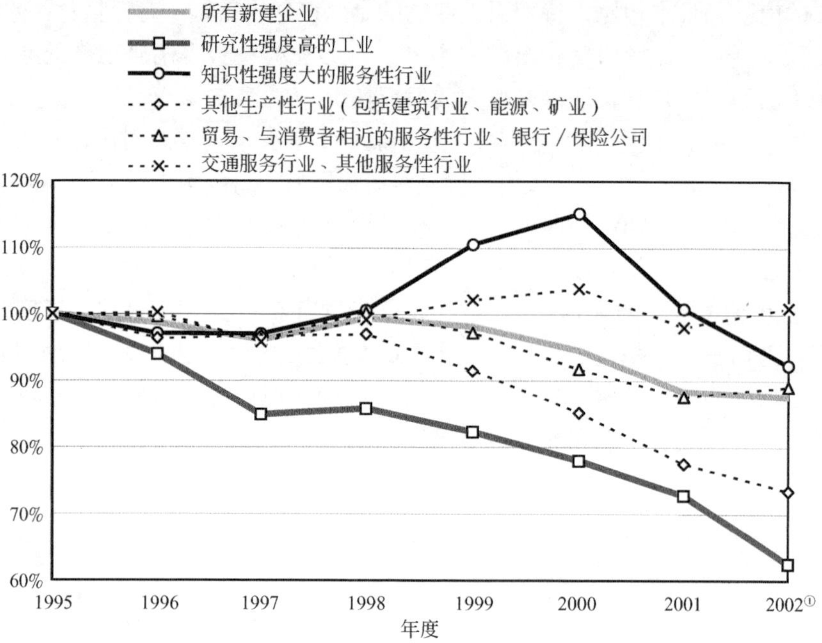

图1-4 1995～2002年德国新建企业在各行业中的数量变化（1995年为100%）（格鲁泊等，2004，第60页）

资料来源：欧洲经济研究中心（ZEW）、曼海姆新建企业的调查 - 欧洲经济研究中心计算

这点我们可以通过新建企业的例子加以解释。在初始阶段，这些企业通常会对科研开发给予较大的投资。拥有5000或10 000名以上员工的大型企业，往往提供科研开发性较强的产品，如汽车和电子媒体。与此相比，员工人数介于250～5000的德国典型企业的科研开发强度就要明显薄弱些。这类企业作为德国经济命脉，无法或不愿以类似规模来投资科研开发工作。

① 临时性数据。

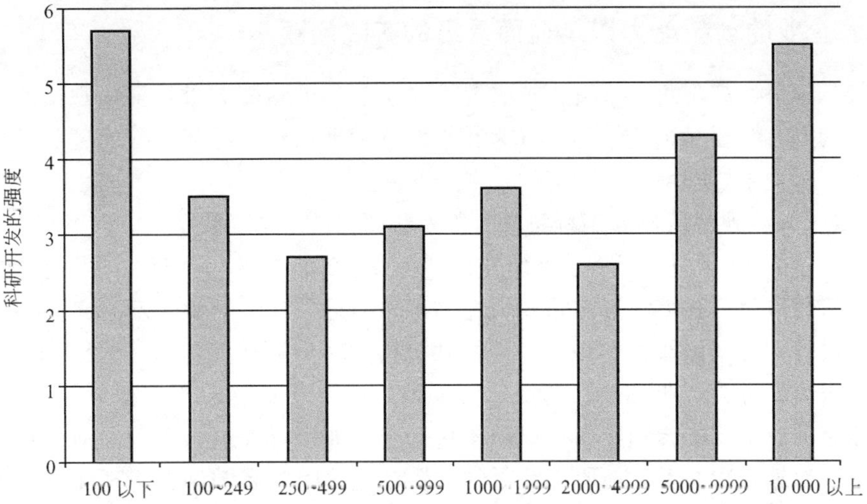

图 1-5　根据受聘员工人数计算 1999 年科研开发占销售额的比例

资料来源：统计数据来源于德国科学基金协会，计算由弗劳恩霍夫协会系统技术与创新研究所完成

然而，恰恰是后一种对具有 250 到 5000 名员工企业的观察令人推测，除了不同的科研开发支出以及企业支付这些费用的不同可能性，有可能存在不同的投资策略。在欧盟委员会（2004）对有关成员国创新能力的分析调研中，这种推测得到了证实。在这项调研中，欧盟委员会探讨了成员国对人均国内生产总值与“总创新指数”之间成正比关系的调控情况。在此，非技术性创新的重要性、成员国各重要行业的不同创新模式以及成员国创新企业的不同类型，被视为对企业发展具有同等重要的影响力。

这些区分并不否认在未来投资方面的匮缺。然而，它却表明除各国国民经济的视角外，就哪些领域、以何种形式以及如何在企业内部有效地展开创新过程等，方式方法上很有可能还存在着差异。另一方面也表明了，这些企业的策略和处理方式可以为解释有关创新能力的不同结论提供重要的依据。

总而言之，德国经济界为科研开发提供的资源配置，在国际对比中仅处于中等水平。尤其是 1991 年德国重新统一以后，政府投资明显地减少，此后未曾改善。经济界提供的资金，虽然很快得到了恢复，最近几年却也没有呈现明显的增长势头。

相反，创新活动的差异性却在加大。有关科技开发投资具有代表性意义的规模等级观察以及欧盟委员会的调查结论为此提供了线索：有些企业对科技开发给予了大力投资；另一些企业却独辟蹊径，并不注重以科研开发为基础的产品创新。要进一步分析解释这种现象，还有待于更具体地考察企业的创新行为。

三、企业的创新能力以及显而易见的实践问题

从国民经济学角度来看，首先要求对企业的创新能力进行深入观察。为此，我们有必要对企业的创新行为和创新管理现状作一综述，并通过分析德国加工行业主要领域的典型范例，来加以论证。

（一）企业经济学和工程科学有关创新管理的讨论现状

在过去20年里，经济创新研究在创新现象的新质量、企业和国民经济的创新过程方面，获得了许多重要研究结果。最近几年，这类创新研究主要集中于设计“创新系统”以及探讨企业和机构的转型。从现有第一手研究报告梗概来看，有关企业创新行为经验性调研，主要还是局限于依据创新过程、创新目的或重要资源和能力加以结构化等单个要素。在进入正题之前，我们应该简单地介绍一下创新研究获得的主要结论，因为有关创新管理文献均被深入探讨并对此加以进一步发展。根据研究领域的相关反映，我们可以将主要结论分为三大类：

- 创新特征变化；
- 沿着发展轨道进行的创新活动；
- 社会环境对创新的意义。

创新特征在我们的观察中已有了明显变化。以往我们观察的焦点是发明家以及被技术创新祖师熊彼特视为创新者的企业家；之后我们关注的是从研究、开发到创新产品投入市场的连环线性理论（如1997年由经合组织确定作为官方统计标准的传统定义）。如果我们补充增加对研究和科学意义的分析，增加对供货商结构意义、行业内部及行业之间依附性、客户重要性及其对创新成效和过程影响的分析，我们就会发现，“简单”一连串创新步骤的设想不足以让我们进行这些分析。所以，创新研究放弃了这种线性理论，如英国著名学者罗思韦尔（Rothwell）1992年根据观察信息技术对创新过程的影响（第一种观察），提出了“第五种创新风尚”学说；克莱茵（Kline）和罗森伯格（Rosenberg）于1986年提出“链式模型”，用反馈链接（Feedback-Schleifen）的方式来连接创新过程中的各个步骤。总而言之，目前强调的重点是：

- 知识基础对创新的意义；
- 机构尤其是企业的学习能力；
- 反馈链接式互动；
- 创新速度作为创新能力的关键性要素；
- 人脉关系网中伙伴与客户之间的策略性合作。

由此我们可以理解到，企业的创新过程已变得多么全面和复杂。

第二种观察涉及有关时间的技术创新发展：创新活动是在一定的、通常情况下以技术基础发展为依据的轨道上进行的。从这一轨道转向新轨道，在企业层面上被视为激进、有时是颠覆性（disruptive）的创新；沿着轨道继续发展则视为渐进性（inkrementellе）创新。这种发展轨道由技术发展和社会及经济框架条件混合组成的新范式派生而成。随着时间的变迁，最初以多样化为特征的技术发展，在此经过选择（所以也是进化经济）而占据主导地位。

类似于主导性涉及市场地位和以资源为导向的观点，企业经济学就创新和技术管理方面，探讨的是创新研究的发展趋势。众所周知，以市场地位为导向的“学派”是以大量企业活动为出发点的，这些活动互相支持、互相加强，以最佳方式构成独特的竞争地位。创新在此指可以诱导其他企业活动发生变化的活动（如产品、管理或销售领域某一过程等）。在快速变迁的市场中，对于专业活动和“独特活动系列”复杂性的压力，由此也在提高。

企业资源观却相反，在企业独特能力的基础上，寻求的是使自身技能最佳“市场化的”市场或环节。

从上述两种观点，我们可以推导出创新管理正面临着两大挑战：

- 认识自身实力和能力以及资源管理对创新的意义；
- 鉴于复杂性的不断提高，使适应成为可能的过程和程序。

企业经济学有关创新管理的讨论主题见图 1-6。

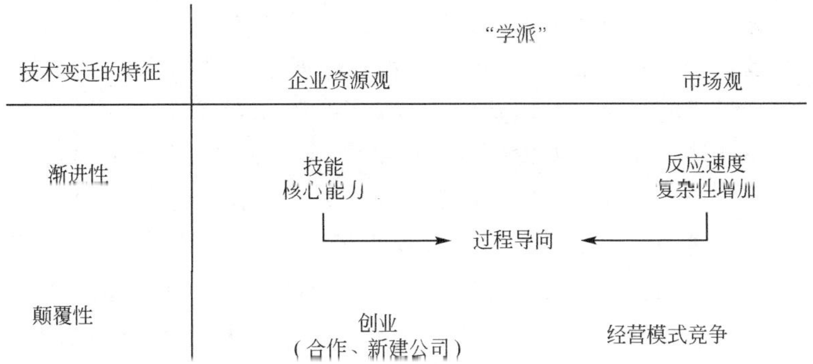

图 1-6　企业经济学有关创新管理的讨论主题
（根据德雷赫，2005 年版）

为了达到能力整合、调控危机，资源管理问题尤其是“软”因素，诸如能力、知识等以及企业之外的合作问题则是关键。在此，我们将能力区分为多种类型，如盖勒巴茨（Gerybadze 2004）将能力分为以下几种。

- 研究能力；
- 科技能力；
- 组织能力；
- 创新过程中的“动态重新配置”。

对于所提及的领域，这种区分还可以进一步深化和具体化。大多数文献对此均会涉及具体知识层面，如专利权或许可证，因为众所周知，经验性知识和吸收相关人员参与等是企业能力的关键性组成部分。

另一讨论分支借助于“程序”（Routinen）论，旨在改善创新过程的措施。变化被理解为用于提高未来适应能力的学习过程，其基础是从设想到市场信号的实施直至渗入市场的一个全面过程。这个过程以非线性、反馈链接、管理和组织因素的主导性以及外向型合作为特征。“创新旅程”的概念恰如其分地描述了这一点。

上述观点首先被视为依附轨道渐进性创新策略的组成部分。对于颠覆性创新，我们不仅要探讨如何早期识别新技巧，以便改善反应能力，而且我们首先还要讨论企业如何处理这些惊人的发展。正如哈佛大学商学院教授克里斯坦森（Christensen）所观察的，关键在于企业现有组织机构对创新轨道已有所适应。因此现有组织结构要么必须通过极端努力来适应创新（如通过“新经营模式”竞争达到示范性转变），或在现有结构之外通过合作创业活动、扩建或新建企业来应对和胜任挑战。

这些方案性考虑更多依据的是经验式的个案分析。重要案例数据方面广泛经验性的保证却往往缺乏。企业经济学对创新性质的变化（如复杂性增加、不符合时代的行为等）以及与此相关的挑战相对来说还是比较宽容的。

在从企业经济学角度考虑这些问题的同时，技术人员和工程师对创新挑战也展开了讨论。工程科学，如特殊研究领域（SFB）① 374 的“开放和检验新产品”或特殊研究领域582的“符合市场需要以生产个性化产品”，又如颇有影响的教授们几乎同时发表的论著，探讨的焦点为创新和产品开发管理及其方法。与企业经济学相反，核心问题绝非首先以资源或能力管理为主，而是：

- 了解及规划社会环境、市场和产品要求的方法和处理途径；
- 为开发人员和小组分析复杂情况中出现的问题；
- 用于模拟的IT工具及专家知识库的使用；
- 为在开发过程早期阶段迅速且实际有效地作出决定，通常采用源自企

① 译者注：特殊研究领域（SFB）是德国研究协会（DFG）长期支助的研究项目。

业咨询业的分类和评价方法。

简而言之，有鉴于创新的新特征，如何处理不断增长的复杂性，则是考虑的关键。创新计划的规模，所有重要企业内外专家的吸收参与，保证复杂产品创新部分的通过能力以及使用 IT 来提高整体过程效率便成为讨论的主要内容。其他创新活动，如开发产品配套服务，最近才随着服务工程论的产生，逐渐赢得人们更多的关注。与此相反，企业经济学文献更明确强调除了以研发为基础的产品之外所观察到的其他创新范围的潜力，为此提出了整体性处理的要求。

自 1988 年创新管理专家冯·希伯尔（von Hippel）提出“兼顾积极活跃的消费使用者和客户”以来，这一观点一直影响着创新研究，但在德国工程师们的研究计划中却意外地没有得到太多的考虑（例外的是特殊研究领域 582）。这点与美国和北欧一些国家“以用户为中心的设计”的研究不同，也与企业经济学论以及创新管理经常反复强调的创新计划要以市场为导向不同。

此外，在开发新产品时，在投入同样规模的人力和财力情况下，复杂性的增加可能会威胁到另一种挑战，即创新的快速性和时机。要赢得更多创新的办法，可以提高项目设想数量的输入，或者对早期科研开发项目给予更多的投资，不过后者又意味着提高创新过程的复杂性。所以，无须惊讶的是，在以实践为导向的工程师的工作中，借助方法论知识来解决复杂问题仍占主导地位。遗憾的是其他创新目标，诸如服务、生产和组织等，却没有受到同等程度的重视。

（二）德国冶金和电力工业企业的创新行为实例

鉴于上述不同的讨论，我们有必要对德国冶金和电力工业的一些创新行为范例性地加以详细观察。

- 企业内部产品创新行为的发展情况如何？
- 在这种背景下，企业产品的开发周期（进入市场时间）在过去几年是如何发生变化的？
- 是否有经验性证据说明科学辩论中列举的创新压力确实加大了？

我们将在后面探讨其他创新领域的活动，尤其是通过探讨服务创新、过程创新以及组织创新的背景，来阐述采用整体性处理方式赢得创新成功的前景。

我们分析研究的数据基础是具有一定代表性的弗劳恩霍夫协会系统技术与创新研究所《2003 年产品创新》调查报告。对 1157① 家冶金和电力工业企业的调研，也专门使用了这些数据。鉴于时间顺序的需要，在此还采用了 1997 ~ 2001 年几次调查所获得的结果。

---

① 译者注：本章所有图中用符号 n 表示统计分析中所考虑的企业数目。

1. 冶金和电力工业产品的创新行为

新产品

从2001年到2003年，我们对将新产品纳入生产计划的企业（对企业来说是新产品或含有重要技术改造的产品）进行了研究，初步发现相对较高的创新倾向：总计有64%的企业以这种方式进行了创新，在此并不包括仅限于细节改造方面的变化。

就生产规模的大小以及产品的复杂性来看，各企业之间存在一定的差异。在以单个和小批量生产简单产品的企业中，新产品的比例低于平均值，只占58%；而在许多以中批量和大批量生产复杂产品的企业中，纳入生产计划的新产品比例则超过平均值，高达75%。在这些企业中，不仅要加强注意对产品整体提出的新要求，而且根据系列产品的大小还必须注意产品生产的可靠性。鉴于这些要求，在初步观察中，人们意外地发现这些企业中，新产品的比例均较高。这些新产品也是最有价值的产品，所以能够大批量生产，也更易使高额的创新费用提前分期偿清。

进一步考察企业对产品创新的参与情况，我们就会发现，这种初看起来高创新趋势只是相对的。2003年，这些企业中为市场开发新产品的，只有41%，也就是说市场新产品只占其产品的五分之二。同时，正是这些中批量和大批量生产复杂产品的企业（47%），2003年超常频繁地将市场新产品纳入了生产计划。

生产创新行为的结构性差异见图1-7。

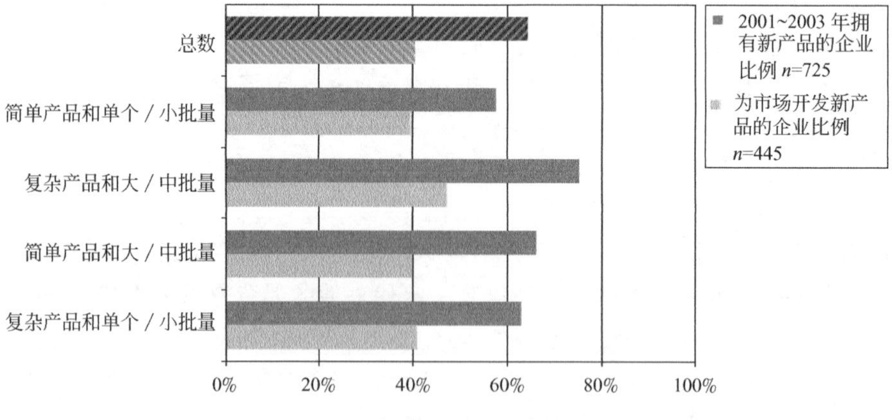

图1-7　生产创新行为的结构性差异

资料来源：2003年生产创新调查，弗劳恩霍夫协会系统技术与创新研究所

针对企业创新活力的观察虽符合事实，但却令人担忧。观察1997年至今的创新行为，我们会发现，1997年以来，将新产品纳入生产计划的企业比例以及新产品的销售额正在连年下降：20世纪90年代末拥有新产品的企业份额占总数的71%～72%，到2003年已连续下降至64%。同时，2001～2003年为开发市场而将新产品纳入生产计划的企业比例也表现出逆向发展趋势，同期内下降了两个百分点，从原来的43%降至41%，因此至少可以视为处于停滞不前状态。拥有产品创新的企业比例越少，企业通过经营新产品，平均能够获得的销售比例也就自然越少。这方面也表明了，自1997年以来新产品的销售额在下降，2003年已经从1997年的16%下降至13%。同时，为市场开发的新产品的销售额也呈现出下降趋势：1997年还占其中的7%，2003年却只有5%。

德国冶金和电力工业缺乏创新动力见图1-8。

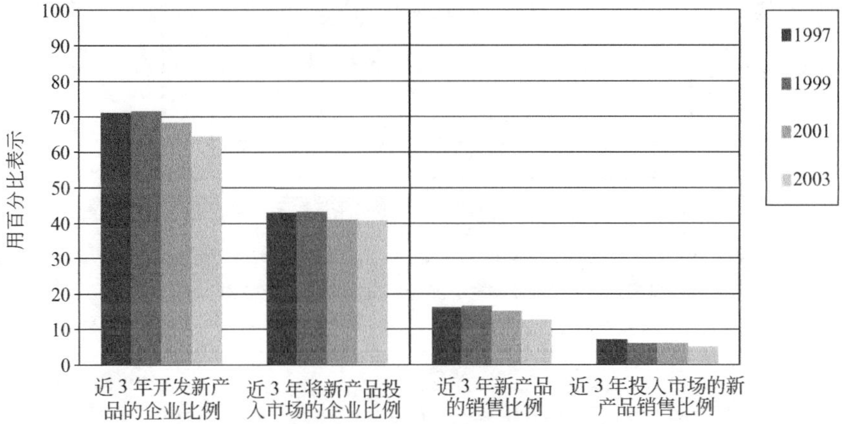

图1-8　德国冶金和电力工业缺乏创新动力

资料来源：2003年生产创新调查，弗劳恩霍夫协会系统技术与创新研究所

$n=1.329$（1997），$n=1.442$（1999），$n=1.258$（2001），$n=1.157$（2003）

上述影响在时间变迁中，对不同行业、不同规模及不同生产结构均保持不变。停滞不前和局部下降趋势可以视为警告信号。如果企业在竞争中冒险不再为市场开发足够的新产品，就有可能存在创新陷阱的危险。

新产品销售额首先可以看成是以研发为基础的产品开发的创新指示器。企业的主要销售额通常凭借老产品且经营不错的产品来保证，所以销售额的长期发展取决于企业及时投入产品创新的能力。

德国冶金和电力工业新产品销售额平均为13%。新产品总销售额，大于平均值（17%）的企业是中批量和大批量生产复杂产品的企业；相反，销售额低于平均值（10%）的是单个（批量）生产简单产品的企业。这类企业中已投产 10 年以上的老产品销售额达 40%，大大高于平均值。在中批量和大批量生产复杂产品的企业中，该比例仅占 19%，与新产品销售额相差无几。总体来说，总销售额主要集中在老产品方面，其中三分之一（33%）的产品上市时间已超过 10 年。

由此可见，新开发的产品对冶金和电力工业企业的中长期销售额起着保证作用。新产品进入市场到其占有较大的市场份额，往往需要推广多年。因此，及时并更迅速地开发新产品显得至关重要。

产品年龄结构见图 1-9。

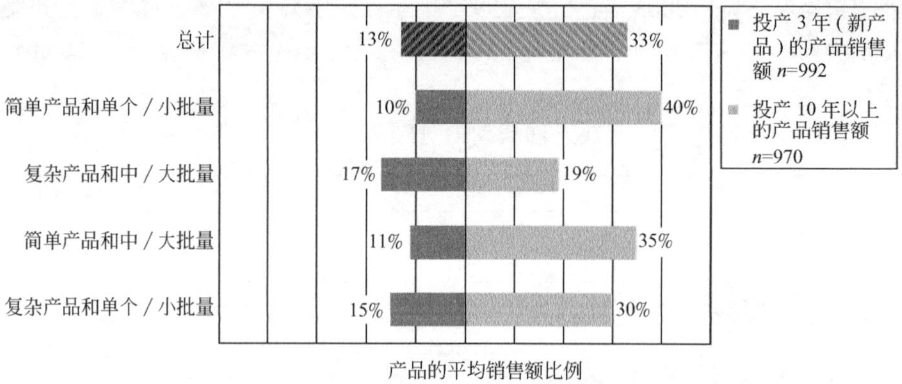

图 1-9　根据产品的复杂性及生产批量的大小描述产品年龄结构
资料来源：2003 年生产创新调查，弗劳恩霍夫协会系统技术与创新研究所

新产品开发周期——进入市场的周期

产品开发周期（直至进入市场）平均为 13 个月，行业的差异主要表现在制造冶金产品的企业与制造汽车及汽车配件的企业之间。制造冶金产品企业的产品开发周期略低于平均值，为 10 个月；而制造汽车及汽车配件的企业的产品，其开发周期却明显高于冶金和电力工业企业的平均值，为 20 个月。此外，不同规模的企业，相互之间也存在这种差异。拥有 100 名员工的小企业，其新产品开发周期平均为 11 个月，而拥有 500 名及更多员工人数的大企业，新产品开发周期长达 20 个月，几乎为小企业的两倍。

另外，由于产品加工难易及生产批量大小的不同，产品开发周期也会有所差异。单个和小批量生产简单产品的企业，其产品开发周期最短，为 12 个月。而中批量和大批量生产复杂产品的企业，其产品的开发周期最长，需要 17 个月。

然而，总体看来，近年来新产品开发周期很大程度上普遍保持不变，与个别年度中的这些结构性差异无关。也就是说，新产品开发周期不仅总体停滞不前，局部方面（行业、企业规模、产品加工难易程度以及生产批量的大小）也没有发生大的变化。产品开发周期平均为 14 个月，一般来说略向下偏移。

2003 年各经济部门新产品的平均开发周期见图 1-10。

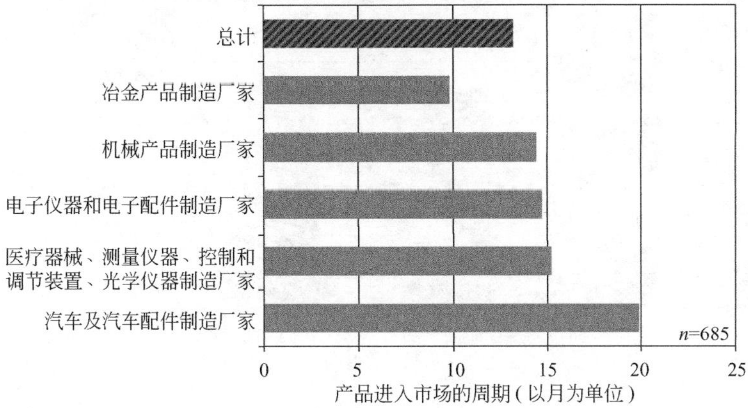

图 1-10　2003 年各经济部门新产品的平均开发周期

资料来源：2003 年生产创新调查，弗劳恩霍夫协会系统技术与创新研究所

冶金和电力工业不同企业规模的新产品开发周期见图 1-11。

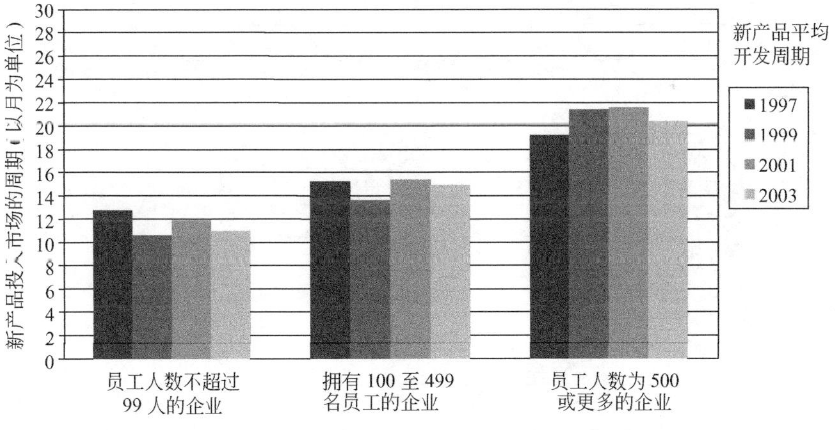

图 1-11　冶金和电力工业不同企业规模的新产品开发周期

资料来源：生产创新调查，弗劳恩霍夫协会系统技术与创新研究所

$n=1.329$（1997），$n=1.442$（1999），$n=1.258$（2001），$n=1.157$（2003）

事实证明，在我们所考察的企业中，不仅新产品数量最近几年处于稳定不变的状态，而且与通常提及的必要性相反，产品的平均开发周期也并没有缩短，而是保持不变。通过缩短产品开发周期，利用现有开发能力来增加新

产品的产出，显然不是冶金和电力工业企业所希望和能够选择的道路。

冶金和电力工业新产品的开发周期见图 1-12。

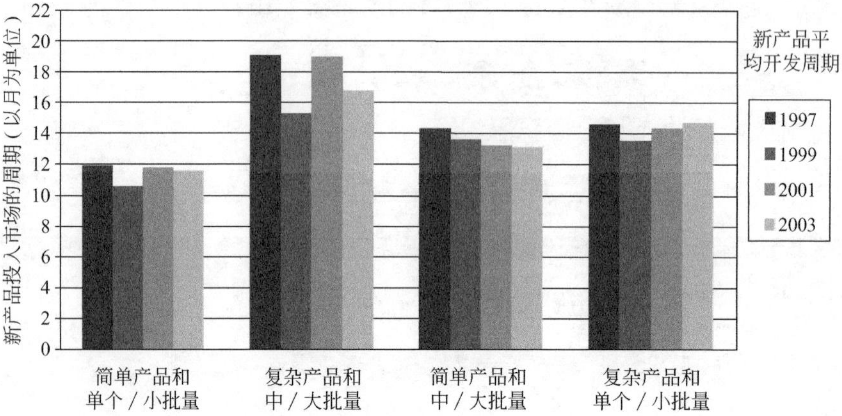

图 1-12　根据产品的复杂性和生产批量的大小而形成的冶金和电力工业新产品的开发周期
资料来源：生产创新调查，弗劳恩霍夫协会系统技术与创新研究所
$n=1.329$ (1997)，$n=1.442$ (1999)，$n=1.258$ (2001)，$n=1.157$ (2003)

德国冶金和电力工业中恒定不变的新产品开发周期见图 1-13。

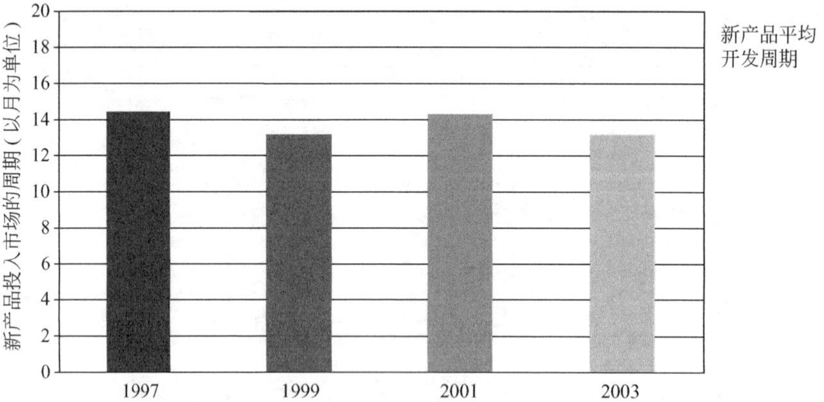

图 1-13　德国冶金和电力工业中恒定不变的新产品开发周期
资料来源：生产创新调查，弗劳恩霍夫协会系统技术与创新研究所
$n=1.329$ (1997)，$n=1.442$ (1999)，$n=1.258$ (2001)，$n=1.157$ (2003)

对新产品的要求

因此一个值得探讨的论题是：产品越复杂，部件越细化，品种越多，产品的开发周期是否也就越无法缩短。为此，我们有必要对产品创新是否与加

工要求明显增多之间的关系，提出质疑。

调查发现，2001～2003 年，企业主要产品在加工方面的重大变化证实了这种发展趋势。对生产过程的准确性（70%）、产品的功能（67%）以及所提供的品种数量（75%）的要求在明显增多；对产品生产所使用的材料数量（43%）和元部件数量（51%）方面的要求的增长率有所下降。区别较大的是产品规格及生产批量大小（batch）方面的数据。大多数企业在生产方面没有重大变化，但有 13% 的企业的产品趋向微小型化，约三分之一的企业（34%）的生产批量有所下降。尽管如此，离生产批量为单个产品的生产（one-piece-flow）目前还显得很遥远。生产批量在 2001～2003 年有很大程度下降的企业仅占 10%。

这种变化局部地解释了产品开发周期静止不变的原因，即随着产品开发复杂化的增加，生产率的提高可能会受到影响。换言之，迄今同期开发的产品变得更为复杂了。

产品生产方面的重要变化见图 1-14。

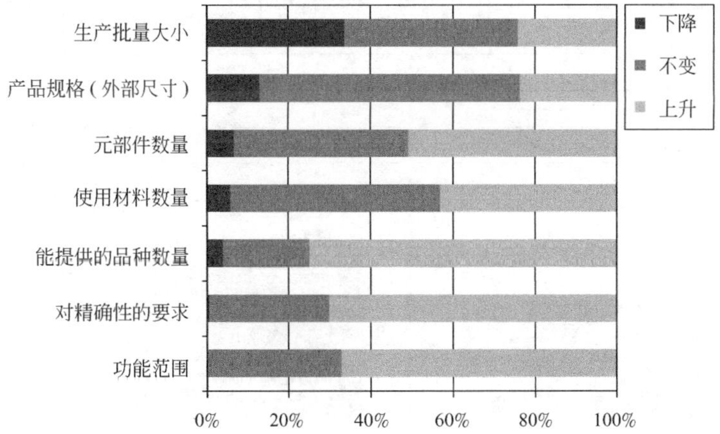

图 1-14 产品生产方面的重要变化

资料来源：2003 年生产创新调查，弗劳恩霍夫协会系统技术与创新研究所

产品创新的资源利用

一方面对产品及其生产过程的要求在不断提高；另一方面新产品的数量却在减少，产品开发周期静止不变。为了解释这个剪刀差，同时从可能发生的创新情况出发，为减少创新费用指点迷津，我们有必要从企业角度对用于研发的资源利用情况进行更加详尽的考察。

资料显示，被考察的企业在此期间就这方面也没有变化。1997～2003

年，研发费用占销售额的平均比例始终保持在6%～7%，只有生产复杂产品的企业对这方面的开支略显增长趋势。此外，2003年中批量和大批量生产复杂产品的企业对研发投资最多，平均比例为9%。如果将企业参与研发工作的人员（包括设计人员，原因在于冶金和电力工业很难将设计人员的工作与研发区分开来）数量作为资源利用的指标，结果类同。1997年以来，这一份额恒定不变，徘徊在10%～11%。在这个时期，生产复杂产品的企业中参与研发工作的人数略有增加，目前高达14%（生产规模为中、大批量的企业）或17%（生产规模为单个和小批量的企业），名列首位。

此外，越来越多的企业彻底终止研发活动。对研发根本不予投资的企业数徘徊在8%～10%；而自1997年以来，不再聘用企业自身研发工作人员的企业数甚至连年递增3%，2003年达12%。

事实证明，以研发为基础进行产品创新的企业，无法完全通过提高利用资源来应对未来的挑战。一旦产品开发周期停止不变、产品复杂性不断增长，这些企业就会陷入创新力受损的被动局面。

德国冶金和电力工业固定用于研发的资源见图1-15。

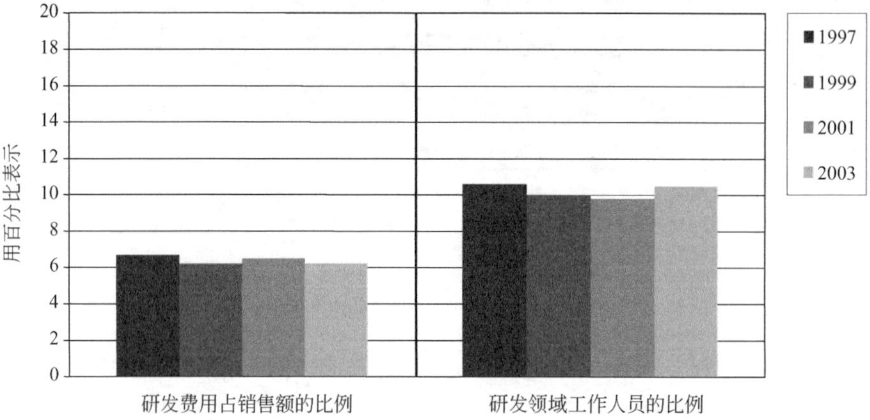

图1-15　德国冶金和电力工业固定用于研发的资源

资料来源：生产创新调查，弗劳恩霍夫协会系统技术与创新研究所

2. 其他领域的创新重要性

现有一种颇有价值的观点是将创新扩展到其他工作领域，诸如开发产品服务模式，或从技术上和机构上改善生产过程。

资源投入的结构性差异见图1-16。

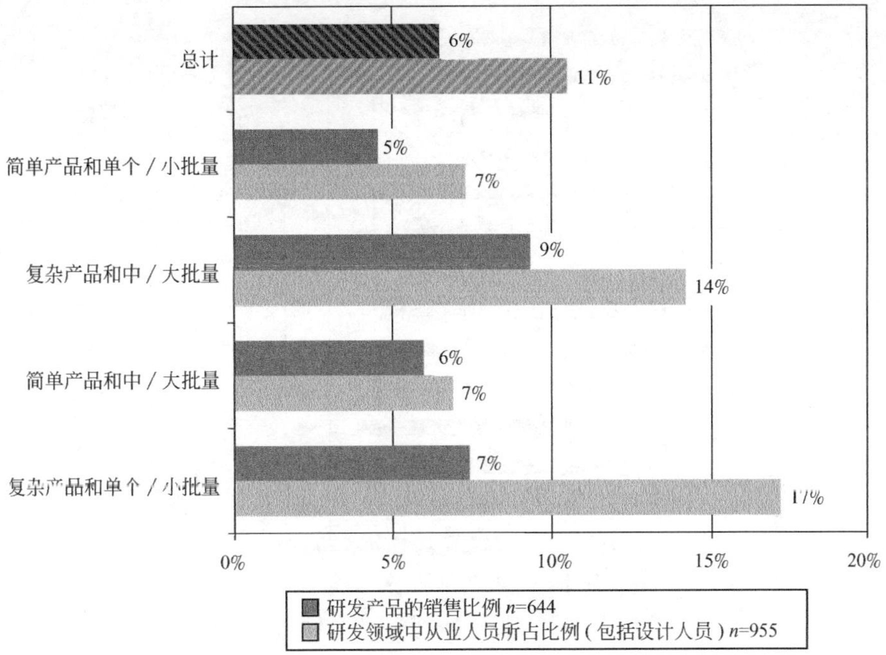

图 1-16　资源投入的结构性差异

资料来源：2003 年生产创新调查，弗劳恩霍夫协会系统技术与创新研究所

如果仅把创新视为以研究为基础，开发高科技产品，这种单维认识无法兼顾具有多种成效的创新战略［参见（一）］。新型创新之道及其有意义的组合也是有可能构成国际竞争力的基础。

观察结果表明，现有一种以经验为依据、“增长型创新道路”的尝试，另一种是以研发为基础、纯粹以产品创新为目的的战略，但两者均提供了倡导更为广泛的创新的理由。如果全面挖掘蕴藏于创新中的增长潜力，那么至少能够使仅仅关注研发的那类创新更趋完善。经营模式及机构的创新或工艺过程的创新，很少能够在企业的实验室里产生和实现。对此，需要企业在其他领域参与，而长期以来这些领域为创新成果的贡献很有可能被低估了，若能使其活跃，同样可以释放出增长动力。

德国资本货物工业中提供的产品配套服务见图 1-17。

但对企业来说，重要和感兴趣的肯定是想了解聚焦（“纯”）创新之道将会带来哪些增长潜力，哪类企业把重点放在此方面后会取得成效。为回答这些问题，我们下面列举五种采用不同创新策略的企业类型。

类型 1：没有明显的创新重点。这类企业为在四种创新方面（以研发为

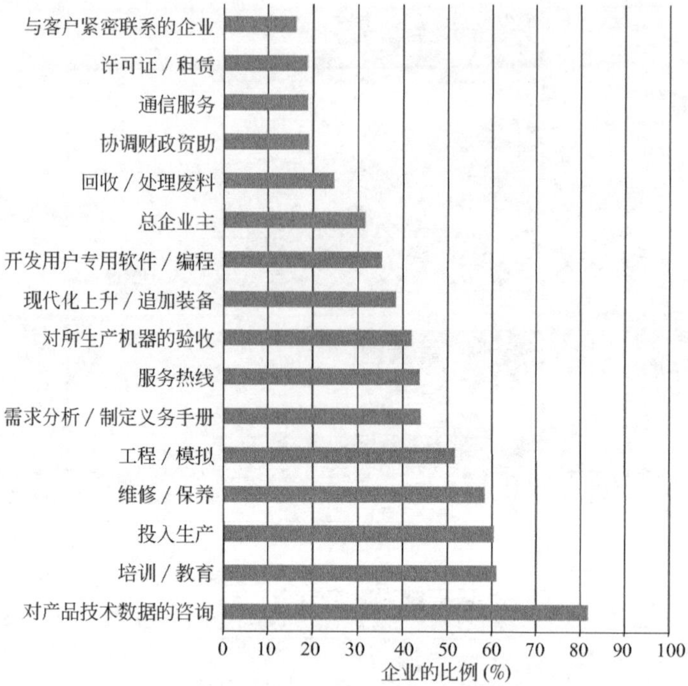

图 1-17　德国资本货物工业中提供的产品配套服务
资料来源：1999 年生产创新调查，弗劳恩霍夫协会系统技术与创新研究所；$n=1442$

基础的产品创新、产品与服务相结合的创新、组织方面的创新、技术过程创新）均非位于前三分之一的企业。相比之下，它所期望的就业增长率最低。2000～2002 年，每个这类企业平均安置 0.9 个新雇员就业。

类型 2：以研发为基础的创新。这类企业由在研发比例方面（至少 6%）排名前三分之一的企业组成。它们在其他方面（产品与服务相结合的创新、组织方面的创新、技术过程创新）并非排名前三分之一。这类企业在 2000～2002 年，平均安置新员工 8.4 人，就业率明显高于第一种类型的企业，达到所有被调查企业所提供的就业率的平均值。

不同创新类型的企业提供的就业发展见图 1-18。

类型 3：生产与服务相结合的创新。这类企业包括提供产品附带性服务的企业，这种产品的销售额（高于 5%）名列前三分之一。它们在其他方面（以研发为基础的产品创新、组织方面的创新或技术过程创新）没有排在前三分之一。这类企业 2000～2002 年，平均安置 17.9 名新员工，每个企业的就业增长率都明显有所提高。

类型 4：过程现代化的创新。这类企业包括在组织方面的创新和技术过

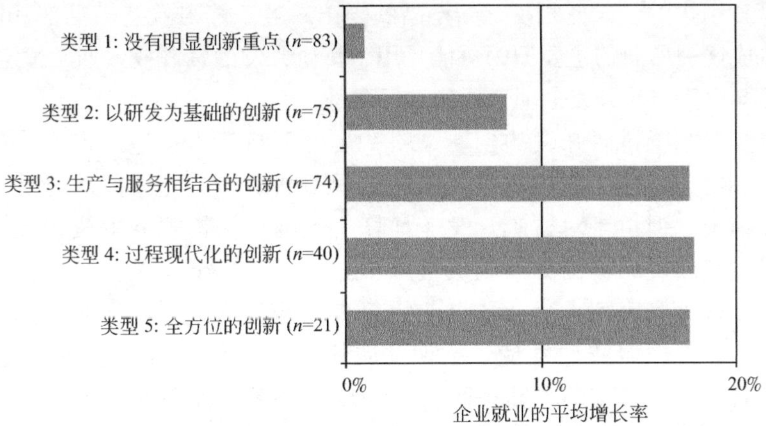

图 1-18　不同创新类型的企业提供的就业发展
资料来源：生产创新调查报告第 33 期

程创新方面位于前三分之一（按当时的指数大于 0.34 和 0.21），并且必须对创新投入最低限度的研发经费（研发比例高于 2%、排名不在后三分之一）的企业。但在产品与服务相结合的创新方面并不排列在前三分之一。这类企业 2000 ~ 2002 年，就业增长与类型 3 企业相差不多，平均安置 18.1 名新员工。

类型 5：全方位的创新。这类企业包括上述各方面创新（以研发为基础的产品创新、产品和服务相结合的创新、组织方面的创新或技术过程创新）均排列在前三分之一的企业。它们为数很少，处于创新最前沿。然而，2000 ~ 2002年，这类企业的就业人数没有显著增长，与类型 3 和类型 4 企业相当，新增员工人数平均为 17.9 名。由于这类企业为个别现象，这些数字的使用在评析中要慎重。

四、结论：加速创新必须全面着手

经验性调查结论

德国在创新竞赛中的主要表现是对今后能力投资的停滞不前，而其他国家正在扩大这种投资，如通过加大科研资金支出的方式。许多学者认为，长远来看，这是一个值得深思的发展问题。此外，在关于企业创新能力文献中，对于最为重要的方案探讨还表明，除资源与能力外，我们还要兼顾到循环、过程、针对市场的创新计划的效率以及创新系统。

冶金和电力工业是加工行业的重要领域，应该将对这些领域的调查结果视为警示信号。我们调查的企业，它们所依附的产品大多为三年前就已投入市场。如将产品的开发时间计算在内，这些产品至少也是在五年前（如果不是更早）引进的。与此相反，新产品的输出却处于停滞状态，局部甚至倒退了。造成这一局面的主要原因可能是用于科研开发的资源投入通常恒定不变，也有可能由于产品开发的时间没有缩短之故。

要实现基于科研开发的创新策略，需要不断努力打造新产品。目前针对冶金和电力工业的新产品以及生产过程不断增长的整体要求，虽然采取了有效措施，但由于对科研开发（预算、人员）保持相同的资源投入，结果还是导致新产品输出方面的缓慢减少。所以，从企业条件来看，如考虑产品的复杂性和序列大小，各企业的起步水准各不相同。同时，尽管有引人注目的方案，但我们发现，这种发展却是冶金和电力工业的发展趋势。长期来看，产品要求的不断提高与创新输出停滞不前之间的差距在不断增大。如果不改变资源投入或对创新过程效率不加以改进，这种剪刀差是无法消除的。

另一方面，企业也应该根据其框架条件和策略，详细地了解有哪些不同创新领域的创新活动能最大限度地促进竞争力的提升，推动发展可能性的开拓。科研开发的意义并不会因为附加考虑诸如服务、生产和组织等其他创新领域而削弱。

整体理解企业创新

归纳来看，要考虑一种改善企业创新能力的整体处理方法，根据创新管理的方案性理论以及经验性结论，可以得出创新管理涵盖如下几个层面(图1-19)：

- 考虑创新活动的不同领域及其依赖性；
- 整体观察企业内部的整个创新过程；
- 使用物质和非物质能力；
- 考虑创新社会环境。

所以，除产品开发外，发展新服务（作为对产品供应的主要和次要服务）以及通过组织或技术措施改善过程，以带动企业服务供应，可以同等地视为可能的创新目标。当然在各个企业中，决定采用哪种创新策略，最终还是取决于市场、资源和其他框架条件。但关键在于寻求创新可能性时，不应事先狭隘地局限于某一领域，而应根据其对企业成效策略方面的贡献加以评断和分析。进行系统性预测，同样有助于减少受威胁的发展趋势中断时，或创新轨道更换时所必须进行的调整工作。

整体看待依附性同样可以适用于所描述的框架结构中的四大领域。如果决定启动其中一个领域的创新项目，就能够注意到它对其他领域的依赖性：一个新产品可能需要新生产过程技术；一项新服务也许需要对产品及“客户

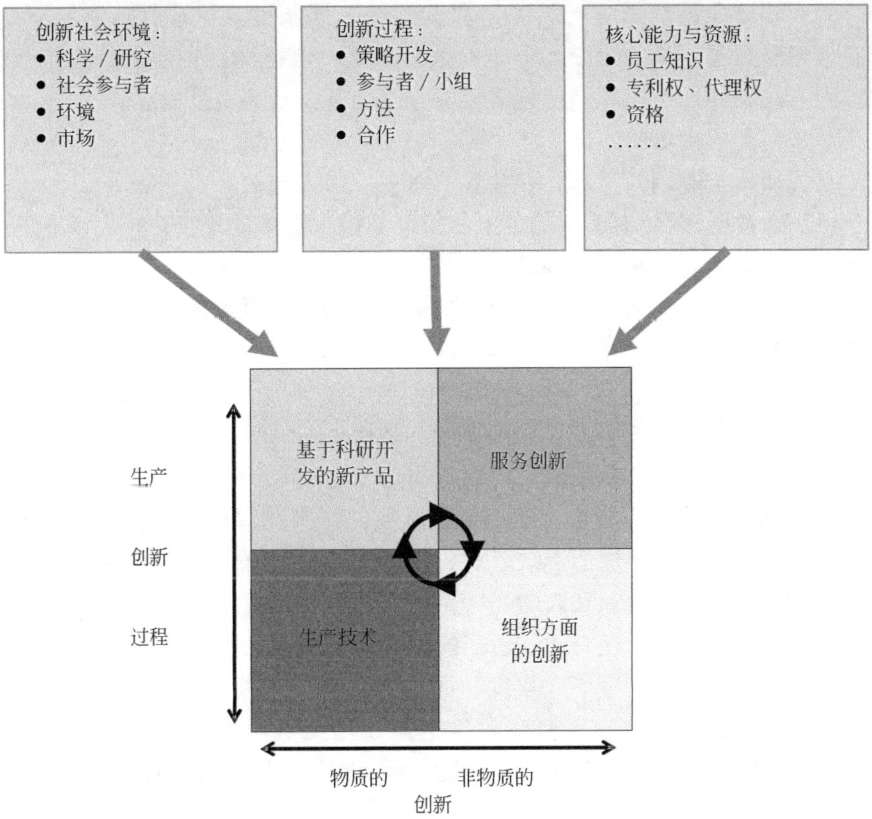

图 1-19 整体创新理解

服务”过程在组织方面进行改进；一项新生产技术，如何对产品加以改造等，可能得到更好的利用。全面考虑到这种依附性与创新在市场未来成效之间存有强烈的正向关系，这一点是至关重要的。

对此要利用在企业中现有的、需要新建立的或通过合作或购买获得的能力，其中物质资源（金钱、现有机器）、非物质资源（专利权、委托权、将规则汇集成册的知识、员工的知识）都要发挥作用。这些能力将被应用到创新过程之中。

对于架构创新过程，可以采用“灵活循环”方案。对此要考虑诸如项目管理、与外界的合作、方法的使用、工作安排、推销途径的规划等问题。其中，循环要与学习可能性及反馈相结合。所以，需要一个对企业及企业周围环境各企业层面发展的发达预警系统。良好的企业文化可以保证企业内部及外部拥有必要的认同和交际意愿。

创新环境和系统影响有关能力和资源的起始条件和可能性。有鉴于此，所有策略对周围环境的改变均会非常敏感。这一点也局部说明了，为什么针对预测方法和计划手段在企业策略分析方面会有大量新文献发表。

加速创新的主要切入点

有关加速企业创新过程，存在着下面三大切入点：

(1) 通过更多/更有能力的员工，对创新投入更多的资金，扩大企业的生产能力和专业能力（提高资源的投入）；

(2) 通过专业化和优化，改善创新过程的循环，并缩减时间消耗（提高创新过程效率）；

(3) 更好地认识机遇，兼顾市场和创新系统环境，提高目标的准确性和计划的有效性（改善创新和技术策略的有效性）。

利用上述切入点需要采取不同的方式。

从（二）提供的分析中，我们可以看到，在国际对比中，首先可以确定的是，德国在国民经济层面上缺乏对科研开发“软”输入因素的投资。这不仅涉及教育体制、政府和私人的基础研究，而且还涉及发展企业能力的活动。在此，除财政金额外，还有通过适当的措施来保证质量。首先要求对于科学，就科研开发高端成果进行更大强度的评估和核查，并提供更高水平的大范围教育扶持。除此之外，有必要对新建企业在初期阶段提供更多的风险资金（seed-capital），并通过横向间接性鼓励，整体性地加大企业科研开发资金的投入力度。

因此，上述第一个切入点主要取决于所提供的资源以及真才实学的人员，而这两者（资源和人员）均无法立竿见影，马上增加。原因在于教育政策以及经济界其他针对创新的框架条件，只能在较长时间后才开始发挥其作用，同时国家财政可承受的负担也是有限的。有鉴于德国目前的经济状况，要求企业一方面对科研开发提供更多的资金，另一方面通过聘用和培养更多能力更强的员工来建构企业的能力，这种可能性也是有限的。

所以从短中期来看，关键在于提高渐进性和颠覆性创新计划程序的效率，并通过优化策略的开发来改善效率。

最为迅捷的实施机遇在于将创新过程专业化和优化，以促进有利于长期改善创新竞争地位所需的手段能得到良好管理。为此，本书重点探讨创新管理的卓越性、创新能力分析和调控（参见第三章）以及时间消耗的系统化辨认与控制（时间驱动因子分析，参见第四章），目的在于通过加速企业创新过程以及提高创新能力来强化企业的创新力。

参 考 文 献

Arnold, H. (2003): Technology Shocks – Origins, Managerial Responses and Firm Performance, Heidelberg

Bullinger, H.-J.; Scheer, A.-W. (Hrsg.) (2003): Service Engineering: Entwicklung und Gestaltung innovativer Dienstleistungen, Springer, Berlin, Heidelberg, New York

Bullinger, H.-J. (Hrsg.) (2004): Entwicklung und Erprobung innovativer Produkte – Rapid Prototyping, Ergebnisbericht des SFB 374 zur Förderperiode 2001-2003, Universität Stuttgart

Burgelman, R. (1984): Managing the Internal Corporate Venturing Process, in: Sloan Management Review, No. 25 (2), S. 33-48

Burgelman, R.; Doz, Y. (2001): The Power of Strategic Integration, in: MIT Sloan Management Review, Vol. 42 (3), Spring 2001, S. 28-38

Burgelman, R.; Christensen, C.; Wheelwright, S. (2004): Strategic Management of Technology and Innovation, 4th edition, Boston

Christensen, C.R. (1997): The Innovator's Dilemma. When New Technologies Cause Great Firms to Fail, Boston MA

Dosi, G. (1988): Sources, Procedures and Micro-Economic Effects of Innovation, in: Journal of Economic Literature, Vol. 26, S. 1120-1171

Dreher, C. (2005): Herausforderungen des ganzheitlichen Innovationsverständnisses an das deutsche Innovationssystem - Stärken, Defizite, offene Fragen und Chancen der Partizipation auf dem Weg zu einer modernen Innovationspolitik; Expertise für die Hans Böckler Stiftung, Fraunhofer ISI, Karlsruhe

Eggers, T.; Wallmeier, W.; Lay, G. (2000): Dokumentation der Umfrage Innovationen in der Produktion 1999, Fraunhofer ISI, Karlsruhe

Eversheim, W. (Hrsg.) (2003): Innovationsmanagement für technische Produkte, Springer, Berlin

European Commission (2004): Commission Staff Working Paper: European Innovation Scoreboard 2004 – Comparative Analysis of Innovation Performance, Brüssel

EU-Kommission (Hrsg.) (2004): Innovation Management in the Knowledge Driven Company, Brüssel

Francis, D.; Bessant, J. (2005): Targeting Innovation and Implications for Capability Development, in: Technovation 25, S. 171-183

Freeman, C.; Soete, L. (1997): The Economics of Industrial Innovation (Third Edition), The MIT Press, Cambridge MA

Gausemeier, J.; Ebbesmeyer, P.; Kallmeyer, F. (2001): Produktinnovation – Strategische Planung und Entwicklung der Produkte von morgen, München

Gausemeier, J.; Lindemann, U., Schuh, G. (2004): Planung der Produkte und Fertigungssysteme für die Märkte von morgen, Frankfurt

Geroski, P.A. (2000): Models of technology diffusion, Research Policy 29, S. 603-625

Gerybadze, A. (2004): Technologie- und Innovationsmanagement, München

Grupp, H. (1997): Messung und Erklärung des technischen Wandels, Heidelberg

Grupp, H.; Legler, H.; Licht, G. (2004): Technologie und Qualifikation für neue Märkte. Ergänzender Bericht zur technologischen Leistungsfähigkeit Deutschlands 2003 – 2004, BMBF, Berlin / Bonn

Hauschildt, J. (2004): Innovationsmanagement, München, 3. Aufl.

Herstatt, C.; Verworn, B. (Hrsg.) (2003): Management der früheren Innovationsphasen – Grundlagen, Methoden, Neue Ansätze; Gabler, Wiesbaden

Kinkel, S.; Dreher, M. (1999): Study Methodology, in: Lay, G.; Shapira, P.; Wengel, J. (Eds.): Innovation in Production. The Adoption and Impacts of New Manufacturing Concepts in German Industry, Heidelberg, New York, S. 171-182

Kinkel, S.; Lay, G.; Wengel, J. (2004): Innovation: Mehr als Forschung und Entwicklung – Wachstumschancen auf anderen Innovationspfaden. Mitteilungen aus der Produktionsinnovationserhebung Nr. 33, Fraunhofer-ISI, Mai 2004

Hauschildt, J. (2004): Innovationsmanagement, München, 3. Aufl.
Herstatt, C.; Verworn, B. (Hrsg.) (2003): Management der früheren Innovationsphasen – Grundlagen, Methoden, Neue Ansätze; Gabler, Wiesbaden
Kinkel, S.; Dreher, M. (1999): Study Methodology, in: Lay, G.; Shapira, P.; Wengel, J. (Eds.): Innovation in Production. The Adoption and Impacts of New Manufacturing Concepts in German Industry, Heidelberg, New York, S. 171-182
Kinkel, S.; Lay, G.; Wengel, J. (2004): Innovation: Mehr als Forschung und Entwicklung – Wachstumschancen auf anderen Innovationspfaden. Mitteilungen aus der Produktionsinnovationserhebung Nr. 33, Fraunhofer-ISI, Mai 2004
Lay, G.; Jung Erceg, P. (2002): Produktbegleitende Dienstleistungen – Konzepte und Beispiele erfolgreicher Strategieentwicklung, Berlin
Lay, G.; Maloca, S. (2004): Dokumentation der Umfrage Innovationen in der Produktion 2003, Fraunhofer ISI, Karlsruhe
Lay, G.; Maloca, S.; Wallmeier, W. (2002): Dokumentation der Umfrage Innovationen in der Produktion 2001, Fraunhofer ISI, Karlsruhe
Legler, H.; Gehrke, B. (2005): Zur technologischen Leistungsfähigkeit Deutschlands 2005. Herausgegeben vom Bundesministerium für Bildung und Forschung (BMBF), Bonn / Berlin
Lüthje, C. (2003): Methoden zur Sicherstellung von Kundenorientierung in den frühen Phasen des Innovationsprozesses; in: Herstatt, C.; Verworn, B. (Hrsg.): Management der frühen Innovationsphasen, Wiesbaden, S. 35-56
Maas, C. (1990): Determinanten betrieblichen Innovationsverhaltens – Theorie und Expertise, Berlin
OECD (1997): The Oslo-Manual – The Proposed guidelines for collecting and interpreting technological innovation data, Paris
Pavitt, K. (1984): Sectoral Patterns of Technical Change – Towards a taxanomy and a theory, in: Research Policy No. 13, S. 77-99
Porter, M. (1996): What is strategy? in: Harvard Business Review, Boston
Prahalad, C.; Hamel, G. (1990): The Core Competence of the Corporation; in: Harvard Business Review, Vol. 68, No. 3, S. 79-91
Rothwell, R. (1992): Successful Industrial Innovation: Critical Factors for the 1990's, R&D Management, 22 (3), S. 221-239
Spath, D.; Dill, C.; Scharer, M. (2001): Vom Markt zum Markt – Produktentstehung als zyklischer Prozess (mit CD-Rom), Stuttgart
Spath, D.; Warschat, J.; Auernhammer, K.; Gomeringer, A.; Bannert, M. (2003): Intergriertes Innovationsmanagement – Erfolgsfaktoren, Methoden, Beispiele, Stuttgart
Teece, D. J. (2003): Essays in Technology Management and Policy: Selected Papers of David Teece, New Jersey
Tidd, J.; Bessant, J.; Pavitt, K. (2001): Managing Innovation – Integrated Technological Market and Organisational Change, 2nd ed, Chichester
van de Ven, A.; Polley, D.; Garud, R.; Venkataraman, S. (1999): The Innovation Journey, Oxford University Press
von Hippel, E. (1988): The Sources of Innovation, Oxford
Weule, H. (2002): Integriertes Forschungs- und Entwicklungsmanagement, München

译者简介：

孟　虹　博士，中国人民大学德语系副教授
著有《中国人留学德国教育（1861—2001）》、《中国人在柏林》等
menghong@ ruc. edu. cn

丁菲娅　中国国际问题研究所副研究员

张志坤　柏林自由大学博士研究生
naturezzk@ hotmail. com

第二章　集成创新管理

借助空间飞行器登上火星寻找外星生命，是人类多年来的梦想！
利用时间驱动因子分析，挖掘九个创新领域中的加速
创新潜能是本书及本章的焦点。

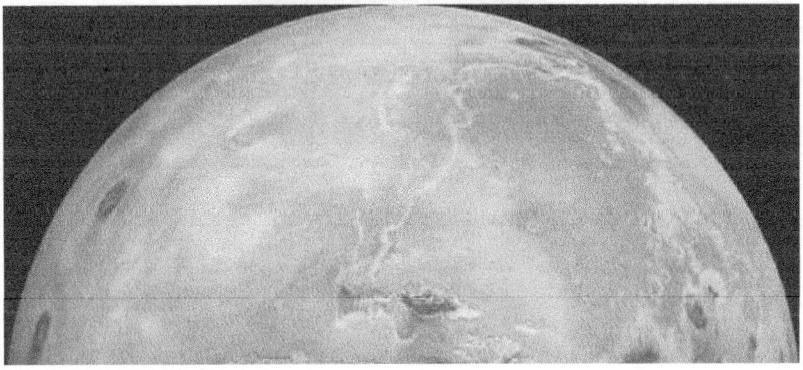

原著：瓦沙特（Joachim Warschat）　翻译：卢　君（本章编辑）
梅维平
史仁虎
审校：王河新

太阳 Sun　水星 Mercury　金星 Venus　地球 Earth　火星 Mars　木星 Jupiter　土星 Saturn　天王星 Uranus　海王星 Neptune

提高创新能力及加速创新进程方法的基础是九个创新领域：

战略策划、
组织结构和伙伴网络、
创新文化、
核心能力和知识结构、
创新过程、
项目管理、
核心技术、
产品和服务、
市场开发。

❖ **从企业角度探讨贯穿全书主题的九个创新领域的特点和相互影响**

❖ **从项目角度讨论利用时间驱动因子分析加速创新的可能性**

集成的创新管理体系

在企业和项目两个层面及其垂直集成上，
通过对相应的创新能力即创新性能的分析，
并借助方法手册的帮助和利用合适的措施，
可以有成效地实施创新控制及创新项目计划和调节。

一、创新体系——系统化创新

如果将目前关于创新管理的讨论做一总结，并考虑到对企业创新现有经验的认识（见第一章），人们得出的结论将是，尤其是中型企业仍亟须加大在创新管理中投入有效的规则和方法。

为了能够更好地应用有关创新管理的广泛研究结果（Little 2004；McKinsey 2001；Ardilio et al. 2004），必须系统地建立起创新体系；它综合第一章所描述的各种不同情况，使人们能够对企业中的创新过程进行全面的处理；它的操作方法不应如此复杂，以至于在企业中无法被快速应用。

很明显，创新有许多独特的性质，如速度、贴近客户程度及创新高度。它们对不同的企业有不同的重要性，所以要在系统地建立和实施创新体系时考虑不同方法对不同情况的适用性比重（权重）。

那么，哪种体系是最适合的，并同时能满足上述要求？为了回答该问题，我们首先需要回答以下问题：

- 对一个乐于创新的公司，哪些创新领域是非常重要的？如何选择这些领域？
- 各创新领域之间有何关联？
- 在企业中，有哪些关于创新行为的观点有明确目标的系统方法使用？

如果将第一章中称为创新的各个领域总合在一起，并把它们按照内部（系统内部）和外部（与周围环境相关的部分）的区别系统性地排序（Luhmann 2004），就可以得出创新体系中下列创新领域：

- 战略策划；
- 核心能力和知识结构；
- 组织结构和伙伴网络；
- 创新过程；
- 项目管理；
- 创新文化。

战略策划确定了创新的目标。比如人们要衡量：是侧重于技术，还是考虑成本；某种产品应该达到多大的市场占有率；对目前技术持肯定性的和否定性的革新应各占的比例；产品应具有多大的规模。

核心能力和知识结构是最重要的人才资源。它们必须不停地适应市场和技术变化的要求；或者，根据相应的创新策略，积极地提高知识和能力。

一个鼓励创新的企业的特点是决策过程短、内部协作效率高和具有扁平化管理结构（Flat management structure）。

创新过程，特别是快速创新过程，即从一个想法到市场投入所需的时间，起着非常重要的作用。

创新的成功不仅仅源于策略制定层，同样重要的还有创新项目本身的表现。新产品的革新性以及能够提供的新服务和新技术也取决于它。它只能通过一个专业型的项目管理来得以实现。

一个企业的创新文化是这个系统能力的基础。它表现为：企业员工对新事物从根本上是否持正面的态度、是否认为创新对企业长期的成功是重要的、是否有相应的措施和规则，比如资源分配、自由空间、允许失败。

创新体系受哪些企业领域的影响呢？从根本上讲，市场的变化和技术的演变是最重要的影响（参考第八章）因素。

除了企业本身，另外一个越来越引起重视的领域是企业之外的创新合作伙伴。产品越来越高的复杂度和要求高效创新带来的压力，迫使企业一方面注重发展自己的核心技术，另一方面以开放的姿态与合作伙伴进行互补合作。

最后是结果——创新体系的成绩，将在相关创新领域以新产品和服务的形式表现出来。

九个创新领域就构成了以后关于提高创新能力及关于加速创新进程方法的基础。为了表达得更清楚，我们把这九个相关创新领域排列成图形，该方法类似于质量管理模式（如欧洲质量管理基金会 European Foundation for Quality Management，EFQM）的《质量管理 EFQM，BGQ1999》的质量管理模式，参见图 2-1。

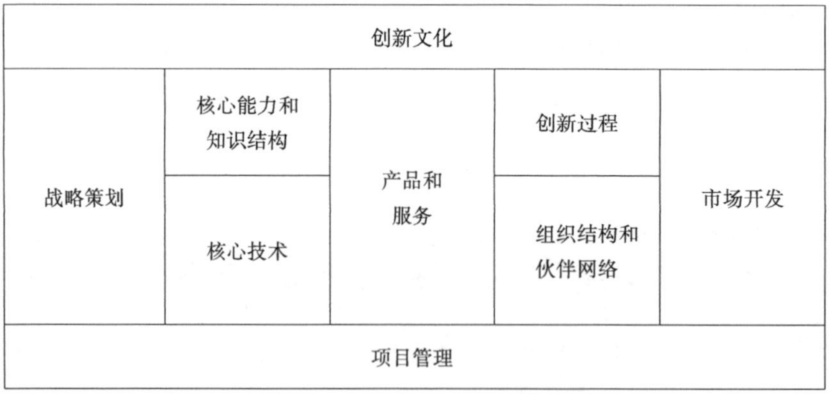

图 2-1　创新管理的九个相关创新领域

二、创新卓越——企业的成功

各创新领域之间有什么样的关联？很明显，从整个企业角度看这些关联是多样的和复杂的。为了便于在企业中实施，下面的研究仅限于几个基本方面，以便于将各种关联简明扼要地展示出来。

为了使创新行动更好地得以实现，从而使创新最后达到一定的卓越程度，首先要分析自身的创新能力。这是因为特别对于中型企业，经常存在对自身处境不了解的情况。

下一步，可以引入合适的措施，这些措施服务于相应的革新方法，如阶段性成果展示技术、技术革新的流程计划或者客户群分析。这些方法目前在文献中有很多。当然这些方法没有被整理，从而未被相应地归类到相关创新领域。

为了系统地分析创新能力，人们建立起了一种先进的方法，即创新审计。创新审计的一个目的是迅速查明情况，进而得出行动指导和相应的措施。

为使创新审计在一个小企业或一个大企业中的一个部门在6~8周内得以实施，必须在开始时对九个相关创新领域进行简化。出于这个原因，分析工作就要限制在创新体系内部，也就是内部衍生的创新领域，只间接地考虑外界的影响及其所产出的结果。这样一来，创新审计涉及下面的创新领域（图2-2）：

- 创新战略；
- 创新结构；
- 创新文化；
- 创新过程（项目管理被归类于这一创新领域）。

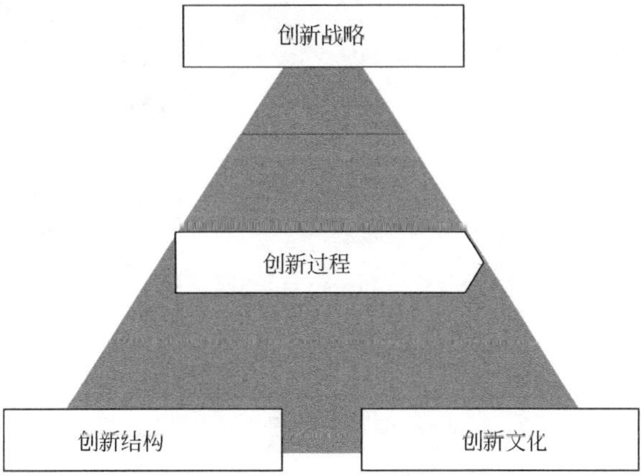

图2-2　创新审计的4个相关领域

创新审计的执行，以具有一定模式的面谈形式来实现。并在现有企业经济数据和信息的可用性的基础上来分析与评价创新行为，给面谈结果给予补充。

参考已经结束的创新审核和积累的经验知识，并借助大量成熟的方法手册，可以推导出初步的优化建议。

当第一步完成后，就可以进行进一步的创新管理。这个过程需要通过一个创新控制，以一个“打分数”的创新卡片的形式来完成（参看 Kaplan/Norton 2004）。

此外，九个创新领域将根据成功的要素和相关的指标来描述。因其主要目的是评价，并最终能控制创新能力，所以各创新领域之间的关联可以表达成所有相关创新领域或各个单独领域的加权平均值。这样，人们就可以用统计学的方法，得出相应的结果。

所有关键的成功要素和指标将被整理成树状结构，每层总是其下面一层的浓缩（图 2-3）。一些关键的成功要素也可以归类于多个创新领域，因而可以显示这些创新领域之间的内在关系。

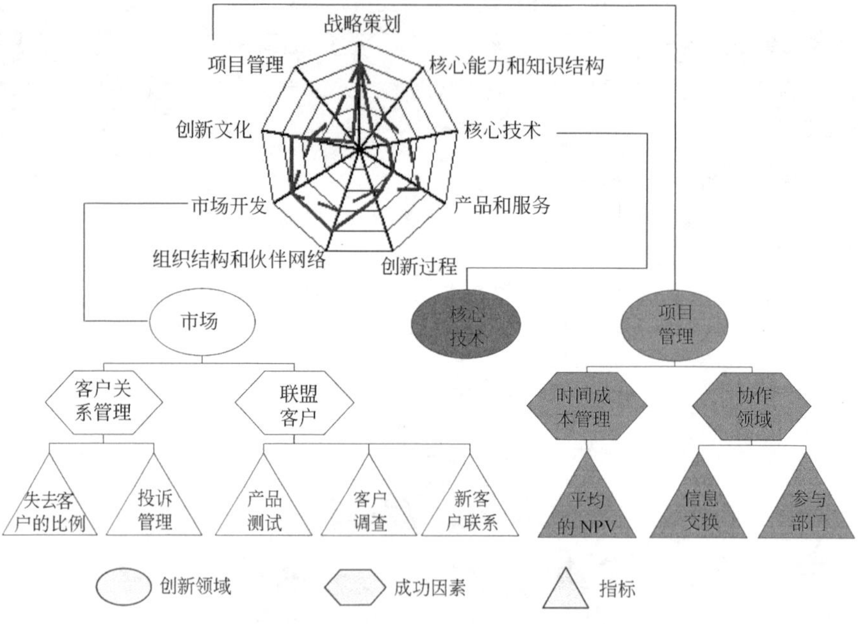

图 2-3　创新领域、成功因素和指标的关联图

净现值（net present value，NPV），是投资决策中最重要的概念

对于一个特定的企业，人们可根据所获取的关键成功要素的清单，来确定有关成功因素的定理，并可根据该定理来连续地计划、调节及监控革新行

为。这一过程将通过完成定额指标来实现，这些定额指标涉及各创新领域、各成功因素及对目标实现的衡量（Bullinger et al. 2005a）。所期望的优化得以实现，就可以争取达到创新能力的下一个更高层面。在考虑到企业规模、市场、竞争情况、所用的技术的情况下，它阐述了从一个被动的革新者变换到一个主动革新者的过程和哪些能力、资源等是必需的。

三、加速创新——从项目的角度观察

从项目角度（层面）上看，各创新领域之间关系的复杂程度不比从企业角度（层面）所观察的更高。因此在此层面上，就可详细展示各种事物的相互影响的关系（参阅 Warschat/Auernhammer/Schumacher 2004）。在项目层面上，因为我们集中地考虑到效率，特别是时间因素，所以在描述时可使用所谓的时间驱动因子。这些与成功因素相关，也就是说它们阐述了组成创新能力的性质和实际能力。

当然，上述两个概念（即时间驱动和成功因素）所使用的判别好坏的标尺是不同的。例如，一个员工或一个团队的专业资格条件作为关键的成功因素，那么总是条件高的优于条件低的。而时间驱动因素也同样代表着一个员工或一个团队在一特定项目中的专业资格，但它却意味着专业资格和特定项目要求之间的最佳匹配，此时（即高条件的员工超出特定项目的要求）时间驱动因素显示了相应的负偏差（时间内耗因素）。

时间驱动因素也同样可归入创新管理的九个创新领域中。对一特定的项目而言，时间内耗因素呈现着项目中消耗时间之因素的总图（图 2-4）。

图 2-4　时间内耗因素分布图

项目层面与企业层面一样，也包含两个行动步骤。

第一个行动步骤，通过时间驱动因子分析，提供了对创新项目、时间驱动因素的辨别和评估的分析。它包含三部分（图2-5）。在第一部分，通过与项目的责任人和参与者的会面来对项目进行曝光。这些就凸显出项目的基本条件、基本内容、项目的执行者、资源和项目所处的状态。第二部分将通过专题座谈和更深入的会面对时间驱动因素进行诊断，从而构建一个特别的时间驱动因素图。在第三部分，最终对已辨认出的时间驱动因素以不同的标准进行评估，并在此基础上制定和实施相应的加速创新措施。

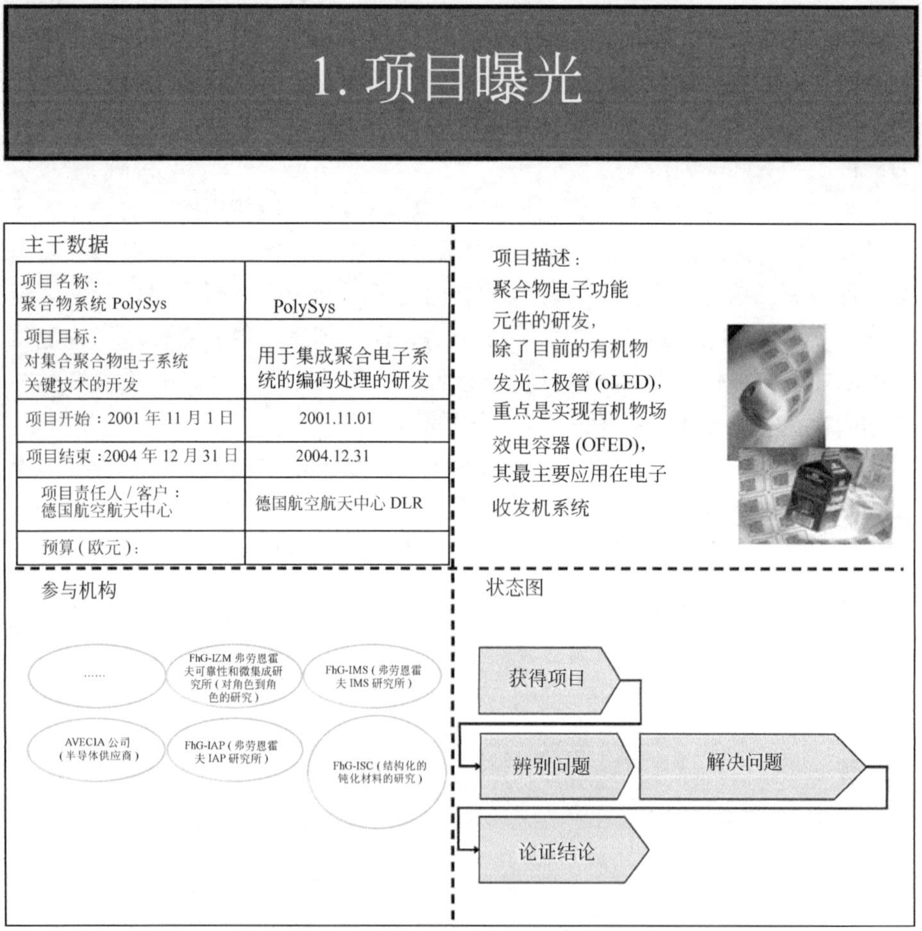

2．耗时因素分析

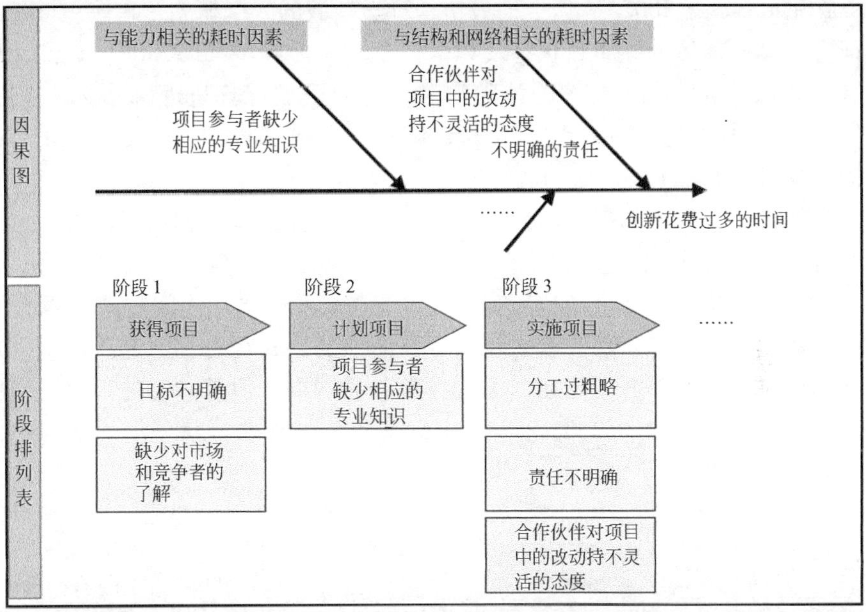

3. 创新过程的加速

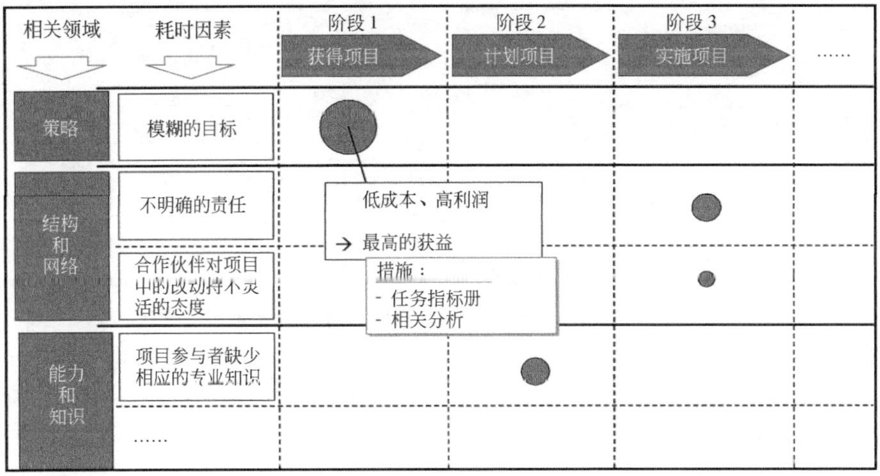

图 2-5　分析耗时因素的过程

与企业层面的视角类似，在第二个行动步骤中，主要针对创新项目中有长远发展前景的时间导向的管理。

为了描述创新项目中各元素之间的相关性，将借用本体论（Warschat/Slama/Schumacher 2005）。这个词最初是哲学领域的一个概念，在该领域里人们研究物体、物体的性质、状态及其相互关系（参看 Wolff 1730）。以此为依据，计算机领域出现了描述物体的方法，它们可被计算机理解，也就是说，可以在计算机的帮助下被存储、阅读和解释（参看 Davis/Fensel/van Harmelen 2003，参考第七章）。

将上述概念应用到创新项目中，就意味着所有概念（如项目、方法、要求和行动）在一个网络里相互关联。作为这种关联的例子，如“行动”和“方法”之间的“执行”，或者“行动”和“人力资源”之间的“被执行”。这些创新项目的基本元素被以创新项目本体论的形式综合到一起。创新管理本体论可以分为四部分，行动、方法、角色和需求，但是它们的界限是模糊的（参看 Bullinger et al. 2005b）。图 2-6 摘录了“要求”部分作示范（参阅第七章二）。

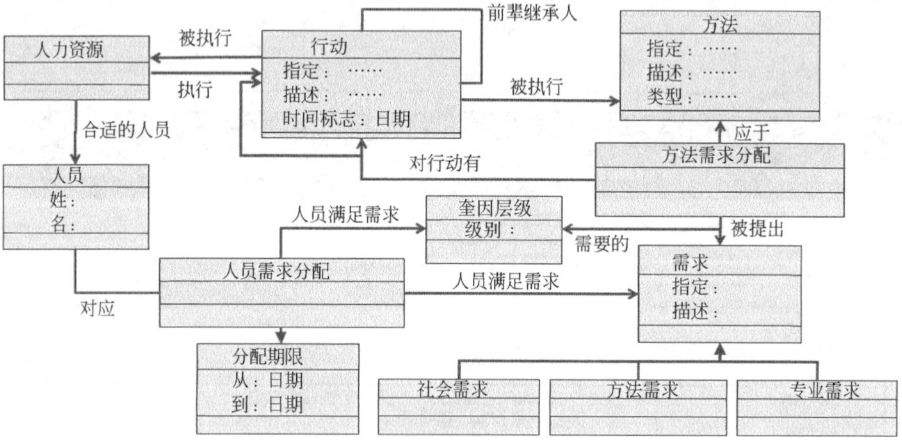

图 2-6　创新本体论概略图

人们在工作中经常用到本体论，只是他们没有明确地意识到这点。一个基于计算机的本体论的优点在于，它能对内含的知识作出判断。例如，它可以在一组机构单位里对其员工提问，一个特定的员工有什么样的同事，而不必明确给出这些信息。这里的依据是，员工 1P（N1）和员工 2P（N2）在同一机构单位里 O（N1）工作，也是同事。结论“是某某的同事”，因此只是有条件地成立。然而关系“在某处工作”却一直成立（图 2-7 和 Warschat/Slama 2005）。

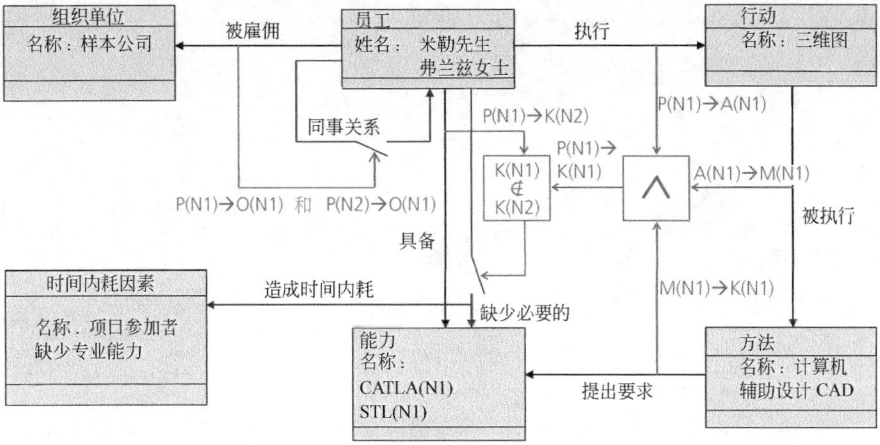

图 2-7 在本体论中时间内耗被作为破坏常规的因素：分解图表示
（Slama 2005）

对时间内耗因素“一个项目参与者缺少专业能力”人们将很快作出决定，某项目参与者是否胜任一项任务，而不必对每个参与者、每种方法和每个行动的评估以文件的形式存储。对于关系“某员工正在从事一项工作，该项工作需要一种方法，该方法需要一种专业技能”，人们可以对该例子直接询问并进行分析。通过这种方式，可以与相应员工所具备的能力进行调整，在不匹配时人们便可以及时识别出一种时间内耗因素。

本体论的应用者将来只要对所涉及的关联“时间驱动因素”提问，就会收到所有出现在他的创新项目中的时间驱动因素清单。本体论因此能支持项目负责人来计划和控制他们的项目，并可以简便地扩充知识基础，例如对项目做回顾和总结时得出的新经验和知识进行整合。最后，本体论也使对未来网络扩展的智能应用变得容易，计算机网络在未来也能使用相同的语义学方法（Fensel et al. 2003）。

四、方法集成

如对上述方法进行综合，将得到一个集成的创新管理体系（图 2-8）。不论在企业层面还是项目层面，通过对相应的创新能力即创新性能的分析，并借助方法手册的帮助和利用合适的措施都可以进一步改善创新能力。

在两个层面上，均可有效地实施创新控制及创新项目计划和调节的管理体系。要综合集成这两个层面，则需通过关键成功因素和时间驱动因子分析的思路进行。

这样就提供一种机会，使得知识在系统内部，特别是在企业层面和项目

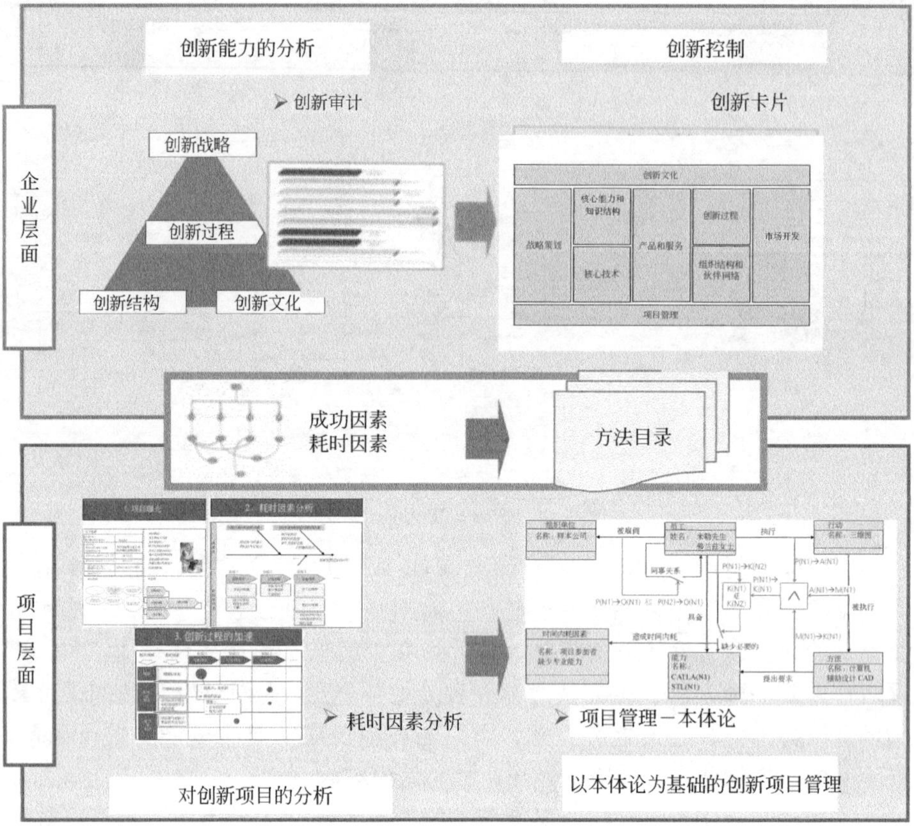

图 2-8　集成的创新管理

层面之间得到系统的交流。作为例子，如果在不同的创新项目中观察到类似的时间内耗因素，便可通过时间内耗因素和成功因素之间的相似性在创新卡片中确定一个目标。用这个方法，重复出现的时间内耗因素的系统错误便能被成功地识别出来，并通过在企业层面上采取措施进行修正。欲判断企业层面的一个改善措施是否成功，通过分析相应项目层面上出现的时间内耗因素是否比以前减少，便可得知。

这本书后面的章节将详细描述创新审计和创新控制（第三章）、时间驱动因子分析（第四章）和以本体论为基础的创新项目管理（第七章）。

除了叙述特别的概念和程序之外，还将展示深入的经验上的研究结果，而这些结果均被目前的经济和工业现状得以验证（第五、八章）。然后通过案例记录分析（个案研究）的形式，对挑选出的创新项目加以描述；个案包括以下几个领域（第六章）。

- 聚合物电子；
- 多元配套服务和产品；
- 光学技术；
- 自适应电子技术。

参 考 文 献

Ardilio, A.; Auernhammer, K.; Kohn, S.; Spath, D. (2004): Marktstudie Innovationssysteme : IT-Unterstützung im Innovationsmanagement, Fraunhofer IRB Verlag, Stuttgart

Arthur D. Little (2004): Mit Innovation gegen Stagnation, Innovation Excellence Studie 2004

Bullinger, H.J.; Wagner, K.; Rogowski, T.; Bannert, M. (2005a): Innovationen im Unternehmen ermöglichen – die Innovationsfähigkeit analysieren und bewerten, in: IM Information Management & Consulting, Sonderausgabe 2005, S. 34-37

Bullinger, H.-J.; Warschat, J.; Schumacher, O.; Slama, A.; Ohlhausen, P. (2005b): Ontology-Based Project Management for Acceleration of Innovation Projects, in: From Integrated Publication and information Systems to Virtual Information and Knowledge Environments, Springer, Berlin, Heidelberg, New York, S. 280-288

Davies, J.; Fensel, D.; van Harmelen, F. (2003): Towards the semantic web: ontology-driven knowledge management, John Wiley & Sons Ltd, Chichester

DGQ Deutsche Gesellschaft für Qualität (1999): Kennzahlen für erfolgreiches Management von Organisationen. Umsetzung von EFQM-Excellence – Qualität messbar machen, DGQ-Band 14-24, Beuth-Verlag, Berlin, Wien, Zürich

Fensel, D.; Hendler, J.; Lieberman, H.; Wahlster, W. (2003): Spinning the semantic web: bringing the World Wide Web to its full potential, MIT Press, Cambridge, Mass

Kaplan, R. S.; Norton, D. P. (2004): The balanced scorecard: translating strategy into action, Harvard Business School Press, Boston, Mass

Luhmann, N. (2004): Einführung in die Systemtheorie, Carl Auer Verlag, Heidelberg

McKinsey (2001): Innovations-Kompass: radikale Innovationen erfolgreich managen; Handlungsempfehlungen auf Basis einer empirischen Untersuchung; eine Initiative von McKinsey & Company, TU Berlin und dem Verein Deutscher Ingenieure, VDI-Verlag, Düsseldorf

Slama, A. (2005): Graphical Representation of Heavyweight Ontologies, Whitepaper, Fraunhofer IAO

Warschat, J.; Auernhammer, K.; Schumacher, O. (2004): Beschleunigungsstrategien für wissensintensive Innovationsprozesse, in: Spath, D. (Hrsg.): Forschungs- und Technologiemanagement: Potenziale nutzen – Zukunft gestalten, Carl Hanser Verlag, München Wien, S. 141-147

Warschat, J.; Slama, A. (2005): Ontology-based Innovation Management; in: International Symposium: Research – Education – Technology; Gdansk University of Technology – Faculty of Mechanical Engineering; S. 333-338; May 2005

Warschat, J.; Slama, A.; Schumacher, O. (2005): Ontologie-basiertes Innovationsmanagement; S. 493-498; April 2005; in: WM2005: Professional Knowledge Management Experiences and Visions

Wolff, C. (1730). Philosophia prima sive ontologia, zitiert in: Brockhaus Lexikon (1955), Band 8, S. 564, FA Brockhaus, Wiesbaden

译者简介：

卢　君　理学硕士，科艺仪器有限公司北京办公室产品经理

lujun@ anpico. com

梅维平 理学博士，拜尔斯道夫股份公司研发部（中国部）副总监
weiping. mei@ beiersdorf. com

史仁虎 工程博士，德国蔡斯股份公司资深光学设计师
shi@ zeiss. de

王河新 理学博士，德国蔡司股份公司技术中心“光学室”主任
wang@ zeiss. de

第三章　提高创新能力

水星的英文名字Mercury来自罗马神墨丘利，
他是罗马神话中的信使，也是围绕太阳运转最快的新星。
“创新审计”和“创新卡片”方法是提高创新能力的工具和标志，
用它们可以随时掌握现状，及时采取相应措施，有目的地提高创新能力。

原著：斯帕思（Dieter Spath）
瓦格纳（Kristina Wagner）
阿思兰丁斯（Stephanie Aslanidis）
班那尔特（Marc Bannert）
罗高斯基（Thorsten Rogowski）
保可尔特（Marco Paukert）
阿尔迪里欧（Antonino Ardilio）

翻译：吴　霆（本章编辑）
甘　霖
胡　杨
杨明红
审校：姚慧海

创新审计

通过现场审计确定企业现状及确定改进创新能力的首要措施。

创新卡片

利用一个创新控制系统实现持续评价创新能力，并制定
中长期控制以及改进措施。

❖ 理论结合实际提出有目的地提高创新能力的
“创新审计”和“创新卡片”方法

创新审计的四个主要因素是：

创新战略、创新过程、创新结构和创新文化。

创新审计在实施中的四个阶段为：

准备和确定顺序、实施审计、分析和评价、汇报和讨论。

应用创新卡片所涉及的九个创新领域包括：

战略策划、核心技术、市场开发、产品和服务、创新过程、项目管理、
组织结构和伙伴网络、核心能力和知识结构、创新文化。

引入创新卡片控制创新的三阶段模型是：

调控系统的设置、实现和运用。

一、德国企业创新能力的重要性

根据利特尔（Arthur D. Little 2004）的研究报告，企业的创新能力是跨部门“提升企业利润率和发展水平的最重要的手段”（图3-1）。根据这项研究对企业的调查显示，通过出色的创新管理，企业的销售额平均可提高13.5%。其中有些特别出色的创新企业甚至可以达到55.8%。无论在德国还是在欧洲，大部分的发展潜力来自于中小型制造企业（参阅Manufuture 2003）。在德国，中小企业在所有企业中的占有率高达99.7%。拥有的员工占所有私营企业的70.2%，销售额占41.2%，并提供了81.9%的培训岗位（参阅Günterberg/ Kayser 2004）。对德国中型企业而言，机器制造业、汽车行业、电子工业等传统行业扮演了重要的角色。

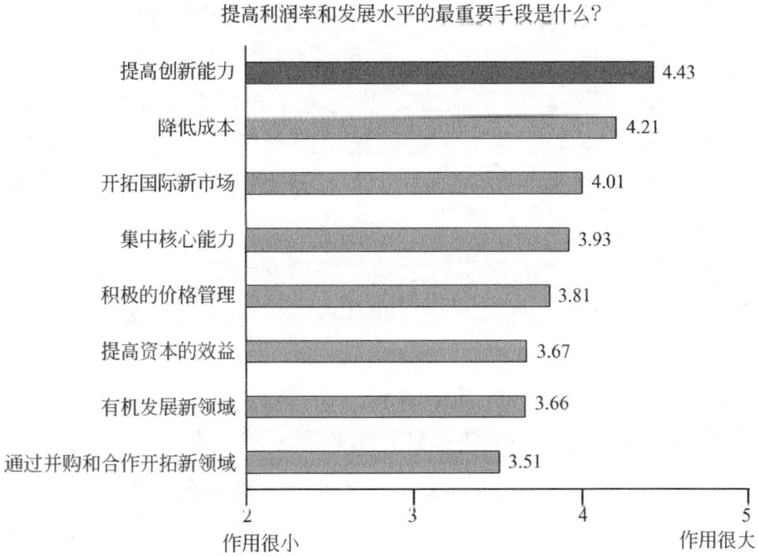

图3-1 提高创新能力的措施
（根据利特尔 2004）

与此同时，部分中小型企业的创新项目也面临着大幅度的财政限制。根据欧洲经济研究中心（Zentrum für Europäische Wirtschaftsforschung GmbH, ZEW）的估计，超过40%的这类企业只有低于2%的销售赢利（参阅Rammer 2004）。鉴于资金短缺，中小型企业无力自筹资金投资创新改造。因此为了使企业的创新计划能顺利实施，必须为它们提供相应的贷款支持。

事实上，这已大大挫伤了中小型企业的创新积极性。“自1998/1999年以来，在中小型企业中，卓有成效的创新型企业的数量一直在下降”（参阅

Rammer 2004)。

只有大约三分之一的中小企业在积极从事创新工作［参阅 BMWA（O. J.），即参考资料中德国联邦经济劳动部没注明年份的那份资料］。而大多数中小企业只有少量的创新活动。“创新工作”不仅是指新产品开发，更确切地说，是反映了企业在研究和发展方面所做的不懈努力。通过这种努力，使研发投入和由此产生的增长能力之间建立了某种内在联系（参阅 Kinkel/Lay/Wengel 2004）。另一方面，企业的创新型的组织形式以及新的生产工艺有助于在竞争中赢得优势。

正如第一章所谈到的，创新可分为四个领域。除了传统意义上的以研究发展为基础的产品创新，还有产品和服务相结合的创新。这里特别关注的是扩大至整个工业产品范围内的产品服务，比如说，需求分析，工程服务，以及提供对开工投产，管理保养服务和经营模式等方面的帮助。生产技术创新这一领域涉及通过创新以新的生产方式和生产技术来实现生产技术创新，如采用数控生产线、自动材料流水线以及用电子技术装备的工具装置（参阅 Kinkel/Lay/Wengel 2004）。还有，在创新组织纲领计划中引入比如说解决问题的团队，虚拟的职能网，将有助于实现更高的灵活性和更强的能力，以在竞争中保持优势地位。

为了能在今天和将来处于不败之地，企业必须满足一些有个性化的特殊需求，为此必须增加产品的多样性，并从根本上加速科学技术的发展。面对发展带来的周围环境的剧烈变化（参阅 Hartmann 1996），企业不仅要提高其传统产品的应变能力，也要考虑在创新产品方面提高其应变能力，做好转变准备（参阅 Pfeiffer/Weiss 1992）。只有实现了新产品的研发和市场转化，才是一个企业走向成功的标志。在这一过程中，企业提高了创新能力，形成了严格的创新过程，顺利地实现了创新项目，从而使新产品的研发和市场转化的重要性与日俱增。

然而，在企业实践过程中，创新项目的实现还存在不少问题。由于时间、价格和质量上出现的偏差，创新项目往往还达不到令人满意的程度（参阅 Söndgerath 2002；Bullinger/Warschat 1997）。

中小型企业的一个致命弱点是其缺乏对本企业的创新才干和创新能力的判断力（参阅 Arthur D. Little 2004）。不了解市场情况，缺乏一个全面的创新战略［参阅德国联邦经济劳动部 2003 年的资料（BMWA 2003）与经济周刊 2004（Wirtschafts woche 2004）］。由于生产能力不足或专业技术力量薄弱，致使许多企业忽视了创新积极性，造成创新产品下降的趋势（参阅 Arthur D. Little 2004）。此外，企业创新过程效果不佳，并缺乏系统性［参阅德国联邦经济劳动部2003年的资料（BMWA 2003）]，也阻碍了创新理念快速、持续地向市场化的产品和服务转化的进程。所有这些导致创新潜力无法被充分认识和利用。

出现这些问题的原因常常是由于企业不能对创新项目进行足够有效的控制（参阅 Burghardt 1995 和 Kessler/Winkelhofer 1997）并且缺乏对主要影响因素即创新成功因素以及它们之间相互影响的了解（参阅 Klose 1999）。同样情况也出现在与项目相关的创新过程中，该过程相应地也受到企业其他过程因素的影响。

为了能有效地控制创新过程和创新项目的影响因素，弗劳恩霍夫协会开发了“卓越（Excellence）创新模式”。根据这一模式，首先对企业创新能力进行评估，进而寻求提升企业创新能力的行动措施，目的是加速企业创新的进程。企业只有通过顺利实施创新项目，才能保证长期成功地占有市场以及不断地开拓新市场。

由此可见，中小企业应该发掘和利用现有的创新潜力来保证和强化创新能力。在这一发展过程中，企业对现有的创新积极性进行现实性分析，反复推敲它们的效益，进而寻求改进措施。通过由此获得的透明性，企业发展潜力就会得到更好、更有效的利用。

二、通过有目的的分析和控制来系统地提高创新能力

由于创新能力存在于企业的众多部门并受诸多因素的影响，所以首先涉及的是一个复杂的、难于理解的组合体，但我们仍能设法给这一组合体一个易于掌握控制的结构。在评价企业过程中，有大量的例子能证明这一点，即使评价的重点部分地放在其他问题上。这种做法普遍存在于如平衡记分卡（Balanced Scorecard）中，也能在某些专门方面起作用，例如，在企业经济价值、质量安全过程方面［相应于 EFQM 或国际标准化组织（International Organization for Standardization）ISO 9000］以及在创新活动方面。在创新活动方面，还要对以下几点进一步做出判断，即创新项目、创新过程、产品的创新水平（含量）、企业的创新业绩或一个组织的创新潜力。

卓越的创新意味着具有提供独特的产品和进行高效率生产的能力，是一个决定性的竞争要素。因此，在企业领导的战略决策中必须确立这样的定位。提高创新能力，例如消除创新障碍和形成有利于创新的规章条例，是一个复杂的学习和转变过程，是企业领导的重要任务之一。

为了实现这一目的，德国弗劳恩霍夫协会劳动经济和组织研究所开发了适应这一要求的分两步实施的方案。这一方案不是孤立地考虑单一的创新项

目或创新产品，而是利用企业现有的能力有效地开发新产品，并成功推向市场，同时兼顾企业内部所有重要的创新活动。

方案的第一步包括分析创新能力的现状以及确定改进创新能力的首要措施。第二步使用一个创新控制系统实现对所确定的方向持续检验和控制。

这一方案已成功地用于不同企业，例如机械制造行业。方案的实施加快了对企业现状的分析。并可在需要的情况下，对企业创新能力实行长期监控（图 3-2）。

创新能力的评价	
创新审计	**创新卡片**
通过现场审计确定企业现状	持续评价创新能力
目标：确定工作重点	目标：中长期控制以及改进措施
分析填写的问卷（Questionairre）	控制定性/定量的测量值

图 3-2　创新能力的分析和控制

进行企业现状分析要借助于“创新审计”，由企业外部审计人员组织实施。创新审计尤其有助于对中小企业的创新生产能力做出正确的评估。在现场确定企业现状的基础上，得出针对该企业的工作重点，并由此来确定改进措施。因此，创新审计的目的在于，立足战略高度，优化对创新成功起决定性作用的，交织着思维、行为、文化内涵的过程和结构。由此形成影响创新结果的四个领域，即创新战略领域、创新结构领域、创新过程领域和创新文化领域。

企业的长期展望具有重要意义，为了实现良好的前景，必须对企业在改革创新，再把产品成功推向市场方面的能力进行经常地评估、调整和控制。这种创新调控是通过“创新卡片”来实现的。创新卡片采纳了创新审计中的创新领域，并进一步优化了如技能和知识、工艺、项目管理、产品与服务以及市场等重要方面。创新卡片作为工具，确保企业把提高创新能力放到战略高度，并对其进行连续评价和长期持续追踪。根据企业成功的关键因素，创新卡片帮助企业组合一个符合需求的有定性和定量指示的选项。而为此特地开发的考察计划和组织方案则用来保证“创新卡片”按计划实施。与此同时可以获得对考察数据的分析和解释，并把改进措施通过一个成熟模型输入到指示器的目录中。

弗劳恩霍夫协会方案提供了一个广泛的评价和控制创新能力的体系，它既能用来对现场确定的状况进行直接分析，也可以实现连续控制。与其他方案不同，该方案结合了系统化的改进过程，在改进过程中企业既考虑了分析结果或者说考虑了所获得的特征数据，又采用了一个成熟模型和方法目录，系统地支持了所考察的各个创新领域以及各项改进措施的落实。

三、通过现场创新审计确定现状

每个创新的倡议在开始时都带着诸多问题和许多可能的设定目标。创新潜力在哪里？哪里最需要采取措施？首先应该做什么？要回答这些问题，必须从有目的地分析最终结果开始。企业可以自己进行这种分析，也可如同在质量管理中那样，请外部分析员帮助分析。借助外部分析可以更客观地看清现状，指出各种可能性。而企业自行分析则不容易做到这些。原因是外部分析员具有更宝贵的审计经验。弗劳恩霍夫协会创新审计提供了这种可能性。即在外部审计协助下分析企业创新的能力。企业则能在同时更好地安排创新活动，认识了解本企业特有的改进潜力，并有目的地和有效地落实各项行动措施。

创新审计提供了一个集成化的创新管理方案。方案强调通过所有重要的创新过程和步骤将企业各部门及其所属的周边环境有机地集成在一起（参阅Spath et al. 2003）。作为全面的、高质量的分析工具，弗劳恩霍夫创新审计的主要目的就是改进和增强企业的创新能力。与传统的审计类似，首先要对一个企业创新系统的运行流程进行客观调查和评估，借助创新审计记分卡系统地评估所获得的认知，从而确定针对企业的整改重点。同时，有较强影响力的关键过程，如创新战略、创新结构、创新文化作为创新积极性定量的特征，处于分析的中心地位。由此可见，创新成果不仅取决于财政投入的多少，而且取决于以创新思维与创新行动为原理所构成的创新体系。

（一）创新审计的要素

创新审计的中心是创新过程以及如何直接有效地实施创新项目（图3-3）。而创新项目的实施会受到一些有影响力的因素间接或直接的影响。经常出现的是由创新战略、创新结构/创新组织和创新文化组成所谓的传统三角（参阅 Müller-Stewens et al. 2001）。这些因素之间存在紧密的内在关系，要求一个周密、组合的考虑和设计。在这三个相互影响因素中，哪一个最重要及其作用方式取决于企业特点。对有些企业，创新战略很重要。对另一些企业，适宜的创新结构和创新文化的影响更大。但是，无论如何有一点可以肯定，这三个相关领域在创新过程中的共同作用将对创新项目的成功实施产生决定性的影响。因此，也直接决定了创新结果的成败。创新结果因此也被看作一个经济上的定量指数，因为将这一结果或者说创新项目的成果引入市场将直接影响今后的财政基础，也就是说影响企业未来的创新投入，并间接影响企业将来创新系统的构成。下面将逐一介绍这四个创新领域。

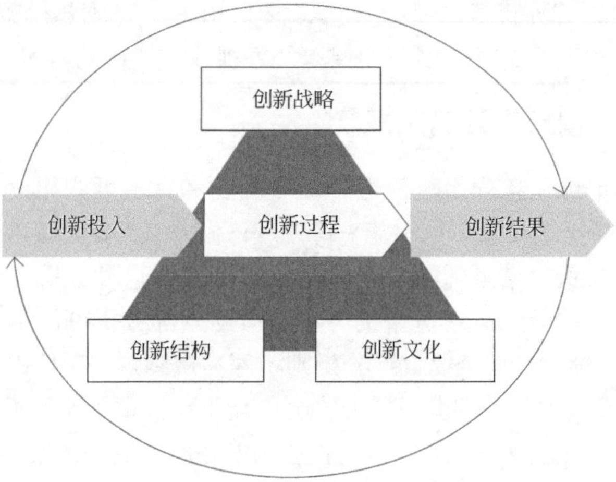

图 3-3　创新审计元素

创新过程领域

创新过程描述了企业创新项目的结构和流程。它包括从鉴别各种可能性得出的所有过程步骤，鉴别可能性可被归纳为市场刺激（市场驱动）和研发活力（技术驱动），其贯穿于项目前期的创意获得、创意评价、创意筛选直到项目计划、实施和新产品的市场导入。通常情况下这将形成一个“生产传递过程或决策门系统”（Stage-gate-process），亦即分阶段进行控制的过程。该阶段-门过程将创新过程分成一般阶段和里程碑阶段。在这里，里程碑阶段是用于对项目进展进行评价，对取得结果进行质量控制以及用于决定项目是否继续或暂停执行（参阅 Cooper 2000）。与此同时还要对创新过程领域中的创新过程的所有阶段（即控制过程、项目管理及使用的方法）进行分析，因为只有通过建立这样一个学习过程，通过使用和继续开发适合的工具，才能获得持续塑造创新系统的能力（参阅 Schmelzer 1988）。

创新战略领域

创新战略领域的核心是决定创新能力和专门知识的构建、市场的开发和经营、产品/服务的开发以及产品开发、生产和定位的方式、方法。例如，创新战略会对产品进入市场的时机或专门知识的特点以及工艺结构的形式（制造或购买）产生重要影响。因此它与企业总体战略目标有直接，紧密的联系。作为创新战略这一领域的另一个任务，它要对企业在创新过程前期的阶段对项目的设想以及对环境和技术进行监控的设想作出解释。创新战略还有助于限制寻找解决新问题的方法的范围，以便能系统地、有目的地寻找解决新问题的方法和思想。创新战略的构筑能通过各种方法，如情景分析法（Scenario)、集成创新路线图法（Integrated innovation roadmapping）以及德尔斐（Delphi）法等。

创新结构领域

创新结构反映了创新系统中的组织机构和管理系统。因此它具有核心的意义并且形成了一个总规章制度。创新和管理都要按这一制度执行（参阅Tidd 2002）。创新结构直接影响了所有参与者的组合形式，体现了企业任务的多样化。例如，创新结构可以确定网络机构的设立，确定外部知识资源（供应商、客户、工艺专家等）的利用，确定创新管理者和创新管理的任务以及入库、转账、在企业内和部门间信息的交流。它同时明确了职责并阐明了关联机构。

创新文化领域

创新文化这一领域直接决定了企业的交流行为、协作行为、领导行为和动机行为，并与企业文化紧密相连。作为企业整个创新系统中的一个重要组成部分，创新文化体现了企业长期发展中形成的在创新过程中被证明行之有效的价值观念、行为规范以及立场观点的总和（参阅Vahs 1999）。因此与其他创新领域不同，创新文化不仅不能直接被改变，还将对企业创新能力产生重要影响。例如，创新文化可以反映在处理过失、聘任员工、谋求领导支持、开展知识交流以及有目的地对创新者进行鼓励等方面。

在一个企业的创新系统中，没有一个创新领域可以单独决定企业的创新能力，或者说创新成效。但是，四个因素共同作用再加上创新投入和创新结果将对创新成效起决定性的影响作用（参阅Sommerlatte 2001）。

（二）创新审计的应用

弗劳恩霍夫协会创新审计在实施中分四个阶段。一般情况下，可在4～6周内完成审计。

阶段1 确定分析目标，在企业各部门选择调查对象，同时确定创新投入和计划中的创新结果。

阶段2 开始真正意义上的审计，即以讨论会和专家访谈的形式。再视情况进行数据分析和系统分析。

阶段3 根据创新审计记分卡和弗劳恩霍夫协会基准对取得的结果进行分析、评价。在这一阶段，还要对改进潜力进行鉴定和归类，进而提出对该企业有针对性的推荐措施。

阶段4 除了介绍调查分析结果，还要对重点情况进行总体评价（图3-4）。

阶段1　准备和确定顺序
- 确定分析目标
- 确定范围和时间
- 选择部门和访谈对象

阶段2　访谈和数据记录
- 确定创新指标
- 根据主导思想进行访谈
- 记录数据（访谈、观察、会谈、评论、其他）

阶段3　分析和评价
- 根据创新审计记分卡对访谈以及讨论会结果作分析、评价
- 形成工作重点和针对企业的改进措施
- 写出审计报告

阶段4　介绍和讨论
- 介绍审计结果
- 后续工作建议和建议措施的落实
- 转交审计资料

和弗劳恩霍夫协会劳动经济和组织研究所（IAO）证书

图3-4　实施创新审计的步骤

阶段1——准备和确定顺序

在创新审计的第一阶段是共同确定分析目标。根据确定的目标和企业特点再确定审计工作规模和时间。根据经验，结构复杂的较大企业需要花费较长的时间。同样，要想得出一些具体的有针对性的改进措施也需要耗费更多的时间。相反，关于创新能力最佳状态的基本调查只需要耗费较少的时间和较浅的细节深度。

与此同时，还要与企业一块确定访谈对象和安排审计时间。为此必须吸收企业创新系统内不同级别、不同职务和不同部门的代表参加，以便得出对创新系统能力的各种可能的不同看法。

另外，在阶段1，要记录有关创新投入和创新结果的重要指数，保存现有创新能力的评价资料。例如，重要指数有：研发费占销售额的比例、研发人员数量、新产品推广数量、产品创新率和市场化时间。相应的数据资料有：创意数据库结构、过程图、组织机构图表、评价标准、创新管理指南。

这些收集的数据资料和指数被归类后将用到下面几个阶段的工作中。尤其适用于阶段3，即“分析和评估”阶段，以制定针对企业的各种措施。另外，在时间上固定的重要指数，能够检验改进措施的效果。

阶段2——访谈和数据记录

在审计阶段，主要根据按主导思想所编辑的提问手册进行访谈工作。这本提问手册表述了对创新过程领域、创新战略领域、创新结构领域、创新文化领域的创新审计。通过访谈能将许多改进建议以及有利因素吸收到创新系统内。根据情况，还可以通过有主持人的专题讨论会以及专门数据分析或系统分析来加以补充。

提问手册（填写问卷的方法）的结构分成几个部分。每一个创新领域都包含许多审计标准（图 3-5）。根据设立的主要问题来进行审计。为了提高对所评估内容和目的的理解，每个主问题又被分成若干细节问题。图 3-6 节选的是创新战略设计领域的审计标准。细节问题可以根据企业特点加以改变（如企业规模、行业动态、竞争强度等）。它主要用来作为讨论审计判断标记主要问题的论据。为了使报告更具效力，所选择的控制问题一律是标准问题形式。因为只有有规律地而不是偶然地使用一个分析能力的方法学，才具有积极意义。

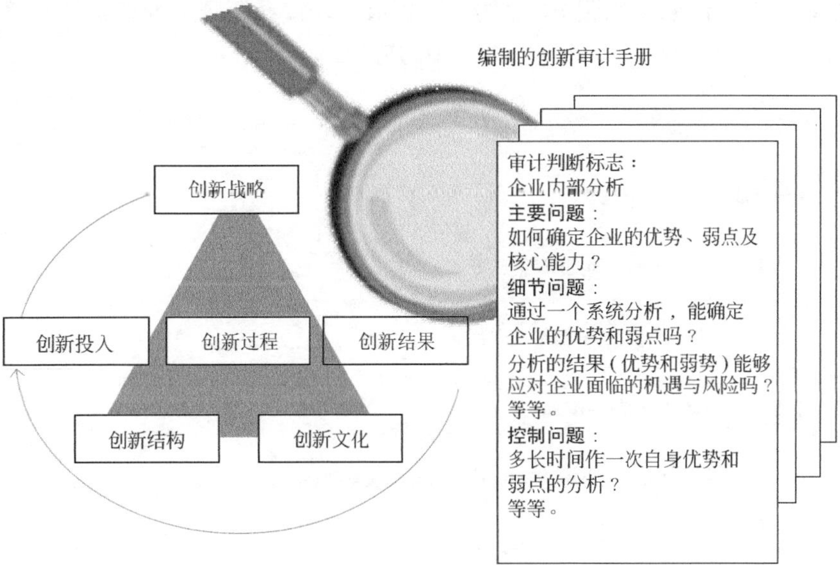

图 3-5　创新审计提问结构

审计判断标志：企业内部分析

主要问题：

如何确定企业的优势、弱点及核心能力？如何认识自身的优势、弱点及核心能力

细节问题：

- 了解自己的技术潜力吗？
  了解企业的核心能力吗？
- 通过系统的企业分析能确定自身的优势和弱点吗？
- 分析结果（优势和弱点）能够应对企业面临的机遇与风险吗？
- 如何让分析结果在企业内受到关注？
- 利用技能路线图和根据未来技术发展系统地调整核心能力了吗？核心能力是怎样产生的？或者说，采取哪些措施获得核心能力？
- 如何完成计划核心能力？

图 3-6　审计判断标志——企业内部分析

阶段 3——分析和评价

审计员利用创新审计记分卡为工具，对访谈结果和专题讨论会结果进行分析、评估。创新审计记分卡汇集了全部审计判断标志，并被赋予两个基本作用。

首先，创新审计记分卡以一个四级评估系统把审计结果定性分类。其次，可以用它鉴定企业创新系统内的工作重点及最佳实践标志。因此，从创新审计记分卡的级别分类里，可以直接引导出富有成效的特征，通过与相对较高的级别比较，引导出改进潜力。图 3-7 表示创新审计评分卡的四级评价系统在某“企业内部分析”审计判断标志中的应用。

创新审计评分卡：

审计标准：企业内部分析

级别 1——存在明显的采取措施的必要

对自己的优势和弱势知之甚少

级别 2——现在有采取措施的必要

基本了解自己的优势和弱势，没有积极重视它

级别 3——情况良好，但仍有改进余地

通过企业分析获得有关自身优势、弱势的认知，并站在企业战略和创新战略的高度重视它。企业自身的技术潜力只有经过这一阶段才能得到提高。

级别 4——情况非常好，目前看只有很小的改进空间

通过系统地企业分析获得有关自己优势弱势的认知，同时通过考查技术潜力，从客户的需求和竞争者的对比中获知企业所需的核心能力。所获得的优势、弱势及核心能力的认知有助于调整企业的机遇与风险，也有利与制定长期的保持战略成功地位的企业战略和创新战略。

图 3-7　创新审计评分卡的分级

级别 1，表示该领域有明显的采取措施的必要。级别 2，表示现在有采取措施的必要。级别 3，表示企业在该部分（如企业内部分析）情况良好，但仍有改进的空间。级别 4，表示状况非常好。从目前看，只有很小的改进空间。

图 3-8 表示用创新审计评分卡对某创新战略领域评价的直观图解。审计判断标志“企业内部系统”是该创新领域的组成部分。

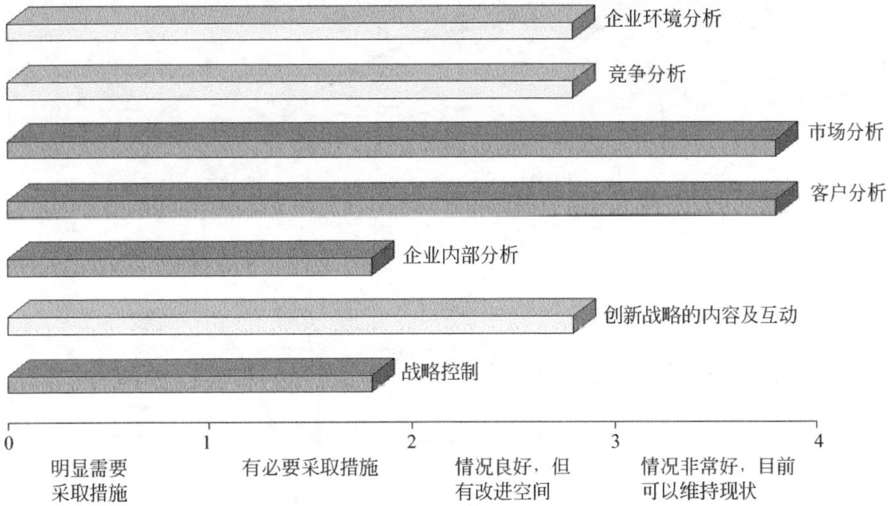

图 3-8　创新审计评分卡对创新战略领域的图解描述

因为每项审计判断标志都直接包含大量措施、建议，创新审计记分卡的第二个作用是作为导出最初改进建议的基础。每个创新领域都有相应的方法标准供使用（参见五）。这些方法标准不是教条的，因为每种方法都适用于多种情况。方法目录集采用分部结构，适用于创新审计记分卡中每个标准的不同级别。因此，每个创新领域都能找到初步的改进措施。

接下来，为了确定有针对性的措施，就要鉴定相互关联的各创新领域的改进潜力；同时考虑各种影响因素的内在联系。图 3-9 给出在建立“创意数据库”的例子中，各种影响因素的内在联系。

由图 3-9 可知，“建立创意数据库”的举措受到多方面因素的影响，如创意数据库的协调因素和员工的工作积极性（动力、愿望）因素。同时，“建立创意数据库”相当强地涉及创意管理过程。因此，采用创意数据库应该按事先确定的认可分析和需求分析并且积极纳入到创意管理过程和它的各机构中。

在这一分析基础上，要针对该企业把所鉴别的整改范围和改进建议进一步加以发展和具体化。在这里审计专家、最佳实践基准以及被调查企业的特性（如企业规模、行业、特性指数等）将起重要作用。举例来说，并非每个企业都有必要引入一个范围广泛的技术情报系统和一个全面的 IT 处理问题系统。

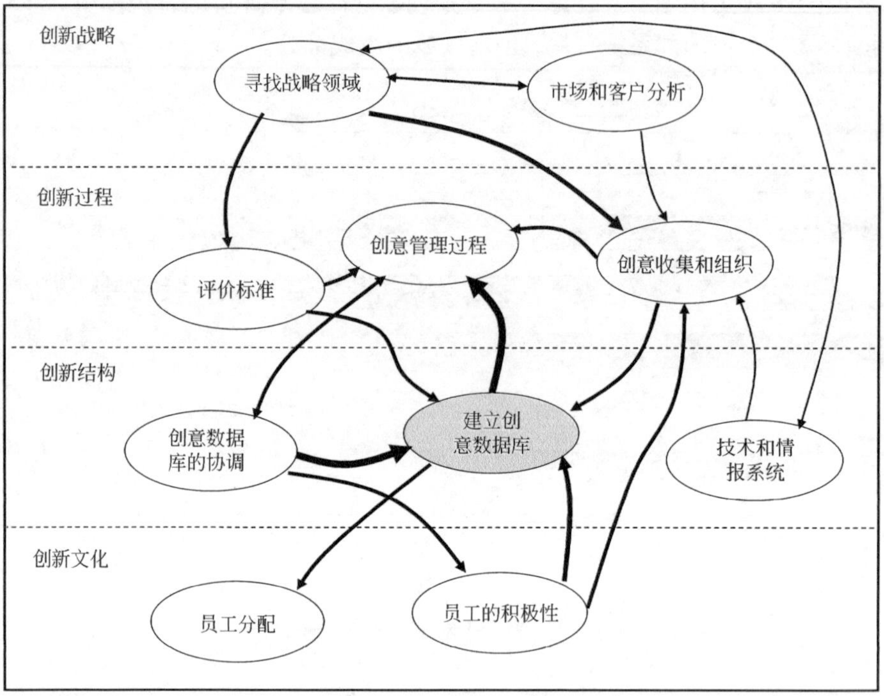

图 3-9　影响因素的内在联系

在最后的结论中，将提出主要的整改重点以及具体的与企业需求相适应的改进措施。这些将在下一阶段介绍并在必要时与企业一起确定实施步骤。

阶段 4——介绍和讨论

创新审计的最后阶段是介绍审计结果。并对创新审计记分卡做形象的描述和展示。同时，对每一个创新领域确定最重要的积极因素和所有经过鉴别的改进潜力，并形成行动重点。需要补充的是，在这一阶段，所提交的改进建议，还要与企业一起反复商讨并确定实施步骤，最后形成一个确定了实施步骤的改进建议计划。接下来就是转交审计文件和颁发弗劳恩霍夫协会劳动经济和组织研究所审计证书。这一证书用来证明企业的创新能力（图 3-10）。

（三）创新审计的成功因素和效益

创新审计的成功实施取决于不同因素。一个较重要的因素是，所有参与者的公开性和愿意交流的意愿。企业领导的重视也是审计成功的因素之一。另外一个影响因素是正确选择调查部门和访谈对象。做到这点的必要前提是，至少选择一个有代表性的企业部门以及选择来自不同级别层次和组织机构的访谈对象。经常出现的错误是，选择一个新的，被认为是很有创新性的部门，或者只局限于某部门参加（如研究和发展部），或者说只选择一个级别层次的代表（如部门经理）。

弗劳恩霍夫协会劳动经济和组织研究所

由弗劳恩霍夫协会劳动经济和组织研究所（斯图加特）出具的对作为范例的某有限公司的

创新审计实施证书

[某有限公司的地址及邮编号]

从2005年1月20日至2005年2月16日，弗劳恩霍夫协会劳动经济和组织研究所的员工调研了某公司的创新战略、创新过程、创新结构和创新文化。

创新审计记录了某公司现有的创新能力，这也是企业创新管理和创新能力继续改进的起点。

除了对改进潜力的鉴定，创新审计还能优化和证实企业在一些重要过程、结构和活动方面的卓越表现。特别是在下列方面：

- 积极的市场分析
- 为产品的市场导入做了重要的目标分组鉴定和跟踪并进行了广泛的产品导入市场的预测试
- 广泛的网络系统和市场伙伴的组合能在创新过程中协同和整合外部资源
- 创新的企业结构

斯图加特 2005. 02. 22

迪特·斯帕思教授，工程博士

研究所所长

图3-10　例子——弗劳恩霍夫协会劳动经济和组织研究所审计证书

其余成功因素尤其得益于作为定性分析方法的创新审计结构和审计方案，包括（参阅 Strich 1995）：

- 提供所有重要的数据信息资料；
- 参与者的评判能力；
- 审计员的中立性和客观性；
- 审计员的经验和分析能力；
- 审计员可以了解各部门或通过网络和其他渠道掌握数据、专家和信息资料；
- 审计过程的透明性；
- 审计方案的灵活性和适应性。

除了可以直接应用创新审计来记录和评估企业的创新能力以及鉴定企业的改进潜力之外，当需要客观地检验改进进展情况时，创新审计还可以重复进行。因此，创新审计能够定期检验所采取措施的作用。

另外，审计文件特别是弗劳恩霍夫协会审计证书可以作为一个企业创新能力的凭证，供在如与投资者谈判或者在企业需要评价时备用。

此外，相对于现有的单一级别层次上的应用，企业领导们还会感兴趣一个间接应用，即如何让各级组织理解并致力于企业的目标和设想。为此，创新审计方案还要求在企业各部门和各商业领域进行深入探讨研究。不仅要针对改进措施和建议，也要结合自己的设想和行动进行充分讨论。只有这样，创新审计才能调动所有参与者的积极性，有利于创新文化的传播。

四、用于持续控制创新能力的创新卡片

创新卡可以单独使用，它和创新审计是相互独立的。相比于前文所描述的创新审计，创新卡可以更方便、迅速地与企业的特点相适应。创新卡是企业的一种无需外界支持，可以用于长期控制创新能力的工具。为此每一个领域都专门定义了一些影响创新能力的关键因素，并有相应的指示器特定地衡量这些因素。这些指示器的值反映了企业的创新能力。为了解释这些值，需要在一个成熟度模型中定阶（通过在一个成熟度模型中定阶，可以解释这些值）。整个方法可以通过一个详细的流程给予描述（图 3-11）。

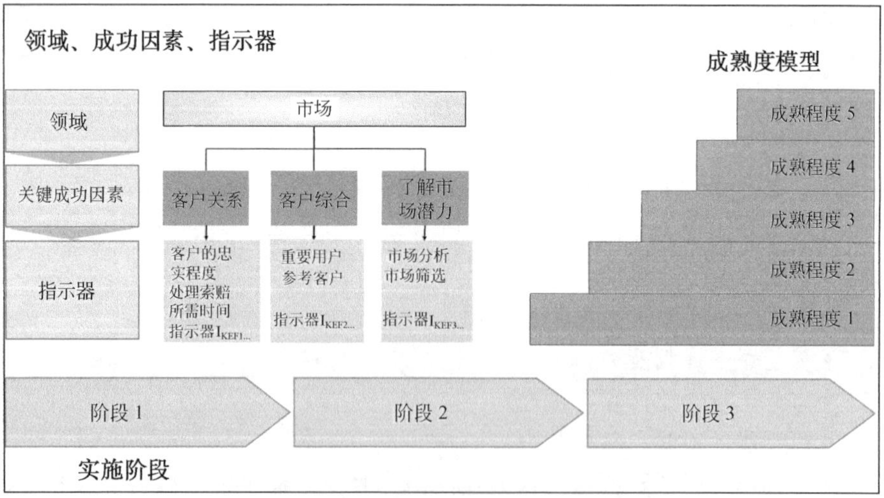

图 3-11　创新卡片的组成部分

企业可以按照图 3-11 给出的方式自己使用创新卡片方法。因为这种方法

收集了各种特征数据，所以它尤其适合于对创新能力持久的评估、检验和调节。创新卡片可以持续调用，以测定创新能力开发过程中的进展，从而使整个过程得以调节。为了达到高度的灵活性，在创新审计中将分别考察这些不同的领域（图3-12）。

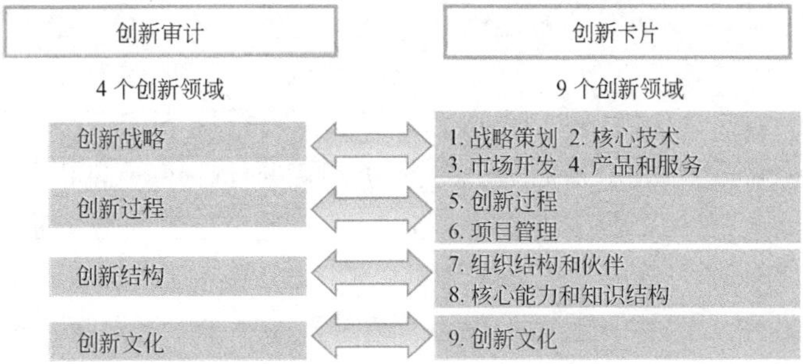

图3-12 创新审计领域和创新卡片领域的关系

（一）创新能力所涉及的领域

弗劳恩霍夫协会劳动经济和组织研究所（IAO）的卓越创新模型不仅要求尽可能全面，同时要达到相对而言很深的程度来进行研究。基于各种评估和调节方法以及专家会谈，把创新能力所涉及的领域归纳为九个。

卓越创新模型调节的对象是一个企业的创新能力。要注意的是，受到评价和调节的不只是单个的创新项目或产品开发，而是要对整个企业在新产品顺利开发、生产并成功推向市场方面的全面能力进行评估和调节。这种能力体现在作为模型基础的九个创新领域中（图2-1）。这些领域包括并描述了创新企业的要素。一个企业是否具有创新能力可以根据在这些领域的表现得以区分（参阅Eckelmann 2000）。下面将进一步逐个介绍这些领域。

创新文化

正如在创新审计章节中指出的，创新文化和企业文化紧密联系。关于“企业文化”这个概念，有很多定义。它们大多依照Sourisseaux（1994）的理解：“企业文化由其所有成员的价值、规范和行为准则以及这些成员的表现所组成，所有这些是在某一组织内部发展形成并以某种形式影响组织成员的行为”（参阅Hartmann/ Paukert 2003）。这里需要把“企业文化”和“组织气氛”相区别。后者主要用来描述企业内部所有员工之间的关系，因此也可以理解为工作岗位的气氛（参阅Krulis-Randa 1990）。

从方法学来看，通过指示器来明确区分这两个概念，经常会遇到困难。因而在此将不再区别对待“文化”和“气氛”。创新文化是指企业所拥有的价值、规范和行为准则以及由此产生的氛围，它们可以共同对创新行为产生推动或阻碍作用。

对创新文化的考察与创新能力密切相关。因为创新文化对相关员工创造并实现新设想的能力以及乐于创新的程度起着决定性的作用。

创新文化对创新能力产生影响的因素可以涉及企业领导、管理人员和员工的进取心以及交流和信任文化。

创新战略

一个战略包括定义目标，并确定为实现该目标所需的措施。同时，还应该考虑到企业所处环境中其他角色的行为（参阅 Hagenhoff 2003）。

如果创新行为在企业战略中得不到足够的重视，就会降低那些有助于创新措施得以实施的可能性。通过与战略挂钩可以在企业中形成对创新的共识。同时通过战略可以间接确定哪些新的设想需要进一步发展并形成创新。

在战略领域对创新能力起影响的因素包括创新战略的实现方式、交流和沟通，优先对待企业的某些部门或某些创新项目，将战略发展和企业的优势发展结合起来。

核心技术

核心技术是指“实际应用科学或技术的可能性来实现产品或设备的性能指标”（参阅 Sommerlatte/Deschamps 1986）。因此，“核心技术”领域包括“一个组织及其成员在自身领域认识和使用内部和外部在技术和工艺方面的潜力以及协同作用的能力”（参阅 Söndergerath 2002）。

充分挖掘技术潜力并利用技术上的协同作用，经常产生新的产品或新的制造方法，因而对一个组织的创新能力起着决定性的作用。例如，一些新技术使得采用新的材料成为可能。为了保持创新能力，必须不断收集新的技术信息并且能够判断，采用哪种技术能在本身的应用中具有成功的前景。在核心技术领域，对创新能力有影响的特征包括使用技术监视和技术路线图法来确保对关键技术的获得。

市场开发

市场代表了客户和竞争对手的世界。为了保持成功，企业必须根据市场定向。“市场取向是一种同时针对客户和竞争对手的平衡的取向。”（参阅 Kotler 1996）进行市场取向的企业表现出这样的特点：它提供具有竞争优势的方案，经验和价值，把用户的满意转化为用户对企业的信任，这种企业激励员工并把他们联系在一起，从而总是比竞争对手超前一步，把市场销售分析看作投资而不是花费（参阅 Spath 2001）。

特别是把客户作为“新创意的最好来源和合适的检验者”（参阅 Spath et al. 2001）。在市场范畴内，企业充分利用资源的能力将首先受到评价。同样重要的是关注竞争对手，确定是否值得跟踪对手的设想或者哪个竞争对手有可能成为开发的合作伙伴。在市场方面影响创新能力的是市场和客户分析的执行和评估以及对客户信息的系统使用。

产品和服务

根据 DIN EN ISO 9000（注：DIN、EN、ISO 分别是德国工业标准、欧洲标准和国际标准化组织的缩写），一个产品是“一个或多个过程的结果”。它可以分为四大类：服务（如交通运输）、软件（如计算机程序、字典）、硬件（如发动机的机械部分）和加工工艺的产品（如润滑剂）（参阅 DIN EN ISO 9000）。另外，产品也可能是这几类的组合。

服务是一种特殊的产品。根据 DIN EN ISO 9000，它是“供应商和客户之间需要执行的至少一种行为的结果，这种结果通常是非物质的”。

在这个领域，创新卡片评价的不是一个产品的创新内容，而是企业开发和提供产品的能力，以及继续开发已有产品的潜力从而形成新的创新的能力。这方面的特征包括把物质和服务组合成产品的努力以及把中断开发的产品作为创新来源进行系统保存。

创新过程

根据 DIN EN ISO 9000，过程是“将输入转化为结果的一系列相互联系和相互作用的行为”。为了控制一个组织的创新能力必须搞清楚已经实现的生产过程能对创新起多大作用。所以必须检查所有必需的过程是否已经落实，是否具有相应的特性。与创新能力相关的方面包括：创新过程的所有要素是否存在、过程的透明性（以便于调节并控制过程）、过程的灵活性（便于对变化做出反应）以及在过程接口处是否存在障碍。

组织结构和伙伴网络

组织结构和伙伴网络在广义上可被理解为一个企业的组织，这里要同样重视由企业团队组成的内部的组织和由合作伙伴和供应商组成的外部的组织。

提供和使用结构和网络将对创新项目起着决定性的作用。在这里，组织的灵活性对专家的有目的使用，跨学科团队的使用，与客户、供应商的合作都起着重要的作用（参阅 Söndgerath 2002）。在这个领域需要关注的方面是不同结构之间的知识交流。

核心能力和知识结构

知识可以被理解为“认识事物和解决具体问题的能力的总体”（参阅 Probst/Raub/Romhardt 1998）。另外，文件和数据也被看作知识。因为这些文件和数据经常涉及一些明确、翔实的知识，企业可以把它们作为一种资源来经营管理。我们把在具体行动中对知识的运用称为能力。一个人的能力是他在为达到预定目标的行动中使用知识的才能（参阅 Yilmaz 2002）。

企业拥有的知识、才能和能力具有很大的潜力来产生新的创意，并在创新中实现这种创意。因此对一个企业的创新能力来讲，有目的地继续开发和使用这些知识、才能和能力是至关重要的。在这个领域对创新能力起影响的因素有如何对待知识的生成、继续发展和集成、对边缘学科的应用和在专业、方法和社会能力方面形成特色。

项目管理

项目管理是“对一个项目以及执行这个项目的机构的领导（包括规划、监控和调节）”（参阅 Rinza 1994）。项目管理的组成部分包括（参阅 Platz/Schmelzer 1986）项目组织（设计研发项目的结构和运作）、项目指引（规划、监控和对目标的调整）和工具（用来支持指引和组织的方法、设备和工具）。

经过一定的时间后，创新开发项目必须朝着一个具体目标进行。所以在组织内部掌握和实践成功的项目管理十分重要。许多创新项目的失败原因正是在于项目管理方面的缺陷。由于不良的项目管理，导致很有希望的创意无法得以实现。反之，良好的项目管理可以减少失败。

因为创新工作特别具有风险性，项目管理中针对风险性的组成部分如风险管理和逐步升级通报问题措施（Escalation）的实施变得尤其重要。另外，对项目管理和作为主动调节元素的项目控制的灵活性也有很高的要求。

（二）评价创新能力的关键成功因素

战略性的创新计划是企业战略规划的一部分。它可以被理解为一个为确定达到该企业既定目标所应采用的方法和措施的过程。它的基本思想是使外部环境的机遇和企业自身的优势达成一致，尽早发现并设法减少外界的风险和自身的弱点。

除了对外部环境分析，对企业在创新能力方面有关优势进行内部分析也是决定企业与环境是否相互适应的基本前提。由于存在很多与规划相关的数据，对实际情况进行确切描绘变得十分复杂。因此对现实进行简单的描绘从而达到对情况的简化就显得十分有意义（参阅 Steinle/Schmidt/Lawa 1995）。这里可以采用关键成功因素的概念。在实践中有很多论据支持使用成功因素的概念：

- 到目前为止对成功因素进行的研究表明（参阅 Fritz 1998），虽然一个企业是否成功在原则上有多重因果关系，但可以归结为相对少的几个主要影响因素（参阅 Rehkugler/Pohl 1991）。
- 集中少数变量有利于资源分配的优化；通过把资源分配给能使所投入

的资源产生较高效率的领域，可以取得竞争优势（参阅 Bleicher 1991）。

- 成功因素还可以作为企业运作的衡量标准。它减少在决策过程中的复杂程度，使得企业的所有行为始终一致地集中于影响成功的主要变量。
- 成功因素更适合于作为企业成功的控制变量，而不是传统的纯经济学的衡量成功的评估参数。借助于成功因素可以预先知道会导致必须修改措施的外部环境变化（参阅 Gälweiler 1981）。
- 可以根据制定的目标和具体情况在不同的层次对成功因素进行分析，在内容上加以具体化（参阅 Hinterhuber 1997，Hoffmann 1986，Leidecker/Bruno 1984），成功因素可作为整个企业成功的关键因素，可作为各功能单元和战略分领域成功的条件，或可作为衡量各管理人员成绩的尺度。
- 使用成功因素时总是从假定有清楚数量的对成功起决定作用的影响因素出发。一个企业要取得成功，必须能控制成功的主要因素，掌握问题的来源（参阅 Hoffmann 1986）。

必须通过针对企业的具体情况的审查才能得出重要且关键的成功因素，它们只能有限度地适用于其他企业（参阅 Bürgel/Zeller 1997）。在动态的环境中，关键的成功因素不是恒定不变的，而会随着时间变化（参阅 Hoffmann 1986）。

因此，关键的成功因素可以被理解为：

- 企业拥有或必须发展的能力和技巧；
- 能够运用的人力、物力资源；
- 需要管理的任务和问题领域；
- 需要研究的与竞争相关的行为模式和规则。

在九个创新领域中的每一个领域，都可以找到很多对企业的创新成果有重要影响的关键成功因素。这些因素的例子包括：对创新能力的充分支持、积极地对待错误、有针对性地实现客户的要求、有效地执行创新项目、选择设想的时间优化或对关键技术的获得。

单个的成功因素可以通过引用定性或者定量的指示器转化为可测量和可量化的数值（图 3-13）。在评价和调控过程中，经典的特征值和被描述为软因素的成功因素指示器将被结合起来用作定义由特征变量组成的均衡体系。例如关键成功因素“对创新项目的有效执行”的指示器可以通过统计被中断的创新项目数量与成功执行的创新项目数量的比例来获取。这样关键的成功因素提供了关于创新项目当前现实情况的目标量和现实量相比较的信息。

这种方法具有一系列优点：

- 可以有目的地提出增强创新能力的措施。这样的例子包括改善采购和制造的后勤服务、提高员工的素质、支持鼓励创新文化、优化市场研究、与

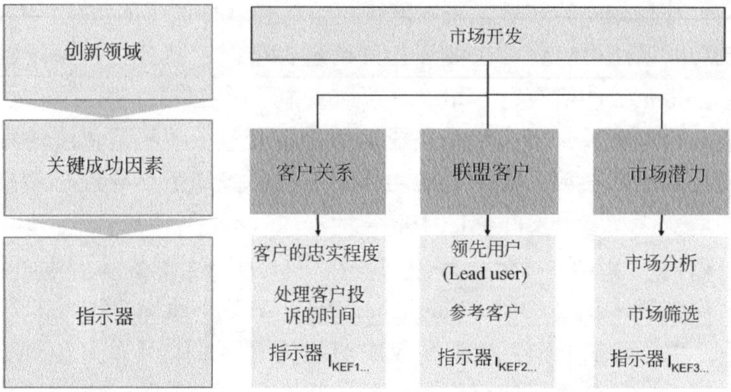

图 3-13　以市场为例，创新领域、成功因素和指示器的相互关系

客户和供应商建立合作等。

- 在有针对性的方法指导下支持在开发和实现创新中的结构化过程。由此产生的创新行为的专业化使得创新潜力和保证价值创造能得到更好地利用。
- 这种分阶段，可扩展的措施能够根据具体化程度正确评价企业的需求。
- 通过把企业分为不同的领域，有可能在项目进行很短时间后就使企业把注意力集中到有很大改善潜力的那些领域上。在单个、多个或者整个领域可以观察与创新相关的行为。
- 通过局限于研究创新能力，使得系统的执行比采用包罗万象的模型更加迅速。
- 这样一种评价和调控系统可以减轻创新的财政支持。利用反映创新潜力的特征数值来补充经典的财务特征变量，从而能够得出一个对内和对外创新能力的最佳且透明的描述。

辨别关键成功因素的方法

在企业实践中有许多创新能力的关键因素。它们在不同的情况下对战略决策和创新以及企业的成功具有不同意义。为了获得关于这些重要控制变量的提示，可以根据两个基本的来源来确定关键的成功因素：

- 企业内部的管理；
- 外部的经济环境条件。

考虑到内部的来源，可以从公司策略和创新政策、战略和目标或企业内部资源和能力方面导出关键的成功因素。外界的来源包括企业外部的经营环境以及全球环境、专业领域环境和竞争环境。

为了保持与创新相关的关键成功因素的数目尽可能一目了然并且易于处理，建议选择对创新成功起特别关键作用的有关成功因素（参阅 Steinle/

Schmidt/Lawa 1995）。

与此相对应，一个辨别关键成功因素的方法必须满足下列三个要求：

• 考虑到企业内部的情况和外部的环境；

• 这个方法必须允许根据通过战略分析得出的结果来改变和调整企业的政策和战略；

• 最后一步是根据其实现情况来分析关键成功因素。

由此发展出了下列方法：基于创新目标的战略分析，对企业的内部情况和外部环境进行分析，从而导出了初步的关键成功因素。这些因素将在一个重复迭代的过程中被分析和改进，直到最后被实现，并被推行（图 3-14）。

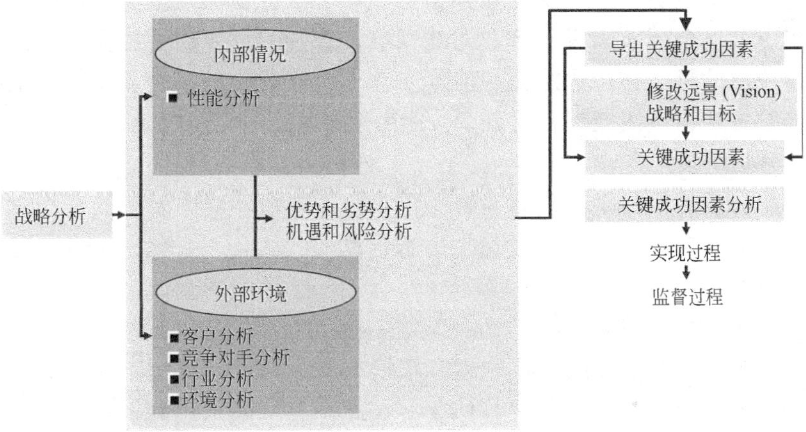

图 3-14 辨别关键成功因素（critical success factor，KEF）的过程

战略分析

战略分析是获得和确定关键成功因素的基础。这里，企业基于日前和将来可以预料的情况来确定其计划达到的创新目标。战略分析是深入考察企业内部与外部环境的起点。

内部情况分析

内部情况分析的内容是性能分析。这里将一方面考察企业日前已取得的成绩，另一方面也考察企业将来可能实现的性能改善方面的潜力。重要的影响因素有员工的合格和满意程度以及产品质量。

外部环境分析

外部环境分析帮助企业在考虑与企业有联系的外部组织的前提下确定自己的计划。一个企业如果要取得创新的成功，必须准确地了解外部环境。正如企业内部环境分析，在外部环境分析中也要考察到目前为止的、现在的和将来的情况。外部环境分析包括：

· 客户分析

客户分析的中心是客户的行为和愿望。这里将研究促使客户购买产品的原因以及客户对产品的满意程度。

· 竞争分析

与竞争对手的比较分析涉及对手所处的情况、已取得的成果、将来的任务，目前的战略、资源、竞争对手的优势和劣势以及对竞争企业的自我估计和企业所在行业的估计。对这些问题的回答可以对竞争企业的实际情况以及它们所具有的竞争优势或劣势的原因给出一个清晰认识。

· 行业分析

行业分析表明整个市场的趋势和竞争对手在市场上的地位。从分析中可以得出下列五个行业因素：企业间的竞争、直接的竞争对手、竞争产品、客户和供应商的特点和行业的赢利前景。基于这样的分析，企业可以制定有目的的经营方式，从而能够对这五个行业因素施加有利于自己的影响。

· 环境分析

环境分析的目标是辨别并理解在企业的各方面环境中发生的一切重要的发展和变化。在这里企业环境包括生态、政治、社会、文化、技术和经济等方面的环境。

导出关键成功因素

下一步是一个反复的迭代过程。根据创新目标、创新战略和企业的远景可以确定关键成功因素并使之具体化。在此，有可能认识到创新目标、战略或远景，必须得以修改，从而关键成功因素就会有所改变，并增添新的、必需的关键成功因素。直到最后，得到关于关键成功因素的最终版本。

关键成功因素分析

关键成功因素分析试图具体理解各个关键成功因素以及它们之间的关系。它可以具体分为五个步骤：

(1) 根据排位和关系矩阵确定关键成功因素的优先顺序；

(2) 评估环境条件；

(3) 关键成功因素的优势和劣势分析；

(4) 为关键成功因素确定可测量的指示器；

(5) 确定争取达到的指示器数值。

实现过程

实现过程包括整个的规划阶段、实施过程的控制以及为实现关键成功因素的组织的建立。

监控过程

监控过程提供了一个对关键成功因素、内部情况和外部环境的发展的全面的描述。由此达到的全局观可以帮助判断是否需要考虑新的关键成功因素或者是否必须改变或调整目前使用的关键成功因素。内部情况和外部环境变化得越快，监控过程就越为重要。

因为关键成功因素不能全面地考虑所有的动态影响因素，所以关键成功因素存在着不能反映现实情况从而必须重新加以调整的风险。因此提前发现这些变化并根据其影响作出评价就显得十分重要。

虽然对特定企业通常必须专门辨别和调整关键成功因素，但对某些特定的应用领域仍然能在一定的抽象程度上总结出一些对许多企业可能均很中肯的成功因素。这些可以被用为起始的成功因素并用来确定方向。弗劳恩霍夫协会劳动经济和组织研究所为此建立了一个拥有 80 个重要的、与创新相关的关键成功因素的完整体系。采取下列方法进行研究：

（1）为辨别可能的关键成功因素和运行可能性（指示器）进行对创新能力评估的汇总分析；

（2）关于关键成功因素和指示器的专题讨论会和专家访谈；

（3）对关键成功因素设立优先顺序并系统化。

由此为创新控制提供了相应于九个创新领域的主题布局。图 3-15 举例显示了这个体系的一部分。显示内容包括指示器及其相关的解释和创新领域。

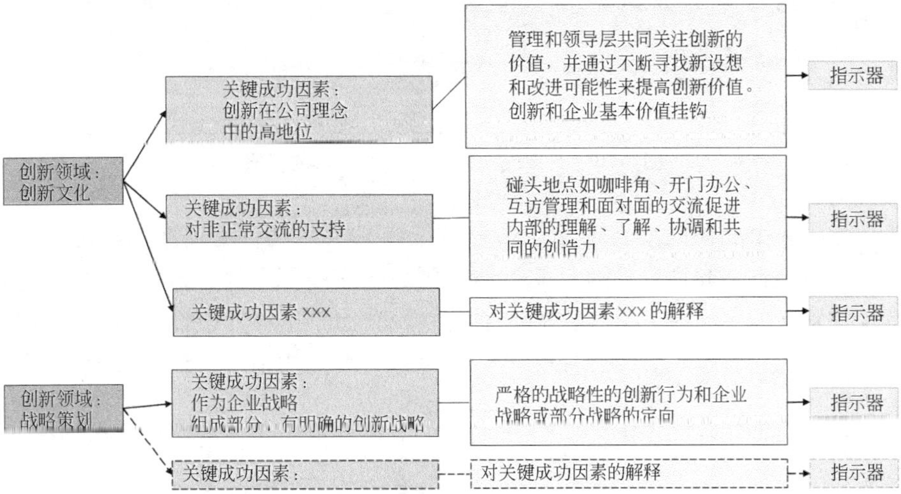

图 3-15　关键成功因素的图示举例

需要注意的是，部分成功因素并不能单纯地归入一个创新领域。一个因素经常会对多个领域有不同程度和多方向的影响。图 3-16 列举了一些在利特勒的“卓越创新”研究中认为具有重要性的成功因素和它所从属和拥有影响的创新领域（参阅 Little 2004）。这里可以明显看出，大多数因素与多个创新领域有关系。例如，成功因素“跨功能的团队”可以归属于多个创新领域，但是从内容上看更接近于“组织结构和伙伴网络”和“项目管理”。

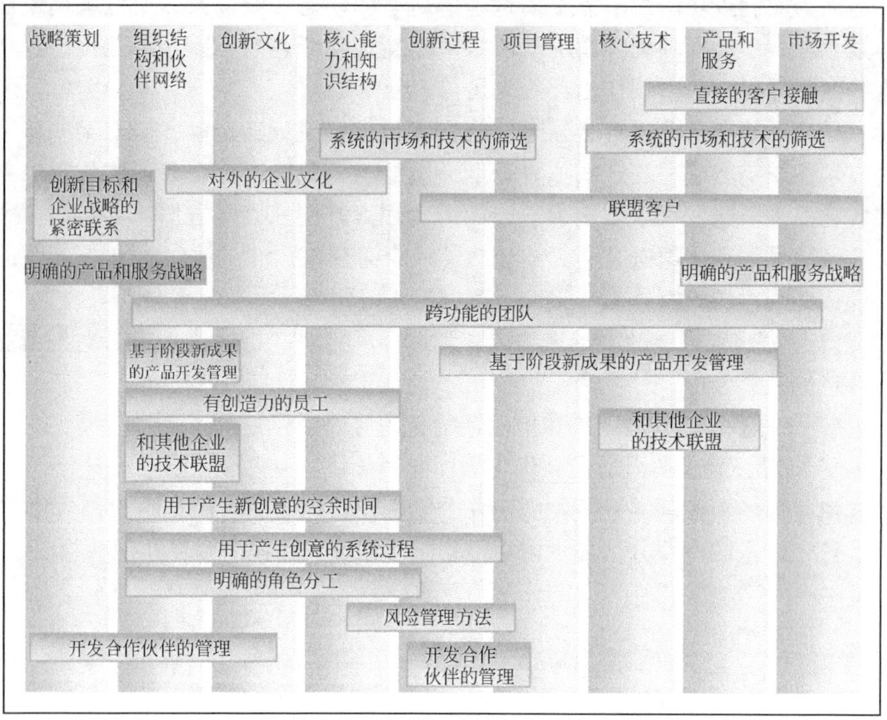

图 3-16　关键成功因素对创新领域的影响

如果一个成功因素在多个创新领域具有重大意义，则存在两种可能性。第一种可能性是允许成功因素关于创新领域分布的冗余性，这意味着所有具有重要意义的因素对应于其相应的创新领域。但是这种冗余性导致花费提高并使其不能一目了然。第二种可能性是为每个因素找到一个从内容上最接近的创新领域。但在此情况下有可能无法找到唯一的对应关系。

如果通过这种方式可以首先达到内容上的系统化，在第二步就可以通过适当的方法处理相互依赖和从属关系。当发现某个成功因素对多个领域具有重大影响时，可以通过有目的地允许单个成功因素的冗余性顾及到这种影响。这里需要在必要的全面性和尽可能低的复杂性之间找到一个适度的折中。

指示器的定义

成功因素是复杂和抽象的，不管采取何种细节化程度表示都很难测量。它是一个必须首先被实施然后才可能有定量描述的结构性概念。这里，指示器可以作为辅助结构。它是作为具有证明能力的标志或者作为对某个东西的指示的特征。

作为一个明显类似于特征值的定义，指示器可以被理解为“表征某些因其自身的复杂性而无法完整、准确测量的事物的部分或代表性的特征”（参阅 Weber 1998）。例如缺席时间有可能作为员工满意程度或进取心的指示器。缺席时间本身是个特征数值。特征数值是可以定量描述事物的表现为精确或集中的形式的数值（参阅 Reichmann 1990）。这样一个抽象的概念“员工的满意程度”可以通过运用指示器来提供除了对这一问题作直接回答外的另一种可能性。

显然，区分“特征数值”和“指示器”这两个概念并不简单和唯一。部分成功因素可以直接通过特征数值来表征而部分表征本身可以通过把指示器转变为特征数值来完成。例如对成功因素“过程标准化”通过它的直接可测量的指示器“每个项目的阶段成果的数目”来表征这个指示器同时也是特征数值。

对指示器的测量可以通过采用四种不同类型的尺度来进行。它们有不同的尺度水平和量化能力：

• *名义尺度（不可量化的）。*

名义尺度用于分类，以赋予类别或属性。例如，“是”和“非”。

• *顺序尺度（不可量化的）。*

用来赋予比较顺序从而得到排列，即测量数据可以分为“大于”、“等于”和“小于”。例如，喜好或判断数据——A 比 B 好。

• *等距尺度（可以量化的）。*

等距尺度用来确定不同的程度和距离，但这两个测量数值之间的距离是可以给定的。如日历时间。

• *比例尺度（可以量化的）。*

除了确定间隔外还可以给出具体的测量数值关系，如年营业额（参阅 Bortz/Döring 2002）。

等距尺度和比例尺度是可以定量的，从而可以作为特征数值对待，然而名义尺度和顺序尺度仅可以测定但无法量化。

在这里叙述的方法将主要运用名义尺度、顺序尺度和比例尺度作为指示器的表征，下面对每一个尺度水平给出一个有代表性的例子：

• *创新部门的存在。“是”或者“非”（名义尺度）。*

• *情景分析法使用的频繁程度。“从未”，“很少”，“有时候”，“经常”，“总是”（顺序尺度）。*

• *研发部门的员工数目。X 个员工（比例尺度）。*

虽然控制系统的基本目标是尽可能获得可量化的测量数据，但是在很多问题上存在可行性和可允许的合理费用之间的界限。很多名义尺度可以提供有用的信息。对某些无法直接测量而只能通过专家评估并对这些评估进行测量的事物，建议采用评分级别，比如上面提到的顺序尺度。

指示器的选取准则

在选择指示器和特征数值时必须考虑到一些表征结构性概念的质量准则。

• 有效性。

如果一种测试方法能够真实描绘所感兴趣的事物，即准确测量应该被测量的东西，这种方法是有效的。

• 可靠性。

可靠性是指特征测量的形式准确度。如果测量值精确而稳定，即测量结果的重复性好，这个测量工具在固定的测量条件下是可靠的。

• 客观性。

客观性是指测量结果对测量人员无依赖性。这种中立性并不能在定性问题上得到保证，但是必须作为不可改变的事实接受。对指示器选择的依赖性比对给出指示器信息的人的选择的依赖性小。

另外的标准包括相关性、因果性、效率、精度和时效性（参阅 Meyer 1994）。

人们把指示器的积累及其有关联的表示称作为指示器系统。目前为止的指示器系统主要用于对以往信息的评估。但是对迟到讨论控制时，人们也把指示器系统用于计划和调控过程从而可以预报将来的信息。在这种关系下，可以观察并分析当前指示器值和期望值的偏差。由此可以把指示器系统用作指示器值变化的预警系统。

指示器具有对关键成功因素的变化给出信号的功能。这意味着，当一个指示器值变化时，相应的关键成功因素也在改变。

指示器的分类

指示器分两种。第一种为输入或输出指示器，第二种为定性或定量指示器。为了保证对企业的透明的表示，必须使得所有指示器的类别在每个创新领域都有均匀的比例。图 3-17 列举了不同的指示器。

	输入指示器	输出指示器
定性指示器	员工的进取心/通过上层领导的支持	客户满意程度/市场形象
定量指示器	研发的份额/对新项目的投资	新专利的数目/投资回报

图 3-17　分类指示器的例子

输入因素对创新过程起作用，输出因素描述了结果。通过比较输入和输出，可以初步作出对创新过程效率的判断。另外必须在同一个评价体系中来考虑定性和定量指示器。定量的指示器主要是专注于结局的变量。定性的指示器则用来补充诸如关于将来发展或者满意程度的证据。对指示器的进一步评价必须如下所述对这些指示器进行变换。

通过指示器评价成功因素

指示器的评价可以有不同的尺度水平和不同的单位。为了使由不同指示器值得出的每一个成功因素都拥有一个明确的数值，必须把指示器的值转换到统一的尺度上。成功因素的值应该能够表征特性的质量。为此把成功因素的值标准化为在［0，1］区间内的实数值。这就意味着，指示器 I 的值必须为被变换在［0，1］区间的数值。

这个变换可以通过考察与一个比较值 V 的关系来进行。这个比较值 V 可以通过专家意见、目标值或基准来测定。通过变换必须同时得到一个能表征指示器特性质量的编码。即一个“好”的值应该转换为接近于 1 的数值，而一个“差”的值则转换为一个接近于 0 的数值。这样就区分了不同的情况。

对于定性的指示器，可以区分以“是”或者“非”回答的或者通过 n 级评分水平（如“从未”，“很少”，“有时”，“经常”，“一直”）评价的指示器。在第二种情况，n 级水平可以从 1 开始数值编码，按照图 3-18 所示进行变换。

特征值 I 的值域	变换映射 f，$f(I)=I'$
I，$V\in$｛是，非｝	$I'=1$，如果 $I=V$ $I'=0$，如果 $I\neq V$
I，$V\in\{1,\cdots,n\}$ （n 级评分尺度）	情况 A：V 是一个最小数值（即当 $I<V$ 时，I 是最差的值） $I'=I/V$，如果 $I<V$ 则 $f(I)=I'=1$，如果 $I\geqslant V$ 情况 B：V 是一个最大数值（即当 $I>V$ 时，I 是最差的值） $I'=V/I$，如果 $I>V$ 则 $f(I)=I'=1$，如果 $I\leqslant V$

图 3-18　定性指示器 I 的变换

对于定性指示器的处理，需要区分比较值 V 是否为 0（图 3-19 和图 3-20）。

在所有情况下必须确定，比较值 V 是一个最大值还是一个最小值。如果 V 这个数值是一个至少应该达到的数值，则 V 是一个最小值。指示器 I 的每一个值如果低于比较值，就是一个“差”的值。如果 V 是一个最大值，情况可以类推。另外需要注意的是，这里所选择的变换不会发现目标值超越界限的程度。这个信息在变换过程丢失了。

变换映射 f，$f(I)=I'$

情况 A：当 $V>0$。

$A1$：V 是一个最小数值（即当 $I<V$ 时，I 是最差的值），则

$$f(I)=\begin{cases} I'=0, & I\leqslant 0 \\ I'=1/V, & 0<I<V \\ I'=1, & I\geqslant V \end{cases}$$

$A2$：V 是一个最大数值（即当 $I>V$ 时，I 是最差的值），则

$$f(I)=\begin{cases} I'=V/I, & I>V \\ I'=1, & I\leqslant V \end{cases}$$

情况 B：当 $V<0$

$B1$：V 是一个最小数值，则

$$f(I)=\begin{cases} I'=V/I, & I<V \\ I'=1, & I\geqslant V \end{cases}$$

$B2$：V 是一个最大数值，则

$$f(I)=\begin{cases} I'=0, & I\leqslant V \\ I'=I/V, & V<I<0 \\ I'=1, & I<V \end{cases}$$

图 3-19　当比较值 $V\neq 0$ 时定量指示器 I 的变换

变换映射 f，$f(I)=I'$

情况 A：V 是一个最小数值（即当 $I<V$ 时，I 是最差的值）

$$f(I)=\begin{cases} I'=1, & I\geqslant 0 \\ I'=1/(1-x), & I<0 \end{cases} \quad \Rightarrow$$

情况 B：V 是一个最大数值（即当 $I>V$ 时，I 是最差的值）

$$f(I)=\begin{cases} I'=1, & I\leqslant 0 \\ I'=1/(x+1), & I>0 \end{cases} \quad \Rightarrow$$

图 3-20　当比较值 $V=0$ 时定量指示器 I 的变换

通过数值方程的建立可以赋予每个成功因素一个介于 0 和 1 之间的数值。如果一个值接近于 1，被认为是较好的值，而一个接近于 0 的值则被认为是较差的值。这种积累的形式可以进一步在创新领域这个层次进行并采取同样的解释。这样在完成评估后可以在创新领域层次产生一个简短的报告。这样就可以迅速地发现，在哪一个创新领域有必要作进一步的分析。

（三）成熟程度的改进

为了加速引进创新卡片，可以把一个基于确定的、具有标准数量的成功

因素引入调控系统。在标准化情况下可以不考虑单个企业特有的方面。但是以标准数量的成功因素为基础，可以使评估和调控在不同的企业间具有可比性。这样就免去了对每一个被研究的企业进行新的开发，从而提高了执行效率。

为此开发了创新能力的成熟程度模型。这个模型可把在九个创新领域中的创新能力的评估分为五个等级。因为这个模型可以为每个领域提出作为改进意见的直接的建议，分析结果可以用来作为提高企业创新能力的措施的基础。成熟程度模型的使用已经在其他众多应用领域［如软件开发（参阅 Kneuper 2003）和知识管理（参阅 Oberweis/Paulzen 2003）等］得到了检验。

在文献中，“成熟程度”或“成熟程度模型”的概念有不同的应用。这些概念的定义仅仅在模型内有效。

成熟程度模型以卓越创新模型的观念为基础。通过一个规范目录，卓越模型提供了一个改进的指导和质量管理的评价标准（参阅 Demuß 2003）。和卓越模型相比，成熟模型侧重于企业过程。

Oberweis 和 Paulzen 把成熟程度模型理解为一个分析工具。“成熟程度模型通过采用确定的成熟程度级别在一定的观察层次上来分析所考察对象具有的成熟程度和能力”（参阅 Oberweis/Paulzen 2003）。这个分析包括定性和定量的指示器。另外成熟程度模型具有渐进式改进的特点。它应该可以支持企业持续地得以改进。

由此可以得出一个创新成熟程度模型的定义：成熟程度模型通过确定的成熟程度级别来分析一个企业所具有的获取创新的成熟性和能力，创新的目的是使该企业能持续地得以改善。

创新能力的成熟程度模型依据所表现出来的成功因素给中小型企业评定成熟程度级别。这就是说，使用成熟程度模型可以解释通过创新卡片获得的抽象的关于成功因素及其指示器的值。在创新成熟程度模型中，这可以通过评定成熟程度级别来定义。由于采取了统一的判断标准，可以和其他企业进行比较。此外，也可以为企业指出如何能达到更高一级成熟程度级别的具体努力方向。

创新成熟程度模型把一个企业的创新能力分为五个级别（图 3-21）。从成熟程度级别 1 到级别 5，执行创新的系统性和专业性的水平相应随着上升。这个上升的系统性和专业性在九个创新领域中表现出不同的特点。

下面将逐一介绍各个成熟程度级别的特点。

成熟程度级别 1：偶尔的创新者

具有这个成熟程度级别的企业，其企业内部的文化特点是对创新具有阻碍作用。在日常运行中主要是工作过程占主导地位。所以从日常运行中偏离

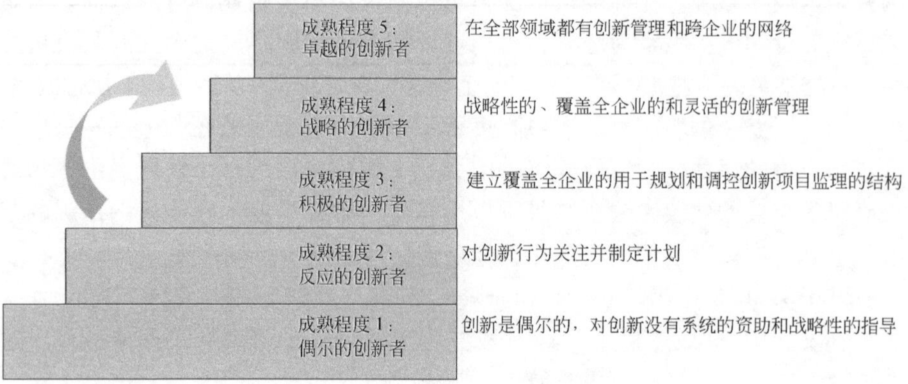

图 3-21　创新能力的成熟程度

出来的余地很小。创新并没有作为企业战略明确的组成部分，只起着无关紧要的作用。创新所需的知识主要通过口头来传递或只有在被询问的情况下才会提供。在企业中没有系统化的知识交流。寻求知识和相应的使用十分困难。在某些情况下，无法找到所需的知识和信息，因为在企业内部并不知道它的存在。

这类企业的管理主要以现有的、已证明是合用的技术为基础，或者只做有限度的改进。在这类企业中，成功的创新产生于偶然的机遇，创新产品的类别很少。关于创新形成的文档不完整。所以有时候会很难理解创新结果是如何得到的。创新并不是在一个确定的创新过程（这里的创新过程包括从创新开发到市场成熟所需的整个过程）中形成。大部分过程杂乱无章，并因不同的创新而异。企业的组织体制和执行过程仅允许对创新项目所需的资源（人力和物力）进行少量的重新分配。已有的网络无法深入了解与创新有关的创造性的开发。创新计划的实施通过项目的形式进行。这个项目的组织结构和企业的常规组织的结构交织在一起。项目组织相对于企业的常规组织具有很少的独立性。通过创新获得新的市场潜力的可能性没有得到重视。没有或者不能充分地获取变化的市场需求，从而在企业内部没有变化的压力。

成熟程度级别 2：反应的创新者

企业从理论上认可创新，但在实践中缺乏对实现创新应提供的措施。企业定义了明确的目标并试图通过创新计划的成功实施来达到这个目标。企业内部存在系统化的知识交流，企业内部各个单位建立了在该单位内共享的信息。但在不同单位间的交流仍然困难。技术信息的获取比竞争对手慢，但是尚能跟上并持续追踪。企业能够产生创新，但对创新形成仅有特殊的文档，在企业外部只能达到有限度交流。不可能把在创新过程中形成的知识进行知识转让。理解了企业内部创新过程中的典型行为和过程并被系统化。为了达到灵活的组织行为，固定的组织体制和执行机构可以有一定的灵活性。建立了与创新有关的网络。创新项目相对于企业的常规组织具有一定的独立性。虽然获得了市场变化的信息，但没有系统地搜集整理并进行分析，因而只有不完整的市场信息。因此部分新开发项目并没有根据市场的需求，市场业绩有限。企业注意到竞争对手的成功。

成熟程度级别 3：积极的创新者

企业表现出乐于创新并接受各种如何重新设计产品和过程的新的创意。为通过创新达到企业的目标制定了相应的发展战略。在企业内部建立起执行创新所必需的竞争关系。不是所有的员工都可以获得与创新有关的知识。为了实现目标，企业把注意力集中在一些具有创新前景的单项技术上。企业的创新以并存的形式产生，单个项目的信息和知识之间不能相互促进。创新形成过程的知识没有标准化的文档或不是普遍可以获得。因此会重新发生一些可以避免的错误。企业对创新过程进行了标准化并把目标确定为创新能力。企业网络被建立起来并有跨组织的合作。创新项目被看成一个独立的组织单元并拥有有限的自主权。企业注意市场和竞争对手并在制定创新计划时考虑这些需求和愿望。

成熟程度级别 4：战略的创新者

企业支持它的员工开发创新的设想，并鼓励他们把这些创意汇报给上级。企业强调创新的重要性，并对创新有战略性的规划。有一个关于创新研究、创新开发和引入市场的战略。实现了企业范围内的知识管理，并使所有员工都能够进入企业的知识库。但对新知识的开发还很少。具有创新潜力的技术可以通过有目标的技术管理得到筛选。企业的产品和服务具有创新性并在市场上取得成功。它们将得到进一步的有计划的开发，并被部分地用于新产品和新服务项目的开发。为达到成功创新所必需的过程在企业内得到标准化，并可以通过过程特征参数进行监控。另外还可以检查这个过程与其他企业内部或外部过程的兼容性。企业内部的组织能够使得在创新项目中灵活地使用资源。企业通过合作管理来对技术伙伴的合作进行规划和控制。项目组织承担所有与项目相关的重要任务。只有一些特殊的功能还没有纳入项目组织。企业进行系统化的标准检验和市场筛选，通过在创新过程中及早考虑客户需求使得创新产品能有计划地在市场上占有一定份额。

成熟程度级别 5：卓越的创新者

在企业范围内特别鼓励并支持员工提出新的创意并在创新中实现这些创意。这类项目受到特别支持。企业内部支持敢于尝试创新的冒险精神。企业把自己的行动致力于实现创新项目并且在企业内部推广这个战略。企业对创新作预先规划然后再执行。目标是能够领先于竞争对手。这种领先可以通过设置进入市场的障碍得以保证。员工能够系统地了解企业的最新知识并使用这些知识来产生新的知识。企业内部对这个体系的接受程度很高，并且由此产生的员工在创新过程中收益很大。创新技术的开发始终被密切观察评估。企业能够很方便地得到作为企业关键技术的知识。在企业的产品组合中有很多成功的创新产品和服务项目。集中管理成功创新的项目和被中断的开发过程的文档，并作为新产品创意的信息库。这样使得从已有产品中再产生创新变得容易。创新过程被战略性地确定。标准化的创新过程可以根据变化的目标灵活调整。企业的过程是连续的并可以给出可重复的结果。解决了与其他过程的衔接问题。企业有一个对开发和引入创新所需的全面的网络（包括客户、供应商和研究机构等）以及和其他伙伴的合作形成战略联盟。联盟组织允许有目标地使用资源。创新项目通过项目组织进行。项目是一个独立的结构单位，它对项目的执行具有自己的控制和调节机制。为能够对市场的需求和要求作出反应，客户知识被系统地使用（客户知识管理）。企业密切注意竞争对手（例如通过衡量标准），市场和客户分析是日常工作的重要组成部分。

为了能达到尽可能高的真正的可比性，除了成功因素和指示器的数量外还为指示器给出了比较值（参见通过指示器评价成功因素）。如在有关章节所述的关键成功因素，对每个指示器计算出一个介于0和1之间的值，于是指示器的值就确定了成熟程度级别。对某一个成熟程度级别可以确定与之相关的一部分成功因素。这些指示器的平均值给出了成熟程度级别的满足程度，同时对每一个成熟程度级别可定义一个阈值（图3-22）。只有当满足程度至少超过这一阈值时，才能达到相应的成熟程度级别。通过这种方式，对每一个较高的级别必须比前一个级别满足更多要求。这样在较低的级别，只需对相对较少数量的成功因素进行评估，从而可以降低对较低级别评估的费用。

在建立成熟程度模型时需要注意，在每个级别中每个创新领域至少有一个成功因素作为代表，以保证在所有级别上对企业观察的完整性。

基于这一相对标准化的过程，可以标准化地给出改进措施。因为对每个成功因素都形成相应的改进建议，所以如果因为某个成功因素没有达到某一成熟程度级别，人们可以追溯相应的改进建议。这些推荐的措施必须在企业的具体环境中加以调整并相应地付诸实施。

根据需要也可以让有成熟程度模型引入的创新卡片通过自然的或是个性化的特征参数进行补充。这样可以逐步地建立一个企业特有的创新控制系统。

创新卡

创新领域：项目管理	KEF 值
关键成功因素：作为有组织的和跨领域合作的项目管理	0.75
关键成功因素：时间和费用管理	1
创新领域：市场开发	
关键成功因素：客户相关的管理	0.62
关键成功因素：联盟客户	0.82

计算成熟级别的满足程度（阈值：0.8）

成熟程度分级

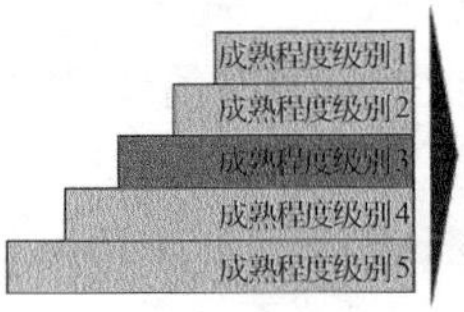

特点	关键成功因素 (KEF)	平均值	满足程度
项目管理在全组织范围系统地用于所有项目	项目管理作为有组织的跨领域合作	0.87	0.79
	时间和花费管理		
面向客户需求	客户关系管理	0.72	
	联盟客户		
.....	....	0.8	

图 3-22 成熟程度模型的分级

在对创新情况的目前状况进行分析后，被评估企业的管理层必须决定，是否需要并愿意改善创新能力。如果希望得到改善，成熟程度模型提供了行动建议。这些建议可以改善企业的创新能力并由此提高达到创新成功的可能性。对每一个创新领域的每个成功因素给出了行动建议，因而为被评估的企业指出了在每个创新领域中各种改进的可能性。这样就有可能根据具体问题的重要性进行优先确定。下面的例子考察“核心能力和知识结构”领域在成熟程度级别 4 上的成功因素。

对成熟程度级别 4 而言，成功因素“保存离去员工的知识”十分重要。创新成熟程度模型建议和该员工进行系统的总结谈话，或者引入“师傅-学徒”体制。这样就可以及时为员工离去做好准备。进一步具体化的实施建议可以在方法库中找到（参见本章五）。那里对每个创新领域都有相应的适合于提高创新能力的方法。

用于创新能力的成熟程度模型存在一些限制，必须在使用时加以注意：

• 有时存在着危险，即把对一个企业的创新能力的评估以及与之相连系的成熟程度的定级作为唯一的目标。因为通过某一可能的优先性的指数所产生的与其他企业的可比较性很容易误导决策层，从而固守目前状态而忽视对目前状态改善的努力。

• 成熟程度模型通过对所有九个创新领域以成功因素为基础确定级别来评估创新能力。从对创新能力的衡量角度看，限制所选择的领域是不可能的。根据对模型的理解，所有创新领域的评估都是必不可少的。否则就会形成不平衡的权重从而无法对相应的成熟程度进行解释。

虽然有上述局限，创新能力的成熟程度模型在应用中具有一系列优点：

• 通过成功因素的设计和行动建议，创新成熟模型简单易懂，并可以容易地被企业使用。对某个企业成熟程度的定级是明确的。评估算法以及在评估创新能力时所测定的有限数量的指示器简化了在实际使用中的可用性和可接受程度。由于使用了简单的计算算法，评估费用可保持在一定的范围内。

• 创新成熟模型的分级式的结构使得对模型本身以及企业在模型中的定级具有一目了然的表现形式。在分级中的表现形式突出了模型的进化特点，给企业明确指出了通向卓越创新的发展途径。

• 对每一个成功因素有具体的行动建议。它帮助企业，使每一个成功因素达到一个好的值。这些具体的步骤给企业点明了其改进方法。

• 在选择的模型变化中，企业无须在每个成熟程度级别对每个成功因素进行观察，而只要集中注意那些对成熟程度级别重要的因素。

模型结构允许直接比较不同企业的创新能力。如果对创新能力的评估是在一个企业内部的不同部门进行，则企业领导可以分析比较企业内部不同部门的创新能力。

对成功因素“保存离去员工的知识”可实行的建议见图 3-23。

成功因素	实行建议
保存离去员工的知识	• 和离去员工进行结束性会谈 • 引入“师傅－学徒”体制

图 3-23　对成功因素“保存离去员工的知识”可实行的建议

（四）引入创新卡片的过程

因为创新控制不是一个一次性的、静止的行动，而是一个经历不断修改和调整的过程，所以最好以项目的形式来执行调整。这样就可以按需提供资源和生产能力并明确职责范围。把这种方式和日常的工作过程固定在一起，可以在整个企业内部连续地促进和更新创新卡片的应用，同时提高对创新活动的接受程度。

在使用这样一个调控系统中需要注意若干基本条件。为了使所有参与者明确所采用的措施只是用来改善创新能力，整个企业对此的使用，必须在全公司范围内对项目的目标以及对此研究项目所期望得到的效果作出公开、透明的表述。另外，对于那些针对员工的知识和竞争力的方法来说，管理者不仅要明确和持久地促进和支持这些方法的使用，而且要通过积极参与并形成榜样，使这些方法的接受程度得以显著提高。

为了引入创新控制个性化设计的调控系统，开发了一个结构化的三阶段的过程模型（图 3-24）。

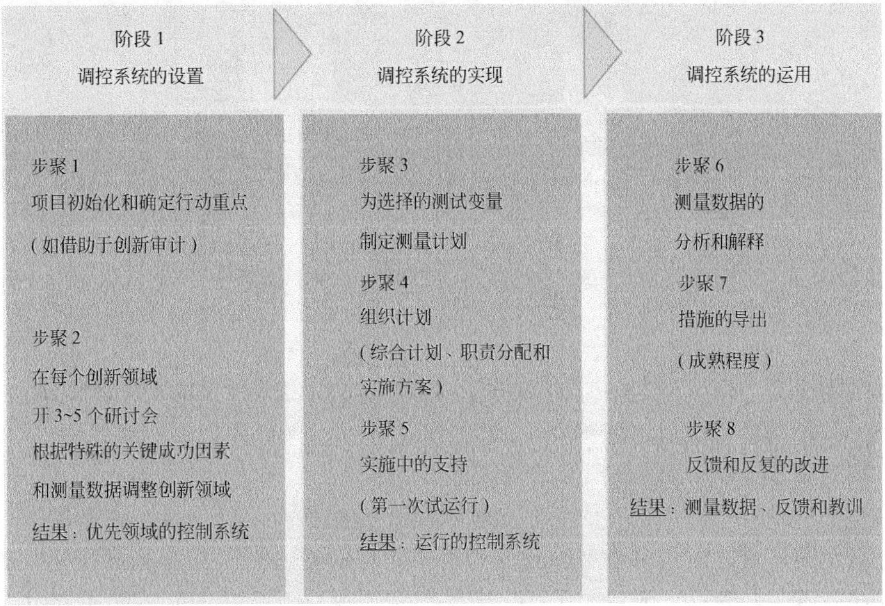

图 3-24　创新控制方法的引入

阶段 1：调控系统的设置

调控系统设置阶段可分为两个主要步骤：首先，项目被启动并确定工作重点。接着在第二步中对每个创新领域确定各自的关键成功因素。按照工作重点可以局限在某些创新领域中。第一阶段的结果是在优先创新领域中实现对调控系统的原型，它包括被试验领域的特殊需求调整的成功因素和所属的指示器。

步骤 1：项目启动

项目开始的起点是组织一个对项目进程负责的队伍。为启动引入创新控制项目，需要吸收一些来自重要的参与部门的有经验的人，他们了解整个企业在战略和发展方针方面的全局（图 3-25）。

在第一步，项目队伍和上层管理者（有可能的话还辅以外部支持）共同为企业制定本企业创新控制的目标并提出具体的行动重点。在准备阶段要提出适合于该企业的特殊要求和该企业状况的各个创新领域的权重。根据在准备阶段进行的创新审计可以确定行动重点。

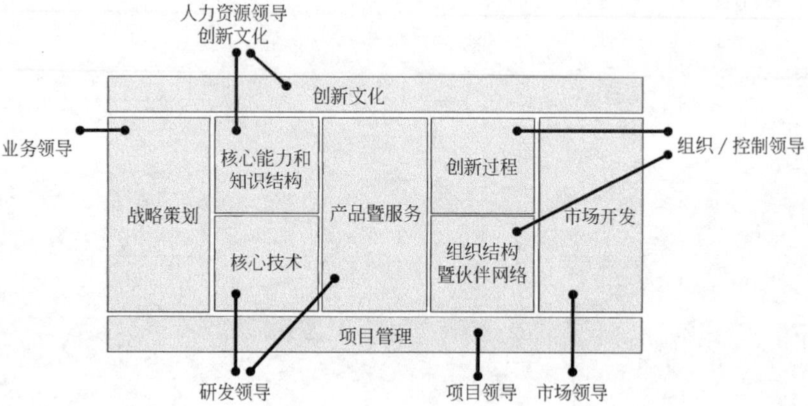

图 3-25　项目启动队伍组成

步骤 2：创新领域和测量值的调整

下一步，项目队伍为优先创新领域建立成功因素。辨别成功因素的基础可以使用弗劳恩霍夫协会劳动经济和组织研究所通过充分详尽检索而建立的成功因素表。为每个成功因素都定义了能够充分代表成功因素的指示器（图 3-26）。然后为每个指示器确定目标值。以战略性的企业规划的结果为基础，提出各个成功因素的目标值。另一种可能性是采用专业的检验标准。在理想的情况下，这个过程可以通过在每个创新领域开 3 ~ 5 次研讨会完成。对成功因素的特征，指示器经常有不同程度的代表能力。因此就有可能对指示器根据它对成功因素可能产生的影响来赋予权重。

创新领域：市场开发	测量变量	值	目标	目标达到率（%）	权重
关键成功因素 客户满意程度	固定客户的比例	70	75	93	4
	过去 12 个月市场份额的改变	20	15	133	2
	每年每个用户的投诉次数	0.2	0.1	50	3
	每年每个产品被投诉次数	15	5	33	3
关键成功因素 联盟客户	每年每个用户的产品测试数	1	2	50	6
	每年用户问卷的数目	0.66	1	66	2
	过去 12 个月由用户促发的创新数目	8	10	80	5
	过去 12 个月的新接触客户数	4	15	27	3

图 3-26　用于市场开发领域中具有可能成功因素和指示器的创新卡片

在引入创新控制的方式时，通过举行研讨会来确定企业特有的成功因素、目标值和指示器。在讨论会上研究成功因素和指示器的相关性并确定权重因子，以保证能与预定的战略目标达到最佳配合。这里项目队伍需要考虑下列问题：

- 为成功地调控企业的创新能力必须在现在和将来做些什么？
- 为了成功地开发新产品和新的服务项目并占有市场，什么是将来在企业中起决定性作用的因素？怎样才能衡量和影响这些因素？

第一阶段的结果是对优先创新领域完全适应的调控系统。在被关注的创新领域，每个成功因素都被借助于指示器来衡量。用这些衡量值可对企业的创新能力进行个别的评估，由此提供对创新能力的控制。

阶段 2：调控系统的实现

在第二阶段“调控系统的实现”中，已经制定的调控系统在试验领域中实现并进行测试。这个系统将反复地调整适应试验领域的特殊条件并被不断地改进。为此需要建立一个有实效的平台来控制对信息的获取和使用。另外在这个阶段，需要把使用控制系统的接受程度放在首位。在这阶段，还需要注意控制系统在目前企业设施中的整合和对执行所需过程的设计。

为了成功地把控制系统集成到企业环境中，在第二阶段将进行三个步骤。首先为确定了的指示器制定测量计划。下一步是计划实现组织工作的计划，这里将明确并定义整合，职责范围和技术实现。最后一步是在第一次测试过程中使用这些测量方法。阶段 2 的结果是一个功能有效的控制系统。

步骤 3：测量计划

在这一步中将对第一步中确定的指示器规定如何以及以什么时间间隙来提取数据。为此对每个指示器制定了测量计划。它包括获取数据的来源，所使用的测量方法和确定这些值的方式，测量进行的频繁程度，计划值和实际值，以及目标变量的发展（图 3-27）。

测量变量	■发明成绩
特征量	■产品创新的数目
描述	■测量每年新产品的数量（新产品是指开发上市不超过 2 年的产品）
与其他方面的关系	■专利登记 ■由产品创新产生的收入
准则	■卖出的新产品的数目（新产品是指开发上市不超过 2 年的产品）
频繁程度	■每月
数据来源	■企业资源计划系统（ERP System）：如产品研发时间，按部门分类的产品清单，包括生产的新设备数目和生产日期
负责人	■部门领导
附注	■无

图 3-27　测量计划

在这个过程中重要的是分析是否对某些指示器已经存在测量方法，或是否需要开发新的过程。如果必须为确定测量寻找新的可能性，则需要考虑这个过程应该通过内部或外部的人员或团体进行。选择外部的方案从结果的客观性和费用的发展角度看具有优势。另外必须确定并有规律地检查所使用的方法是否足够客观和稳定。

步骤4：组织概念

第四步主要致力于把计划的评估和控制步骤集成到企业环境中去。这里并不需要开发完全新的组织形式和过程。更有意义的是把新方法引入到已有的过程中以及有效地适应现有的结构。特别重要的是确定职责范围。只有明确职责关系才能保证控制过程得以成功和持久地运行。

步骤5：测试

这里将进行控制系统在真实环境中的试运行。对薄弱环节，对存在改进可能性的地方以及对特有条件的调整需要在现场及时作出反应。如果需要，应该进行修改。

阶段3：调控系统的运用

在第三阶段必须对前面获得的结果进行分析和评价。如果没有对数据仔细的解释并由此得到结论，就无法决定将来的计划并采取措施。在对获取数据进行分析和评价之后，必须引导出改进措施并根据关键成功因素确定新的指示器。在为指示器定下新的计划值后，可以对控制过程开始新一轮的循环。第三阶段包含步骤分析和解释所获取的测量数据，导出改进措施和建立反馈循环和重复连续地优化所使用的过程。

步骤6：分析和解释

对获取的数据将进行深入的分析和解释。这一步非常重要，因为只有认真地分析和评价才能从获得的数据中得到有价值的信息和结论。在长期使用的情况下，除了注意指示器的当前值外还可以研究指示器值的发展和变化，从而获得进一步的信息。

步骤7：导出措施

通过对数据材料的解释导出可采取的措施和促进因素。定义明确的行动指令及其实施方法。在解释和导出行动建议时可以借助于成熟程度模型。如果在首次试运行过程中必须调整所选择的测量标准，则需要修改选择的参数并可能为目标参数制定新的值。

步骤8：反馈和重复迭代改进

控制系统的引入是一个顺序的过程。在每一步中需要使开发适应于项目的需要并结合重复迭代的循环和反馈机制。这个能迅速达到具有工作能力和示范性的解决方法考虑到了来自应用者的与实际相关的输入，从而可以持续地改进自己，使这个系统在一个进化过程中得以成熟并始终提供有价值的结果。

五、用于实现处理和改进选项的方法库

优化创新能力的一个关键在于系统地运用确定的方法。存在着许多计划和策略方案来支持创新相关的活动。其中包括长期或者短期有效的、适合于大型或者小型机构的方案，或者需要高的实施成本或者只需用纸和笔即可快速付诸应用的各种各样的方案。

为了明确哪种方法适用于哪种应用环境，有必要提出一种方案设计库。通过这种设计库使许多现存有效的方案根据创新流程或者创新领域结构化地定位。这意味着，可以根据流程步骤选择适合的方案，它最优地为应用而设计；或者根据创新领域选择方案，使方案能有效地运用（图 3-28）。企业在自身创新进程中的某一阶段也可能会意识到优化潜能（如形成创意），于是可以通过这种方法库以简单的方式鉴定出合适的方案（如不同的创新技术），从而支持了这阶段。

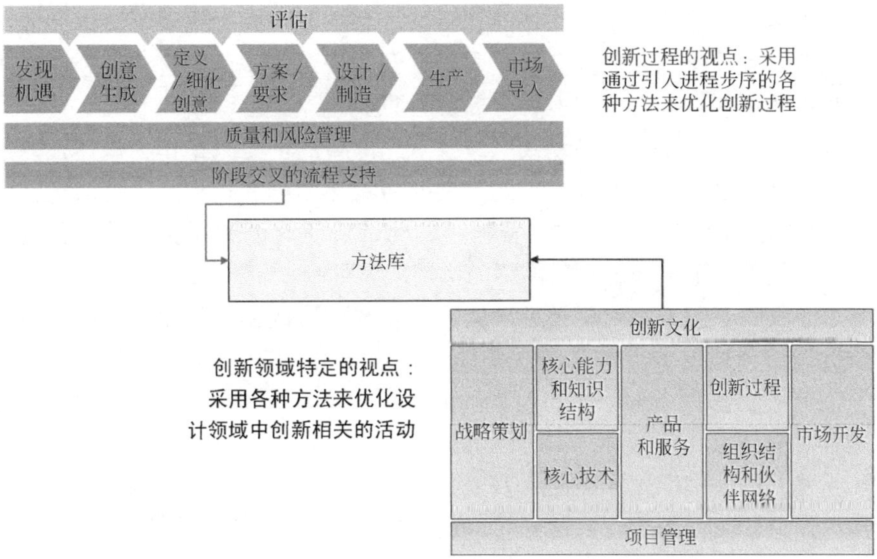

图 3-28　方法库总概

相反的，可以采用例如创新审计或者创新卡片这些工具，在某一个创新领域中识别出优化潜能，以同样的方式识别出合适的支持方案。例如把趋势分析方法和技术发展分析归入到“核心技术”这一创新领域中（图 3-29）。当然，最终选择和一个具体方案的应用，必须经过检验，并且要考虑到企业

具体的现实情况。

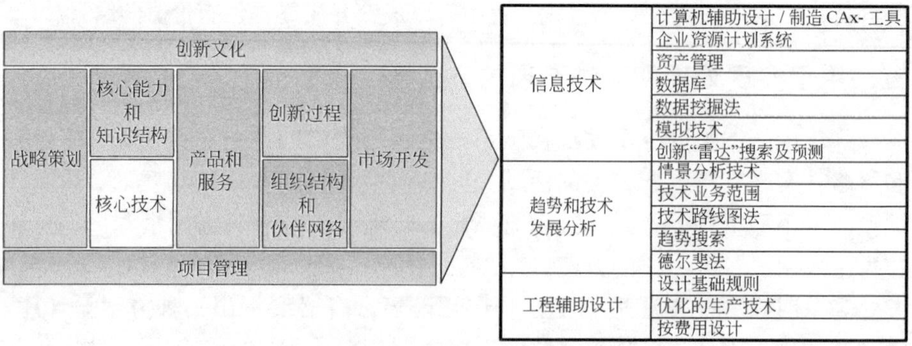

图 3-29　方法库中创新领域和方法的分类

在方案设计库中提出的方案同样适合于组织行为和信息技术方面，特别值得强调的是在创新管理中使用的由信息技术所支持的那些方案。

创新管理中的软件支持如下。

产品、技术和组织体制结构的创新被公认为是企业得以生存和发展的核心决定因素。在当前一个经济停滞、市场饱和愈演愈烈的情况下，以及如同在当前西方工业化国家中许多行业所感觉到的资源集中的趋势下，企业必须具有积极的创新竞争力，能不断给市场提供新产品。

为保证在创新中取得持续效应，就不允许新的创意只是作为偶然行为的结果出现，而是应该开发成一个能控制的结构化的创新进程。使用信息技术（IT）来描绘目标设定和将数据资料结构化，将使对创新项目的透明化调控和对在空间上分散分布的创新网络的协调成为可能。

由于创新管理的重要意义越来越明显以及对形成创新和顺利实施创新能提供支持的合适的方法和工具的需求，提出了“创新进程中信息技术的应用”的研究（参阅 Spath/Ardilio/Auernhammer/Kohn 2004）。这一课题研究的目的是对软件市场有一个总体的认识。在探索一些基本的问题（例如经过何种创新体系的评估准则才能生成 IT 解决方案的分类；或者，在创新进程的各种阶段需要什么样的软件）的同时，这一研究对 45 种软件系统从软件功能、市场信息、系统先决条件和前提等方面进行了详尽的描述，从而为感兴趣的企业在寻找所需软件方面提供了透明的和第一手的帮助。

从产品开发流程中许多工艺阶段的整体上而言，这种创新体系软件所提供的是多样性和广泛性的东西。具体的创新进程将在各个单一的创新阶段的发展中得以体现，其整体内容和详尽的细节将依赖于行业和特定的企业组织结构。它包含 3 种不同的高层次的阶段（图 3-30）：

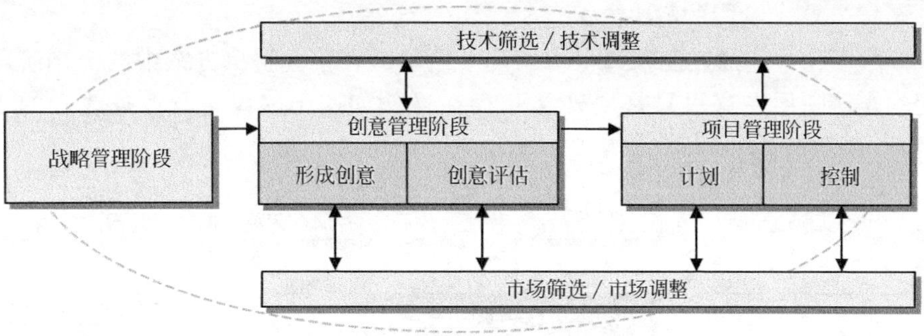

图 3-30　创新过程的运作机制

- 战略管理阶段，也就是连续的外部和内部的战略形势分析，其结果能给创新以推动；
- 创意管理阶段，其中包括获得新的创新意念、并进行分类和评价；
- 项目管理阶段，对所选出的项目进行结构性规划以及实施所选择的替代方案。

这其中的每一阶段并不是以一种固定的、线性的过程发展，而是相互耦合地联系在一起。也就是从项目管理阶段产生的好的创意又回到创意管理阶段中，在这个循环替代过程中也包括依赖于项目进展的评价过程。

创新系统的分类紧随创新过程中各个阶段的规划。它被定义为 3 种软件分类，其简单描述如下。

（1）单一的解决方案。

在单一解决方案中，IT 解决方案用来只对一个创新阶段的构思进行总结，例如，IT 解决方案用于获得创意或者对创意的评价（图 3-31）。

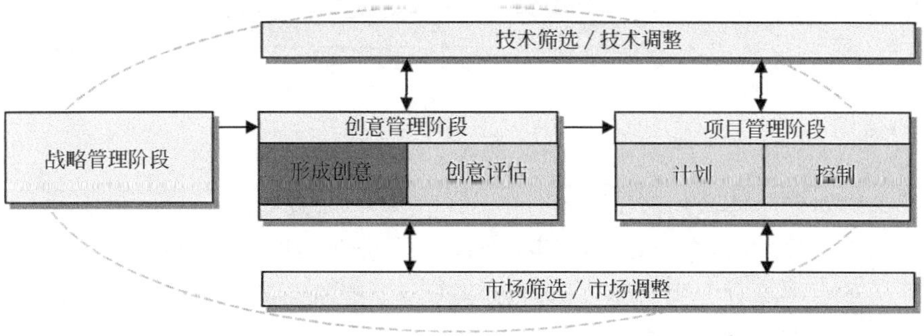

图 3-31　单一的解决方案

(2) 交叉阶段的解决方案。

数字化整体描述创新过程中的多个阶段，在单一解决方案中的个别阶段间的媒体断层在这里只是“外部”存在（例如用于建议企业业务改善的工具）（图 3-32）。

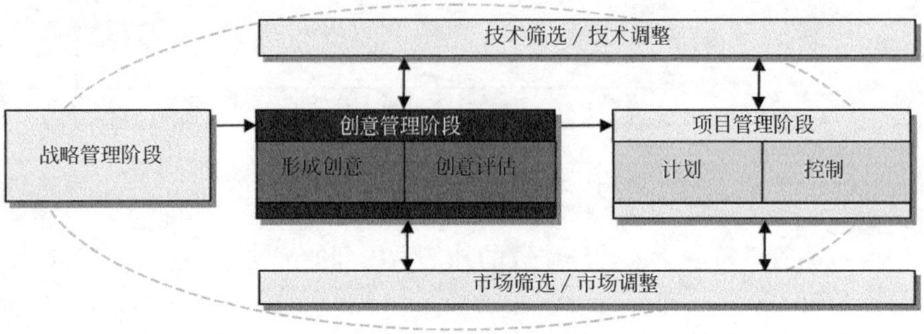

图 3-32　交叉阶段的解决方案

(3) 整体解决方案。

整体解决方案从数据处理层面构建整体的创新进程，这样不存在在阶段转换过程中的媒体断层（图 3-33）。

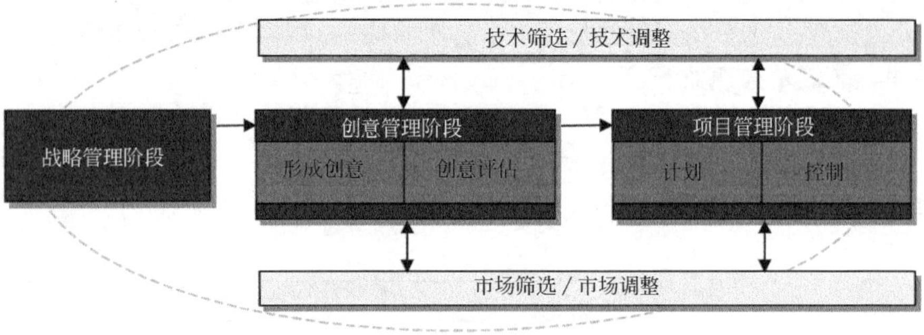

图 3-33　整体解决方案

这种对创新体系的初始分类还是很粗糙的。根据市场分析，可以通过将现行的 IT 解决方案进行分组得到一个详尽的创新解决方案的分类目录。

从单一解决方案的上层分类可以得出用于战略管理、增强创造力以及评价创意等的下层分类方案。

战略管理

市场上存在的应用于支持战略管理的创新系统基本上是单一的解决方案。其任务是对信息收集和分类，从方法上支持用户判断相关信息和不相关信息，这种系统应用的目标是从战略选择上进行鉴定，使之最适合如前所述环境中的要求。这类解决方案的例子有包括采用情景分析法和业务范围分析的系统。同样，智能业务领域的系统也属于这一类型。

促进创造力

促进创造力的创新系统的目标是提高用户产出创新意念。此外，一些系统从方法上定位于提高创新意念的质量（例如通过改变对问题的视点等）。这样，不同软件方案提供不同的促进创造力的技术，如思维和观念描述、定型规划以及其他。

创意评价

除了数字化建立的评价方法（多数情况下是“决策门系统”），对创意进行评价的软件系统还提出了评价创意最可取的评估准则分类目录。在一些系统中可以应用全球化网络来对创意进行评价。在评估准则分类目录中，应用者可以选择对他来说最合适的准则，进行创意评价。

同样，在阶段交叉解决方案的类别中也建立了子类别。视情况而定，这些方案考虑和支持前期或是后期阶段。

用于支持早期阶段的解决方案

市场上经常有对较早阶段，如创意管理阶段（包括创意形成以及创意评估），提供支持的创新系统。它也属于业务建议库的软件方案。对这些工具来说，值得关注的不同点在于这些工具所包含的不同的业务平台和业务模型。有些企业运营策略（BVW，建议企业业务改善的工具）方案软件只能运用于确定的平台（如企业管理软件系统 SAP 和电子邮件系统 Lotus Notes），然而其他系统能用于不同的平台。典型的 BVW 工具的运作是通过出售许可证，也就是说企业为每个员工或每个创意的使用支付费用。更新的 BVW 系统也提供应用服务（Application Service Providing，ASP）。这样，所需的软件不用购买，而是在需要使用的情况下通过数据网络向用户出租。ASP 方案的一个优点是通过低的月租金（代替购买）降低了风险和管理费用。它由供应商承担。然而，ASP 方案的创意保存在供应商的服务器中，由此可能会产生安全性的风险。

用于支持晚期阶段的解决方案

对于阶段交叉方案，晚期阶段包括其他项目管理系统和功能扩展（如业务领域的软件）。它们对涉及前面的与创意管理关联的创新管理尤其有用。

对早期和晚期阶段都支持的方案

集成化的创意和项目管理方案从功能上阐述了创意管理以及项目管理，其优点是使应用者通过用户界面从整体上了解创意和项目管理过程。此外，项目管理的评价创意过程中的数据转化没有导致媒体断层。也就是说，数据可以直接传递，而不需任何费时的处理（例如在其他软件中数据的重新输入）。

从战略管理开始直到项目管理，第三种上层分类的整体方案最终阐述了总体创新和产品开发的过程。这种软件类别至今为止还只是在理论上存在，在本书研究范围内尚不能对此类系统进行评价。

倾向表明，软件供应商对进程阶段进行扩充。由于用户常常已经安装了IT解决方案（如项目管理解决方案），因而不愿承担由加倍的IT解决方案所产生的过多费用，从而产生对这一扩充是否有意义的疑问。软件供应商对此提出了解决方案，将他们的应用方案作为标准软件可兼容地开发，从而使这种连接更简便以及可避免媒体中断。

软件选择和应用的成功因素

创新管理的核心成功因素在于透明化和系统化的进程规划，以及和所有重要合作伙伴的联系。通过一个预定的、以任务为基础的工作流程，以及通过定义好的评判标准和通过将分布在不同地点的参与团队网络化，软件方案以这些方式支持创新管理获得成功。

对创新管理定义明确的、战略化的目标和对创新业务进行策略控制构成了创新进程的基础。它规定了创新领域的规章总则，为此需要急迫地开发新创意，并把这些战略规则转换成评价体系中的评判准则。创新体系通过对这些战略上重要的信息进行收集、结构化和并加以评估来提供支持。

为了充分利用和控制一切重要的创新源泉，创意管理不仅要和战略性的创新规划和客户或者合作开发伙伴密切联系在一起，并且和企业对业务建议的举止紧密有关。这其中重要的成功因素在于尽可能多地收集创意，例如向外部开放体系以及和客户联系。

在过去几年，许多企业已开始转变，使它们的用户或者合作开发伙伴可以通过因特网或者企业局域网来提交创意或者建议。同样，出于充分利用企业内部的创意，传统的“信息条”将很大程度上让位于软件渠道，从而将原始的业务建议模型集成到创新进程中。

用一些软件解决方案通过定义一个明确的工作流程来对创意进行进一步的处理，对创意进行评价。根据不同的组织形式，它可能是一个或者多个团队，他们将所挑选的创意转呈给项目经理。

此外，某些软件系统可提供一个讨论平台，在这个平台上感兴趣的员工可对单个的创意进行讨论。这对创新过程的透明性和所有员工的参与，以及企业创新文化的培育来说，尤其有益。这个讨论平台同样可以作为当前项目的信息来源或者鼓励创新来用。

同样在产品开发过程的早期阶段，企业已可认识到对机动灵活性的要求日益增长。这种能到处对创新系统有所奉献的趋势，将进一步通过不断增强的全球化，通过灵活工作时间模式的推广（如家庭办公），以及通过增强的企业外部资源（专家和用户）而得以进一步加强。在创新管理中许多IT解决方案经历过一种由单一的台式计算计方案到基于网络的服务器－客户机系统的转换。作为人机界面，除了个人电脑和手提式电脑外，更多的移动设备，如掌上电子产品或/和移动电话相联结的系统也不断地融入到系统中来。

在创新管理中使用信息技术不是为了替代设定目标的详细规划和创新管理活动，也不是用来替代有助于创新的企业文化。因为只有一个细致的规划和一个促进创新的企业文化，才可能成功地应用这些有益于创新活动的软件。

六、在实践中提高创新能力——创新审计和创新卡片的应用实例

创新审计和创新卡片已在实践中获得广泛应用。以下列举两个应用例子。

（一）创新审计在罗希（Lorch）焊接技术有限公司的应用实例

企业概况

罗希焊接技术有限公司是一家生产新型高性能的焊接设备的公司，这些设备用于电极焊接工艺以及WIG、MIG/MAG焊接工艺。它被客户视为专业性强、并在这一领域有独到之处的一家高科技公司。罗希焊接技术有限公司于1957年由冯·布诺·罗希组建成立，1986年后由公司总经理何尔穆特和奥夫纲·古博所领导。这家有120名员工，销售额约1500万欧元，是德国焊接设备行业的领头企业之一。罗希焊接技术有限公司有一个12名员工组成的研究开发部，自己开发相应的产品系列。该公司年产约15 000台焊接设备，提供3年的产品质量全保。

行业发展

德国基于MIG/MAG、WAG工艺的保护气体焊接设备的总销售额在2001年降低了6%，特别是德国产品的出口降低了22%。同样，在2002年和2003年保持了这种趋势，总销售额在2002年下降了10%、在2003年下降了4%、在2004年和2005年预计将是零增长。

行业的技术发展趋势是焊接设备的电子化，带有相应软件、微处理器和数字式接口的智能设备将简化加工的准备过程，提高焊接工艺的质量。

执行创新审计

在预备会议中，定义了审计的目标，确定了不同的访谈对象。首要的目标是外部的、独立的对自身创新能力的评估和存档以及对创新管理开发潜能的阐述。

在进行单独访谈之前，收集了各种创新数据以及企业和行业的进一步信息，如行业的发展趋势等。访谈基于一种详细的访谈目录，它将描述创新战略、创新进程、创新结构和创新文化。访谈对象包括公司的管理部门、财会部门、研发部门以及生产部门和市场部门的代表。

创新审计的结论

上述访谈的结果由弗劳恩霍夫协会工作经济和组织结构研究所的员工按评估条件进行分析，并按行业和企业特性的模式描述。同样，考虑到所调研的企业很明显是一个中型企业，并且在调查期间相应的行业正处于停滞阶段。此外，在评估中考虑到目前焊接技术的发展以及借鉴同规模的行业外企业的经历。在结论中对四个创新领域中的每一个的积极优势以及特别的优化潜能进行鉴定。同时，提出一些提高创新能力的具体措施。这里给出一些挑选出的积极优势以及两个处理的重点。罗希焊接技术有限公司与其他企业相比，有一些明显的优点：

- 罗希焊接技术有限公司应用主动的市场分析和市场细分，这些措施在很大程度上已经标准化并归档。
- 罗希焊接技术有限公司为它的产品发展并成功地采用了全面的市场推销战略。例如鉴别了产品销售的重要目标的分组定义，以及在销售现场进行了全面的产品测试。
- 罗希焊接技术有限公司拥有一个广泛的网络资源。市场合作伙伴被积极地集成在创新过程中，同时注重支持合作和外部资源的导入。
- 罗希焊接技术有限公司具备创新的企业文化，它在企业的评估体系，在激励员工中发挥作用。

提高创新能力的处理措施举例如下。

技术发展跟踪的系统化

在从战略上早期认识新的创新活动方面，对罗希焊接技术有限公司在技术领域提出了改进的可能性。当前技术的发展进一步增强了这一可能的改进的重要性。罗希焊接技术有限公司目前没有进行统一的和系统的对新技术信息性运用和评价的整体或者系统的调研。于是，关于技术发展的信息没有得到充分的评估和进一步的处理。

作为结果，我们建议采取对技术发展跟踪的系统化行为，引入监控措施并指定具体的负责人。同时鼓励运用和系统化引入适合中小企业的领先开拓方法和概念，比如专家调研和专门研讨会，技术 - 特性参数系统和路线图（集成创新路线图），并以适合罗希焊接技术有限公司的方式应用。

制定一个明确详细的阶段模型

在审计时，尽管创新进程隐含存在，但还没有统一的定义和确定各阶段的细节。例如只给出了项目任务的内容和形式，但尚缺乏所要求内容的详细细节。

确定开发和规划一个适用于该企业的、用于产品创新的详尽阶段模型，并作为处理改进建议方案。这一方案明确包括了流程步骤、内容、存档结构、具体细节、接口和职责范围。为利于实施，必须根据主题建立在研究开发部和企业所有其他部门之间的明确关联。

在审计结果的最终陈述中，对处理建议安排了优先权和商定了进一步处理的流程。审计最终以颁发弗劳恩霍夫工作经济和组织结构研究所的证书作为结束。

创新审计的目标

利用创新审计，罗希焊接技术有限公司获得了对创新管理的全面的规划。通过前期的工作和随后的讨论，企业的创新能力得以归纳入档和持续改进。所涉及的处理建议将作为进一步分析和启动具体实施项目的出发点。

此外，借助创新审计将可能在各个领导级别上获得对目前创新管理状况的反映。另外，这种创新审计的方法也适用于内部的市场管理（在公司期刊）以及在和业务合作伙伴的讨论中。

举例：利用集成创新路线图法来处理技术发展跟踪的建议，以提高创新能力

技术发展的跟踪可以通过路线图法来结构化，并且系统地引导到创新过程中。在典型情况下，所有路线图法能用于对未来发展的预测和把未来发展具体展示。而集成创新路线图法与此不同，它是一个集成的过程，它将企业内外的市场和技术前景灵活地结合在一起，调整未来创新战略的发展，从而有可能来协调创新活动的时间进程（参阅 Spath 2003）。

这样，一方面需要利用预测的企业自身技术发展的步骤来协调所开发项目的产品、服务和过程，包括协调产品和服务项目推入市场或退出市场的时刻。另一方面，需要系统地考虑到企业外部环境的影响因素，如法律变更或者新技术的发展，并将这些影响因素集成到创新规划中（图 3-34）。

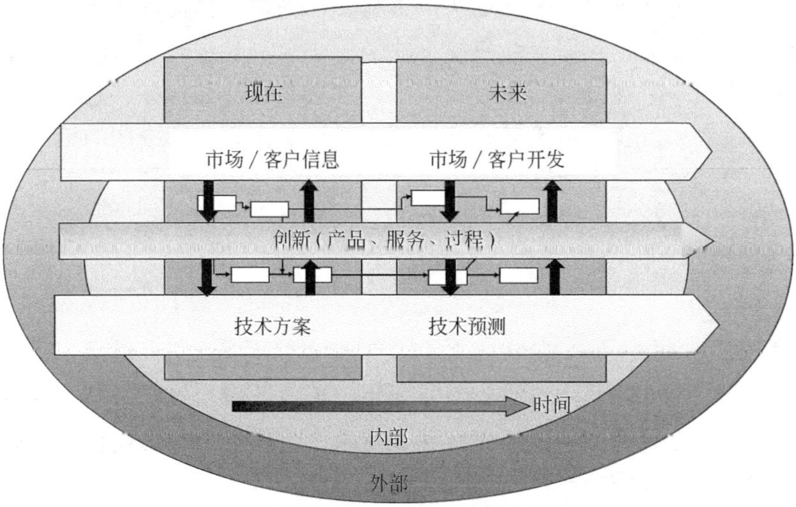

图 3-34　集成化的创新过程

集成创新路线图法的基础包括7个分布在不同领域（负责范围）的单独路线图，它负责单一路线图的首次规划。图3-35给出了集成创新路线图法中各单元和流程的一个总概貌。

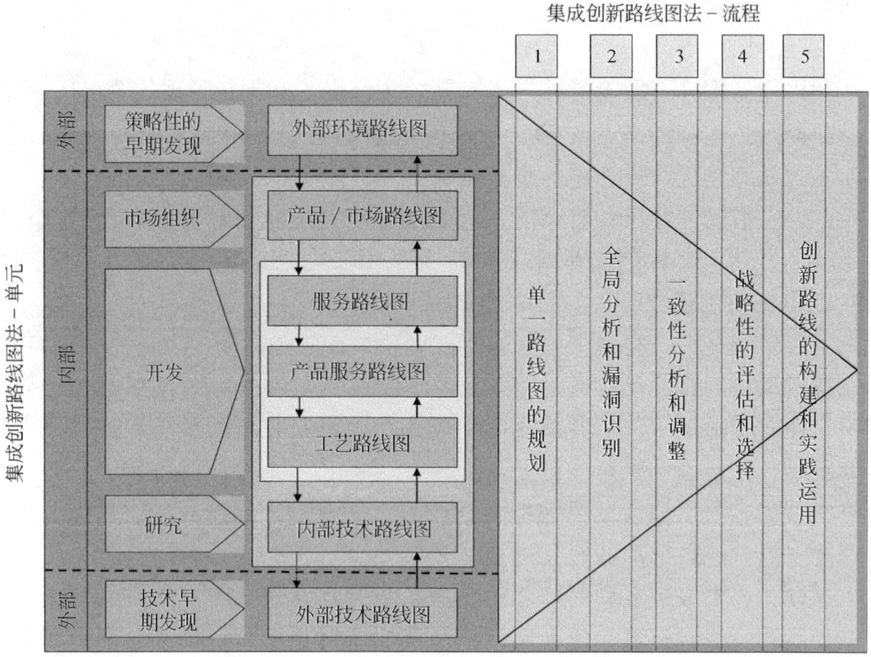

图3-35　集成创新路线图法

应用这种方法需要5个反复迭代步骤。首先需要在负责范围内确定单一路线图，然后要分析其完整性和找出缺陷，作为集成步骤要对所有7个单一路线图作连贯一致性分析，在第四步中包含战略评估和选择，它又反映在创新战略中。在第五步中将最终形成的创新路线图作为一组协调的单一路线图的总结。这样，集成创新路线图法可作为创新管理中的规划、控制和调准工具被应用。

（二）引入创新卡片的因文尼奥公司

企业概况

因文尼奥（Invenio）公司成立于1986年，现有员工约330名，在国内外有许多机构。因文尼奥公司的核心业务是在工程领域内提供服务。业务范围包括：创意的系统开发到创意的系列开发生产，在整个开发过程中自始至终的过程链的开发和模型、样机和小批量生产。

因文尼奥公司的业务范围包括：设计、构思、模拟计算、构建模型和样机、数字化和平面反演、试验、制造和检验技术、整个项目和进程的管理。

可见，公司的成功与否取决于快速和富有成效的建设性建议。因此，公司将虚拟样机技术（Virtual prototype）作为优化过程的基础。基于此，其产品可应用于许多不同领域，如汽车制造商和销售商、家用电器公司、休闲产业、机械制造和医药技术。

创新对因文尼奥公司尤为重要，因而提高竞争力和领导创新能力是公司最重要的目标，这种目标的成功实施体现在自2000年以来该公司一直是位于前100强的最具创新力的德国中型企业之一。

这个工程服务提供商的创新能力也体现在数字上，70%的营业额来自于产品开发和产品优化领域，其300多名员工中有200多位是高级工程技术专家。

形势

由于中国和东欧不断增长的市场，在汽车制造领域的竞争特别强烈且变化多端。此外，客户也渴望提高产品开发效率以及在供应链中实现合作式的项目管理。因此，因文尼奥公司面临着挑战，必须把自己从一个创新型的全服务工程公司演变为一个全球化的企业。

目前公司已有许多跨地区的合同和国际合作，但仍然需要扩展为全面的客户解决方案的服务范围，从而能灵活和动态地克服企业人手不够的矛盾。

对于因文尼奥公司，提高创新能力和生产能力的核心因素是人力资源。公司的独有技术和员工的经验是向客户提供全面解决方案的保证。因文尼奥公司的根本技能是设计和开发产品及工艺的技术知识：95%的公司产值来源于人力资源。

应用创新卡片

因文尼奥公司的一个关键要务是衡量公司的创新能力，特别是获得更多关于员工现有的和所需的创新能力的更高透明度。

因此在制定创新卡时，首先侧重于核心能力和知识结构这个创新领域。由此将提出对战略策划、组织结构和伙伴网络、创新文化、创新过程、市场开发等创新领域的成功因素和指示器指标，并集成在一个特征参量系统中。

例如，员工的“专业经验”被鉴别为关键的成功因素。这些成功因素将通过“工作中再教育的投入”，“再教育的时间占平均工作时间的比例”及

“员工知识及能力”等指标进行考核，员工知识及能力用年度专业活动的平均值来衡量并包括员工在进入因文尼奥公司前所受到专业教育。这些所得的资料传输到一个现成的企业资源计划系统（Navision）。利用一个平衡记分卡实现了创新卡片“样机”。

创新卡片的核心优势首先体现在对公司战略性决策的支持以及形成对创新的共同认识。一方面可以较早认清未来的技术趋势，另一方面获得现有技能更高度的透明度、从而保证在重要技术方面的竞争力。此外，基于评估这些特征参量也可以进一步增强员工的企业属于感。

因文尼奥公司在核心能力和知识结构创新领域中运用创新卡片的实例见图 3-36。

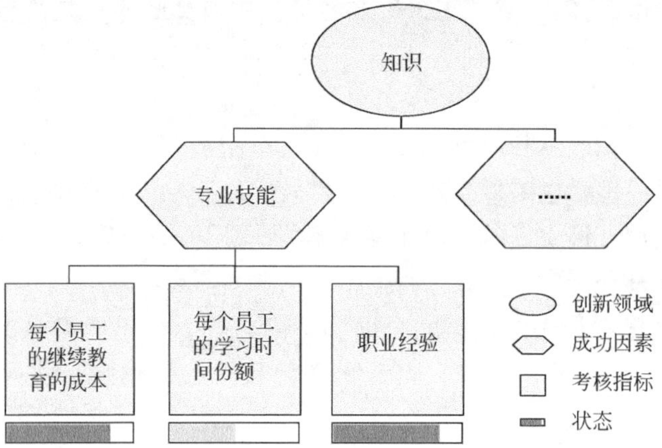

图 3-36　因文尼奥公司在核心能力和知识结构创新领域中运用创新卡片的实例

通过对“核心能力和知识结构”这一创新领域中的指标参量的持续跟踪和评估很快表明，在世界范围内参与的工程师之间的知识和信息交流方面存在着优化的潜能。

在这个领域的分析表明，不一致的信息和知识水平在部分情况下会导致冲突。同样，对个人解决问题的能力以及团队解决问题的要求也很高。

分析结果表明，成功解决问题的成功因素将包括下列诸方面：

- 充分交流和交换；
- 发现共同目标；
- 高质量地解决问题的能力；
- 社会技能（社会关系层面）；
- 方法运用。

已经运用的方法例如包括品质函数运用、使用价值分析、失误可能性及其影响分析。然而要求对问题及时的、紧随着项目进展的存档。对方法支持的要求包括促进知识交流和实现分散在世界范围内相关专家的网络化；提供专业知识、项目经验、提供以前解决问题方案的经验，提供任务进程中的帮助以及对问题解决方案提供直接有效的支持。

通过采用知识网络来优化知识交流

基于对集成和管理已经识别的分散知识的高要求，知识网络的运用被认为是有益的措施。

选择知识网络的出发点在于提供工程人员在其自身专业领域内进一步提高的可能性以及在知识网络内与其他高水平的专家就新概念、工艺、方法和技术进行科技交流的手段。这样就提高了解决问题方案开发的速度以及解决问题方案的质量。因为在知识网络内能迅速、有针对性地找到各方面的专家。

另一方面知识网络提供了通过情景或针对问题和任务来进行学习的可能性，从而可以进一步提高员工解决问题的能力。

这里出发点的目标是，将规划中没有结构化的、非常直觉的解决方案通过下面的 3 个要素来优化（图 3-37）：

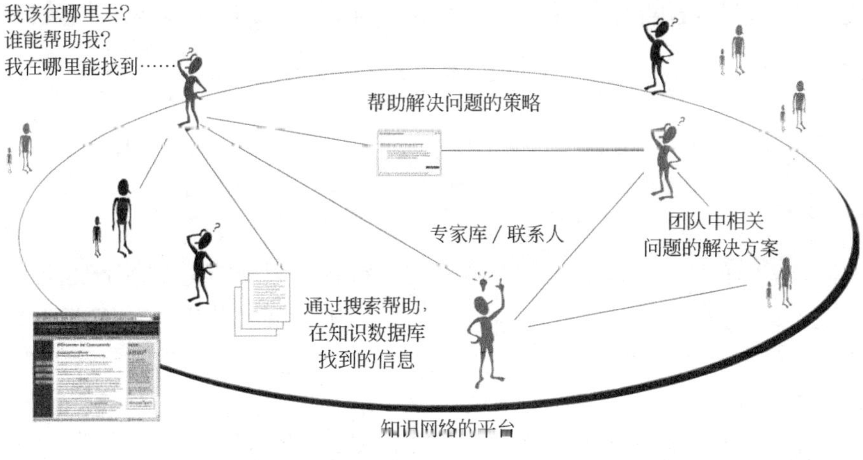

图 3-37　知识网络中的问题解决方案

• 通过提供相应的战略来导入问题解决方案的结构化发展（问题解决辅助方案）；

• 在知识网络中提供专家和相应的联系人，他们能通过转让其亲身经验有益于快速解决问题，或是能发展、综合团队中分散的解决方案；

• 给科技人员系统化、智能化地提供解决问题所需要的相应知识。

这里提出的方法一方面可以优化因文尼奥公司的单个的工作流程。通过对问题解决方案发展过程的结构化的、有效的指导，对问题给予有系统的信息检索和结构化的回答；这将不仅改进了解决问题的质量和工作进程的逻辑性，同时也从根本上改进了工作的成果。

另一方面它也支持找出最佳决策。通过给专家快速提供解决所有问题必需的专业知识，显著地提高了决策的质量和能力。通过直接获取专家信息和创新的咨询服务可实现快速的响应时间。

于是，上述工作有助于在知识网络中有针对性地发展创新解决方案，通过将分散的可利用的专业知识以项目组织的形式集合在一起，从而促进创新。这样就可以把具有相同工作重点和兴趣的专家组织在一起，产生一种富有创造性的工作氛围。

通过对课题全面的分析研究而达成的有效学习（“工作中学习”），有可能实现对每一员工有针对性的继续教育和实现个人能力的按需发展。于是使专家们相互之间有深入了解以及能获得对相互关联的总体理解。

在策略性的企业层面，可以通过知识网络内跨部门和跨项目的交叉合作将复杂的知识范畴集合在一起。以此获得和保证关键的专门知识，以及避免知识的外泄。

通过将分散的可支配的专业技能清晰化，因文尼奥公司将可能由此最终实现发挥协同的潜在能力，识别其冗余度和实现所期待共同发挥作用的效率。

七、展望

随着竞争的不断加剧，对于企业来说，将它的创新能力调整至最佳化始终是至关重要的。因此必须对当前的创新活动进行现实分析，对其效益和效率进行评估，这样才可能引入有针对性的优化措施。通过所获得的透明度，更好地发掘开发潜能，并有效地加以利用。对自身创新活动的长处和弱点有一个清楚的认识是很重要的，这不仅对企业本身，而且在和合作伙伴如客户、销售商或银行的商谈过程中都很重要。

本文所描述的工具，即创新审计和创新卡片，可提供下述用途：

• 使一些针对提高创新能力的措施能得以实施。包括：提高员工的素质、一种有助于创新的文化、优化的市场开拓以及与客户和销售商的合作等。

• 有针对性的方法性指导支持在创新开发和创新实施过程中结构化和系统化的准备工作，由此形成的创新活动的专业化能使企业更好地利用创新潜在能力和能确保价值创造成为可能。

• 有层次的、可分等级的进程能合理地要求企业工作的细化。

• 聚焦企业在创新领域中的分类，能在项目启动后很快即可专注于企业的各个部门，这样能最大限度地挖掘优化潜能。创新相关的活动可能在一个或者多个、全部的领域被考虑。

• 通过聚焦创新能力调研，能快速导入全局评估模型，如平衡积分卡。

• 这种类型的评估和控制体系能减轻对创新投资的压力。用那些能重复反映出创新潜在能力的硬指标和软指标作为对主要传统财经参量的补充，从而有利于得出一个对内和对外创新能力优化的、透明的描述。这些材料可以用在信贷谈判时作为决策资料，提高投资方对创新投资的意愿。

虽然这里所陈述的方案主要适用于企业，使企业能加强其自身的创新能力，有效和系统地开展创新活动，但是这对德国经济也有决定性的意义。此外，这些方法还对目前创新能力仍较差的企业有益，以激发创新、促进对创新的兴趣和全面的理解认识。这点不仅在国家层面，同时在欧洲范围内也至关重要，以此确保它成为长期活跃的生产和开发基地。

参考文献

Arthur D. Little (2004): Mit Innovation gegen Stagnation, Innovation Excellence Studie 2004

Bleicher, K. (1991): Das Konzept des integrierten Management, Campus-Verlag, Frankfurt a. M., New York, 1991

BMWA (2003): Innovationen und Zukunftstechnologien für den Mittelstand: Bilanz des Förderprogramms PROINNO für das Jahr 2002, Stand Februar 2003

BMWA (o. J.): Innovationsoffensive der Bundesregierung im Rahmen der »Agenda 2010«

Bortz, J.; Döring, N. (2002): Forschungsmethoden und Evaluation (3. Auflage), Heidelberg, 2002

Bullinger, H.-J.; Warschat, J. (Hrsg., 1997): Forschung und Entwicklungsmanagement – Simultaneous Engineering, Projektmanagement, Produktplanung, Rapid Product Development, Teubner Verlag, Stuttgart, 1997

Bürgel, H. D.; Zeller, A. (1997): Controlling kritischer Erfolgsfaktoren in Forschung und Entwicklung, in: Controlling, 1997, 4, S. 218-225

Burghardt, M. (1995): Projektmanagement – Leitfaden für die Planung, Überwachung und Steuerung von Entwicklungsprojekten (3. Aufl.), Publicis MCD Verlag, München, Erlangen, 1995

Cooper, R. (2000): Winning with new products - doing it right, IVEY Business Journal, July/August 2000

Demuß, L. (2003): Dissertation: Ein Reifegradmodell für die Bewertung und Entwicklung von Dienstleistungsorganisationen. Das Service Management Maturity Model, wbk Band 117, Karlsruhe, 2003

DIN EN ISO 9000, Qualitätsmanagementsysteme – Grundlagen und Begriffe. Deutsches Institut für Normung e.V. (Hrsg.), Beuth Verlag, Berlin, 2000

Eckelmann, O. (2002): Die Innovation Scorecard als Instrument des Innovations- und Technologiemanagements – Möglichkeiten und Grenzen, Diplomarbeit an der European Business School, 2002

Fritz, W. (1998): Marketing – ein Schlüsselfaktor des Unternehmenserfolges? Eine kritische Analyse vor dem Hintergrund der empirischen Erfolgsfaktorenforschung, Arbeitspapier Nr. 72 am Institut für Marketing der Universität Mannheim, 1989
Gälweiler, A. (1981): Strategische Unternehmensplanung, in: Steinmann, H. (Hrsg.): Planung und Kontrolle: Probleme der strategischen Unternehmensführung, Vahlen, München, 1981
Günterberg, B.; Kayser, G. (2004): SMEs in Germany, Facts and Figures 2004, IfM-Materialien Nr. 161, Institut für Mittelstandsforschung Bonn, 2004
Hagenhoff, S. (2003): Strategisches Innovationsmanagement: Eine Bestandsaufnahme. Arbeitsbericht Nr. 11/2003, Institut für Wirtschaftsinformatik, Abteilung Wirtschaftsinformatik II, Georg-August-Universität Göttingen, Schumann M.; Goos P. (Hrsg), 2003
Hartmann, C.; Paukert, M. (2003): Unternehmenskultur. Eine Gesamterhebung mit Interview, Fragebogen und Artefakteanalyse unter Berücksichtigung von Subgruppen unter Diskrepanz zwischen Anspruch und Wirklichkeit, Diplomarbeit, Institut für Psychologie, Technische Universität Darmstadt, 2003
Hartmann, M. (1996): Aktion statt Reaktion – Fragen, Thesen und Anregungen für den Erfolg von Unternehmen im turbulenten Umfeld, in: Hartmann, M.: DYNAPRO – Erfolgreich produzieren in turbulenten Märkten, Logis, Stuttgart, 1996
Hinterhuber, A. (1997): Strategische Erfolgsfaktoren bei der Unternehmensbewertung: ein konzeptionelles Rahmenmodell, DUV, Dt. Univ. Verl., Wiesbaden,1997
Hoffmann, F. (1986): Kritische Erfolgsfaktoren, Erfahrungen in großen und mittelständischen Unternehmungen, in: Zeitschrift für betriebswirtschaftliche Forschung, 1986, Heft 10, S. 831-834
Kessler, H.; Winkelhofer, G. (1997): Projektmanagement – Leitfaden zur Steuerung und Führung von Projekten. Springer, Berlin, 1997
Kinkel, S.; Lay, G.; Wengel, J. (2004): Innovation: Mehr als Forschung und Entwicklung. Wachstumschancen auf anderen Innovationspfaden, Mitteilungen aus der Produktionsinnovationserhebung, Nr. 33. Mai, 2004
Klose, B. (1999): Projektabwicklung – Arbeitshilfen, Projektanalyse, Fallbeispiele, Checklisten (3. Aufl.), Wirtschaftsverlag Ueberreuter, Wien, 1999
Kneuper, R. (2003): Verbesserung von Softwareprozessen mit dem Capability Maturity Model Integration, 1. Auflage Heidelberg, dpunkt Verlag, 2003
Kotler, P.; Armstrong, G. (1996): Principles of Marketing, Prentice Hall, Englewood Cliffs, 7th ed. 1996
Krulis-Randa, J. S. (1990): Einführung in die Unternehmenskultur, in: Lattmann, C. (Hrsg.): Die Unternehmenskultur, Heidelberg 1990, S. 1-21
Leidecker, J. K.; Bruno, A. V. (1984): Identify and using critical success factors, in: Long Range Planning, 17, 1984, 2, S. 23-32
Manufuture 2003: http://www.manufuture.org
Meyer, C. (1994): Betriebswirtschaftliche Kennzahlen und Kennzahlensysteme (2. erw. und überarb. Auflage), Schäffer-Poeschel Verlag, Stuttgart, 1994
Müller-Stewens, G.; Lechner, C. (2001): Strategisches Management – Wie strategische Initiativen zum Wandel führen, Schaeffer-Poeschel, Stuttgart, S. 238
Oberweis, A.; Paulzen, O. (2003): Kontinuierliche Qualitätsverbesserung im Wissensmanagement - ein prozessbasiertes Reifegradmodell, Proceedings der KnowTech 2003: 5. Konferenz zum Einsatz von Knowledgemanagement in Wirtschaft und Verwaltung, München, 2003
Pfeiffer, W.; Weiss, E. (1992): Grundlagen der Führung und Organisation industrieller Unternehmen, Schmidt, Berlin, 1992
Platz, J.; Schmelzer, H. J.: Projektmanagement in der industriellen Forschung und Entwicklung: Einf. anhand von Beispielen aus der Informationstechnik, Springer, Berlin, 1986
Probst, G.; Raub, S.; Romhardt, K.: Wissen Managen – Wie Unternehmen ihre wertvollste Ressource optimal nutzen, 2. Aufl., Wiesbaden, 1998
Rammer, C. et al: Innovationsverhalten der deutschen Wirtschaft. Indikatorenbericht zur Innovationserhebung 2003, ZEW – Zentrum für Europäische Wirtschaftsforschung GmbH, Mannheim, März 2004

Rehkugler, H.; Pohl, H.J. (1991): Erfolgsfaktoren im Gastgewerbe, Wilfer, Fuchsstadt, 1991

Reichmann, T. (1990): Controlling mit Kennzahlen (2.,verbesserte Auflage), Verlag Franz Vahlen, München, 1990

Rinza, P. (1994): Projektmanagement: Planung, Überwachung und Steuerung von technischen und nichttechnischen Vorhaben, VDI-Verlag, Düsseldorf, 1994

Schmelzer, H. (1988): Reduzierung der Entwicklungszeiten in der Produktentwicklung als ganzheitliches Problem, in: Schmalenbachs Zeitschrift für betriebswirtschaftliche Forschung, S. 53

Sommerlatte, T. (2001): Voraussetzungen für Innovationen in Unternehmen – das harmonierende Zusammenspiel von Innovationsstrategie, Innovationsprozeß und Innovationskultur, in: Braun; Feige M.; Sommerlatte, T. (Hrsg.): Business Innovation, Frankfurt a. M., F.A.Z. Institut, S. 128-139

Sommerlatte, T.; Deschamps, J. P. (1986): Der strategische Einsatz von Technologien: Konzepte und Methoden zur Einbeziehung von Technologien in die Strategieentwicklung des Unternehmens, 2. Auflage, in: Athur D. Little International (Hrsg.): Management im Zeitalter der strategischen Führung, Wiesbaden 1986, S. 39-80

Söndgerath, B. (2002): Steuerung von Innovationsprojekten unter Einbeziehung von Erfolgsfaktoren Dissertation, Magdeburg, 2002

Sourisseaux, A. L. (1994): Organisationskultur: zur facettentheoretischen Konzeptualisierung eines organisationspsychologischen Konstruktes, Lang, Frankfurt am Main, Berlin, 1994

Spath, D.; Wagner, K.; Slama, A. (2002): Bewertung von Wissenskapital. Wettbewerbsvorteile nutzen durch bewussten und zielgerichteten Einsatz von Wissen, Abschlussbericht des EU Projekts MAGIC, Measuring and Accounting Intellectual Capital, Fraunhofer IRB Verlag, Stuttgart, 2002

Spath, D.; Dill, C.; Scharer, M. (2001): Mit dem Methodenbaukasten Produkte treffsicher und schnell entwickeln, in: Spath, D. (Hrsg.): Vom Markt zum Produkt – Impulse für die Innovation von morgen, LOG_X, Stuttgart, S. 7-24

Spath, D.; Ardilio A.; Auernhammer, K.; Kohn, S. (2004): Marktstudie Innovationsysteme – IT-Unterstützung im Innovationsmanagement, Fraunhofer IRB-Verlag, 2004

Spath, D.; Nøstdal, R.; Risch, M. (2003): Marktstudie Corporate Performance Management, Fraunhofer IRB Verlag, 2003

Spath, D.; Warschat, J.; Auernhammer, K.; Gomeringer, A.; Bannert, M. (2003): Integriertes Innovationsmanagement: Erfolgsfaktoren, Methoden, Praxisbeispiele, Stuttgart, Fraunhofer IAO, S.12

Speth, C. (2005): Competitive Advantages within Production Clusters through Competence Services, in: Proceedings of the 18th International Conference of Production Research, Salerno 01.-04. August 2005

Steinle, C; Schmidt, C.; Lawa, D. (1995): Erfolgsfaktorenkonzepte und ihre Relevanz für Planungssysteme, in: Wirtschaftsstudium, 1995, 4, S. 311-323

Strich, D. (1995): Auditierung als Controllinginstrument für Geschäftsprozesse, Peter Lang, Frankfurt a. M.

Thom, N. (1980): Grundlagen des betrieblichen Innovationsmanagements, Hanstein, Königstein/Ts., 1980

Tidd, J.; Bessant, J.; Pavitt, K. (2002): Managing Innovation: Integration Technological, Market and Organisational Change, Wiley & Sons, Chichester, S.17

Vahs, D.; Burmester, R. (1999): Innovationsmanagement: Von der Produktidee zur erfolgreichen Vermarktung, Schäffer-Poeschel Verlag, Stuttgart

Warschat, J.; Wagner, K.; Edelmann, C. (2005): Automotive District Stuttgart - Evolution and trends with the focus on cooperation in Virtual Clusters, in: Company Strategies and Organisational Evolution in the Automotive Sector: A Worldwide Perspective, Garibaldo, F.; Bardi, A. (Hrsg.), Peter Lang, Frankfurt, 2005

Weber, J. (1998): Einführung in das Controlling (7. Auflage), Stuttgart, Schäffer-Poeschel Verlag, 1998

Wirtschaftswoche (2004): Ausgabe vom 25.03.2004, Nr. 14, S. 29

Yilmaz, A. (2002): Methoden zur Akquisition von Wissen über Kompetenzen, KOWIEN–Projektbericht, 2/2002

译者简介：

吴　霆　工学博士，德国亥姆霍兹生物医学工程研究所从事科研教学工作
twu@ hia. rwth - aachen. de

甘　霖　医学学士和工学硕士，目前在亚琛大学医院从事科研工作
lin. gan@ rwth - aachen. de

胡　杨　原合肥联合大学讲师，曾在德国留学，现居住美国
yanghu@ sbcglobal. net

杨明红　理学博士，德国莱布尼茨协会分析科学研究所研究员
minghong@ isas. de

姚慧海　德国弗劳恩霍夫通讯技术研究所研究员
yao@ hhi. fhg. de

第四章　加速创新之道

通过研究土星巨大而迷人的光环来获得太阳系形成的信息，
利用对错综复杂的时耗因子的分析，探索加速创新之道！

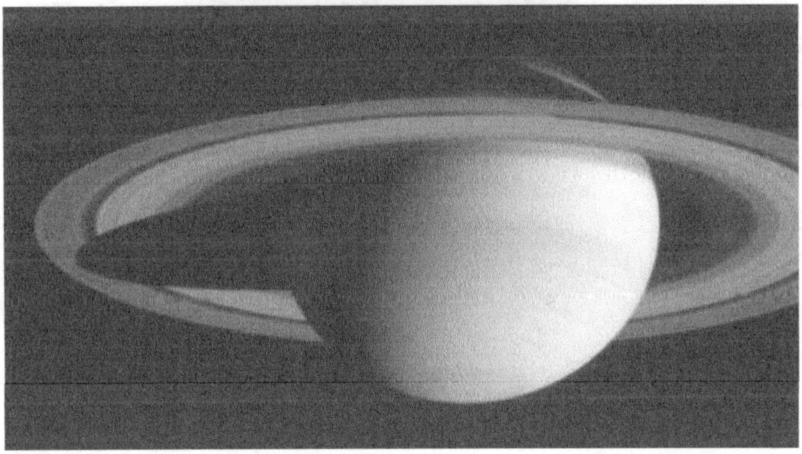

原著：司拉马（Alexander Slama）　翻译：刘百宁（本章主译编辑）
科莱尔（Markus Korell）　苑建华
瓦沙特（Joachim Warschat）　审校：姚慧海
奥豪森（Peter Olhausen）

成本、质量、时间三大核心因子
在商品经济发展过程中权重的演变

初级阶段：成本因子的权重最大；
中级阶段：质量因子的权重最大；
高级阶段：时间因子的权重最大。

❖ 九大创新领域中的40个时耗因子分析

时间要素！时间超前！时耗因子！

要想实现市场竞争制胜，关键在于把握时间要素；
要想实施技术保护机制，关键在于达到时间超前；
要想理解创新项目进程，关键在于分析时耗因子；
要想走上加速创新之道，关键在于化解时耗因子。

一、时间要素——市场竞争制胜的关键

成功的技术创新只有与有效的市场开发相结合才能促进经济增长、提高企业利润。要想在竞争激烈、仿造横行的国际市场上，保持可持续创新活力和市场竞争实力，建立一套行之有效的知识产权保护机制极其重要。根据德国联邦教研部2003年公布的《2002年德国技术竞争能力评价报告》（Grupp et al. 2003），“时间超前”或“技术领先”已成为一种最为通用的保护机制，它的使用比例高于技术保密、专利保护、增加工程设计复杂性、品牌宣传等保护机制（图4-1）。

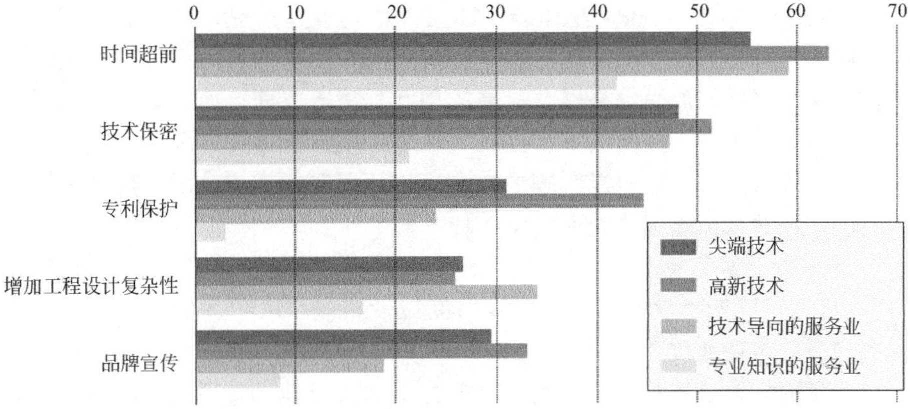

图4-1　1998～2000年，德国产业界和服务界所通行的创新保护机制

创新发明中采用的各种保护机制所占的比例（单位：%）

资料来源：欧洲经济研究中心，曼海姆创新论坛——欧洲经济研究中心的估算

为保证和增强创新项目的加速，必须熟知阻碍创新项目进程的相关要素，即所谓的“时间内耗因素”。人们必须首先识别创新项目的“时间内耗因素”，然后理解它，最终消除它，从而最大限度地缩短产品进入市场的时间。所以，聚焦时间因子的创新管理学以创新进程的加速为核心和目标。

在创新管理学里，时间因子的研究可分为以输入为基准和以输出为基准两种方法（Murmann 1994）。以输入为基准的方法把时间因子视为一种效率因子，这是一种不可重新获得而且非常有限的资源（Kubik 1994），这里必须指出的是，要最终产生一个输出量，还必须考虑其他输入因子（Murmann 1994）。以输出为基准的方法把时间因子视为一种竞争因子，并可分为选择正确时刻和有效利用时间优势两种方法：时刻选择对于在竞争中求生存至关重要，其中，正确时刻的选择在产品研发的初始和战略、技术方面的调整、产品的市场引入等方面都具有决定性的意义（Glaser 2000）；时间优势可以转

化为竞争优势，比如在技术方面的优势或较快的反应速度，从而得以大大改善竞争地位（Murmann 1994）。

竞争力可定义为经济实体为谋求自身最大效益而呈现出比其他经济实体的优势（Perillieux 1987）。20 世纪 80 年代期间，“时间竞争力”这一概念主要以 Stalk 和 Hout 两人为代表，他们在寻找日本企业获得巨大成功的原因时发现，时间是主要因素之一（Stalk/Hout 1992）。当时，日本企业尝试了消除浪费时间的各种各样可能性，从而在研发、生产、销售等方面均获得了巨大的时间优势。从那时以来，时间要素的重要性日益上升，其中一个原因是日趋饱和的国际市场导致了日趋恶化的竞争环境（Fischer 2000）。

“时间竞争力”可在企业外部（即在市场竞争过程中）和企业内部同时带来收益。在企业外部所体现的积极影响表现在更好的产品质量、更高的市场占有率、更低的产品价格以及更高的创新程度等方面；而在企业内部所体现的积极影响表现在降低成本、提高生产力、增强灵活性以及更好地激发员工积极性等方面。这些积极影响的效应可以用时间、成本、质量这三项目标因子的内在关联加以阐述论证（Rutt 1991）。

下面将尝试依据 Voigt 的方法（Voigt 2000），进一步分析“时间竞争力”，即通过降低研发新产品所需的时间以及市场引入所需的时间跨度，增强其产品的市场地位。

为了更好地认知时间因子在竞争过程中的重要性，必须把时间因子与其他目标因子一起进行系统分析。在创新过程中，必须统筹考虑质量、成本、时间这三项目标因子，绝不可孤立地或封闭地去分析其中某一因子（Vahs/Burmester 2002）。

优化三项因子中的某一个因子，也能给其他两个因子带来有利的影响（Buchholz 1996）。Wildemann（1993）认为，在缩短研发时间的同时，也能降低成本、提高质量。例如，在缩短产品研发时间的同时，通过避免设备空转时间以及多余的生产步骤，并通过缩短动用资源和资金的时间，可以降低生产成本；而通过缩短研发时间及优化相关全过程，也可以同时提高产品质量（Buchholz 1996）。

每个因子的重要性和权重并不是一成不变的，在近 50 年里，它们发生了连续的变化。在 20 世纪 60 年代和 70 年代，成本是占绝对优势的最重要的因子；到了 20 世纪 80 年代，质量因子发展成为具有同等权重的竞争因子；到了 20 世纪 90 年代，一直被人们所忽略的时间因子也成为一个具有决定性的因子。今天，在成本因子和质量因子依然保持重要意义的同时，时间因子已成为三大要素中之一（图 4-2）（Voigt 2000）。

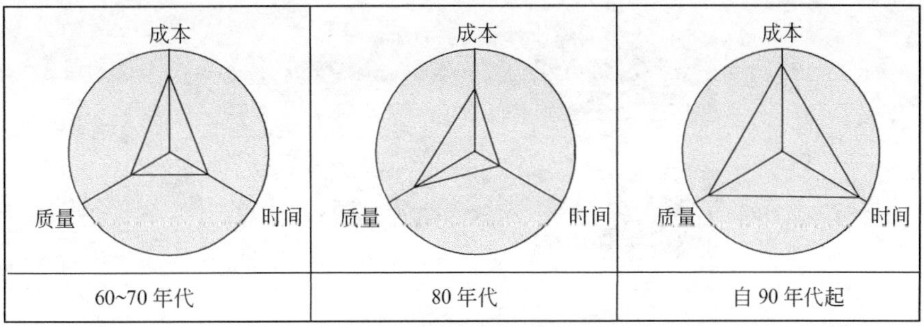

图 4-2　20 世纪时间因子日趋重要
（Kaluza 1995）

在竞争激烈的国际市场上，企业创新项目的时间跨度决不能由竞争对手来主导决定，这一点日趋重要。然而，人们常常会问：与竞争对手相比较，自身企业到底处在什么地位？创新项目从启动之日到获得成功之日所需的时间跨度将具有何等意义？能不能在所计划的时间跨度里完成创新项目？为此，下面就有关描述创新项目过程中“时间驱动因子”所做的一项企业调查结果给出一些结论。

二、产品研发时间—— 一项企业调查结果①

企业对于产品研发时间的估算：与竞争对手相比较

弗劳恩霍夫系统技术与创新研究所曾经就“时间驱动因子”对 253 家企业进行了电话询问调查（详细内容参见第五章），调查研究结果表明：44% 的被访企业表示与竞争对手具有相同的产品研发时间；37% 的被访企业表示其产品研发时间比竞争对手短；只有 18% 的被访企业承认他们的产品研发时间比竞争对手长。

产品研发时间的评估见图 4-3。

企业本身的大小对调查结果的影响并不大，区别仅在几个百分点之内。大部分被访企业的产品研发时间处于中间值，与各自竞争对手的相同，并与企业的大小几乎无关；研发时间低于竞争对手的快速创新企业，主要是那些员工人数低于 100 人的小型企业；在所有的被访小企业中，大约有 40% 的企业能够超越竞争对手，最先把新产品引入市场。

产品研发时间对创新项目获取成功的意义

产品研发时间对产品最终是否在国际市场上获取成功具有重要意义。四

① 详细结果参见本书第五章。

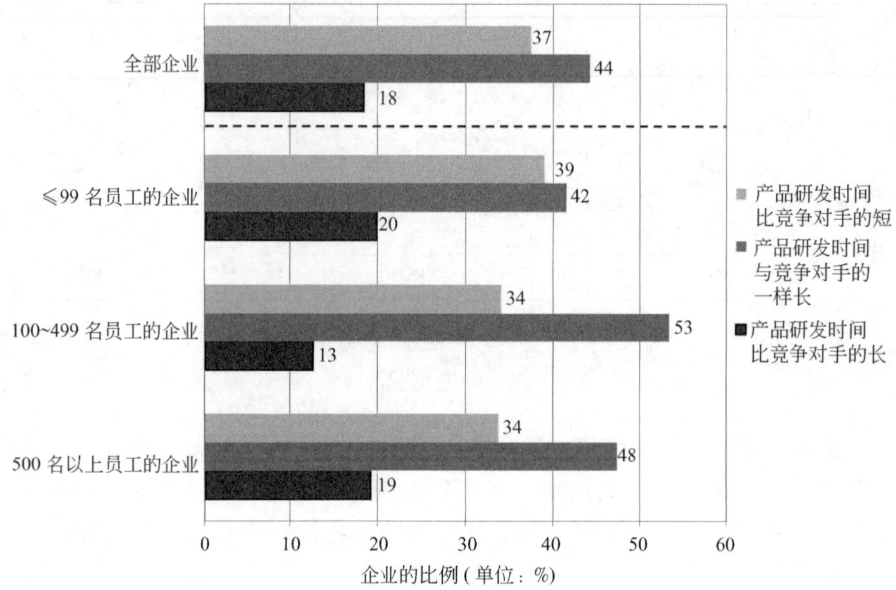

图 4-3 产品研发时间的评估与各自竞争对手相比较

资料来源：弗劳恩霍夫协会系统技术与创新研究所研究所于 2005 年就“时间驱动因素”所做的企业调查

分之三的被访企业认为产品研发时间对产品最终获取成功的作用非常重要或比较重要，大约五分之一的被访企业认为不是很重要，只有 4% 的被访企业认为不重要，这一调查结果与企业的大小几乎无关。仅在“非常重要”与“比较重要”的定性回答中，有着与企业大小相关的差异：企业越大，认为产品研发时间重要性的比例越高，大约 40% 的被访大企业把产品研发时间定位在对产品最终获取成功“非常重要”，而在被访小企业中，不到三分之一的企业有同样的定位。总之，尽管产品研发时间对产品最终获取成功具有重要的意义，但小企业的对此看法要比大企业淡化一些。

产品研发时间对产品最终是否成功的重要性见图 4-4。

按时完成创新项目的估计

在产品研发项目正式启动前，几乎所有的被访企业都对产品研发时间进行了规划，只有 1% ~4% 的被访企业对上一轮的产品研发项目没有进行过时间规划。由此可见，产品研发项目正式启动前，几乎都有一套系统规划。尽管如此，仅有 35% 的被访企业能在规划时间内完成项目（20% 的被访企业能按时完成，15% 的被访企业能提前完成项目）。而大多数被访企业（62% 的被访企业）不能按时完成项目，而这里中小企业与大型企业有较明显的区别。在被访大型企业中，几乎四分之三不能按时完成研发项目，只有 17% 的

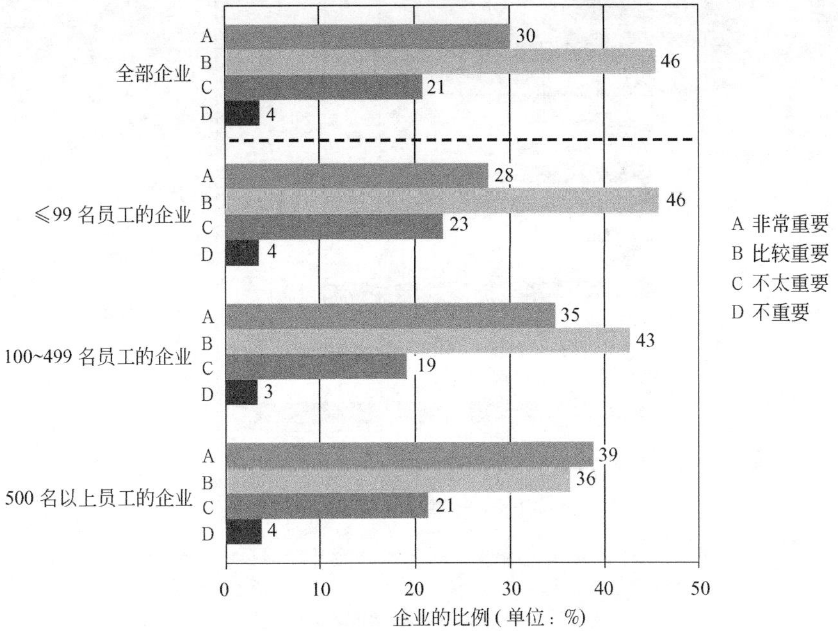

图 4-4　产品研发时间对产品最终是否成功的重要性

资料来源：弗劳恩霍夫协会系统技术与创新研究所于 2005 年就“时间驱动因素”所做的企业调查

被访大型企业能按时完成研发项目，9% 的被访大型企业能提前完成研发项目；相比之下，对被访小型企业而言，“仅有”约 66% 的企业不能按时完成研发项目；而对被访中型企业而言，“仅有”约 61% 的企业不能按时完成研发项目。由此可见，在研发项目的时间管理方面，大型企业比中小型企业面临更大的挑战，这很可能与研发项目较高的复杂性以及对大型企业中部门间的协调要求更高有关。

不同规模的企业按时完成产品开发项目的百分比见图 4-5。

由上可见，对产品研发项目而言，时间因子既是一个重要的，也是一个难以制约的因子。尽管时间计划对于研发项目非常重要，但许多企业却往往不能按时完成计划，尤其是大型企业所面临的挑战更大。

三、制约创新项目进程的因素

创新项目固然非常耗时，然而，我们可以找出一些影响项目进程的因子，这些因子制约了完成项目的最佳时间跨度，从而延长了完成项目实际所需的时间。比如，“对供货源的评估过迟”，也就是说，企业若对一个研发项目必需的物品（原材料或机器）的供货商过迟地进行评估，很可能造成不必要的项目延时。换句话说，尽管某一企业知道需要采购某一原材料或机器，但并

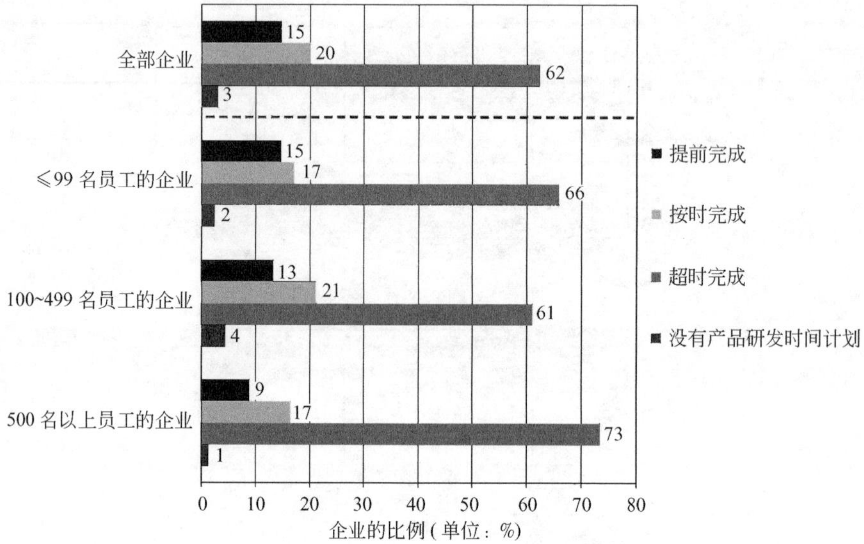

图 4-5　不同规模的企业按时完成产品开发项目的百分比
资料来源：弗劳恩霍夫协会系统技术与创新研究所于 2005 年
就“时间驱动因素”所做的企业调查

没有及时评估供货商的供货能力，而当真要采购时，却因其供货商生产时间和交货时间的延时，而导致自身研发项目的延时。以我们调研的一个创新项目（详细描述参见第六章）为例，这家企业没有对一个必须用于卷带式技术的油漆（镀膜）实验设备的交货时间及可供性进行足够的评估，实际结果是，供应商必须重新设计、制造这台镀膜设备，从而没有必要地大大拖延了创新项目本身的研发时间。如果能够辨认出潜在的时间驱动因子，看清哪些产生不必要的时间延迟效应的原因，并能及早策划和实施相应的防范及消除战略，就可以从时间上来优化产品研发项目进程。“驱动因素”这一概念从动词“驱动”引申而来，也就是说，使得某事或某物向着某一特定的方向去发展或运动（Duden 2003）。某一驱动因素可看作为某一因子，使某事或某物向着某一特定的方向去发展或运动，从而发生变化。它的应用主要与三大竞争参数紧密相关：质量、成本、时间。比如：根据 Burger（1999）所定义的成本驱动因子就是指那些影响过程成本的因素，这一影响可能是有利的，也可能是不利的。通常在文献中，为质量和时间而定义的质量驱动因素和时间驱动因素这两个概念与成本驱动因素的定义非常相近。

时间驱动因素是指在创新项目中一个以偏离最佳状态为特征、以延长时间跨度为结果的影响因子（译者注：本章部分地方把“时间驱动因素”翻译为“时间内耗因素”更符合上下文含义、更加通俗易懂。）通过应用消除战略，可以克服时间驱动因素并消除它所带来的消极影响原因，从而缩短产品进入市场的时间（详细描述参见第三章中用于实现处理和改进选项的方法库）。在创新项目中，可以优化时间要素的影响因子称之为时间加速因子（图4-6）。

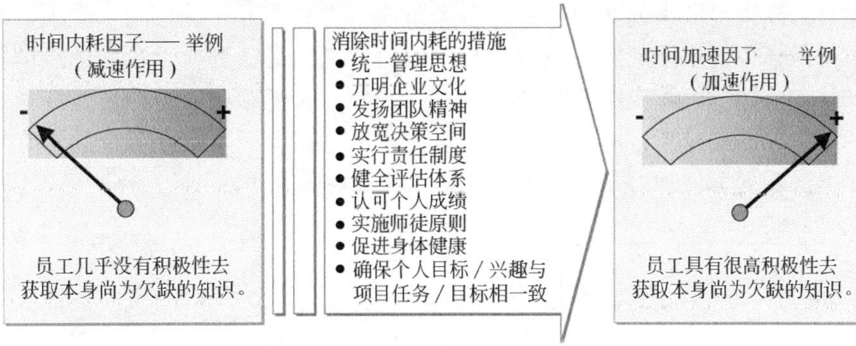

图4-6　从时间内耗到时间加速

当所要求的最佳作用状态无法达到，也就是说，当所谓的失配状态出现时，我们可以确定一个对耗时效应起决定作用的影响因子（如“积极性”），所出现的失配正是产生耗时作用的原因。如果能够消除失配，影响因子的作用将不同于原先状态，并能在新的状态下呈现出加速作用（参见第七章五有关时间驱动因素及其规则）。只有当对于最佳实施项目所要求的工作动力高于与个人价值直接挂钩的愿望时，“项目参与者缺乏积极性”这一时间驱动要素才会真正呈现出耗时消极作用。

四、时间驱动要素分析法——一种加速创新项目进程的途径

在加速创新项目进程的研究中，认识时间内耗因子及克服时间内耗因子的路径起着关键作用。弗劳恩霍夫劳动经济和组织研究所在完成的“时间驱动要素分析法”项目中，提出了三步法来系统分析创新项目进程，以便尽可能有效地、可持续地就时间优化潜力来对创新项目进行分析，从而加速创新项目的进展。

为了对一个时间驱动要素进行尽可能全面的诊断，不仅承担该创新项目的人员要参与分析，而且要有从事过程分析及过程优化方面的专家参与，并要保证所有参与者对创新项目具有相近的了解，尤其是对创新项目从始到终的过程要有尽可能同样的了解。通过把本章节所描述的分析方法多次应用到项目的不同具体阶段（即项目定义阶段、项目研究工作内容、项目工艺过程）后表明，只要对项目最初阶段，即项目定义阶段这一层次，采用本章节所描述的分析法对时间内耗进行诊断，并应用相应的加速措施，即可加速创

新项目的进程。

第一步：快速扫描创新项目

第一步先通过考察项目实际所需时间、项目次序、项目特点、项目简述和项目结果来提取出创新项目中的各个阶段。为此，可通过绘制一张项目参与单位的任务框架图来展现项目参与单位的信息，主要是项目参与单位的任务和合作伙伴的可能变更及其变更理由。此外，为了对项目的创新力度做一个评估，还需给出项目的内容综述，包括该项目在学术上和技术上的重大意义、财务和人员计划以及重点攻关内容和项目目标等（图 4-7）。

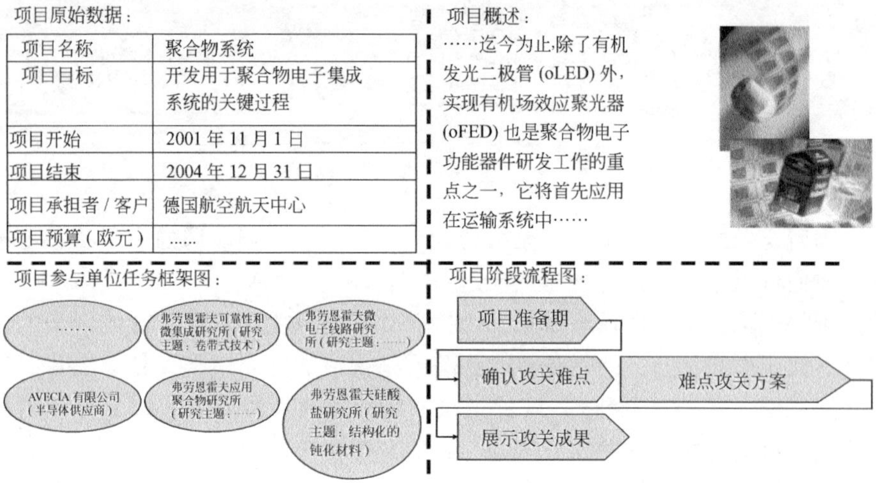

图 4-7　创新项目快速扫描一览表中的部分项目综合信息

在确定创新项目发展阶段时，还必须考虑到进行项目分析之前的所有预备阶段，比如项目申请或项目计划阶段，因为引起“时间内耗”症状的各种原因不仅仅会直接影响项目的结果，而且很可能在已经实施的阶段中就以“时间拖延以及相关错误”的形式出头露面了。

第二步：诊断时间内耗因子

创新项目快速扫描是诊断时间内耗因子的基础，以便辨认出时间内耗因子，并给予相关的命名。

在了解创新项目过程的基础上，通过回顾过去，可以制定一项时间优化的项目阶段进展计划，一般来说，这里可以把项目开始时所制定的项目规划作为基础，通过把项目的实际进程与项目的优化进程进行比较，并根据当前的认识，对项目进程进一步优化。通过这一优化过程，就可以做出一定的判断，到底在哪里消耗了原本不必要的时间。

要辨认出创新项目进程中的时间内耗因子，必须尽可能与所有介入项目各个阶段的企业单位代表及其各类相关专家就所有的项目阶段进行沟通，以便从不同的角度、观点和经验来分析问题。此外，还要就创新项目过程优化、时间内耗因子及其消除措施，请教企业内部或企业外部的有关专家。通过个别交流、专题讨论会来听取各方面的评论和建议，集纳各方经验，找出时间内耗因子及其相关起因。每位被访者从各自的角度给某一时间内耗因子起一个最为合适的名称，并用一个实例对此加以描述。这个实例也有利于理解这一时间内耗因子及其相关过程，并与其他被访者命名的时间内耗因子加以区分。

为了更好地诊断时间内耗因子，可以参考五中的时间内耗因子分类图，那里共列举了创新项目中的40种典型时间内耗因子。借助这些经验知识，不仅能给那些对时间内耗因子起名毫无经验的初学者以最佳帮助，而且以本体论为基础的创新管理学亦可得到应用（Bullinger等2005；Warschat，Slama，Schumacher 2005，第七章），这样就可以直接调用存储于计算机里、格式化描述的时间内耗因子（Warschat/Slama 2005），以此为基础来诊断创新项目过程中的时间内耗因子。在诊断过程结束后，可以说是一箭双雕：一方面，原有“典型通用化”的时间内耗因子数据库得到了补充；另一方面，对于创新项目以及相关企业而言，建立了一个“富有个性化”的时间内耗因子数据库。

为了尽可能获得创新项目中出现的全部时间内耗因子，可以采用各种示意图表征法（图4-8）。为此，人们可以对时间内耗因子在项目进程中进行定位，并把时间内耗因子与项目阶段结合起来进行分析，从而可以有针对性地对至今尚未暴露时间内耗因子的项目阶段进一步分析。此外，还可以对至今已被命名的所有时间内耗因子进行分组分析。由弗劳恩霍夫劳动经济和组织研究所提出的“实现卓越创新的模型”被证明为最具实效的结构图（参见本书第三章和本章“创新项目中的时间内耗因子”部分），尚未被占据或还没有填满的格子很可能意味着尚有未被命名的时间内耗因子存在。为了更好地实现直觉表征，最好采用因果关系示意图，也称为Ishikava表征图（Schulte/Zurhausen 2002）。到目前为止，对已完成的创新项目所开展的时间内耗因子诊断多数结果表明，时间内耗因子出现在项目的各个阶段，在创新项目的九大方面中，有八个方面会出现时间内耗因子。

第三步：创新项目进程的加速

第三步是寻求有效措施，使创新项目在较短时间跨度里进行，人们通常称这一过程为创新项目的加速过程（Bullinger/Schlick 2002）。在第二步的定性分析基础上，采用一个问答卷，对时间内耗因子进行定量分析，从而获得每个时间内耗因子所造成延时效应的大小。

一方面，有关专家可采用方法目录，既快速又全面地找出有关时间内耗

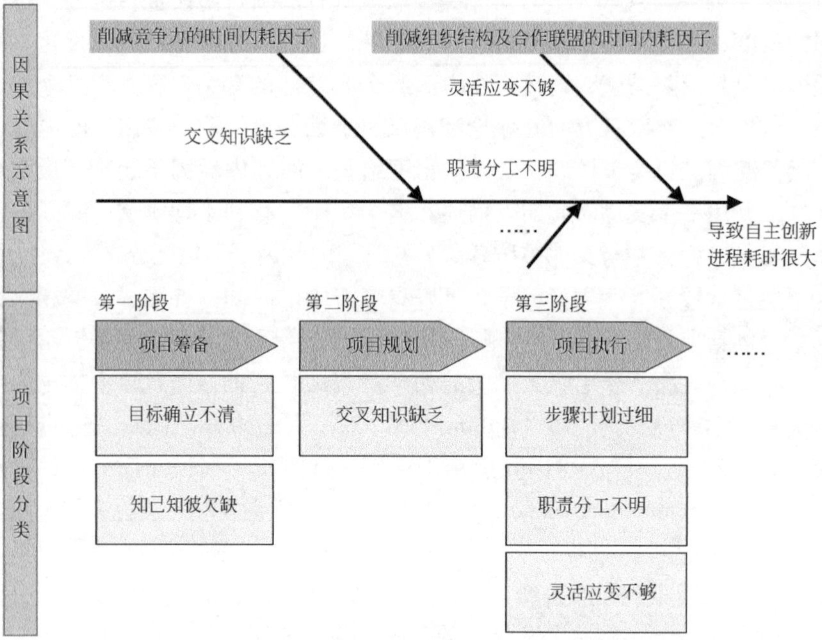

图 4-8　用于诊断时间内耗因子的直觉表征辅助图

因子的相关消除措施，并做到量体裁衣（图 4-9）；另一方面，可与项目参与者进一步讨论其他解决方案，因为项目参与者往往也是措施实施者。

时间内耗因子	消除时间内耗措施	消除时间内耗方法
目标确立不清	项目目标图——与工业界（即项目资助者）再次明确项目目标	任务书，共点分析法
总体规划不周	及早与所有的合作伙伴讨论最终指标	责任书，组织结构图方法，流程图，潜在用户分析
参与热情欠缺	提高项目参与者的内在和（或）外在工作动力、愿望	统一管理思想，开明企业文化，发扬团队精神，放宽决策空间，健全评估体系，实行责任制度，认可个人成绩，实施师徒原则，促进身体健康
交货期检过晚	确定标准采购程序及质量把关	甘特图表法，全面质量管理
合作协调过迟	及早与各个合作伙伴互动	实现同时工程攻关，寻找问题的前方移动法，流程图，完善组织结构和伙伴网络

图 4-9　创新加速方法目录的一部分

创新项目加速措施的实施需要投入时间和经费，每个具体措施不仅对消除相关时间内耗因子有着积极的影响，同时也会对整个项目产生有利的影响。在实施创新项目加速措施时，特别是在决定实施次序时，必须考虑这些措施的效益，即投入产出比（实施加速措施所需要投入的时间和经费对缩短项目时间跨度所产生的影响大小），并通过专题讨论会形式对该项目以及该企业的后续项目进行讨论，由此得出一份创新项目加速措施优先考虑目录，包括相关最重要措施的行动执行指令和具体实施计划（图 4-10）。这里需要注意的是，首先要实施最重要的项目加速措施，而不要同时启动太多改良性的子项目，否则，将很容易导致创新项目的超负荷运转。

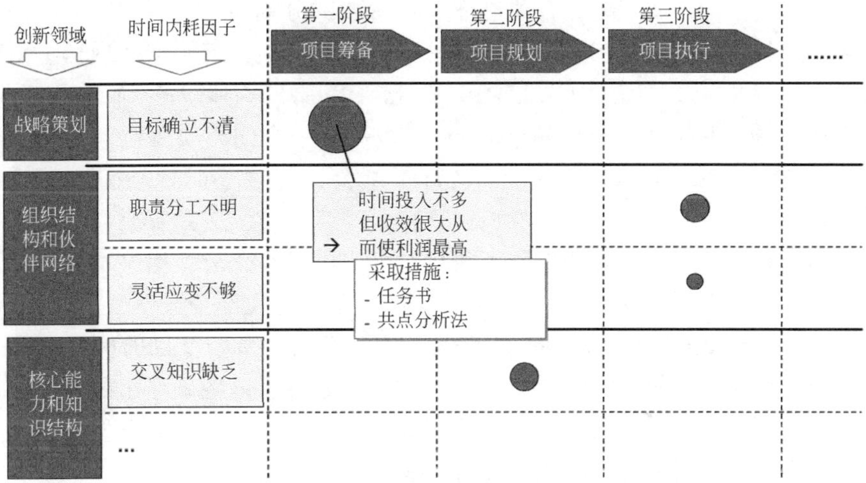

图 4-10　时间内耗—评价矩阵

周期地运用上述三步，将可有效地控制时间内耗因子，在创新项目整体过程中系统地、可持续地加速创新项目进程。同时，人们在企业内部建立了一整套与项目及企业紧密相关且在创新项目中可能出现的时间内耗因子知识，以及消除这些时间内耗因子相应措施的战略。此外，下面将系统描述在创新项目中可能出现的 40 种典型时间内耗因子，并运用统计学对时间内耗因子的延时效应进行量化，这将有助于辅助上述三步的应用。

五、创新项目中的时间内耗因子

创新项目加速的能力很大程度上取决于对时间内耗因子的认识和理解，从而最终有的放矢地应用消除战略，保证创新项目的加快进行。对创新项目中可能出现的时间内耗因子了解得越全面，就能对创新项目时间内耗因子分析得越透彻。

在“弗劳恩霍夫协会作为创新加速的催化剂”这一弗劳恩霍夫协会项目里，我们获得了创新项目中比较典型的时间内耗因子。弗劳恩霍夫协会有6个研究所参与了这项联合课题的交叉研究，提供了来自自适应电子技术、光电子技术（光学技术）、聚合物电子学技术、混合型服务业等领域创新项目的经验数据（参阅第六章）。

创新往往是在某一个研究项目中实现。根据布凌格教授的定义（Bullinger，Schlick 2002），一个创新项目是指一个具体的、一般来说在世界上独一无二的项目计划，有一个团队在一个明确的目标范围内，以实现前人没有做过的各类革新为目的，刻苦耐劳、坚持不懈地工作。一个创新项目可分为几个阶段。尽管在文献里，有关创新项目阶段的分割，有不同的准则，但项目起始点和项目结束点在大多数定义里是相同的。项目起始点从项目主意开始，项目结束点以产品引入市场为标志（Brockhoff 1999；Vahs/Burmester 2002）。根据 Thom（1980）和 Gerpott（1999），一个创新项目包含了全部研究开发过程，Buchholz（1996）又进行了细分，包含了把产品引入市场的过程。

尽管研究开发本身的开支仅占项目总开支的很小部分，但绝不能低估研究开发，因为它影响到整个产品生命周期过程中的大部分成本（Wildemann 2004），Schmelzer 和 Buttermilch（1988）甚至指出，一个项目的构思计划不仅决定了最终产品的70%制造成本，而且很大程度上已经确定了研发和生产过程所需的各个单项时间跨度。根据 Wildemann（2004），研究开发过程奠定了产品进入市场后是否能够获得成功的基础。

研究开发开始前的阶段包括项目准备和项目计划，在这个项目前期阶段，一方面本身很有可能非常耗时间，需要很大的投入；另一方面，还存在许多延时因素，它们不仅会造成这一阶段的延时，而且会造成工程研发和市场引入阶段的延时。“目标确立不清”、“基本协议不妥”、“步骤计划过粗”、“资源配置不当”、“知己知彼欠缺”等都是比较典型的时间内耗因子的例子。一个创新项目的前期阶段决定了此创新项目能否成功，正因为项目前期阶段会影响到整个项目的进程，我们需要把研发阶段之前的项目前期阶段作为创新项目的一部分来加以考虑（Thom 1980；Gerpott 1999）。因此，本章节就时间内耗因子对创新项目所进行的调查研究均包含了图 4-11 所描述的所有阶段。创新项目之间的主要区别在于其特性和框架条件，比如说，创新水平、资助者（工业界项目、政府项目）、项目联盟组织大小、项目时间跨度、项目预算、研究主题的生命周期和复杂性。

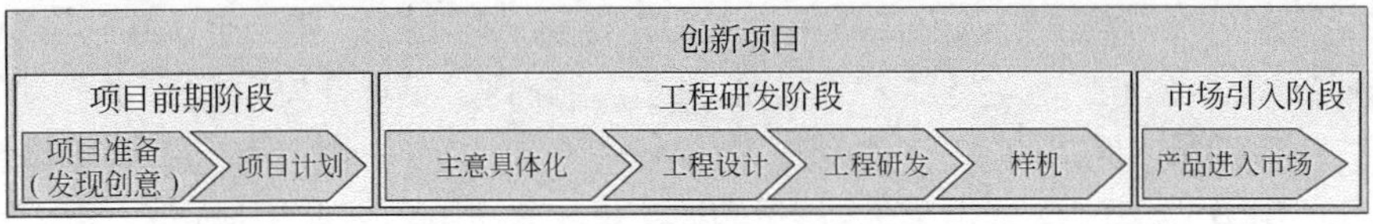

图 4-11　一个创新项目的不同阶段

我们调查研究了 17 个弗劳恩霍夫产品研发及服务创新项目，在分析了其中一半创新项目后就已经发现，即使采用的命名有所不同，再也没有新的时间内耗因子出现了。我们通过经验分析所得到的 40 个时间内耗因子与经济科学文献中已命名的时间内耗因子相吻合。而且，在经济科学文献中，也没有提到超越这 40 个时间内耗因子以外还存在其他时间内耗因子。

为了更简便地应用已经发现的时间内耗因子，并让读者在采用上述创新加速法以及时间内耗因子诊断法时能够全面地应用这些经验知识，我们把时间内耗因子进行了系统分类，这里特别要指出的是弗劳恩霍夫劳动经济和组织研究所提出的卓越创新模型（参见第二章以及本章图 4-12）。在图 4-12 所示的总共九大类目中，40 个时间内耗因子可被归入到其中的八大类目中。我们认为，“产品和服务”类里不会出现时间内耗因子，因为产品和服务是事件本身主体，而其他周围与此紧密相关的事件起始、准备、策划、研发、生产直至成功引入市场等大类目里都会出现这样或那样的延时因素。

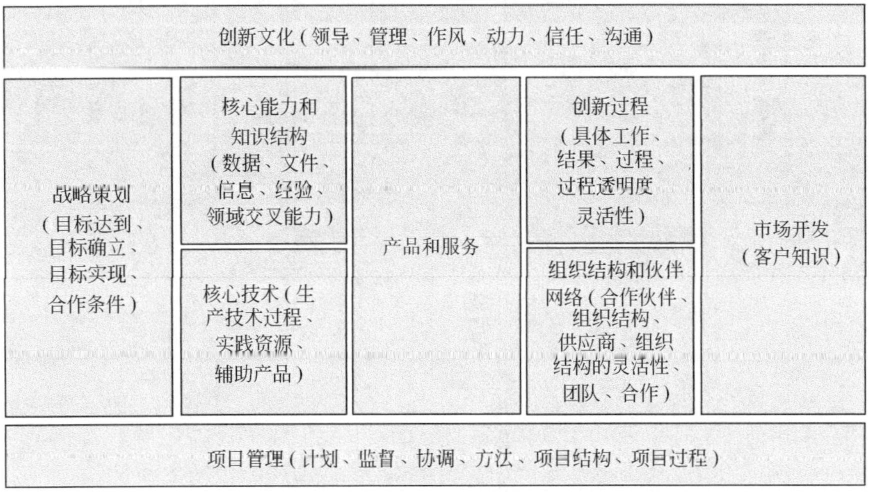

图 4-12　实现卓越创新的模型

通过时间内耗因子分类综述图（图 4-13）可以看到，项目管理、战略策划和创新文化是缩短研发时间最重要的领域。这里值得指出的是，时间内耗因子的分类不是绝对的。譬如，在图4-13中，“市场开发过迟”这一时间内耗因子被划分到“项目管理”类目中，但也可把它划分到“市场开发”类目中。

下面，我们将对所有已被发现的40个时间内耗因子在分类后进行系统地描述，并在必要时给出相关文献，以供读者查询，进一步深入探讨。

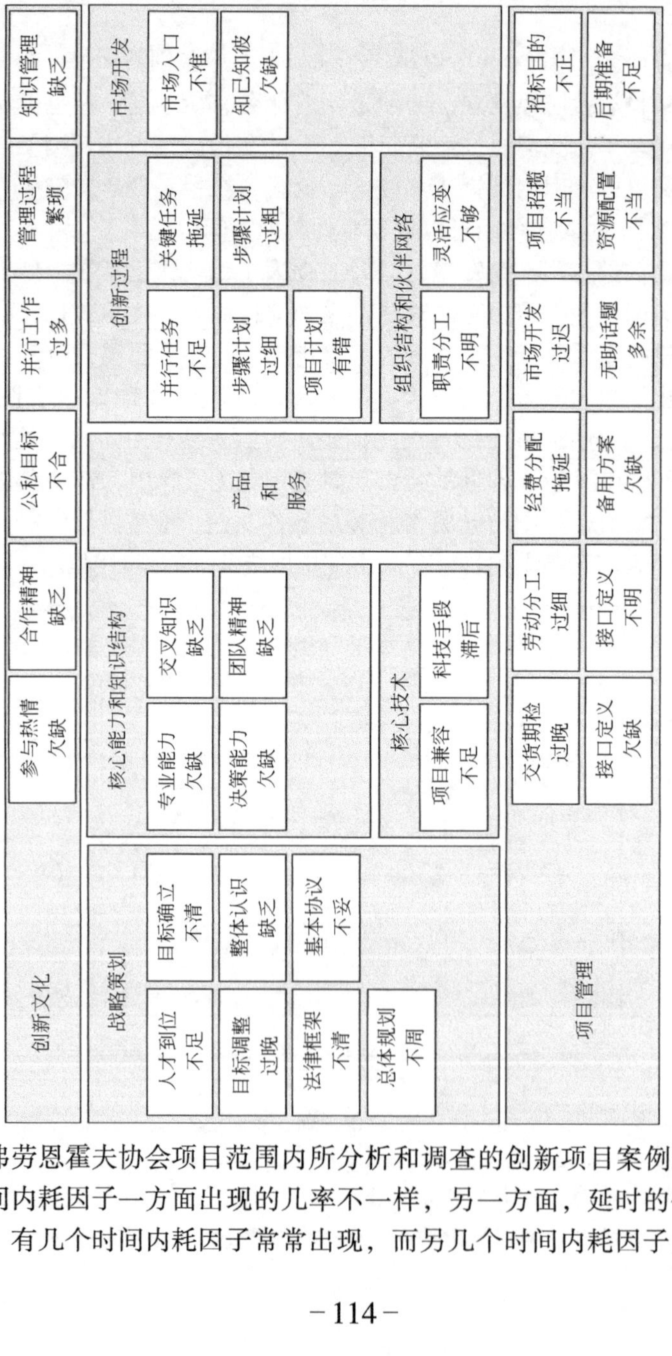

图4-13 （企业）九大领域的40个时耗因子分类综述图

在弗劳恩霍夫协会项目范围内所分析和调查的创新项目案例表明，被确认的时间内耗因子一方面出现的几率不一样，另一方面，延时的作用大小也不一样。有几个时间内耗因子常常出现，而另几个时间内耗因子只对研发时间跨度有着重大影响。弗劳恩霍夫系统技术与创新研究所对此作了广泛研究，详细分析了每一时间内耗因子的出现频率、延时作用以及加速潜力。为此，为了方便开展相关电话问询调查，又把40个被确认的时间内耗因子进行了压缩，一共对德国253家大中小型生产型企业的老总或研发部负责人进行了电话采访，其电话采访结果将在第五章详细描述。

创新文化

参与热情欠缺

没有充分激发项目参与者的工作热情，从而保证又好又快地完成相关任务。项目参与者之所以缺乏工作积极性，既可能与本身内在因素有关，也可能会由外部因素造成（参阅 Wildemann 2004），换句话说，既可能是由于项目参与者本身缺乏足够的工作热情，也可能是项目参与者没有能够从所处的工作环境中获得足够的参与热情。

合作精神缺乏

如果两个或多个部门之间不愿意相互协作的话，那么，他们之间的合作必定进展缓慢。这种缺乏合作精神的情况既可能发生在同事合作之间，也可能发生在与外部伙伴的合作之中。

公私目标不合

如果项目工作仅在很小程度上有助于项目参与者达到其个人目标时，换句话说，当个人目标与项目目标相差很大时，该项目参与者就会缺乏积极性，从而导致项目运作的延滞。比如说，个人的目标可能是职务的升迁或是个人名利的追求。

并行工作过多

除该项目外，项目参与者还需同时完成过多的其他并行工作，使项目参与者没有足够的时间来完成该项目的工作。这将会导致项目工作的延迟。并行工作包括其他研发项目以及日常工作（Geschka 1993）。

管理过程繁琐

与完成项目任务紧密相关的管理过程过于烦琐，因而非常费时（Reichwald 1990）。烦琐的管理过程常常是由于计划的变动而产生的。资金重新计划所需的烦琐审批程序就是其中的一个例子。

知识管理缺乏

公司及相关组织部门没有实施系统性知识管理，有助于迅速完成任务的相关信息没有能够在相关组织部门迅速积累起来，从而丧失了一些可以节省时间的可能性。比如：如果对项目中现有供应商和合作伙伴事先进行过良好的了解和认识，就可以避免因重新选择供应商和合作伙伴所需的过度费时过程而浪费时间。Spath 等（2003）认为“把从某一特定项目获得的经验运用于其他项目之中”是知识管理的核心。

战略策划

人才到位不足

为特殊研究项目没有提前储备急需的高素质项目人才，也没有及时地进行人才培训或招聘到相应的高素质人才，从而导致高素质项目人才不能及时到位。在很多情况下，对于高素质项目人才的储备而言，内部人才的培养要优于外部人才的招聘。

目标确立不清

项目开展之初，项目参与者对项目目标和达到目标的路径不够清楚，这将延缓达到项目最终目标所需的时间。

目标调整过晚

如果项目目标在项目开展前不久或是在项目开展过程中发生了变动，那么，在此之前所做的准备工作就可能前功尽弃，从而必须重新进行费时的准备工作（Schmelzer 1990）。目标调整过晚通常是由于错误的、模糊的或是目标定义得不完全而造成的（Wildemann 2004）。

整体认识缺乏

在项目运营前期，项目参与者对产品缺乏整体认识。项目参与者缺乏对重要问题之间相关性的认识，不能系统理解整体项目的内在关联，因此，在整合各个子项目的过程中，会浪费大量时间。在项目开展之前，应该向项目参与者传授对最终产品的整体认识，这不仅将会减少在整合各个子项目时可能产生的各种时间浪费，同时还将提高项目参与者的积极性。如果项目参与者在项目开展前没有获得系统认识，那么就必须让项目参与者在项目进行过程中能够树立这种整体认识和系统理解。

法律框架不清

项目前期准备时，没有就开展项目所需满足的基本条件进行相关法律咨询，就可能会使已经完成的工作失去意义。比如说，通过专利调查发现，对该研发课题来说，已经存在一项专利，那么整个项目的开展很可能前功尽弃。所以说，项目启动前，必须充分进行充分的相关法律咨询，就开展项目所需满足的基本条件进行调研。

基本协议不妥

经常合作伙伴之间没有签订一份适用于所有项目的基本协议，从而针对每个具体项目，合作伙伴们又要根据新的情况，就项目协议重新进行费时的阐释。实际上，基本协议中已包含了最重要的通用合作条件，比如保密条款和财政条款等，没有必要花时间针对每个子项目重新讨论一个面面俱到的合作协议。

总体规划不周

参与项目的合作伙伴没有被完全纳入到参与设计总体规划，这可能会导致在项目运行过程中各伙伴之间的协调或在项目交接处产生问题。在设计总体规划时，把合作伙伴纳入其中，将有助于他们获得项目认同感，从而提高他们的积极性。

核心能力和知识结构

专业能力欠缺

项目参与者缺乏最佳完成任务的专业能力，也就是说，缺乏在一定时间内完成一项任务所需的知识和能力。专业能力是指拥有对产品、材料、工艺或技术方面的知识，以及从总体上来讲，“在技术和组织体系中思考、分析问题，开发解决方案并共同安排工作岗位和工作过程的能力”（Wildemann 1993）。

这种浪费时间的现象常常会发生在那些在项目开展过程中才加入的新参与者或是那些在项目开展过程中才分配到研究课题的工作人员身上。缺乏专业知识也可能是由于项目参与者的工作单位调动，因而无法完成所分配的工作任务。

交叉知识缺乏

项目参与者缺乏并非属于本专业的但对于完成任务而言必需的一些知识。这一问题将对整个项目运行产生长期影响。这一现象绝大多数情况下发生在创新项目的跨学科交叉联结点。专业用语间的差别常常会会引起问题，也就是说在项目中共同合作的项目参与者由于使用不同的专业术语而无法互相理解。由于项目参与者相互之间不理解，使合作受到损害，从而延迟了任务的完成（Kern/Schuhmann 1985）。

决策能力缺乏

项目参与者缺乏作出迅速正确决定所需的能力。错误的或过晚的决定会显著地延迟项目的成功。尤其对复杂程度高的项目而言，项目参与者往往对该项目缺乏整体认识，作出错误决定的危险性就更大。举例来说，为达到目标而选择何种方式就是一个必然遇到的决策。如果是项目领导人本身缺乏决策能力，那么就会极大地增强耗时作用。

团队精神缺乏

如果项目参与者缺乏团队合作精神和交流能力，这将会导致项目过程中的工作延滞（Wildemann 1993）。这个问题通常是由于项目参与者不愿意分享知识而引起的，其根源常常是出于项目参与者竞争思想或是为了提高个人在项目中的地位。

核心技术

项目兼容不足

在项目的不同过程中，对于完成任务所使用的工具不具备兼容性，比如：所采用的多重计算机程序相互之间不兼容。众所周知，解决这些问题需要耗费大量时间。这种现象经常会出现在各个子项目整合过程中。

科技手段滞后

项目中使用的工具和物质资源没有处于最先进的水平，因此，在一些特定的任务中会出现效率较低的现象，而且，项目达到目标的时间需要更长（Wildemann 1993）。尽管购置更加现代化一些的工具和物质资源通常会由于资金问题而不能实现，可是人们还是往往容易忽视这样一个事实，即项目运营时间的延长将会导致更多经费的支出。

创新过程

并行任务不足

没有同时进行各个独立的任务和活动（Stanke/Berndes 1997）。不必要的按部就班会明显延长项目运转时间（Wildemann 2004，Schmelzer 1990）。相反，由于过多安排同时并行进行的工作，项目运营时间也可能延长，因为需要协作的时间会太多（Wildemann 2004）。

关键任务拖延

没有尽早解决一些对于项目成功而言非常重要、但可能会出现一些问题的关键任务（Geschka 1993）。这就会潜伏着一种危险，即由于这一关键任务没有完成，已完成的子项目也可能需要重新“回炉”。这种浪费时间的现象通常是由于人们习惯于将没有把握的或者难度较高的任务放到后面来处理（Geschka 1993）。

步骤计划过细

在项目准备阶段，对项目各步骤的进程计划得过于具体，从而在项目进行过程中会浪费许多并不值得付出的时间。在项目开始时，详细计划是有利的，但是随着项目的进展，它带来的益处就会减少，因为不断出现的未知事件会改变原计划的步骤。

步骤计划过粗

在项目准备阶段，对项目各步骤的进程计划得过于粗略，从而容易引起模糊不清，导致项目运行时间延长。比如：没有明确划分各参与者的职责领域。

项目计划有错

项目过程计划中存在错误，投入产出关系没有符合逻辑，由此会明显地延迟达到目标所需的时间。如果项目过程计划中存在错误，那么就必须制定一个终止耗时的新计划。如果这个错误被认识得太晚，那么之前所花的时间都可能付诸东流了。

组织结构和伙伴网络

职责分工不明

没有明确定义和划分项目参与者在项目中的职责和职务，导致任务不能完成或者不能完全完成，从而需要更长时间来完成相关任务。如果职责和职务没有明确定义，那么有两种可能情况会导致时间浪费：一方面，项目参与者可能没有责任感去考虑，如果他所承担的任务进展缓慢或者没有按时完成，将会带来什么后果；另一方面，项目参与者可能由于项目工作而突出了个人表现，产生了责任感，但由此而产生的能力冲突并不有利于项目的顺利进展。

灵活应变不够

合作伙伴为适应项目变动所做的准备不够充分，这将意味着，需要更长的时间来实施项目的变动。项目合作者常常会抵制项目变动，因为对于各个合作伙伴来说，变动往往意味着更多的付出。对项目变动缺乏灵活反应的其他原因可能是出于项目合作者的竞争思想或是项目参与者担忧其在项目内部的职责范围会受到限制。

市场开发

市场入口不准

公司或相关创新组织部门没有能够把创新项目的产品打入目标市场。实现首次市场准入需要耗费很多时间和投资：比如说，要尽早建立起所必需的相关销售机制和客户关系。

知己知彼欠缺

开发产品时，没有及早对产品适销市场和竞争者进行了解，没有探索产品的潜在市场。这一错误可能会延迟产品进入市场甚至导致项目最终失败(Schmelzer 1990)。Wildemann 甚至把前期了解市场看作为创新产品能否获得成功的最关键因素（Wildemann 1993）。

如果在项目晚期阶段才开始为所开发的产品寻找市场，那么，获得对市场及竞争者的了解以及实现市场准入就需要耗费更多的时间。

项目管理

交货期检过晚

过迟检验必需生产资料及原料（材料和机器）的交货时间。在得知必须购买的生产资料及原料后，应尽早检查是否有及时足量的实物供应，如果没有的话，那么计划外生产和供货时间就会导致项目滞后。

劳动分工过细

劳动分工过细将导致项目进行过程中接口过多和劳动合作要求过高，从而延长项目准备阶段和等待时间（ Wildemann 1993）。这种过细的劳动分工既可能对纵向劳动分工也可能对横向劳动分工带来不利影响。过细的劳动分工往往是由工作人员过高的专业化程度所决定的（Bading/Ulbricht 1997）。

经费分配拖延

没有及时把必需的、已经申请到的经费分配下去，因此产生了项目等待时间，使项目运行时间不必要地延长。

市场开发过迟

在项目研发阶段没有进行目标明确的市场开发，从而延缓产品进入市场。及早联络客户可以有力地推动产品的研发，从而不至于“越过客户”来研发产品（Reichwald 1990）。理想状态是前期市场开发活动与项目研发工作同时展开。

项目招揽不当

仅根据所提供的经费来进行项目招揽，而不考虑公司是否有能力完成这一项目。

招标目的不正

不考虑公司是否具备成功完成项目的能力，仅使项目在内容上符合招标要求。对这种以招标为目的情况而言，促进公司和项目经理的声望或获得更多的研发经费是其最关键的出发点。

接口定义欠缺

不同项目部分或职能部门之间的接口在较晚的时候才加以确定或是根本没有加以定义，因而就会阻碍项目的各个部分的顺利整合以及各个职能部门之间的协调配合，导致时间消耗增多（Dorbandt/Fröhlich et al. 1990）。接口定义明确得越早，就能越早实现各子项目间的相互协调，越早地使不同公司部门的项目参与者同时开始项目工作，从而避免项目进行过程中的善后工作。

接口定义不明

各个子项目或者职能部门之间的接口定义不明确，或者定义得很差。如同过晚定义项目接口的情况一样，这将会阻碍各个子项目的整合和公司不同部门之间的沟通，从而导致项目运行时间延长（Schmelzer）。尽管在项目早期对项目接口进行明确定义并不容易，但它有助于提高子项目的兼容性以及加强项目参与者间的内在联系。

备用方案欠缺

在项目运行期间，对于重要的项目步骤没有制定备用的解决方案。如果所选择的唯一方法未能如愿达到成功的话，就没有选择其他方式的可能性了（Reichwald 1990；Geschka 1993）。

无助话题多余

在项目运行期间，出现了没有必要考虑在内、对达到目标没有作用的无关话题。对这些话题进行探讨就意味着不必要的时间支出。

资源配置不当

项目中人力和生产资料及原料供应的计划存在错误，导致不能在所需的时间里提供重要的人力和生产资料及原料资源。因而产生了等待时间（Dorbandt et al. 1990，Geschka 1993）。人力资源投入计划中的失误，一方面可能是由于人力缺乏造成的，另一方面也可能是由于人力过剩导致协调工作增多造成不必要的时间延长。

后期准备不足

那些参与项目后期工作的部分项目参与者没有了解他们的项目任务和相关的项目步骤，缺乏完成项目工作必需的知识和能力，从而导致项目运行滞后。

参考文献

Bading, Alexandra; Ulbricht, Bernd (1997): Merkmale der prozeßorientierten Organisation, in Bullinger, Hans-Jörg; Warschat, Joachim (Hrsg.): Forschungs- und Entwicklungsmanagement: simultaneous engineering, Projektmanagement, Produktplanung, rapid product development; Stuttgart: Teubner, S. 47-61

Buchholz, Wolfgang (1996): Time-to-market-Management: zeitorientierte Gestaltung von Produktinnovationsprozessen; Verlag W. Kohlhammer: Stuttgart, Berlin, Köln

Bullinger, Hans-Jörg; Schlick, Gerhard H. (2002): Wissenspool Innovation – Kompendium für Zukunftsgestalter; Frankfurter Allgemeine Zeitung Verlagsbereich Buch

Bullinger, Hans-Jörg; Warschat, Joachim; Schumacher, Oliver; Slama, Alexander; Ohlhausen, Peter (2005): Ontology-Based Project Management for Acceleration of Innovation Projects; p. 280-288; in: From Integrated Publication and information Systems to Virtual Information and Knowledge Environments; Verlag: Springer 2005

Burger, Anton (1999): Kostenmanagement; R. Oldenbourg Verlag: München

Dorbandt, Jörg; Fröhlich, Joachim et al. (1990): Ausgewählte Projektbeispiele zur Reduzierung der Entwicklungszeit; in: Reichwald, Ralf; Schmelzer, Hermann J.: Durchlaufzeiten in der Entwicklung: Praxis des industriellen F&E-Managements; R. Oldenbourg Verlag: München

Duden (2003): Duden – Deutsches Universalwörterbuch, CD-ROM, 5. Aufl. Mannheim 2003

Fischer, Jochen (2000): Zeitwettbewerb: Grundlagen, strategische Ausrichtung und ökonomische Bewertung zeitbasierter Wettbewerbsstrategien; Verlag Franz Vahlen: München

Geschka, Horst (1993): Wettbewerbsfaktor Zeit: Beschleunigung von Innovationsprojekten; Verlag Moderne Industrie: Landsberg/Lech

Glaser, Katja (2000): Wettbewerbsstrategien und Zeit, in Götze, Uwe; Mikus, Barbara; Bloech, Jürgen (Hrsg.): Management und Zeit; Heidelberg: Physica, S. 169-192

Grupp, Hariolf; Legler, Harald; Gehrke, Birgit; Breitschopf, Barbara (2003): Zur technologischen Leistungsfähigkeit Deutschlands 2002, BMBF Publik

Kaluza, Bernd (1995); Zeitmanagement; in Corsten, Hans (Hrsg.): Lexikon der Betriebswirtschaftslehre; München: Oldenbourg, S. 1064-1071

Kern, Horst; Schumann, Michael (1985): Industriearbeit und Arbeiterbewußtsein; Suhrkamp Verlag: Frankfurt am Main

Kubik, Christian (1994): Beschleunigung von Entwicklungsprozessen; Difo-Druck GmbH: Bamberg

Murmann, Philipp (1994): Zeitmanagement für Entwicklungsbereiche im Maschinenbau; Deutscher Universitäts-Verlag GmbH: Wiesbaden

Perillieux, René (1987): Der Zeitfaktor im strategischen Technologiemanagement – Früher oder später Einstieg bei technischen Produktinnovationen? Erich Schmidt Verlag: Berlin

Reichwald, Ralf (1990): Entwicklungszeiten als wettbewerbsentscheidender Faktor für den langfristigen Erfolg eines Industriebetriebes; in: Reichwald, Ralf; Schmelzer, Hermann J.: Durchlaufzeiten in der Entwicklung: Praxis des industriellen F&E-Managements; R. Oldenbourg Verlag: München

Rutt, Heinrich (1991): Zeitwettbewerb – Herausforderungen für die Unternehmensstrategie der 90er Jahre; in: Milberg, Joachim (Hrsg.): Wettbewerbsfaktor Zeit in Produktionsunternehmen; Springer-Verlag: Berlin, Heidelberg

Schmelzer, Hermann J. (1990): Steigerung der Effektivität und Effizienz durch Verkürzung von Entwicklungszeiten, in Reichwald, Ralf; Schmelzer, Hermann J.: Durchlaufzeiten in der Entwicklung: Praxis des industriellen F&E-Managements; München: Oldenbourg, S. 27-64

Schmelzer, Hermann J. (1999): Prozeßmanagement in der Produktentwicklung: in: Tintelnot, Claus; Meißner, Dirk; Steinmeier, Ina (Hrsg.): Innovationsmanagement; Springer-Verlag: Berlin, Heidelberg

Schulte-Zurhausen, Manfred (2002): Organisation; 3. Aufl., Verlag Vahlen, München 2002

Spath, Dieter (Hrsg.); Warschat, Joachim; Auernhammer, Karin; Gomeringer, Axel; Bannert, Marc (2005): Integriertes Innovationsmanagement: Erfolgsfaktoren, Methoden, Praxisbeispiele; Stuttgart: Fraunhofer IRB

Stalk, Georg; Hout, Thomas M. (1992): Zeitwettbewerb: Schnelligkeit entscheidet auf den Märkten der Zukunft; Campus Verlag: Frankfurt am Main

Stanke, Alexander; Berndes, Stefan (1997): Simultaneous Engineering als Strategie zur Überwindung von Effizienzsenken; in Bullinger, Hans-Jörg; Warschat, Joachim (Hrsg.): Forschungs- und Entwicklungsmanagement: simultaneous engineering, Projektmanagement, Produktplanung, rapid product development; Stuttgart: Teubner, S. 15-27

Vahs, Dietmar; Burmester, Ralf (2002): Innovationsmanagement: von der Produktidee zur erfolgreichen Vermarktung; Schäffer-Poeschel Verlag: Stuttgart

Voigt, Kai-Ingo (2000): Zeitwettbewerb; in: Götze, Uwe; Mikus, Barbara; Bloech, Jürgen (Hrsg.): Management und Zeit; Physica-Verlag: Heidelbeg

Warschat, Joachim; Slama, Alexander: Ontology-based Innovation Management; in: International Symposium: Research – Education – Technology; Gdansk University of Technology – Faculty of Mechanical Engineering; p. 333 – 338; May 2005

Warschat, Joachim; Slama, Alexander; Schumacher, Oliver (2005): Ontologie-basiertes Innovationsmanagement; S. 493-498; April 2005; in: WM2005: Professional Knowledge Management Experiences and Visions

Wildemann, Horst (1993): Optimierung von Entwicklungszeiten: Just-In-Time in Forschung und Entwicklung und Konstruktion; Transfer-Centrum GmbH & Co KG: München

Wildemann, Horst (2004): Entwicklungszeitreduzierung: Lösungsansätze zur Beschleunigung von Entwicklungsprozessen; Transfer-Centrum GmbH & Co KG: München

译者简介：

刘百宁 激光生物工程博士，德国百宁咨询公司董事长

baining. liu@ . baining – consulting. com

苑建华 北京工业大学教授

yuanjhua@ public. bta. net. cn

姚慧海 德国弗劳恩霍夫通信技术研究所研究员

yao@ hhi. fhg. de

第五章　加速创新进程

金星代表着美和爱，

研究的深入揭开了古代被误认为两颗星的金星的神秘面纱。

具体和专注的分析归结出 13 种最常见的耗时因素，

排除这些耗时因素可以大大加速创新进程！

可谓易者，变易也！

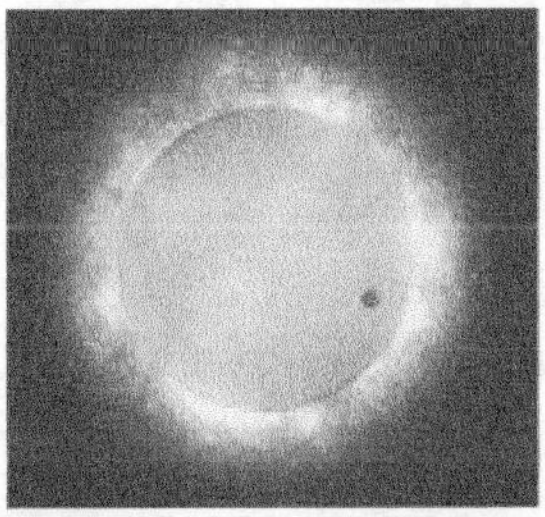

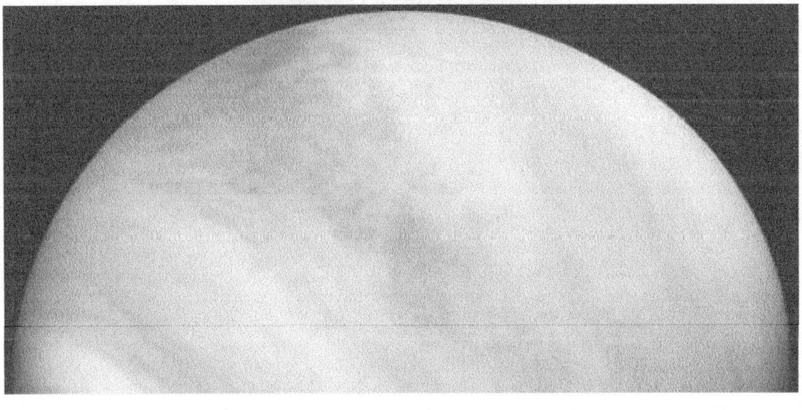

原著：科尔纳（Eva Kirner）
德赫尔（Carsten Dreher）
马洛卡（Spomenka Maloca）

翻译：史仁虎（本章编辑）
王　肇

审校：李　煜

太阳 Sun　水星 Mercury　金星 Venus　地球 Earth　火星 Mars　木星 Jupiter　土星 Saturn　天王星 Uranus　海王星 Neptune

新产品的开发、研制及相应的市场化

对于当代企业的生存是至关重要的。

任何一种因素造成的拖延均可导致竞争优势的丧失。

时间就是生命。

❖ **对德国 253 家企业的调查，归结出 13 种最常见的耗时因素**

结合企业创新加速分析和时间驱动因子分析，

归类出 13 个降低创新速度的时间内耗因素，

对各种耗时因素的起因和关联进行了分析并对其给予详细解释，

同时也介绍了如何减少和（或）排除这些时间内耗因素的影响，

以达到加速创新的目的

2005年春天，德国弗劳恩霍夫协会研究所在如何进行创新加速的研究项目中就“时间驱动因素”的问题进行了一次调查。共有大小不同的253家德国境内生产企业的总经理及研发负责人参与了对研发过程的问题调查活动[①]。参与的企业横向上涵盖了各种核心产业。该调查的目的是找出那些影响产品开发周期最为重要的因素并对其节约潜能作出评估。除此之外，将对产品研发周期对产品成功的影响程度，对产品开发周期与同类产品竞争者之间的关系，以及对导致产品研发项目形成的因素作出预测。参与调查的企业回答了有关产品研发，13类时间内耗因素[②]以及企业特征的55个问题。调查中涉及的时间内耗因素方面的问题都是在弗劳恩霍夫协会劳动经济和组织研究所(Fraunhofer IAO) 以往进行的大量的调查与一贯的准备工作基础之上提出的(细节参见本书第四章)。这次调查对以往总结的时间内耗因素给予进一步的充实，并通过一些程序转化为具体的问题，应用到电话调查中来。

讨论有关创新加速的问题，需先分析哪些时间内耗因素对产品研发周期推迟的影响最频繁，及企业如何评估研发周期的加速潜能。对每个加速创新的可能性而言，其时间内耗因素的两个方面（即出现频率和节约潜能）值得关注。每个特定时间内耗因素出现的频率显示了创新项目中所存在的相应问题的广泛性；节约潜能则显示了企业对加速研发的可能性作出的评估，并同时从企业的角度上展现了实现加速创新舞台的可能性。

一、产品研发周期与总的加速潜能

在所有接受调查的企业中，产品研发周期（从研发到上市的时间）平均为15个月。小型企业的平均研发周期最短，为11个月，中型企业为14个月，而大型企业为22个月。企业越大，推出新产品上市的周期就越长。其周期由研发项目的内容及其结构的复杂性决定，企业越大，其研发项目的内容及结构的复杂程度就越大。不同的行业研发周期的长短也不一样。汽车工业的研发周期最长，为17个月，电器工业最短，只有10个月。一般情况下，生产厂家研发一项复杂设备所需的时间为15个月，要长于研发单件产品所需的10个月时间。弗劳恩霍夫协会系统技术与创新研究所（Fraunhofer ISI）曾以广泛积累调查的方式对德国企业产品研发周期做过研究（Deher，Eggers

---

① 调查的抽样涉及有代表性的行业，在规模上偏重大型企业。导致抽样企业的规模不均衡的原因是，在电话调查中，抽样的企业偏少。有足够的大型企业参与了调查活动，使可能带来一定负担的调查问卷能得到这类型企业的回答。相应的数据处理都没有考虑参与调查的大型企业所占的数量优势。

② 我们还对13类耗时因素中的10类，单独进行了预期相关特点的调查。

2005)，而我们的调查证实了这一结果。

如果观察企业的产品研发计划，将发现产品的研发可分为几种不同的类型。它可以是对现有产品的改进，推出原先在市场上就有、但对于该企业而言的新产品，或者是推出市场上没有的全新产品。对现有产品的改进或仅对该公司而言属新产品开发项目的研发周期平均为 12 个月，稍稍低于所有项目研发周期的平均值；开发真正新产品的周期比这长 3 个月。有意思的是，这一区别仅仅存在与中小型企业中。在大型企业中，不管是哪一类别的研发，其平均周期均为 22 个月。大型企业的产品研发周期与其研发计划的目标并没有直接的联系。我们猜测，大型企业对其研发都采用一种固定的模式，使得其不同的研发项目进程都很相似。

产品研发项目中的时间内耗因素显示，在大多数参加调查的企业（62%）中，产品研发的最终周期都需要比原来计划的时间长。使得研发周期意外延长的时间内耗因素对大多数企业有重要的影响。

通过分析研发项目中的时间内耗因素可以得出，哪些因素会影响到研发周期。由调查的结果得到各个时间内耗因素。13 类被问到的时间内耗因素假设，一方面来自于时间内耗因素表（参看第四章），另一方面通过总结许多研发项目的经验得到。这些时间内耗因素的假设是使研发计划可能造成延迟的各种原因一个总结。一些分部假设放在了某大类观点之中，使得调查能在不同的平面有目的地进行。

图 5-1 中的 13 类时间内耗因素明确显示出，造成研发周期延长的原因多种多样。这些时间内耗因素有可能同时扎堆出现，使得其产生的延缓效应得到额外的增强。所有被列举的时间内耗因素并以同等程度影响每个企业。其中一些因素可以通过更好的项目管理和更有效的方案产生积极的影响，而另一些限制产品研发计划加速的外部条件则是企业自身很难解决的。基于该缘由，在此次调查中，涉及的不仅有许多类时间内耗因素及其分支特点，还有时间节约潜能。所有接受调查的企业都从 13 类时间内耗因素中选择出各自认为最重要的 3 类，同时对最重要的 3 类时间内耗因素的时间节约潜能做一个百分比的评估。这样我们就能得到有关多方面的评估。一方面可以确定，哪些时间内耗因素出现最为频繁；另一方面，可以预测企业能多大程度地影响这些时间内耗因素所产生的作用。某一时间驱动因素的加速潜能，正是取决于企业在该问题中的影响能力。

通过分析调查结果，能确定这些时间内耗因素出现的频率以及每类时间内耗因素相应的时间节约潜能。节约潜能显示的是指通过解决相应时间内耗因素问题所能缩短的研发时间。由于同时有多类时间内耗因素作用于产品研

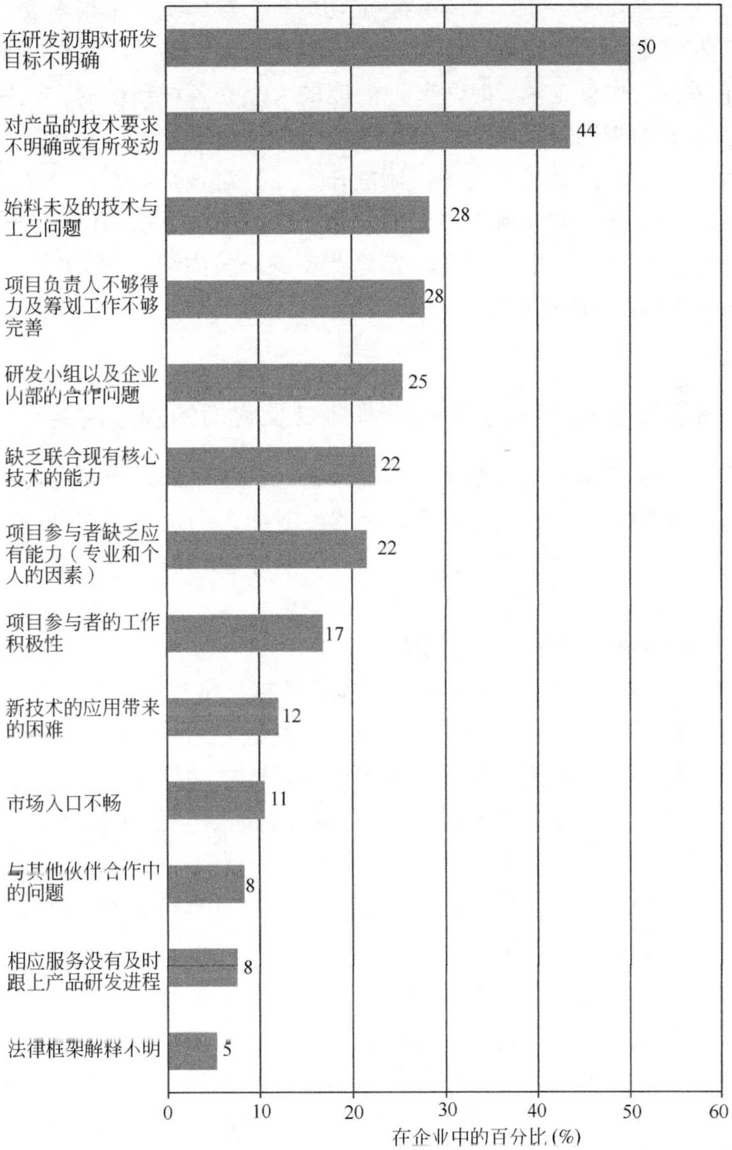

图 5-1　弗劳恩霍夫协会劳动经济和组织研究所 2005 年“时间驱动因素”调查

发项目中，其总的节约潜能就是每个节约潜能的组合。接受调查的企业会对其认为最重要的三个时间内耗因素做出评估。结果显示，一个研发项目的总节约潜能平均在40%左右。如果能够成功的排除或解决三个最重要的时间内耗因素，将能缩短总研发周期的40%。有趣的是这一结果在大中小型企业中基本没有差别。也就是说，时间节约潜能的大小在各种规模的企业中几乎一样。产品研发的类别对研发项目的加速潜能同样没有影响。不论其研发项目的目标是对某一产品做技术改进，还是开发一种对该企业而言的新产品，又或是开发一种市场上的全新产品，其总节约潜能的大小基本没有变化。对各种规模的企业而言，理论上都可以节省40%的研发周期。这一结果表明，即使每个单一的企业中造成延缓的原因都不尽相同，也可以提升产品革新的速度。

二、产品研发进程中的时间内耗因素以及它们的加速潜能

下面我们将根据其出现的频率详细分析四个主要的时间内耗因素及其相关联的加速潜能，并对其他时间内耗因素及其相关的加速潜能也进行简单的分析。以下各点排列顺序是根据其在研发过程中出现的频率，而非加速潜能的大小。

（一）四种常见的时间内耗因素

时间内耗因素一：在研发初期对研发目标不明确

不明确的研发目标是最为常见的时间内耗因素。在调查中，无论企业大小，共有一半的企业有这类问题。在所有参与调查的行业中，这一问题都有所体现。由此，我们推断如何确定研发目标是研发项目中一个普遍存在的问题。

导致研发目标不够明确，从而减缓计划进行的因素是多方面的。如果在研发开始之前，其目的就不够明确，那么项目在进行期间，就会朝着不同的目标发展，从而延缓了整个项目的进程。如在一个项目中，有过多的互相并行的目标，缺少一个总的目标，以及不能很好的相互利用和组合项目的各个分支资源，都会造成整个项目进程的延迟。如果在项目进行当中，其目标有所改变，使得进行该项目的积极性改变和更新，将阻碍项目的进行。

这类原因中，在项目进行中目标的变动是使得企业研发项目延缓的最重要的原因，在被调查的企业中占有80%①的比例。接下来是对目标定义的不

① 图5-1各耗时因素上所列的百分比显示，有多少被访企业认为该耗时因素是三个重要耗时因素之一并且对其企业有影响。

明确，占65%。相互并行或者矛盾的目标过多，以及不能很好地相互利用和组合各个子项目的问题相对出现的较少，其比例小于1/3。这一结果表明，最常见的项目研发期的延长是由于缺乏明确的目标或目标有所变动而造成的。如果目标不明确或者在很长时间内不能确定，将对研发项目的进程带来很大的影响。

在研发初期没有明确目标是影响节约潜能及加速潜能的第二重要的因素。如果能够成功的确定研发目标，那么相应的研发项目周期平均可以缩短1/5。这一点在大中小型企业中都有相同的体现。

时间内耗因素二：对产品的技术要求不明确或有所变动

对产品的技术要求不明确或有所变动是第二常见的时间内耗因素。共有44%的企业认为遇到了这类问题。这类问题在不同规模的企业中都有所体现。

如果对所开发的产品的性能要求没有清晰的定义或者在研发过程中有所改变，会使得研发计划的目标在短时间内做出相应的调整或变动。对初始计划以及所开发产品特性的改变，将延缓项目的进行。导致对研发产品性能要求的改变有多种原因。其中包括在项目进行中客户需求的改变，以及对市场现状和竞争对手没有及时地进行分析。在项目已经开始之后，客户需求的变动会使事先没有考虑到的产品功能出现在改进的计划当中。在计划进行中，竞争对手的产品也可能得到改进，这就使企业要考虑对方产品的质量与性能。还有可能意想不到的出现原材料及供应件不能及时到位的情况，这也是限制产品性能的一个原因。

在这一时间内耗因素中，最重要的一环是对客户需求不够了解。作为三个最重要的时间内耗因素之一，对产品技术要求不明确或有所变动的问题中，有近六成是由于在计划中不能对客户需求做及时了解所引起。有46%的企业表明，客户需求的改变将导致研发项目的延缓。而企业本身对产品性能要求的改变对产品开发期长短影响不大。市场方面的改变以及原材料及供应方面的问题对开发期长短的影响相对较小（影响不足30%）。而竞争对手的产品对开发期长短基本没有影响。

由不明确或有变动的产品要求产生的时间内耗因素较大地影响了产品研发的加速潜能。如能及时与客户沟通，或通过更好的市场调查，来减少研发期间对产品性能的改变，可使研发期平均缩短18%。通过这一改进，小型与中型企业分别能将研发期缩短17%及19%，对大型企业，则只能起到14%的作用。

时间内耗因素三：始料未及的技术与工艺问题

就第三常见的时间内耗因素而言，接受调查的企业中共有超过四分之一

（28%）的企业认为，该时间内耗因素是在产品研发中三个最重要的时间内耗因素之一。值得注意的是，对不同规模的企业，这一障碍产生的效应大小有一定差异。对小型（31%）及大型（33%）企业而言，约有1/3的企业遇到始料未及的技术与工艺方面的问题，而该问题仅影响到略超过1/5的中型企业。由此看来，相对于小型及大型企业而言，中型企业更好地掌握了研发所需技术与工艺。大型企业遇到技术革新方面的问题比小型企业多。而在小型企业中，更多的与客户方面的生产工艺要求相依赖，这样就产生的了同等的调整适应性压力。

除了实施全新的工艺以外，出现始料未及的技术问题，同样对企业有巨大的挑战。如果在项目进行中，生产工艺需要改变，或因革新引起相应的技术调整，都将使研发期拖长。在产品加工中，一次工艺的改变，总是伴随着许多预料不到的问题，从而导致整个项目目标以及技术实现方面的问题。如果项目合作伙伴或供应商使用了新的工艺或计划使用新的工艺，将可能要求本企业在生产工艺上做出相应的调整。同时技术方面始料未及的错误和辅助工具的使用情况也是造成工艺必须做出调整的原因之一。还有可能出现的是原先选择的工艺不能得到及时的实现与应用，从而必须进行转型。

在调查中提到此时间内耗因素的企业中，有一半将技术上始料未及的错误、辅助工具的使用情况以及能否及时应用原先选择的工艺作为要点归入到这一时间内耗因素中。而与其他伙伴合作的工艺问题带来的影响并不大，仅占18%的比例。由此可见，工艺上的重大问题一般出自该企业本身，而非与合作伙伴之间。

解决这一时间内耗因素所产生的加速潜能平均仅为15%。只有在大型企业中，才能通过解决这一时间内耗因素缩短1/5的研发期。而对中小型企业而言，出乎意料的工艺方面的问题对研发期基本不产生影响。

时间内耗因素四：项目负责人不够得力及筹划工作不够完善

作为第四常见的时间内耗因素，在调查中共有超过1/4（28%）的企业提及这一问题，其比例与上一点相同。作为导致研发期延长的原因，这一时间内耗因素在中型企业中体现最为明显（31%），而在大型企业中最少，仅有24%。

项目管理与计划的欠缺可能包括各式各样的问题，这些问题关系到项目的管理工作，并可能延缓研发项目的进程。在这一时间内耗因素中，首先应当提及的原因是项目前期准备工作不足，其中包括开发小组的组建，对整个研发项目复杂性的正确评估以及所需资源和计划进度的确定。在方案出台时造成的延误将导致以后整个研发项目进程的减缓。负责人以及研发人员负担过重，也是导致这一时间内耗因素的原因之一。如果项目负责人同时负责的项目过多，以及某些专家要同时进行多个项目的工作，都将不可避免地造成人力资源的匮乏，从而使项目的进程减缓。这一原因可能使该项目出乎意料地陷入到困境中。在这种情况下，就要求项目负责人能够灵活地处理问题，并找到解决问题的办法，使整个计划在新的条件下不受阻扰。如果不能很好的处理以上列举的可能出现的问题，项目的进展将受到影响。

造成本时间内耗因素最常见的原因是某些专家的工作强度过大，这一原因所占比例为67%。接下来是对研发计划复杂性的估计不足（49%）、项目负责人负担过重（46%）以及资源与期限方面的问题（45%）。相对以上各种原因而言，研发小组的组建工作（18%）、其他协作部门人力资源的缺乏（17%）以及负责人处理问题的能力（9%）所带来的影响不大。这一结果证实了弗劳恩霍夫协会系统技术与创新研究所原先的结论，那就是大部分企业非常依赖少数拥有重要专业技能的专家。这些专家在企业中起着特殊的作用，并常常被过度使用（Kinkel/Kirner/Wengel 2003；Kinkel/Kirner/Wengel 2004；Armbruster et al. 2005）项目管理及计划的缺欠就表现为对个别人的负担过度的问题。

在项目负责人的层面上出现的问题都是有关复杂及多样性的问题。只有通过增强负责人处理问题的能力来解决。解决这一时间内耗因素的平均加速潜能较低，仅为14%。有趣的是，这部分的加速潜能在小型企业中为15%，在中型企业中为12%。出现这一差距的原因可以解释为，在大企业中研发项目越复杂，这一方面可以改善的环节就越少。

（二）不常被提及但具有局部高加速潜能的时间驱动因素

时间内耗因素五：研发小组以及企业内部的合作中的问题

参与调查的企业中，有四分之一提及这一时间内耗因素。约有三分之一的中型企业在内部协调以及确定企业内部研发项目中遇到了问题，从而导致产品研发时间的延长，这一比例大于小型及大型企业。属于这类问题的有，企业内部各个部门之间因为内部工作分配、预算及管辖权而必需的协调工作问题，及其企业领导未给予相应研发项目中的优先权。与之相随的问题还有，企业领导部门的监督不足，缺少验收与奖罚制度，以及对所需资源准备上的不足。如果企业领导没有授予有关研发项目足够的优先权，那么将不能对内部合作与组织工作产生足够的推动作用。如果相关部门对项目目标没有真正的了解，或者项目成员没有及时传达将遇到的困难，也将给部门之间的合作造成障碍。造成这一现象的原因大多是由于参与部门对项目目标了解不够。这一时间内耗因素的节约潜能不大，仅为14%。值得注意的是，企业越大，这方面的加速潜能就越小。只有 11% 的大型企业认为它们能够找到解决内部协调问题的办法。

时间内耗因素六：缺乏联合现有核心技术的能力

即使企业具备必要的研发和社会能力，也会出现联合这些技能的问题。这一问题涉及略超过五分之一的企业，并在规模不同的企业中有明显不同的体现。只有 18% 的小型企业有类似的问题，而在大中型企业中这一问题占有三分之一的比例。中型企业所具有的复杂程度，增加了联合其现有能力及核心技术的难度。大型企业在这一方面的问题，普遍是由本身复杂的组织结构所造成的。

由缺乏联合现有核心技术的能力所造成的延迟原因，可能是具有该能力的人员的工作量过大、或因为各个项目分支和不同知识领域之间有摩擦。在对项目内容及操作方式达成共识的过程中，可能出现各个专业之间的理解问题和摩擦。多名项目参与人员或多个项目参与部门的理念不一致，比如在知识系统管理方面，将导致研发的延缓。

本时间内耗因素提供了 12% 的节约潜能。大小企业对它的估计相同。

时间内耗因素七：项目参与者缺乏应有能力

参与研发的人员没有或缺乏应有的能力，也是造成产品研发延缓的原因。有略多于五分之一的企业遇到这类问题。调查的结果和预计的一样，小型企业遇到这类问题的比例高于大型企业。小型企业在能力的多样性上普遍逊色于大型企业，这里指的能力包括科技与社会能力两个方面。由于研发产品是一个推陈出新的过程，所以就需要有将专业知识，甚至不同领域的专业知识融会贯通的能力。这就要求专业人员有非常深厚的专业知识。要达到这一点，需要相关技术的专家及参与人员能够进行合作，因此可见团队合作中的交流能力也是至关重要的。而项目参与人员的经验不足可能导致在此问题的出现。缺乏经验的员工可能不能在短期内适应这种合作。没有经验的员工在处理多个项目时，会出现在日常工作与研发项目之间时间资源上的分配困难，并由此延缓整个研发计划。

这一时间内耗因素的加速潜能以 16% 位居中游，而且在各个规模的企业中几乎没有差别。

时间内耗因素八：项目参与者缺乏工作积极性

研发人员的工作愿望（积极性）对研发期的长短影响较小。参与调查的企业中，仅有 17% 的企业认为员工的工作愿望影响了研发周期。值得注意的是，这一问题对大型企业与小型企业的影响有显著的差异。有 18% 的小型企业认为工作积极性导致了研发的延缓，而只有 11% 的中型企业及 5% 的大型企业持同样的观点。

影响工作积极性的因素有很多。一方面是内在的原因，比如项目参与人员不愿意再掌握相应的新课题，以及不愿意学习相关的专业能力。另一方面还可能出现一些外界的因素，比如项目研发小组参与人员个人之间的矛盾、由项目本身引起的附加的工作压力、非鼓励型的项目管理方式以及项目负责人缺乏对工作的认同。工作积极性方面的问题很难得到证实和排除，因为这一问题的体现形式多种多样，又很难及时确认。

尽管总的来说，工作积极性对研发的进行意义不大，但其所能带来的19%的加速潜能却高得惊人。在小型企业中，这一问题的影响大于大型企业。特别对小型企业而言，如能解决工作积极性方面的问题，就能加快研发周期。

时间内耗因素九：新技术的应用带来的困难

在研发项目中初次使用一种新技术时，也会出现多种困难。共有12%的企业认为，这种困难造成了研发的延缓。这种现象在大型企业中出现的比例几乎接近五分之一，而在小型企业中仅为10%。造成这一差异的因素可能是，大型企业使用新技术的频率高于小型企业。还有可能出现的原因是，在大企业中使用一种新技术的议案较难通过（图5-2）。

一方面，新工艺与现有工艺的兼容性可造成起步的困难和交叉环节的问题；另一方面，新工艺的操作也会带来一些困难。特别是当所涉及的员工没有及时得到相应的培训，就会使他们缺乏所需的专业技能。

这一加速潜能以17%的比例居于中游水平，特别是中型企业对此加速潜能有相当的认同。而大型企业则对此持怀疑态度。

时间内耗因素十：市场入口不畅

由于市场入口受阻，也将影响新产品上市的时间。其原因可能是，预先计划的销售渠道受阻。这一问题实际只涉及参与调查企业的10%，而其中大部分为大型企业。市场入口的不畅也可能由产品研发与市场及销售缺乏协调而产生。其可能导致产品许可方面的问题以及因销售措施不善带来的延迟。

与这一时间内耗因素较低的重要性相对，其加速潜能却排在首位。如果解决市场入口不畅的问题，能够带来的加速潜能最高达22%。相对于大型企业（16%）而言，小型企业（21%）与中型企业（26%）更看中这一加速潜能。虽然只有少于十分之一的中小型企业认为这一时间内耗因素是三个最重要的时间内耗因素之一，但他们认为该时间内耗因素的加速潜能最大。

时间内耗因素十一：与其他伙伴合作中的问题

导致研发计划的延迟不仅可能由企业内部的合作不善引起，也可能来自与外部伙伴间合作时的问题。这一问题对各大中小型企业几乎没有影响（8%）。

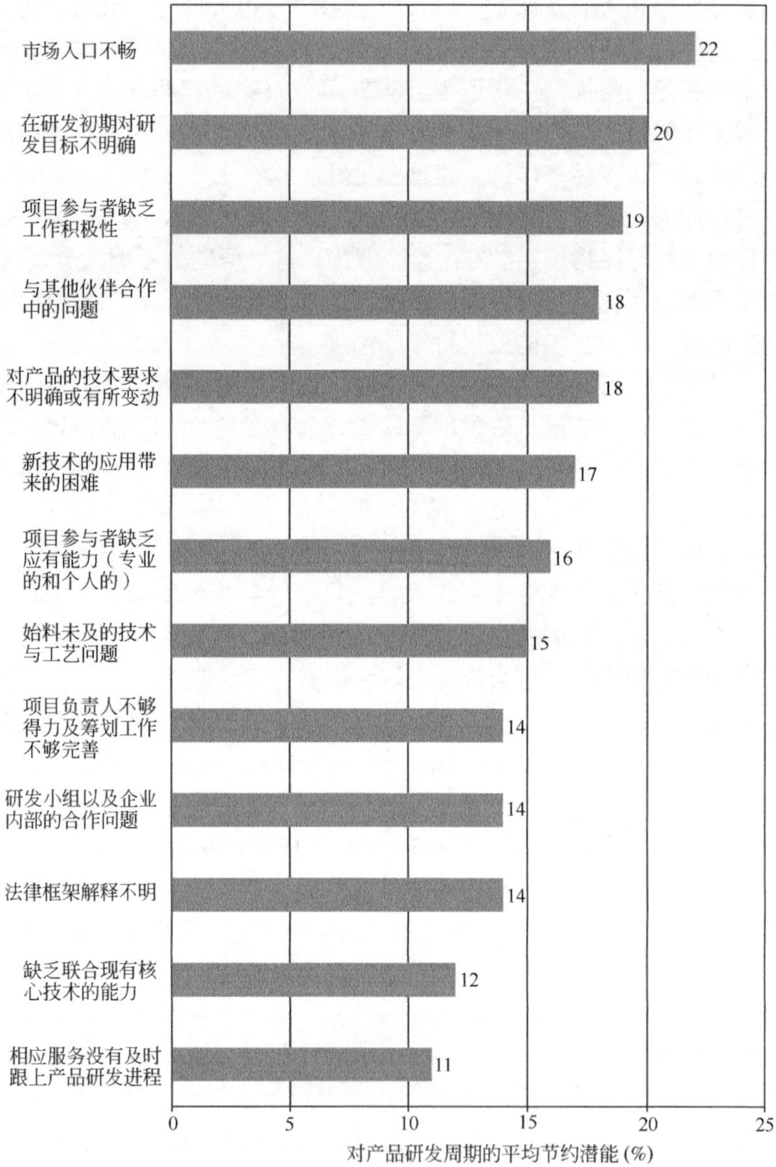

图 5-2　最常见时间驱动因素所对应的平均加速潜能

资料来源：弗劳恩霍夫协会劳动经济和组织研究所 2005 年耗时因素调查

如果项目的各参与方只重视其本身的研究，而不能互相协作，那么来自不同企业或不同投资方的合作伙伴间有可能产生相互之间的竞争。这就妨碍了项目参与各方之间的相互信任，而这一点在项目研发方面有着很重要的意义。如果项目的各个参与方来自不同的机构，也可能产生各种问题妨碍相互理解，比如有关专业词汇、对合作方式的理解、企业的结构等。当有来自国外的合作伙伴时，还可能遇到语言与文化方面的障碍。如果其中一些合作伙伴经验不足，将对计划的进程造成额外的阻碍。所有这些因素，都是潜在的时间内耗因素，因为它们阻碍了协同合作。并在项目的进程中产生摩擦，因而增添了一些额外的协调工作。

这一时间内耗因素虽然重要性不高，但值得我们注意的是其加速潜能却是最高的之一。如果能解决这一问题，将能使研发周期缩短 18%。这一加速潜能在中小型企业中高于大型企业。

时间内耗因素十二：相应服务没有及时跟上产品研发进程

除产品的性能和功能标志外，与产品相配套的服务也占有重要的意义。一个研发项目的市场价值能否成功的实现，往往取决于市场投入后其产品性能与相应的服务有没有很好的匹配。如果服务项目不能随产品及时到位，而该服务对产品的市场投入时重要，那么从市场价值的意义上来说，就会导致总研发周期以及产品上市周期的延长。

大多数的企业都没有这方面的问题，仅有 8% 的企业认为这一时间内耗因素对产品研发很重要。市场服务不能及时到位的问题在大型企业中（13%）出现的几率是在小型企业中（7%）的两倍。其原因可能在于，大型企业的产品市场服务通常由其他企业来开发，从而出现相互间的协调问题。

及时提供对产品的销售服务虽然能够加快产品的研发周期，但其效应并不显著。对所有不同规模的企业而言，这一项平均都仅能缩短 11% 的研发周期。

时间内耗因素十三：法律框架解释不明

对法律框架没有足够的理解同样可能导致研发周期的延长。总共只有 5% 的企业认为法律问题是三个最重要的时间内耗因素之一。

特别当有其他的合作伙伴参与了研发项目的时候，法律方面的问题包括没有澄清的利用权限和有争议的保密协议。另外，有可能因破坏保护条款而遭到外界的申诉。还有可能出现的是，在研发过程中，某些发明的专利与规划中的产品相抵触。尤其在大项目的框架中，在制定合作协议或组织条款时会出现冲突及较长时间的协调过程。当项目合作各方在敏感的研发领域合作时，相应合同的条款变得尤其重要，这时的利益冲突及竞争关系会导致项目意外的拖延。

虽然对法律框架的理解不够并不普遍存在，但其加速潜能却位居中游，为14%。虽然大型企业很少（3%）遇到这类问题，但加速潜能却被认为是最高的。

三、对时间驱动因素及加速潜能的经常性的综合观察

从内容上讲，13种时间内耗因素可归为4大类别（图5-3）。在确定目标及项目管理期间出现的问题是最经常被列举的时间内耗因素。这个类别的因素一方面包括决策层面的战略性革新管理和战略性的产品计划问题，另一方面包括在运行层面的项目管理问题。属于此类别的四个时间内耗因素均源于上述环境。对于三分之一到半数的被访企业，研发项目的目标确定及管理存在问题，这样就会对各种规模的企业造成项目延时。因为在此层面存在比较大的节约潜能，所以对项目加速应先从此着手。

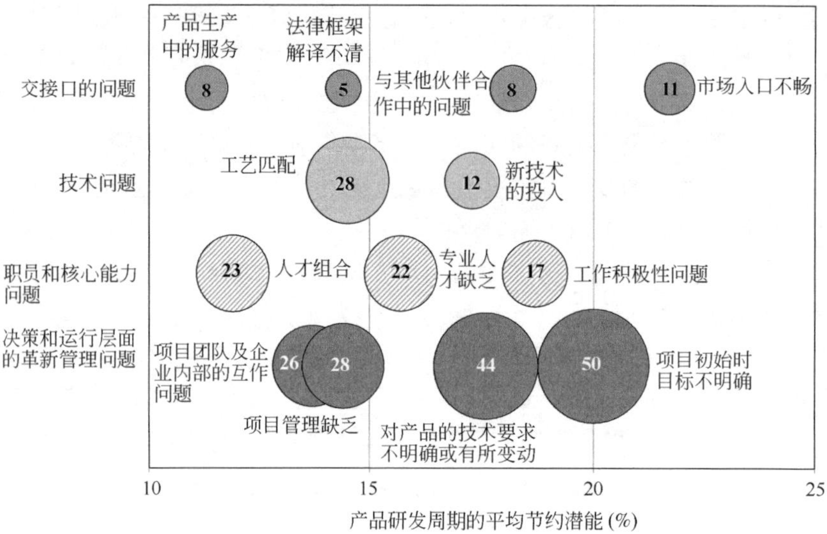

图5-3　四类时间内耗因素及其相应节约潜能的估测，
每个圈的大小及其中的数字表示着相应时间内耗因素出现的经常性

资料来源：弗劳恩霍夫协会系统技术及革新研究所2005年“时间驱动因素”调查

下一类别的时间内耗因素是各式各样的职员和专业才能问题，它的分布特征并不明显，而与之相应的是一般的节约潜能。技术问题和专业才能问题的意义基本等同，其中的焦点位于满足对未曾预料到的工艺匹配的需求。在少于三分之一的被访企业出现了技术管理方面的问题，而它们通常起到很小的影响作用。最后列举的是极少被提及的那些时间内耗因素，它们涉及交接

口管理的方方面面。这些时间内耗因素不经常出现，但值得注意的是它们有着巨大的节约潜能。市场投入时的困难和与外部伙伴合作时产生的问题虽然不经常出现，但如成问题，其中隐藏着不容忽略的节约潜能。对小企业来说，这一点有着相当的意义。

如果观察在不同行业的4个最经常被列举的时间内耗因素及其加速潜能，就会发现它们千差万别。在一方面，橡胶和塑料产品的制造者只有较小的加速研发可能性（34%的节约潜能）。而另一方面，车辆及其配件制造者都具备60%的节约潜能。不明确并时常变动的产品技术要求以及项目开始时不明确的目标，都隐藏着明显的效率潜能。

在许多行业中，因项目初期不清楚的目标定位而存在大约20%的加速潜能。相比之下，其他的时间内耗因素所对应的加速潜能却大相径庭（图5-4）。项目初始时无明确的目标定位，似乎是一个普遍存在的现象，该现象与各行各业里特定的条件无关，它涉及更多的是战略计划和决策的问题。对未曾预料到的技术和工艺上的改进需求所施加的影响，在各行各业也不尽相同。医疗技术、测量技术、控制及调节技术、光学及电子器件制造厂通常在此方面具备相当的加速潜能。这些行业主要是生产技术含量较高的复杂产品，所以与采用一般技术的塑料产品制造者相比较，具备较大的节约潜能。

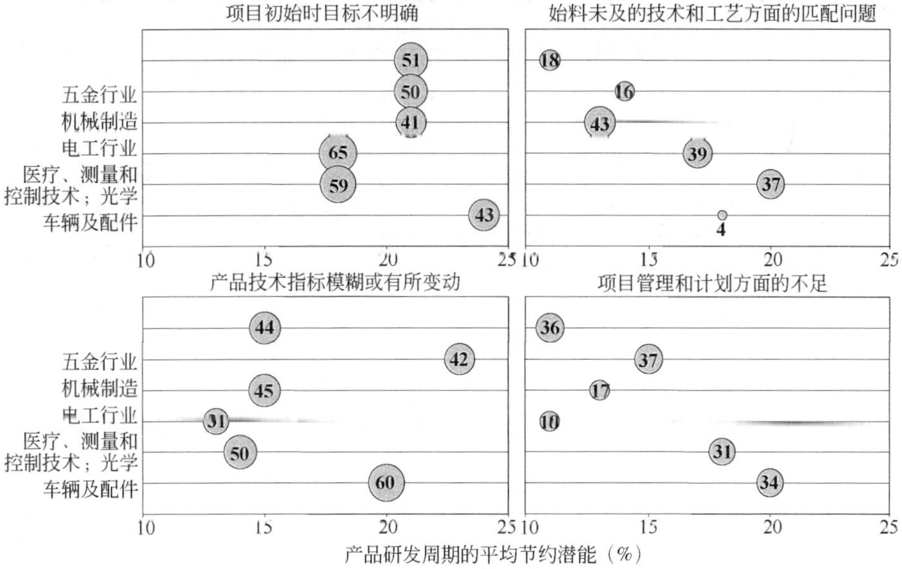

图5-4　按照行业排列的四个最常见的时间内耗因素

资料来源：弗劳恩霍夫协会系统技术及革新研究所2005年“时间驱动因素”调查

在车辆制造及五金行业中，不明确且时常变更的产品技术要求会导致项目延时，而这通常是可以避免的。如事先对所需的产品性能做出更好的分析，那么相应的研发周期可缩短五分之一多。在其余的行业中，相应的加速潜能要小一些，因为其产品性能受外来因素影响较大，而且即使是通过更好的市场分析亦无法更准确地定位产品性能。

在车辆制造行业，如果能弥补项目管理及项目计划中的不足，那么可使研发周期缩短五分之一，从而使相应的节约潜能得以利用。这些行业之所以有如此大的节约潜能，可能与其产品的复杂性及波动的市场环境有关。一个长期计划的制定变得很艰难，由于车辆制造行业的研发项目包括很多参与方，其中也有企业之外的参与者。在这种环境下，项目的复杂度较高，因而其管理难度也较高。此时，可采用更高效的计划模式和更专业的项目管理方式。

根据经常性和节约（加速）潜能这两个量，可对 13 种时间内耗因素进行分析。针对 13 种时间内耗因素，图 5-5 展示了其出现经常性和平均节约潜能之间的关系。项目初始时模糊的目标定位及不明确且时常变更的产品技术要求是最经常出现的时间内耗因素，其出现的经常性各为 45% 和 50% 。与之相应的节约潜能也处于较高的区域（各为大约 20%）。前述的其他时间内耗因素也展示了令人惊讶的结果。较少被提及的时间内耗因素，如市场投入时

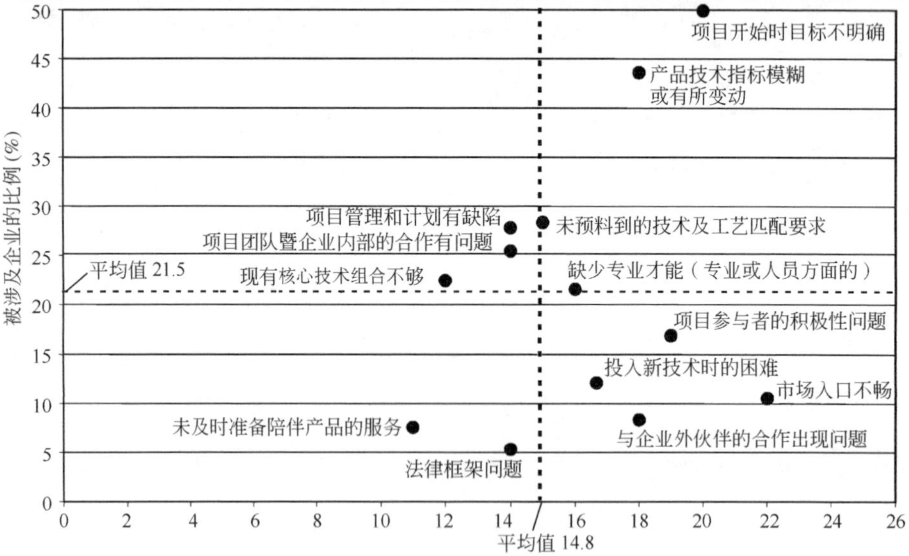

图 5-5　各种耗时因素出现的经常性及其相关节约潜能的估计

资料来源：弗劳恩霍夫协会系统技术及革新研究所 2005 年“时间驱动因素”调查

的困难和职员的积极性，对尤其是中小企业和大企业同样意味着大的节约潜能。在被访企业中，法律不明确方面的问题尽管很少被列为时间内耗因素，但它却意味着中等的、对于大型企业甚至很高的节约潜能。企业界认为，只有它们自己能够影响上述因素，从而使问题得以解决。这些因素较少出现，所以相应的问题是：企业界是否应该集中精力去解决那些不具备很高节约潜能、但却经常出现的问题。

最经常出现的时间内耗因素被列在图的上部。其中有些因素同时具备高于平均值的节约潜能。而这些因素正是变动时的最佳切入点。图下部列举的时间内耗因素虽然出现不频繁，但其中也有些因素具备超过平均值的加速潜能。

时间内耗因素的四大类别（图 5-3）在图 5-6 中也得以再现。与决策和运行层面的革新管理有关的问题是最常出现的时间内耗因素类别，它们出现在图的中部及右上部。这两部分具有不同的性质。与决策层面的革新管理有关的问题（项目开始时不明确的目标以及模糊且时常变更的产品技术要求）囊括了那些最经常出现的且具备高节约潜能的时间内耗因素。按照被访企业的估计，运行层面的项目管理问题（项目管理和计划方面的不足、或项目团组间及企业内部合作时出现的问题）只会以稍高于平均值的概率出现，因而

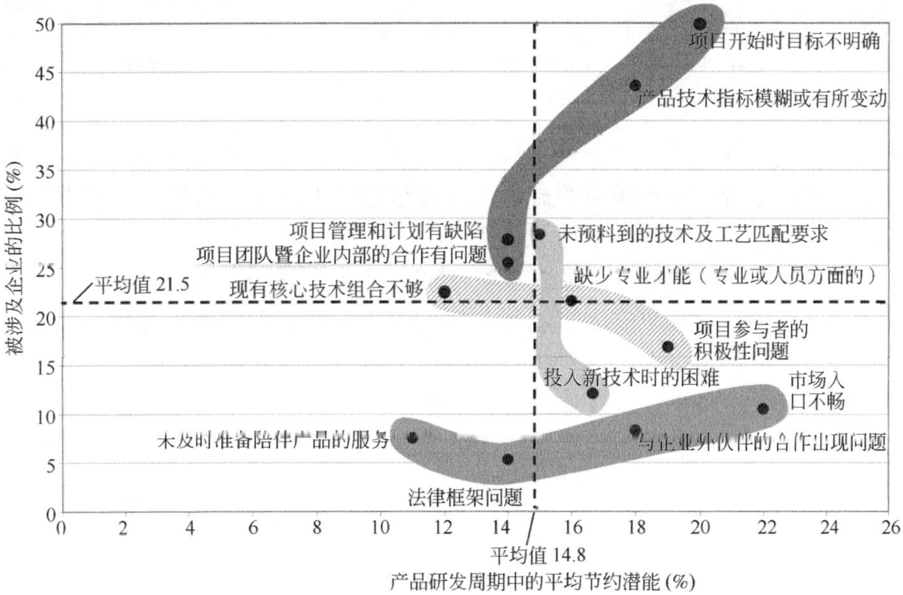

图 5-6　各种耗时因素在四大类别中的归类

资料来源：弗劳恩霍夫协会系统技术及革新研究所 2005 年“时间驱动因素”调查

它们也仅仅具备平均的加速潜能。在被访企业中，革新管理中的战略决策部分既构成最常见的问题，又提供了大的加速潜能。在此情况下，企业界应以高的优先权、系统地并有针对性地去改善决策层面的革新管理。与之相比较，运行层面的革新管理问题会在项目管理中出现，它们也只具备较低的价值。尽管如此，被访企业的四分之一都会涉及此问题。

职员和专业才能问题被排为第二大类别的时间内耗因素，它们出现的经常性不高。它们只在五分之一的被访企业构成重要的延时因素，同时也具备很大的节约潜能。积极性的问题尤其能直接导致研发周期的变化，因而它提供了较大的节约潜能。积极性的问题较少出现，但万一其出现，那么对相关项目而言就意味着大的加速潜能。

技术问题涉及企业中的技术管理。本类别里的时间内耗因素具备超过平均值的加速潜能，尽管其出现的概率较低。企业应在技术管理的框架内提早地对相关技术做出调整，以便使因配套问题造成的损耗降到最低。

在被访企业中，各式各样的由交接口问题引起的时间内耗因素只在一小部分企业中起了作用。不到十分之一的企业受到该时间内耗因素的影响。令人惊讶的是，该类别里的时间内耗因素具有极大的加速潜能。本处所罗列的时间内耗因素只会零星出现，而它们可能源于相应企业里的特定的问题组合。如果它们成为问题，那么相应的节约潜能将超过平均值。相应的建议是：企业应观察这些潜伏的问题源，以便能及时干预它们。一次性的交接口问题会浪费研发项目的大量时间。本类别里的因素与企业的大小有关。中小企业能够对产品的市场投入时的困难施加影响，但大企业则只能较少地左右它。在另一方面，不清楚的法律问题对小企业意味着较小的节约潜能，而对大企业则意味着大的节约潜能。

据被访企业的估计，产品研发项目的总加速潜能处于40%。最常出现的时间内耗因素来自于战略决策层的革新管理及战略意义的产品规划。与之相伴的是巨大的加速潜能。通过改善战略性的计划，研发周期可被压缩五分之一。由此看来，仅通过改善战略决策层的革新管理便可使整个加速潜能的一半得以利用。节约潜能超过平均值的重要区域还包括技术管理、职员问题和交接口上的问题。上述的问题源均应被仔细观察，以便使研发周期的拖延得以避免。

参考文献

Armbruster, H.; Kinkel, S.; Kirner, E.; Wengel, J. (2005): Innovationskompetenz auf wenigen Schultern: Wie abhängig sind Betriebe vom Wissen und den Fähigkeiten einzelner Mitarbeiter?, Mitteilungen aus der Produktionsinnovationserhebung Nr.35., Fraunhofer ISI, Karlsruhe

Dreher, C.; Eggers, T. (2005): Auf dem Weg in die Innovationsfalle? FuE-Verhalten in der Metall- und Elektroindustrie zwischen neuen Herausforderungen und betrieblicher Realität, Mitteilungen aus der Produktionsinnovationserhebung, Fraunhofer ISI, im Erscheinen

Kinkel, S.; Kirner, E.; Wengel, J. (2003): Betriebliche Kompetenzen und Wettbewerbsfähigkeit. Eine empirische Annäherung auf Basis der Erhebung Innovationen in der Produktion des Fraunhofer ISI, in: QUEM, Arbeitsgemeinschaft Betriebliche Weiterbildungsforschung e.V., Qualifikations-Entwicklungs-Management (Hrsg.): Kompetenzentwicklung, Münster. S. 321-362

Kinkel, S.; Kirner, E.; Wengel, J. (2004): Betriebliche Kompetenzen – Verankerung im Unternehmen und Verbindung zu individuellen Kompetenzklassen, in: Erpenbeck, J.; Hasebrook, J.; Zawacki-Richter, O. (Hrsg.): Kompetenzkapital-Verbindungen zwischen Kompetenzbilanzen und Humankapital, Frankfurt a. M., S. 289-310

译者简介：

史仁虎　工程博士，德国蔡斯股份公司资深光学设计师
shi@ zeiss. de

王　肇　德国哥廷根大学物理系硕士研究生
wangzhao001@ msn. com

李　煜　德国柏林工业大学经济工程系硕士研究生
中德合资江苏复天诺德文德能源设备有限公司董事
德国 Admiral ZhengHe 有限公司执行董事
yuli@ gmx. de

第六章　创新加速案例

木星是太阳系八大行星中最大的一个，没有固定的表面，拉出色彩斑斓的条纹，自身还在发出热能，拥有卫星（用望远镜可以观察到其中四颗），象征着创新加速案例的高技术含量、多学科交叉、极接近市场、实用性突出的特性。

翻译：田　丰（本章编辑）
　　　胡坐春
　　　张钦成
　　　李宏志
审校：王河新

有机聚合物电子产品的研发，
多元配套产品及服务的拓展，
光学技术在工程应用中的创新，
自适应电子技术在系统中完善。

高技术含量，
多学科交叉，
极接近市场，
实用性突出。

❖ **案例从微观到宏观、跨多个学科和贯穿创新项目全过程**

三十六门科技，虽破千般难解之谜，
七十二个行当，仍有万维创新空间！

激发创新理念，是确立创新项目的必备条件；
优化组织结构，是实施创新项目的必要开端；
分析时耗因子，是实现创新加速的必由之路；
消除时耗因子，是实现创新加速的必然手段。

一、德国弗劳恩霍夫协会——快速创新的伙伴

人们如何才能更快地进行创新？要回答这个问题，可以从弗劳恩霍夫协会的六个研究所在诸如聚合物电子技术、多元配套服务、光学技术（光电子技术）和自适应电子技术等不同研究领域积累的实践经验中寻找答案。其中有代表意义的实践经验是如何甄别典型的时间内耗因素以及如何在工业界伙伴的配合下研发和验证创新项目加速的措施。下面谈到的弗劳恩霍夫协会的几个例子都要求有突出的创新潜力，很高的市场接近程度以及很大的科研投入，它们是用于阐述创新项目如何进展的理想的典型案例。

如今的弗劳恩霍夫协会是欧洲最大的科研服务机构。其中心目标是应用研究并把技术、方法和组织方面的创新转化到工业实践中。它运营着近 80 家研究机构，其中 58 个是研究所。这些研究机构遍布德国，拥有将近12 700名研究人员，绝大多数具备自然科学或工程学学历，每年花费 10 亿欧元的研究经费，其中 9 亿多欧元是用于服务领域的合同科研。大约三分之二的经费来自工业界的委托合同和国家资助的科研项目。突破性的创新，比如像 MP3 这样的成功故事，只是它杰出研究成果的一个典型范例。

德国专利商标局从 1991 年起每年发布一个表格，列出德国前 50 名最大专利申请者。弗劳恩霍夫协会从第一次公布起一直名列其中，近五年来更是位居前半部分。2003 年，弗劳恩霍夫协会位居全球专利申报者第 21 名，德国专利申报者第 9 名。除弗劳恩霍夫协会之外再没有其他研究机构进入过专利申报者前 50 名。

为了将来能依然保持在科研领域的领先地位，弗劳恩霍夫协会必须持续地系统地缩短创新项目的研发周期，增强创新力度，以便更快地更有针对性地把创新点转化到具有市场竞争力的产品和配套服务中去。

为了好上加好，我们不断地积累经验，并促使自己积极努力，投入到大量的弗劳恩霍夫协会的科研项目中。下列章节将对已经谈到的四个专题给予一个详细的描述—— 描述它们在国民经济和技术方面的重大意义以及各具特色的完整的创新项目加速的范例。

聚合物电子——卷电子产品

电子线路应该通过简单的印刷过程来生产，其前提条件是导电的合成材料。合成材料芯片的优点是：它们可以用低成本的“卷带式”（roll-to-roll）方式印制到薄膜上或者直接印制到包装材料上，从而开创低成本电子技术的机遇。这种可弯曲的芯片可应用于多个领域—— 诸如用一个电子身份来标志日用品的“智能”标签，以及用于减轻重量和节约空间。新一代的可弯曲显

示器将可能采用有机材料制作的发光二极管（LEDs）—— 被称为有机发光二极管（OLEDs）——来实现。它们薄如蝉翼、可弯曲，因自身发光而具有优异的画面质量。

在下面将要介绍的案例中凸显了其高度的多个学科诸如化学、材料科学、半导体物理、电子技术和过程控制技术等之间的交互影响。在介绍实际案例中项目研发历程的同时将强调其间的时间内耗，并在现有方法库的基础上推荐相应的项目加速措施。

多元配套服务及多元配套产品的研发

多元配套服务或者多元配套产品的概念是指基于客户要求及客户需要而衍生的服务集束（或称为捆绑式服务）。多元配套服务通常由一个核心服务和由此衍生的其他伴随服务组成，从而使核心服务更加完善以至完美无缺。比如，一个过程和组织咨询服务将会通过相应的附加的培训服务来完善。而一个多元配套产品将由一个核心产品和相伴随的配套服务组成。这样一来，如今几乎再没有一个机器或一套设备没有附加的售后配套服务，诸如售后服务合同和入门培训服务。

在后面的章节中将借助一个在多元配套服务及产品研发之文档管理领域的项目来阐述用于分析时间内耗因素和与工业伙伴共同进行创新项目加速的高级方法。

光学技术——精通并利用光的所有特征

新的光源使可控光成为可能，即光可在人为控制下产生、成型和引导，从而能被有针对性地应用。这就开启了光在诸如材料加工、微电子技术以及信息的传输、存储和图像化处理等领域的应用之门。以激光为例：它以极高的精度和效率使其成为材料加工的通用工具，弱激光（中小功率激光）可用于医疗，强激光（大功率激光）可用于切割厚的钢架。它以其灵活、精确和无接触等特点被应用于从宏观世界到微观世界再到纳米世界的原子结构。其他突出的创新产品的例子是：迷你激光投影仪、超薄照相机和无接触三维测量技术。

和前面提到的例子不同，这里要阐述和强调的是在项目中出现的创新项目加速器，以及人们如何使它得到持续增强。在另一个案例中，将详细探讨时间内耗因素——对新的但已成熟的技术而言存在的“市场入口不畅”，之后，还将详细阐述如何引入行业地图以使获得的市场知识系统化。

自适应电子技术 ——各组件将变得主动

以自然界为样板，研究人员研发了一些部件，它们借助于集成的感应器、实时反应器和控制技术来自主实现对变化了的操作条件的适配。这样一来，机械装置的行为便可以被有目的地加以影响：人们可以减少机件震动和降低机件噪声，也可以提高机件的钢性或主动控制其形状。对干扰性震动的主动控制不仅可以降低噪声减少磨损，还使得新型的轻质结构设计和精密机床成为可能。特别重要的是通过自适应接口获得的系统去耦合效应，以机动车为例，它可以使车辆驱动装置的震动不会传递到车身。自适应电子技术开启了德国龙头行业机动车辆和机械制造业的新的前景。通过创新性的发展它可以为企业生存做出贡献。用户也可以直接听到和感觉到这些由自适应电子技术带来的优越性：更小的噪声，更高的舒适度和更好的安全性能。

后面章节里研究探讨的创新项目的突出特点是其高度的复杂性和跨学科性。除时间内耗因素之外还将阐述短平快项目的成功因素。

二、有机聚合电子——卷电子产品

原著：
鲍 克（Karlheinz Bock）
柯林克（Gerhard Klink）
班纳特（Marc Bannert）
司拉马（Alexander Slama）

（一）有机聚合电子在宏观经济和技术方面的重要性

有机聚合电子是一个派生词，它是因有机聚合物应用在电子产品中而派生出来的。在这个大概念下，今天人们把它理解为所有有机聚合物在电子产品中以及相关的领域特别是在微电子系统技术领域中的应用。它与传统电子学的区别在于其系统的基本功能元件是由有机材料，特别是有机聚合物材料来实现的。它的最初元件是智能标签，智能标签是通过薄膜载体来实现的，薄膜载体的机械柔韧性能是有机聚合物与生俱有的，这个柔韧性能达到聚合物电路的要求，聚合物电路的电功能则是由有机半导体来承担的。

有机聚合物电子包括了所有研发、系统集成、有源、无源电子元件及光学元件的应用，它们的基础都是建立在有机材料上的。最近已经有了成功研发的二极管，太阳能元件以及发光元件。基于有机聚合物电子具有许多潜在的应用可能性，我们目前就可以预见：采用聚合物电子将影响到所有领域，而且将引发从生产商和供应商到应用者及终端用户的观念改变。聚合物电子所注重的应用领域首先应该是大平面，有柔韧性，特别是必须价格低的领域。

根据当代专家们的意见，聚合物电子产品市场将在未来的5~10年出现，特别是在低价值以及低功耗领域的应用。由于应用成本低廉且适合批量生产的技术是市场成功的基本前提条件，聚合物电子具有成功的美好征兆。在这方面从国际角度来看，德国占据了一个好的但仍需要改善的位置。和其他欧盟成员国的合作将会增加这个优势，使欧洲进入一个领先的地位，但这个领先位置是一个艰苦的相互竞争的位置。

聚合物电子将会基于自身的优点打开传统电子产品不能覆盖的全新市场。这个机遇在于（特别是对中型企业）：一方面可以利用聚合物元件来生产新的低成本系统；另一方面，聚合物电子产品的简单生产技术和低投资要求也向从事电子加工与服务的中型企业打开了通往这一新兴市场的大门。

对聚合物电子产品的市场进入而言，首要的是两个应用领域，即电子识别和显示器市场，在这两个领域内存在着高增长率，而且根据预测，这个高增长率将在今后的几年内仍然持续下去。

在电子识别系统领域中，物流、产品保护以及安全性能对自动化的需求将日趋上升，传统的电子系统越来越不能满足这种需求，这导致对价格持续降低的聚合物电子技术系统的需求增多。聚合物电子系统在显示器方面的市场进入相对来说是非常困难的，原因是市场容量非常敏感地依赖于价格，进而导致销售额增幅低于销售产品数量的增幅。所期望的是到2008年聚合物电子标签（RFID）低于5欧分，在射频识别市场能够赢得一定的市场份额（图6-1）。

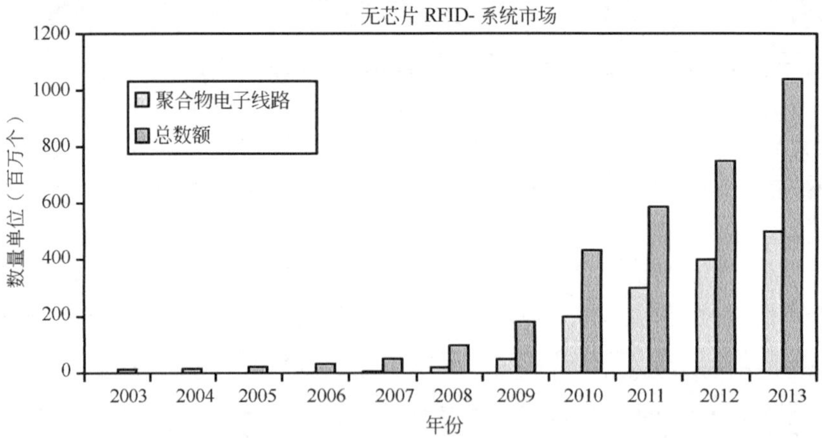

图6-1　无芯片 RFID-系统的市场增长幅度预测（参阅 Harrop）

显示器市场的快速发展一方面取决于对小显示器的巨大需求，主要是快速扩展的便携式产品，例如：手机、数字照相机以及掌上电脑等，另一方面是由于快速的从经典的阴极射线管到平面显示器的转换。聚合物电子在显示器方面的应用既包括自显示元件领域也包括电子控制领域。在显示元件方面，研发集中在利用有机发光二极管的发光显示和反射双稳态显示。预计，逐步向有机发光二极管发展的下一代显示屏将以两位数增长（图6-2）。此外可预期的是研发的力度将向可弯曲或甚至可滚卷系统大幅度增长。在这个领域，聚合物电子也可以为新产品（比如：柔软性的电子控制产品）的产生做出贡献。

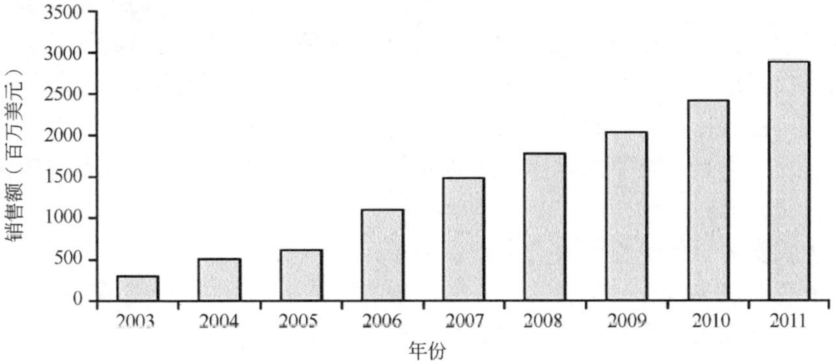

图6-2　以有机材料发光二极管为基础的显示器的市场增长率（Allen 2005）

（二）有机聚合电子所涉及的领域

在20世纪上半叶，复合材料通过工业合成由聚合物成为一种对工业批量生产有特别意义的材料，特别是简单成型工艺导致这种万用材料的快速扩展。在电子产业中，它快速成为价格低而且可靠的绝缘材料。在20世纪下半叶，由于硅三极管的发现开始了微电子和集成电路走向胜利的里程。不断发展的微型化使这个领域实现了越来越高的计算速度、越来越大的存储容量及越来越多的功能。现在我们看到电子产品在生活的各个领域中无处不有，而且几乎没有不具有电子线路和控制功能的应用产品。

聚合物电子试图将聚合物电子和传统电子技术这两个在市场上势不两立的领域连接起来，目标不是将现有的电子产品通过聚合物电子来代替，而是利用聚合物电子开辟一个新的尽可能廉价的商品市场，传统电子是进入不了这个市场的。在任何地方，只要要求电子产品薄、柔软或便宜，都可以用聚合物来实现，并通过它的优点来改善系统的整体性能。

聚合物电子的一个核心领域源于导电的和半导电的有机聚合物的发现，这一发现使人们能第一次生产出有各种各样应用可能性的聚合物有源元件。在已经成为成熟产品的发光二极管中，各种有机材料的电致发光特性被用来做显示元件和显示器。生产大面积太阳能电池的可能性已经得到了证明而且利用有机半导体能够生产场效应三极管，由此也可以实现电子线路功能。从原理上来说，用塑料来生产集成电路是可能的。

然而，和成熟的电子产品（99%是用硅晶体生产的）相比，有机半导体具有明显的较差的电特性。一个电子线路的性能通常是用其三极管的开关频率来衡量的，它主要由两个参数来确定。它们是材料特性参数，其一是所用的半导体层的带电粒子迁移率 μ，其二是三极管的隧道长度，它是由所应用的生产工艺来确定。现有半导体技术的这两个参数要比聚合物半导体多几个数量级。从性能角度来说聚合物电子线路不具备竞争能力。因此聚合物电子的潜在市场应该在聚合物具有优势的方面去寻找。它的优势首先在于聚合物的易加工性，比如复合材料加工可明显降低成本，这一优势在许多工业应用中已经实现而且还在不断发展。可以预期，聚合物电子的主要优点将表现在如下几个方面：

- 投资需求低且对固定资本约束不强；
- 生产成本低；
- 具有在大表面积上生产的能力；
- 适合完全柔软而且超薄的薄膜系统的生产；
- 结实耐用及重量轻；
- 研发和工艺流程时间短；
- 容易实现按客户要求生产。

具有特殊技术或经济意义的应用对每个创新都是非常重要的。这种技术推动力将技术的开发推向广阔的发展，在它的带领下，其他的创新应用也成为可能而且从中受益。对于聚合物电子领域虽然没有这种强大的技术推动力（像计算机对于微电子那样的推动），但还是可以辨识出两个引导性的应用：一是柔软可卷式显示器，二是聚合物电子标签。

柔性显示器

在显示器领域中，基于非晶体或多晶硅的三极管元件目前已被应用于对单一像素的控制。不采用单晶基础材料的原因是，对这个大面积元件来说，单晶基础材料价格还是太贵，同时，这里对三极管的性能要求明显地低于向电子元件那样的要求。对于聚合物电子来说，这个应用领域是有吸引力的，这是因为现有有机物的载流子迁移率已经非常接近所要求的数值。因为硅的层间隔离所要求的温度对普通薄膜材料来说太高，特别是在实现柔软显示器方面聚合物电子将会担当重要角色；与此相对应，人们有很高的兴趣利用聚合物半导体来在薄膜上实现控制矩阵。

智能标签

具有潜在应用之一的是聚合物识别标签（或聚合物标签），它作为条码标签的电子代替产品，使物品的自动识别成为可能。在这方面所面临的挑战首先是将生产成本降到超常低位，这一点对于一个广泛应用的产品是必需的。

在这个低价位的电子产品中，传统的以集成电路为基础的系统达到其低成本极限，集成电路的系统成本主要由生产和连接技术成本来确定。不论是过去还是现在，在集成电路领域中降低成本的主要措施首先是通过芯片结构的微型化和由此而达到芯片面积缩小来实现的。相反，在基板方面是通过基板的增大和生产的重复利用来降低相应的成本，这些措施在薄膜领域的应用越来越广泛，导致基板被卷成一卷，在使用时，用不尽的基板可以从基板卷中绕出来。

在芯片和基板方面还可以挖掘很大的潜力来降低成本，而在装配和连接技术方面节省成本就很难实现，这是因为基板的组装在拾取和贴装（Pick and place）工艺流程中是一个连续的过程，在这个工艺中提高效率的可能性已经到可预见的极限。相反，芯片的微细化和基板的不断增大将要求连接芯片的精确度不断提高，使得组装时间延长。因此对低价位的批量电子产品来说，组装和连接技术的成本是一个制约因素。智能标签就是批量应用的一个例子，由于组装和连接技术的原因，使其在包装技术方面达到了极限。

聚合物电子原理上提供了一个解决上述问题的途径，它可以把无源元件和有源元件用成膜工艺同时集成在一个基板，提供了一种本质上不需要组装和连接技术的生产方法。将来的塑料电路将由此使自己能打入向低价位电子系统发展的市场。(Clemens/Wolfgang/Fix/Walter 2003)。

聚合物电子产品特别吸引人的潜力主要在于其有机材料的简单可加工性，利用这种性能可以通过简单成膜工艺来实现电子线路功能。因此一个有魅力的聚合物电子应用就是集成电路的生产，用类似印刷油墨那样的溶解的聚合物通过印刷工艺来加工，类似于印刷工业，通过开发先进的滚筒式印刷工艺，使印刷品成为便宜的批量产品，也可以用这样的功能墨来非常廉价地、大量地生产简单的电子电路。

当然这样的愿望在今天会遇到一系列的技术实施和经济方面的问题。电子产品和印刷产品之间的一个重要的区别首先在于电子产品必须是没有错误的连续生产，而印刷产品目前仅仅是靠视觉印象来判别质量的。为兼顾低成本生产和精密生产两方面的需求首先可采用的是卷带式的生产方式。

对卷带式的生产工艺来说中心点是应用柔软性的薄膜，而不是用电子产品常用的硬基板。顾名思义，卷带式的生产工艺是利用薄膜卷使工艺流程以一个非常高效率的方式来实现，使得基板的加工和生产流程变得非常简单。柔软性基板的另一优点是简单的系统集成，它可以被做成任何形状、被弯曲或折叠，这给设计上提供了很高的自由度。同时，柔软性基板的重量轻，这一点从便携式产品角度来说是特别需要的。和印刷技术不同，卷带式的生产工艺流程有明显的速度限制，在几米/分的范围内，这是薄膜基板生产的速度。

对于实现一个集成电路技术的功能来说，除了简单三极管，环形振荡器也是一个关键元件。它由奇数个电子反相器组成，每一个反相器的输入与上一个反相器的输出连接起来，最后构成环状。由于每个反相器在两个逻辑电平之间转换，通过奇数个环状连接的反相器将不能形成一个稳定信号，也就是电路肯定在转换电平之间构成一个振荡器，这个振荡器证实了所使用的工艺技术一是具有数字电路的功能，二是整个工艺过程的可集成性。

用聚合物半导体在薄膜上生产环形振荡器，一直是弗劳恩霍夫协会可靠性与微集成研究所在聚合物系统项目中的中心目标。在这个项目中，起初在实验基板上做出了单一聚合物的三极管，后来在薄膜上实现了柔软性的三极管。因此，工作重点不仅在聚合物半导体，而且也在整个薄膜系统。这个系统是由发射极、集电极、半导体、介电层、门、介电层及连接层组成的。特别是确定材料及其工艺，这是一个耗时的任务，它是通过开发一个可兼容的材料基础来成功实现的。通过不同的实验和对单一工艺的研究最终研发出一个整个工艺的混合技术。

这个混合技术建立在照相腐蚀制板的铜金属化薄膜基础上，就像电子工业中的印刷电路板生产那样有多次涂墨和印刷步骤组成。图 6-3 给出了这个过程的基本层次结构。和一个全聚合物或者完全印刷的技术来比较，这个混合工艺具有如下的重要优点：

• 所有工艺过程完全和卷带式工艺过程兼容。为了使生产过程保持低成

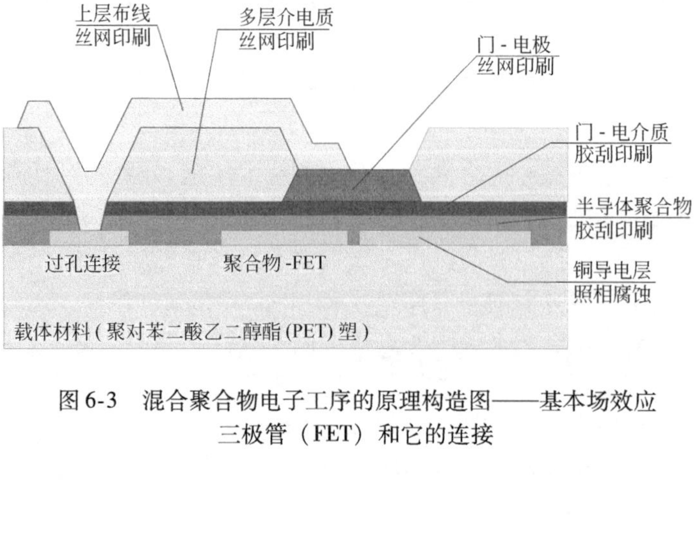

图 6-3　混合聚合物电子工序的原理构造图——基本场效应三极管（FET）和它的连接

本，放弃了全程超净工作室和利用惰性气体工艺流程。

• 即使是很薄的铜薄膜也有比具有固有传导性的聚合物膜（100 ~ 1000 欧姆/单位面积）明显良好的电传导特性（50 毫欧姆/单位面积，膜厚等于 0.5 微米），这使得在集成电路中用相当好的低阻抗布线成为可能，特别是从集成天线的角度来看也是如此。另一方面，发射极和集电极层的拓扑图可以保持其低阻状态，由此可以明显缩小对这个层面非常重要的最小结构尺寸。

原理上来讲，聚合物电子并不像硅技术那样必须强迫微型化。但是，一个具有许多三极管的集成电路的面积需求也是必须要考虑的。这一点最终迫使以小的尺寸来产生电路结构，原因是面积需求和最小结构尺寸成平方关系。另一方面，当结构尺寸低于和其工艺过程相关联的关键参数时，将会很快导致功能电路的成品率降低。正是在这一点上，弗劳恩霍夫可靠性与微集成研究所应用的紫外（UV）照相成形技术优于其他生产技术。用这个技术目前可以生产具有高成品率的尺寸达 20 微米的集成电路。

成膜和结构工艺过程是在可靠性与微集成研究所的卷带式应用中心的卷带式生产设备上实施的。图 6-4 展示出了一个生产具有聚合物电子实验电路功能的薄膜卷的完整过程实例。图 6-5 是这个环形振荡器电路的局部放大图。它是由 16 个三极管和 25 个过孔所组成的。这一由反相器构成的环形振荡器将在 35V 供电电压下起振，并可在 50 伏电压下稳定其振荡频率（最高到 67

图 6-4　生产具有聚合物电子试验线路的薄膜材料的完整过程

赫兹)。由此可以在原理上证实，聚合物集成电路的可实现性和生产过程的适合性是成功的（图6-6)。当然，振荡频率和三极管的开关速度还是很低的，这完全是由于所使用的在空气中稳定的半导体的迁移率太低。将来的开发研究应该在材料领域和工艺过程领域中进行，在此人们期待着几个数量级的改善可能性。然而聚合物系统项目已经成功地为将来聚合物电子向应用产品方面的转换在基础和关键工艺过程方面铺平了道路。

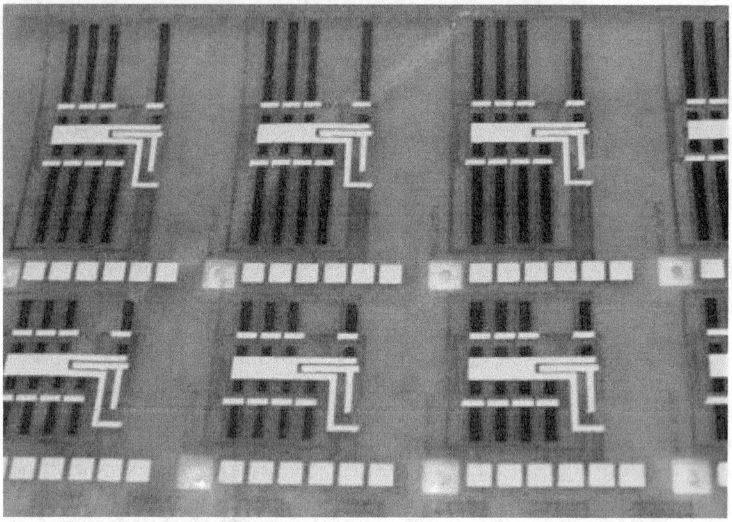

图6-5　集成在薄膜上的聚合物环形振荡器

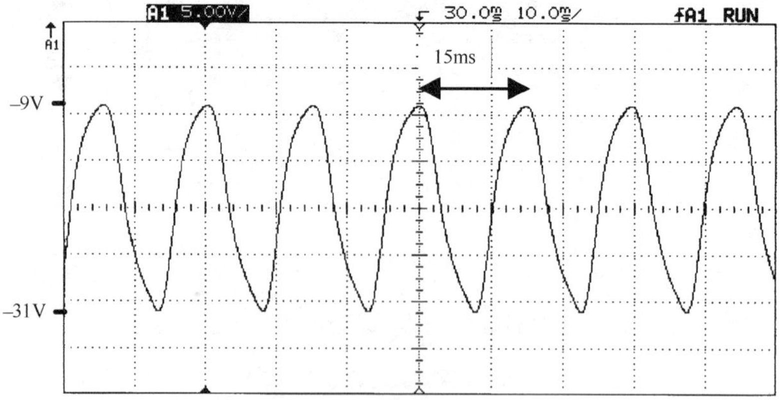

图6-6　振荡频率67赫兹，测量于一个薄膜7级环形振荡器

（三）加速创新举例：聚合物系统项目

聚合物系统项目是弗劳恩霍夫协会可靠性与微集成研究所在聚合物电子

学这一新领域的第一个项目。它由联邦德国教育及研究部所资助，其目的是在研究这个新领域的早期阶段就为技术应用打下基础。

聚合物电子一般以高度的综合技术之间的相互作用为标志，不同研究领域的相互衔接（比如：化学、材料学、半导体物理、电器和生产工艺技术）以及对社会政治研究领域的考虑，都向我们提出了一个严峻的挑战。然而，如果能成功地启动不同学科之间的合作和获得最佳合作效果，就将给我们提供一个很大的机遇。这使得跨研究所和市场的核心技术领域合作与创新过程成为可能。这些过程催化了弗劳恩霍夫协会可靠性与微集成研究所和经济界之间的合作。

和其他任何一个新技术一样，在从聚合物电子的基础研究向应用开发转换的开始阶段中存在一系列的技术和经济方面的问题。这些问题列举如下：

- 半导体材料的低性能；
- 半导体有机材料的稳定性和可靠性；
- 对湿度和空气的高敏感性；
- 缺乏线路设计和元件；
- 缺乏低成本的生产工艺。

这些最基本的问题首先是由弗劳恩霍夫协会多个研究所组成的联合体来解决的。工作重点放在继续开发半导体聚合物、元件开发、线路设计、生产高效的被动层和开发低成本生产工艺。开发成本低廉的生产工艺在这里有着特别重要的意义，因为只有通过这种工艺，才能满足聚合物电子产品进入市场的经济要求。图 6-7 展示了在这个方面的一个主要项目成果：一张具有聚合物三极管的塑料薄膜片被集成在简单、但功能完全的线路中。

聚合物系统项目基本上可以分为 5 个阶段。其中，项目的第一阶段是建立项目，可以理解成把一个新领域融合在研究所的业务范围中。

在项目的建立阶段，弗劳恩霍夫协会可靠性与微集成研究所确认了聚合物电子产品的专业领域。在这个阶段的重要步骤是：改变一个新专业领域的指示器（专利、发表文章和专业会议的数目和质量），对弗劳恩霍夫协会可靠性与微集成研究所现有能力实施一个战略调整。

在确立了聚合物电子属于可靠性与微集成研究所的业务范围以后就开始了项目的第二阶段。在这个阶段，通过自己的研究想法和知识贡献把这个专业领域主动报向官方资助单位。结果是聚合物系统在 2001 年被作为联邦德国教育及研究部的资助项目立项。根据时间内耗因素分析，在这个阶段中主要有两个障碍可以被确认出来（图 6-8）。最初的项目计划首先以项目参加者的利益而定向。产生的结果是没有被项目参加者作为核心能力来看待的主要因

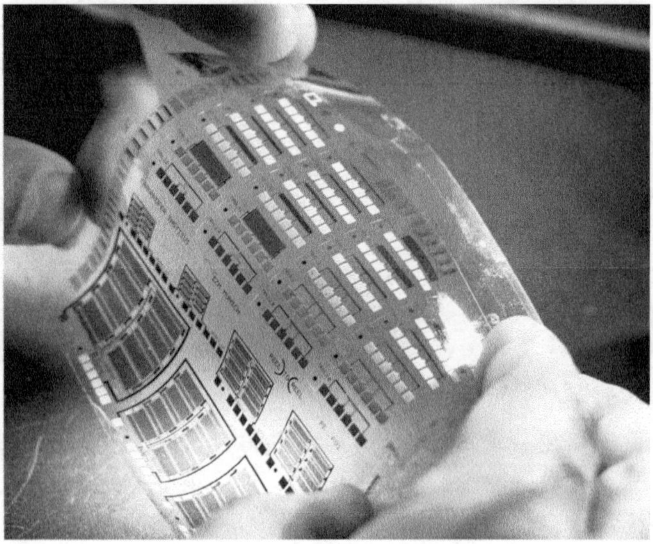

图 6-7　聚合物集成电路试验样品

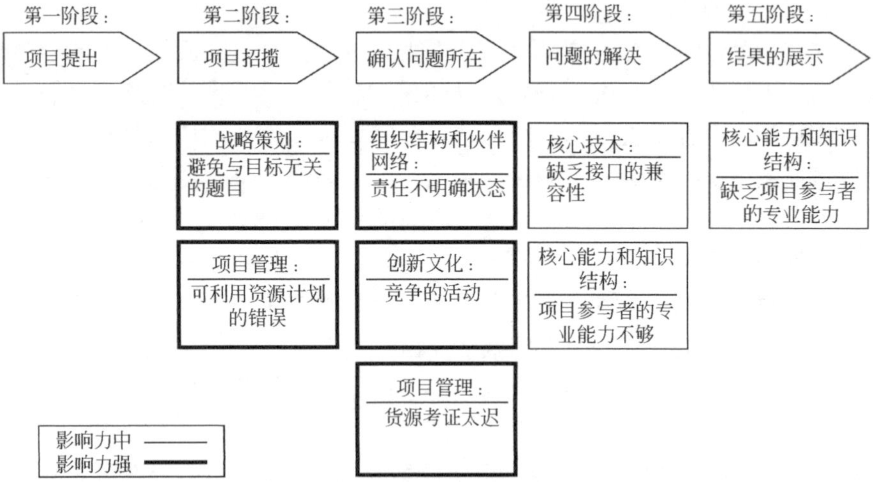

图 6-8　弗劳恩霍夫协会可靠性与微集成研究所的时间内耗因素图

素没有能在项目计划中得到应有的重视（时间内耗因素：责任不明确）。另一方面，有些受个别项目参与者强调的题目被过分强调。

项目启动以后，在 2002 年进入第三阶段——开发阶段的开始。在这个阶段主要是详细确认问题所在，这对实施待确定的任务和课题是必要的。比如，在这个阶段中，我们识别出了材料层在聚合电子系统中的重要性，并在项目计划和实施中考虑到了这点。

在这里有如下的工作包：

A01　卷到卷三极管的架构方案；

A02　材料的初步实验和任务形式；

A03　借助薄膜电介质的架构方案；

A04　架构技术；

A05　薄层的结构化要求。

在这个阶段，主要的时间内耗因素可归结为理解不彻底或知识不完全。比如在这个项目阶段中，计划的聚合物芯片生产的新技术（比如拍照技术和丝网印刷技术）不能顺利地被集成进来。另外，虽然卷带式实验室具备了相应的设备，但是还缺乏有资格的操作人员来根据项目计划的要求利用现有的机器和设备来配合工作，从而导致获得材料实验结果的时间相对延长。这个问题又因为2002年临时工作人员的雇佣变得更加明显，当时，研究所的未来经费来源不明确，使得新的工作位置在这个时间不能得到批准。其结果是项目计划名义上可以得到支付和开展，但实际上不可能在知识和技术方面向深入方向进行。

在第四阶段——“问题的解决”阶段，建立在第三阶段的认识和经验基础上，问题的解决方案得到了系统的开发和实施。此外，在实现卷带式工艺核心的开发基础上还进行了详细的材料和材料层的实验。由于内部工作人员的工作调整，有另外的人力资源可利用，从而使如上的过程得以实现。第四阶段的具体工作包有：

A06　卷带式工艺开发；

A07　材料和材料层的实验；

A08　聚合物电路工艺流程的第一次实施；

A09　层系统的改善。

在第四阶段，从时间内耗因素方面来看，主要有两个障碍可以得到确认：项目参与者之间的竞争活动和参与者的专业能力缺乏。虽然名义上有另外的工作人员来自其他的部门可供使用，然而这些人员部分时间仍然在完成以前的工作任务，因而不可能在熟悉工作以及在聚合物电子新专业领域的深化方面没有摩擦。另外，2003年的特点是，有许多和项目无关的工作，如发表文章、专业介绍等，这些活动对提高其专业的知名度是有意义的。它同时提供了新的聚合物的电子项目，比如预先聚合技术项目，由此特别是弗劳恩霍夫协会可靠性与微集成研究所知识载体能得到额外的资助。但结果是既没有足够的时间让新工作人员学习新的材料也没有时间让有知识经验的人来传递他们的经验和知识。

项目的最后阶段是第五阶段，它主要是展示开发的解决方案。这个阶段中，所开发的工艺在实验流程中得到证实并根据其应用结果和项目目标要求进一步得到开发。同时完成了用于分析评价所生产聚合物系统质量的参数测量工作台。相应地，第五阶段有如下的工作包得以实施：

A10　建造参数测试台；

A11　用载体技术开发元件；

A12　聚合物线路卷带式工艺流程的第二次实施；

A13　聚合物线路卷带式工艺流程的第三次实施。

正如图 6-8 所示，展示解决方案阶段的时间内耗因素可以归结为货源考证太迟，在项目中一个必需的用于卷带式涂层的实验室设备的交货时间没有得到检查核对，而且在项目计划中没有做相应的考虑。结果是这台涂层设备必需自己设计并制作。

综合来说这个聚合物系统项目在归属的 9 个创新领域中表现出在能力、知识和管理方面的时间消耗过多，这是因为对研究所和新组成的项目联合体来说上述专业领域是全新的。有些已经得到确认的时间内耗因素可以在下一个项目中减少以及避免。另一个特征是在市场和工艺范围内的难关和阻碍。这一方面是由于项目的目标是作为研究项目来确定的，另一方面也说明承担实验的研究所具有可作为榜样的工艺结构以及它们主动开展的（比如，以弗劳恩霍夫协会可靠性与微集成研究所卷带式讨论会的形式）市场宣传。

为了克服时间方面的障碍，在每个项目障碍分析结果的基础上我们都提出了专门的措施来加速创新并用适合的方法来支持这些措施的实施。图 6-9 是一个关于为加速创新所开发的措施和方法建议的概况。

时间内耗因素	措施	方法
1. 避免与目标无关的题目	用外部主持人来确定目标和责任	主持人方法
2. 不明确的责任状态	整体化项目计划、早期确定责任范围	甘特（Gantt）表格控制方法
3. 缺乏接口兼容性	程序和工艺流程仿真	状况分辨技术、原因作用分析、关键通道分析
4. 项目参与者缺乏专业能力	引入监控系统、提前确定能力管理（在建立专业领域的时候）	催化剂模式（Promotor model），核心能力分布图、知识图
5. 资源利用计划错误	引用多项目管理系统	任务分解结构分析、业务范围管理
6. 项目参与者之间的竞争活动	定义明确的优先指标	任务书、检查列表、关键通道
7. 货源考证太迟	定义标准流程	错误分析、全面质量管理、流程图

图 6-9　加速创新的措施和方法

三、多元配套服务及多元配套产品的发展

原著：
弗拉依塔克（Mike Freitag）
甘　茨（Walter Ganz）
考勒尔（Markus Korell）
施纳尔策（Kathrin Schnalzer）

（一）多元配套服务及多元配套产品在国民经济和技术方面的重要意义

一个时期以来，服务业在德国的经济发展中扮演着决定性的角色。在全球性的信息社会的发展过程中，不仅纯粹的服务业成为赢家，生产性企业也在不断增加其服务性产业的比重。根据德国联邦统计局的报告，目前有超过三分之二的从业人员是在第三产业（包括商店、旅馆、运输以及公共和私人服务机构）就职。在国民生产总值的发展中有着大致相同的情况，超过70%的国民生产总值来自服务业。在生产型企业中，依靠不断增加服务性产业的比重来提高产值已成为企业发展之路。依据DIW（德国经济研究所）的分析，在机械制造业，其服务性经济活动创造的营业额占总营业额的比例已从1997年的9.6%上升到2000年的18.5%。在电子工业，如今超过20%的营业额是通过服务性经济活动取得的。其份额从1997年的16.8%上升到2000年的22.5%（Stille 2003）。特别对于生产型企业，在未来仍会有类似的发展。一方面，服务性经济活动给企业提供了这样一种可能性，以使企业区别于竞争对手并开辟新的增长潜力；另一方面，它们顺应了客户需求的改变，即从单一需求到追求完整的问题解决方案和"一揽子服务"模式。

（二）多元配套服务及多元配套产品所涉及的领域

多元配套服务或多元配套服务产品的概念描述了基于用户必需和用户要求的服务项目而衍生的服务组合。一个多元配套服务项目通常由一个核心项目和一些与之匹配的其他服务组成。这些服务与核心服务综合起来共同构成一个完整、完善的服务项目。（比如说一个关于过程及组织咨询的服务会由与之相匹配的培训服务来完善。）相应地，一个多元配套服务产品则由一个核心产品和与之相关的服务共同构成。如此一来，几乎没有一套机器或设备被出售而不带附加的服务条款如售后服务和入门培训等。

德国从业人员分布见图6-10。

服务管理，尤其是服务的系统性开发（即多元配套服务和多元配套服务

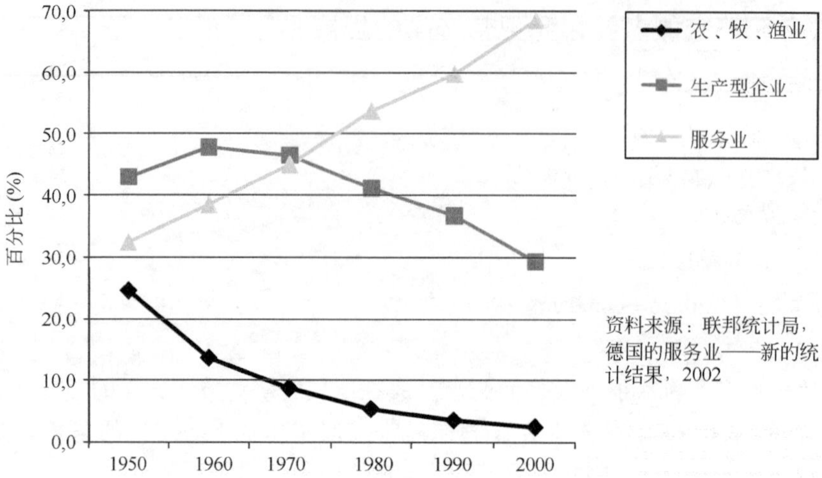

图 6-10　德国从业人员分布图

产品）的课题是近几年才被学术界和企业界重视的。随着“服务工程”的引入，一个研发方案由此产生，它为服务业的系统发展提供了初步解决方案。弗劳恩霍夫协会的劳动经济和组织研究所在很大程度上参与了“服务工程”框架方案的开发。通过大量的研究和技术转让项目，他们一方面探索出了方法和步骤，另一方面，通过企业实践积累了宝贵的经验。但是目前服务工程的特征还局限于研发过程的循序渐进以及从实践的观点来看多元服务产品研发过程和核心服务研发过程之间尚不充分的耦合。这样一来，尤其在中型企业，人们仍会时常碰到这样的状况，即产品研发已经完成并随时可以进入市场，但必要的配套服务，部分服务甚至是为最合理使用该产品而必须配备的服务，却还没有及时配套。比如还缺少重要的文档资料和培训教材。由此导致尽管产品已完成但却最终不得不推迟进入市场。

（三）加速服务创新所面临的挑战

哪些创新过程对多元配套服务或多元配套服务产品研发的加速具有决定意义？假如从企业的视角来看，存在两种不同的创新过程。一种是核心服务的创新过程，另一种则是配套服务或伴随服务的创新过程。第一种创新过程我们称之为主级创新过程，第二种则为次级创新过程。一个特别的挑战存在于对次级创新过程的关注和加速，它最终通过各种回馈渠道又对主级创新过程产生影响。次级创新过程从服务工程的方案中衍生出来，并渗透到服务工程的各个阶段：从产生服务创意，到形成需求描述草案，再到形成服务实施方案，最终到新的服务产品进入市场（对此可比照随后将要介绍的欧彩 Océ

公司的案例)。此外，必须注意的是，在服务产品研发的过程中，自始至终，有三个中心问题必须回答：

- 服务的内容是什么（服务产品研发的产品模型)？
- 如何将服务产品付诸实施（服务产品研发的过程模型)？
- 哪些资源是必备的（服务产品研发的资源模型)？

迄今为止，在服务产品研发或服务工程的实施过程中，一个引人注目的现象是，相似的问题或难点一再出现，一如它们几年前曾经出现过的那样。这种现象开始于面向服务功能的服务理念及与之相连的服务产品研发过程的依次发展，历经层层由责任定义不够明确而产生的组织方面的障碍，结束于一个在研发过程中就能确定是多余的过剩工程。这就是说，投入了资源和时间，从客户需求的角度来看，却没有带来任何附加值。与此相对应，创新加速的出发点其实遍布于服务产品研发的全过程。

在实际操作过程中可以确定，特别是弗劳恩霍夫协会在服务工程方面通过不同的研究和技术转让项目积累的经验也表明，通过在服务市场与用户一起共同进行早期实验可以对在研发服务项目实现预期的研发过程的加速。我们将这种可行性归结到服务模版化的概念之下。与单个研发步骤和局部解决方案的优化过程相反，服务模版化是以集成研发过程的整体方案为特征。人们可以看到，在迄今为止的通常的服务项目研发过程中，如果它们还称得上是系统化运作，更多采用循序渐进的研发方案。他们的特点就是研发周期长，实验的可能性不足，研发过程中用户参与很少。与此相反，在服务模版化中将采用循环的渐进方案。在这一方案中，许多短平快的研发周期，备选的服务功能集束方案的拟定以及服务功能的定型和型号说明都站到了研发过程的前台。这一方案与一个灵活的组织结构相结合，可以保证各个分散的独立的研究团队之间以及每个研究团队内部的研究效率协调发展，从而达到缩短研发时间的目的。对一些特别的服务模版化实施模型的开发和实现可利用从一些快速产品研发和服务工程中积累的方法经验。对企业来说，实施这一方案带来的潜力在于通过提前进入市场带来更大的效益，通过用户早期参与来提高服务产品的质量，通过研发过程的加速来提高企业的灵活性以及减少创新产品的风险。

通过诸如服务“样机”（Service Prototyping）对服务产品研发进行直接加速，即对次级创新过程进行直接加速，是缩短产品研发时间的重要手段之一。手段之二在于研究主次级创新过程的相互依赖关系和从次级到主级创新过程的耦合程度。比如说，什么时候应该从主级创新过程向一个次级过程发出启动信号？这个信号发出越早，整个创新项目的研发过程就结束得越早。从次级创新过程到主级创新过程的反馈耦合如何影响整个服务项目研发的加速?对此，我们与欧彩文档技术有限公司一起将一个多元服务产品的研发过程作为范例进行了研究。在第四章描述过的用于时间内耗因素分析及加速潜能甄别的方法构成了我们对该实例进行分析的基础。

（四）在欧彩（Océ）文档技术有限公司示范项目中的创新加速

欧彩文档技术有限公司研发并推广在印刷和文档管理领域的产品、软件和服务。几年前，其商务重心主要在于产品研发、生产以及出售打印机、扫描仪、复印机和相关软件。在将来，其商务领域将拓展到服务业并将由此而获得丰厚利润。为了从生产商过渡到服务型企业，她还需要一些必备的，尤其是在企业组织、企业文化和员工素质方面的调整和发展过程。

其新开发的服务项目之一是多元化生产线“账单处理中心”。这一建立在信息技术基础上的系统解决方案由硬件如扫描仪和一系列软件组成，这些软件主要用于数据采集、分析、交换和对扫描内容的处理以及其他不同的服务项目。这一服务系统的功能涵盖了从简单的关于过程分析和咨询的培训措施一直到完全独立的在附属经营机构运作该系统。

“账单处理中心”加快并简化了每个企业都熟知的流入账单处理商务程序。即使对账单的处理并不总是对商务产生关键性的影响，也有必要对这一过程进行优化：因为通常情况下，一方面它是劳动密集型的，另一方面它又是非常容易出错的。如果每天有成百上千个账单流量需要处理，而由此将带来成本的显著增加，那么优化单据的处理过程变得势在必行。优化过程的第一个关键在于早期对账单的扫描。数字化的图形文件将取代传统的书面文档而被进一步处理。借助于数字化的工作流程原有的人工文件传送将不复存在。文件的传送加快，文件的静置时间缩短。基于此，金融会计部门将可以在任何时候实时掌握每一个单据的目前状态。优化过程的第二个关键则是数据的自动提取。使用一个智能的数据分析软件将扫描过的每一个单据的数据进行提取并给出相应的结算建议，从而取代了传统的处理方式，即人工键入每一个单据的数据到货物仓储系统，然后在不同的版块中寻找相应的预定位置。在过去的几年间，文档辨识及其进一步的电子处理在技术上获得了飞速发展，这一技术为企业在对流入账单处理方面提供了重要的节约潜能。

对一个用户来说，通常有两种备选方案可供选择。方案之一是用户通过接受培训和安装调试相应的软件将获得如下能力：用户可自行扫描采集出现的账单，可将扫描得到的文档资料进行分析和校验，最后传送到会计系统，如现有的SAP系统。方案之二是欧彩公司作为服务商接管账单的采集和分析。客户首先向欧彩公司提供要处理的原始单据，欧彩公司按这些单据生成由客户会计系统能够处理的数据文件，对此，欧彩公司将向客户提供下列服务：

- 配备人力资源；
- 单据的扫描和数据采集；
- 对采集到数据进行检查和再处理；
- 将数据存储并交给用户；
- 设置进入会计系统的接口（比如联入 SAP 工作流程）。

账单处理中心的流程见图 6-11。

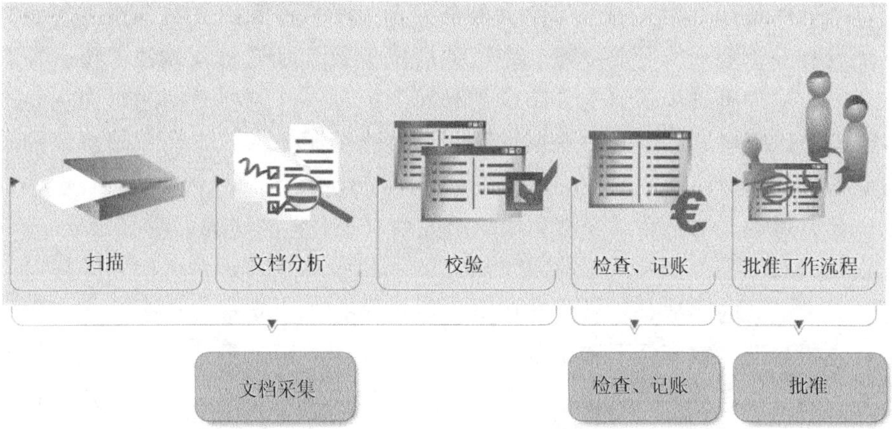

图 6-11　账单处理中心的流程

为研发服务产品和与之相关的必要软件，欧彩公司构建了一个循序渐进的分段模型，分别对应于如下过程步骤：发现新创意并加以评价，需求分析，方案策划，实施，进入市场，跟踪服务（图 6-12，Grabow et al. 2004）。

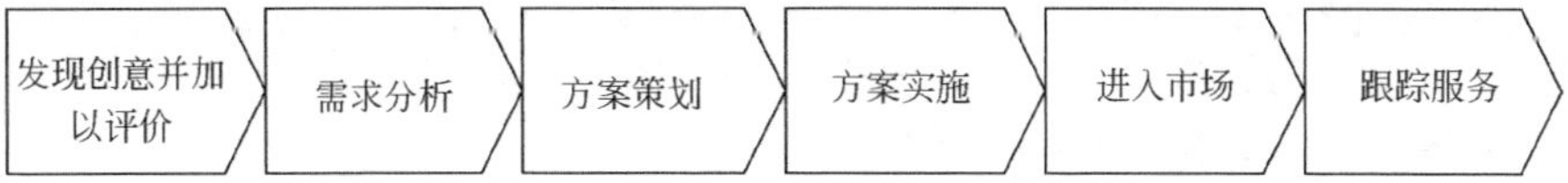

图 6-12　软件和服务项目研发过程示意图

整个过程开始于发现并评价关于新的服务项目或软件的创意。在收集了新的创意之后，进行筛选并具体化。在第二步需求分析中，研发项目其实就开始了。用户方面的需求和企业自身的需求被提出并加以平衡。这一观察评价工作构成了对服务项目或软件进行更详细策划的出发点（Freitag 2004）。紧随其后的是产品定义，组织方案和市场方案的建立。在方案策划过程中，首先服务功能被详细描述，为将来实施服务或实现软件功能的组织结构被设定，人员配备被列入计划（Freitag/Van Husen 2003）。接下来就是方案实施，也就是说，此前所做的立项工作将在企业内付诸实施。在新的服务项目进入市场的环节中，首先是贯彻落实企业内部及外部的信息交流和信息发布措施。其目的在于，在有效的打入市场之后争取赢得先行参与的用户作为样板用户（Reference customer）来支持相应软件或服务项目的后续市场开发。最后一个环节就是对新软件或服务项目的跟踪维护。其中首要的任务是对出现的问题或投诉在持续的改进过程中加以解决。

尽管软件和服务产品的研发过程起初看起来很相近，但这两种研发过程的整个运作是互不相关的。因此，至今为止，对软件和服务混合在一起的产品仍没有一个统一的研发步骤。在这种情况下通常是先研发软件，再研发服务产品。这种研发步骤的主要缺点是时间上的延误，这些时间的延误主要产生于有先后顺序的任务链中及在软件开发过程中服务部门各环节间协调的缺失或拖延。

弗劳恩霍夫协会劳动经济和组织研究所（IAO）的研究表明（Faehnrich/van Husen 2004），这一问题是基于信息技术的服务产品研发过程中的普遍问题。其中最大的挑战是将软件和服务产品的研发加以集成。至今为止，研发进程主要表现为效率低下和质量匮乏，因为各相关部门只是着眼于本部门的过程。那些想在基于信息技术的服务行业取得成效的企业，应该首先着眼于如下几个方面：因地制宜的实施方案，客户的参与，细致的客户需求分析以及机动性和灵活性。

为了避免上述问题在欧彩公司出现，在一个“弗劳恩霍夫协会作为加速者”的课题框架内，“账单处理中心”这一基于信息技术的服务产品的研发过程被加以分析。用于该分析的基础是第四章描述过的时间内耗因素分析方法，它有下列三个步骤：

- 研发过程的接收——项目解析；
- 识别时间内耗因素——时间内耗因素分布图；
- 找出可改进的环节。

研发过程的接收是为了对研究对象——我们这里的例子是账单处理中心——进行了解。它到底是如何运作的？哪些过程和活动是贯穿始终的？各个过程或活动间的关系怎样？哪些人哪些部件参与其中？在接收中，将对企业不同部门的员工进行系统的问卷调查，比如软件开发部，营业部，企划部以及后勤保障部等。

下一步是识别时间内耗因素。与此相关的一个重要问题是，参与项目开发和与项目研发相关的人员在整个项目研发过程中还能做些别的什么？遗憾的是对这一问题，人们往往在项目结束之后才知道答案。从原则上讲，挑战存在于描绘一个最优的项目研发过程，再把当前的研发过程与之比较并找出差距。这一差距或者迟滞将被迅速深入研究，以找出延迟的原因及可能的优化或加速潜能。

在整个分析过程的末尾将得到大量的已确认的时间内耗因素。所有被确认的时间内耗因素被按它们的属性进行分类并归入一个卓越（Excellence）模型的相应类别，以期一目了然。紧接着再把这些分类过的时间内耗因素归入相应的研发过程的阶段。图 6-13 描绘了一个由此而产生的时间内耗因素图。在该图中包含着对应于各个时间内耗因素的更多的更深层的信息。诸如：该时间内耗因素对整个项目运作的意义，不同时间内耗因素间的相互关系以及导致这种时间内耗因素的因果关系。

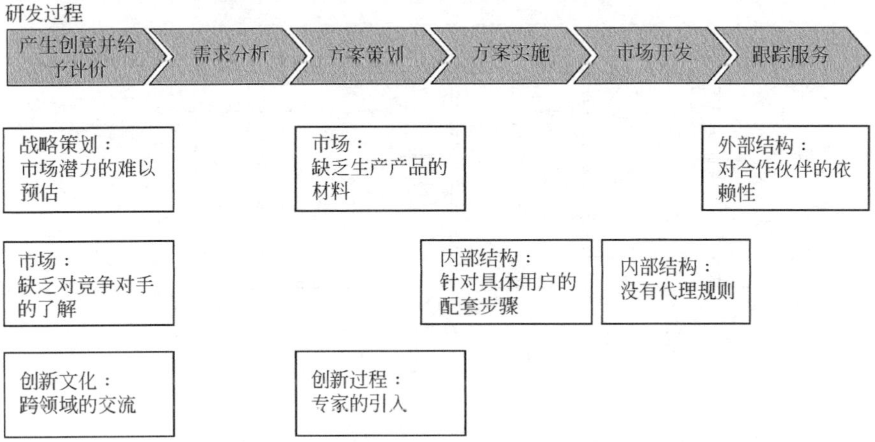

图 6-13　时间内耗因素分布图的局部举例

例如时间内耗因素“难以预估的市场潜力”首先出现在“产生创意并给予评价”阶段。与此相反，“没有代理规则”则出现在“市场开发”阶段。大多数情况下，时间内耗因素存在于“内部结构”。其成因不外乎以下几点：多元服务产品研发过程中不同的过程必须平行运作，相互间必须协调一致，不同的部门被集成到一起，由于产品功能的创新性而缺乏研发经验。在“市场”方面，同样存在在市场开发过程中加以改进的潜力。与之相关的是前面提到的从生产商到服务商或多元服务产品的供应商的过渡。例如，作为扫描仪的生产商，其产品扫描仪只是按标准化程序进行生产和销售，而扫描仪作为多元配套产品时，就必须配置面向用户个体需求的解决方案。在此，一个重要的前提条件是与该用户的紧密协作。其结果之一就是，研发人员和服务团队将在个别用户那里实施对解决方案的用户个性化，这恰恰与一个标准功能的研发和产生过程相反。

时间内耗因素的甄别结果最终为获得具体的改良潜力奠定了基础。将不同的改良切入点按优先级别排序，就可将下列四点改良潜力析出，这些改良可以进一步导致持续的加速效应（图6-14）：

- 改善合作伙伴的管理；
- 拟定质量保障机制；
- 对项目任务涉及的标准过程进行格式化并付诸实施；
- 扶持创新文化。

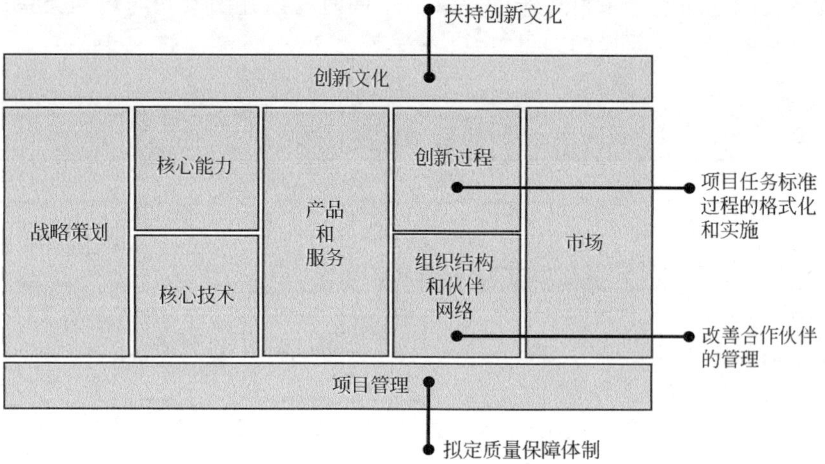

图6-14　卓越（Excellence）创新模型中的改进重点

在研发一个复杂的集成软件时，出于各种各样的原因，通常在具备自身的研发人员之外，还需要外部的合作伙伴，就像账单中心投入应用时一样。这种外部合作伙伴的引入往往是因为比如自身缺乏竞争力或人力资源不足。支持合作伙伴管理的一条途径是采用统一步骤来挑选和评价合作伙伴。在此，伙伴管理还特别要求对项目的控制以及为完成项目所必需的一般意义上的项目管理的配套。这样，对项目网络中各部分责任的早期清晰定义就成为项目成功的基本先决条件。与此相关，签订一个相应的合作合同，包括对双方权利和义务的详细确定，是项目成功的一个重要因素。对此，应该从合作开始就给予重视。始料未及的缺陷或责任不清，往往会在项目进程的后期体现出来并导致项目的明显拖延。

建立一个有效的质量保障系统的目的之一是为了使自己提供的服务满足用户需求。这可以通过定期分析用户满意程度来实现。在分析过程中，不只是要考虑那些纯粹的技术指标，比如：软件客观上具有哪些功能（比如在文档分析中错误率的测定即属于这一范畴)，而且还要考虑过程中的特征细节，诸如与用户间的协调，基于用户需求改变的灵活应变，以及对约定日期的遵守。质量保障系统的另一个组成部分是设置一个连续改进过程，它既是为了改善自身的服务功能，也是为了改进基本的研发过程，一旦出现错误，就系统地追根溯源，并把确认的错误原因排除掉。质量保障系统第三个组成部分是经验知识的准备。特别是对于引入新的技术或开发新的服务项目，从一开始就系统收集各种经验知识是非常重要的，这些经验包括研发人员，营销/咨询人员以及服务人员在面向用户时，特别是实施用户个体化的方案时所得到的经验。这些经验知识将成为进一步改进解决方案的重要信息。这样，那些在基本服务中不包括却又经常出现的“单个用户需求”和与之相应的解决方案，将被集成到新的基本服务包中。同样地，也可以在经验知识的基础上建立一些可以满足个别用户需求的基本功能模块。这些模块从内部结构看却是利用标准的或者说是现有的组件。

在研发多元化服务产品的过程中，最大的挑战在于不同主级次级研发过程之间系统性的协调，对此，一个集成的项目管理是必不可少的，它将尽可能通过明确责任，规划各阶段目标，确定各相互部门之间的接口及依赖关系，来达成一个项目框架内有效的直达目标的实施步骤。这一点又与第四种改进潜能密切相关：扶持创新文化。恰恰是这一点，可能是所有环节中最难付诸实施的，这是因为企业文化与创新文化必须反映从生产商到服务商的转变。对此，重要的是这一转化必须就目标和实施策略与相关各方进行充分沟通，并力求通过前面谈到的措施获得按部就班的支持。在此，员工的素质和竞争力将扮演一个不容忽视的角色。

四、光学技术——精通并利用光的所有特征

原著：
布劳恩（Annette Braun）
卡特（Wolfgang Karthe）
毛罗纳（Oliver Mauroner）
司拉马（Alexander Slama）

（一）光学技术在国民经济和技术中的重大应用

光学技术属于“使能技术（enabling technology）”。在解决诸如健康、环境、生产和社会流动等与未来有关的领域的重大问题上，光学技术具有关键

性的作用。在通信和生产技术、生物和纳米技术等很多其他的技术发展中，光学技术可谓标兵。

为了能够参与新产品和技术的国际竞争，掌握和利用光的所有特征是一个重要前提。对德国来说，由于种种原因，光学技术具有越来越重要的意义。在当前的工业界，光学技术展现出卓越的创新高潮。这一创新高潮辐射到几乎各个领域，增强了德国企业的竞争力，使之更适合于未来的市场需求。特别在德国工业部门的传统领域，如机械制造，汽车制造，航空和船舶业，医学和生物技术，以及微电子技术和照明工业，光学技术提供了重要的创新。

光学技术在世界范围内的市场价值约为1000亿美元（德国联邦教育与研究部年度报告BMBF 2005a），同时，专家期待在未来10年的年增长率约为10%（德国联邦教育与研究部年度报告2002）。所有决定性的工业国家都增强了他们在科技、经济和政治上的运作，以便在这些技术领域为未来的使命做好充分的准备。因为具有优越的基本设施，德国在促进政策、研究和工业上处于一流地位。德国公司在光学技术领域创造的销售额已经有60亿欧元，并且每年的增长率为两位数（德国联邦教育与研究部年度报告2005a）。德国的领先地位又反映在光学工业在国际市场大量的开发上，其出口率（国外销售额与总销售额的比率）超过50%［联邦统计局年度报告（Statistisches Bundesamt）2004］。在光学技术的某些特别领域德国在世界市场上是领先的：40%的激光光源以及25%用于材料加工的激光系统产自德国［德国联邦教育与研究部年度报告（BMBF）2005b］。除了激光材料加工，德国在光学传感器技术上也处于世界领先地位。特别是在自动化和加工技术方面，光学传感器技术的关键作用在未来还将继续增强。为了继续保持这些领先地位，我们必须不断寻求技术改进，不断寻求光学原理新的应用可能，并且不断寻求创新。

光学技术不但缔造新的市场，而且还能保证和创造就业机会。目前在德国已经有11万人力工作在生产透镜、光纤和激光器上（德国联邦教育与研究部年度报告2005a）。特别是激光技术在过去几年大约创造了5万个工作位置。目前在德国的光学技术领域约有1千家中小企业（KMU）。到2010年光这些中小企业就能额外创造1万5千个工作位置（德国联邦教育与研究部年度报告2005a）。在整个加工业约有16%的工作位置受到光学技术的影响。企业只有通过不断取得新的成果和不断进行技术创新，才能使这些工作位置得到长期保护。

然而，光学技术的应用潜力在很多传统领域并未得到足够的挖掘。主要是因为其未被充分接受以及其较高的复杂性和分散性。经济能力的重要部分却依然来源于传统行业，比如机械和设备制造。正是在这些行业，创新却难以为继，以至于在设备制造业用于研究和开发的支出只占销售额的3%。光学技术则不同：其发展幅度极大，研发以平均占销售额的9%而受到高度重视，一些领先企业甚至拿出两位百分数的销售额用在研发上（参看德国光学、医疗和机电技术行业协会 Spectaris 2005）。在激光和光学元件工业有19%的员工工作在研发领域。

为了使光学技术的创新潜力能够向更广阔的领域发挥，把新的光学知识与其他技术领域相结合是十分重要的。依照这一观点，加速技术创新变得十分关键。光学技术所具有的机会必须有效而迅速地得以利用。成功的例子表明，如何利用光学和光电子学在传统领域里制造出有市场竞争力和富有成果的产品。只有这样，我们才能够保持在国际市场上的竞争力。只有通过富有成果的创新，才能使德国有机会同我们的竞争对手，特别是来自美国的和亚洲的，进行竞争。这不但对于光学技术领域，而且对于受其影响的其他领域，如生物技术和纳米技术，具有同样的重要意义。

（二）光学技术所涉及的领域

近年来，光学技术已经渗透到日常生活的各方面。通常人们还根本不知道，光学技术存在于日常所用的东西和工具里。这不但包括 DVD 播放机、存储器和数据传输，还有很多别的。

光学技术的突出特点是它的多学科交叉性和无物不包的多样性，基本上被认为是以任何一种形式利用光或者光的特性的全能工具，比如用于生产、数据传输和存储、分析、测量、检测、照明、合成等很多方面。

光学技术包含了所有用于光的产生、放大、形成、传输、测量和应用的物理的、化学的和生物的自然法则和技术（Der Lenkungskreis 2000）。

以下是光学技术日常应用的例子：

- 光纤通讯网中的数据传输；
- 模拟和数码照相术；
- 显微术；
- 数据存储；
- 用摄影平版印刷术制作的集成电路；
- 绘画的制作和投影；
- 非接触测量术；
- 激光技术；
- 光学的生物芯片——阅读器；
- 后勤和商场中的货品扫描。

在大多数情况下，光学的成功应用是和电子学紧密结合的，所以光电子学（Optoelectronics）的概念十分流行。光电子学的基础是光作用在半导体材料上的量子动力学效应，也在一定程度上与电场有关。此外还有多种多样的物理现象和技术应用，如光电器件、光电二极管和太阳能电池、光电晶体管、光电倍增管、光电阻器、电荷耦合装置、激光、光耦合器、光栅、发光二极管和有机光辐射装置（oLED）以及集成光学芯片（IOC）。光电子产品的应用领域包括：光学测量、光通讯和新闻技术、图像处理和激光技术、红外技术、光学传感器和分析技术、能源产生、微系统集成光学以及传媒技术和医学技术。现代光电产品的特点是更小型化，利用特种材料和特别的生产方法，并且在准确性和可靠性上有了很大的提高。

光学传感器技术是光学技术的一个特别领域，它的突出特点是具有特别广阔的应用范围。光学传感器由发射器和接收器组成：发射器发出光信号；而接收器接收光信号，并把光信号加以处理后转换成开关信号。为了避免环境光的影响，所用的光通常是调制的光（红外波段或激光光束），光学传感器还可以用在其他一些领域，如在升降机、防盗系统和生产技术中。

1. 光学技术在德国弗劳恩霍夫协会应用光学与精密机械研究所（IOF）

精通并利用光学技术及其在现代生活各个领域中的应用是弗劳恩霍夫协会，特别是弗劳恩霍夫协会应用光学与精密机械研究所的工作重点。这涉及保持产品产地为德国的一个必要前提。对光的完全掌握和控制取决于从基本概念到主动及被动光学功能单位的集成，再到一个系统的转换。这里所说的光学系统技术造就了从单一的光学元器件到光学系统的转换机制。类似的情形发生在20世纪60年代初，当时的电子技术刚刚兴起，却奠定了微电子技术的重要开端。为了在光学也有这样蓬勃发展的开端，必须具备光学基本概念方面的知识和微光学元件和纳米光学元件的集成技术。

掌握光学系统技术的关键概念是光学设计以及微系统技术，微光学技术和激光技术的理论和工艺。在这些领域，弗劳恩霍夫协会应用光学与精密机械研究所处于领先地位，并能参与决定国家的和国际的光学技术开发，特别是在光学系统技术的未来发展方面。该研究所在光学，尤其是光机系统功能方面，从设计到样机制作，都表现得十分突出，有多年光学和精密机械领域的经验。该研究所的核心竞争力是光学和机械设计、微结构和纳米结构光学系统、集成光学元件的制造以及系统集成和系统特征认定。

弗劳恩霍夫协会应用光学与精密机械研究所的研究工作包括以下光学系统技术的中心课题，它们被作为一个完整的课题来解决：

- 建立模型与仿真；

- 主被动微光学基本元件；
- 界面技术（机械－光学－电子）；
- 镀膜与表面技术；
- 组装与连接技术；
- 测量与检验技术。

定向应用研究工作的重点是多功能光学镀膜系统、微结构表面、镀膜和表面特征、微光学系统和波导光学、光纤激光、光学测量技术和传感器技术的开发与应用、测量光学特性的系统、精密机械系统以及光学装配程序。

该研究所目前有100多工作人员，有一座现代化的大楼，实验室和办公室面积约有5000平方米。无论对区域内和跨区域的光学工业，还是对微光学和纳米光学领域的科学研究，她都是一个十分有竞争力的伙伴。该研究所与邻近在耶拿的弗里德里希－席勒大学有密切的联系，有利于结合实际的教育，有利于更好地实现从研究成果到实际应用的转换，也有利于共同利用其第一流的基础设施。弗劳恩霍夫协会应用光学与精密机械研究所的目标是，建立一个在研究、开发和生产上的系统合作关系的平台，填补在从研究成果到产品之间的转换上存在的空缺。弗劳恩霍夫协会应用光学与精密机械研究所的合作伙伴广泛来自于中小企业以及国内外的大企业。他们主要从事信息和通信、照明、生产、医学技术、生命科学与营养、环保和防盗技术以及交通和运输。

在所有这些领域，未来的具有完整功能的光学系统将使光学技术的突破成为可能。然而，在弗劳恩霍夫协会应用光学与精密机械研究所仍有基础研究的需求。这里的主要挑战是，研究在一个整体应用中基本单元之间线性的和非线性的相互作用，并导出描述整个系统的合适的切入点和生产程序。

以应用为导向的弗劳恩霍夫协会应用光学与精密机械研究所的创新产品的突出例子包括：

- 小型化激光光束投影仪；
- 超薄相机；
- 光学镀膜系统；
- 非接触三维测量技术；
- 高功率短脉冲光纤激光。

小型化激光光束投影仪

小型化激光光束投影仪展现了一个与工业界合作的成功典范（图6-15）。在这一课题中弗劳恩霍夫协会应用光学与精密机械研究所研发了照明单元和精密机械构造的方案。与传统投影仪不同的是，在图像生成时，用了一个直径为1毫米的扫描镜［由弗劳恩霍夫协会光电微系统研究所（IPMS）研制］。

因此整个光学投影模块体积很小，约为几个立方厘米。这一新的光束投影仪的光源是直接可调制的激光。除了红的激光二极管，也可以用直接可调制的绿激光模块（530 纳米）。奥斯莱姆（Osram）光半导体有限责任公司研发了这种直接可调制的绿激光模块（研究课题代号 138N852）。在用了绿光后，所产生的图像的可见度明显提高。绿激光的调制单元由另一个合作伙伴，爱劳维斯（Elovis）有限责任公司研制。

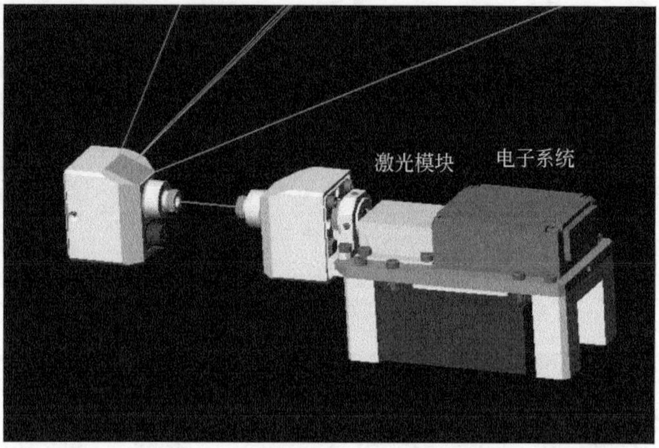

图 6-15　小型化激光光束投影仪的模型图。右边是电子系统，激光模块在中间。激光左边是把激光耦合到光纤中的耦合光学系统

通过应用激光和扫描镜，在光束投影仪中前面的物镜将不再需要，而景深几乎是没有限制的。分辨率可达 VGA-标准（640 ×480 像素）。这一设计有可能在将来通过红绿蓝激光束实现彩色成像。这一新型小型化激光光束投影仪可很好地用于集成在通讯视觉化的移动设备中。强光光束投影仪可与笔记本电脑，个人数码助手以及数码相机相结合。这一新的原理也可使传统的投影仪应用于新的领域，例如在工业测量技术中。

超薄相机

昆虫的复眼就是一个几百万年来成功的典范。它由一个复杂的列阵组成，而这个列阵其实就是在一个曲面上分布了几千个很小的透镜和感受体（图 6-16左）。每个小复眼代表了一个光学通道，而所有的通道就形成了整个的图像。昆虫的眼睛虽然有一个缺点，那就是其空间分辨率较小，但是它却将一个很小的眼睛体积与一个很宽的视角联系在一起。因为景深很大，所以复眼不用自动聚焦。弗劳恩霍夫协会应用光学与精密机械研究所的科学家们利用这一原理，研发了未来的光学成像技术：厚度小于 0. 3 毫米的相机。

这个艺术性的复眼由一个微透镜列阵组成。复眼的物镜是以光刻的方式

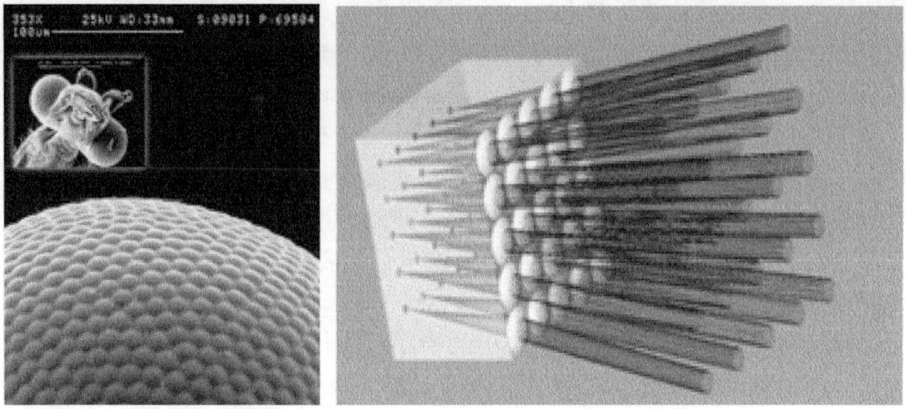

图 6-16 左：昆虫的眼睛（耶拿弗里得里希-席勒大学应用物理研究所摄）。右：平面复眼的设计模型

制作在晶片上的。现代成像传感器（CMOS，CCD）目前是以平面半导体技术制作的，所以这个艺术性的复眼不是曲面的，而是平面的。此外这个艺术性的复眼通过其自身的光学参数而具有自然模式的特征。在晶片的上表面是由球面透镜组成的阵列，而在其反面是小孔光圈（图 6-16 右）。在实际的相机中，平整的物镜要与下面的光电视网膜传感器相匹配（图 6-17）。这样一来，即使是在强光的情况下，已经有了一个价格合理的系统来快速而清晰的成像。由于每个透镜的焦距特别短，使整个物镜有令人难以置信的景深，也就是说物镜总是精细成像，与物距无关。

图 6-17 已实现的采用人工视网膜传感器的相机，由位于新查特尔的瑞士电子技术与显微技术中心研制

该技术应用前景十分广阔，尤其在可利用空间有限的情况下，如在手机或其他手提设备中。另外也可用在汽车里。这种相机可以识别视线方向和眼

睛的运动，并能发觉开车的人危险的短暂睡眠的先兆，或者可用于确定座位的位置，以便实现对安全气囊的智能控制。整个相机模块很薄，它甚至可以被集成在信用卡中作为特别的生物认证（Biometrics）安全系统。

未来对光学系统和接收器阵列的整体光刻会有更高的要求。如果能够把现有成果成功地转换成适合工业生产的系列模型，那么复眼物镜将进入人们生活的多个方面。复眼相机的分辨率与目前的标准相比还显得很低，但自然已经证明，最适合于要求和环境的解决方案总能实现。

合成材料表面的防反射结构

纳米结构表面也是把自然界杰出的榜样引入创新产品和生产过程的一个例子。通过引入纳米量级的微细结构可以最大限度地减少光学表面的反射。科学家首先在夜间活动在自然界的飞蛾的眼睛中发现具有防反射特性的表面结构，并据此将具有防反射特性的表面结构称作蛾眼结构。到目前为止，这种结构的制作还需要光刻工艺，需要较高的技术并且非常昂贵。弗劳恩霍夫协会应用光学与精密机械研究所基于离子蚀刻工艺提出了一个新的思路。利用等离子源将离子注入合成材料的表面。通过粒子的注入和随后的化学过程（图6-18 左），蛾眼结构就形成了。结构的尺寸以及防反射性质取决于粒子的能量，蚀刻持续的时间以及气体的混合使用。要得到很好的防反射效果且不产生散射损耗的关键是控制注入离子产生的柱状结构的直径高度比，这一比值至少应该是1:2（图6-18 右）。

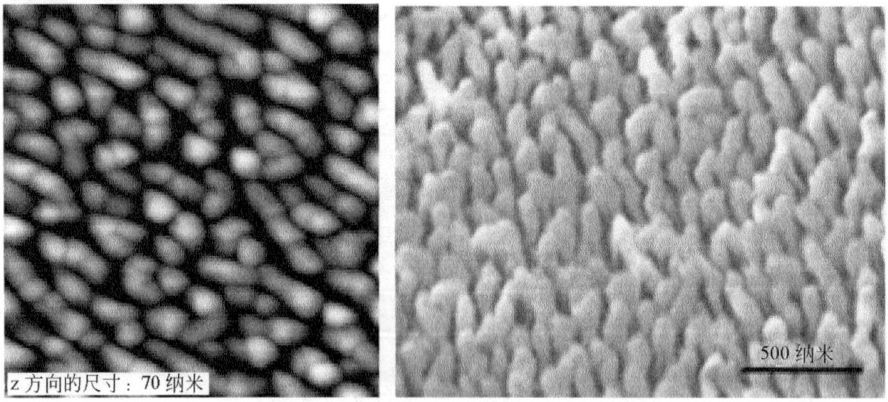

图6-18　左：用原子力显微镜摄制的蛾眼结构。
右：用光栅电子显微镜摄制的在有机玻璃（PMMA）中蚀刻的蛾眼结构

正如其他防反射结构一样，纳米蛾眼结构对机械应力敏感。在等离子体的处理过程中，如果在表面镀上一层二氧化硅，可以提高表面的硬度。表面特性的进一步改进可以通过对最初的亲水结构用有机碳氟组合进行真空镀膜来实现。这就形成了所谓的莲花效应。它的标志是与水接触的角度大于150度。它的特别之处在于，被处理过的表面具有超级不亲水的效应，而且防反射的作用并不减弱（图6-19）。这一技术可以通过技术转让方式成功地引入工业界（华尔光学部件有限责任公司，费涅尔光学有限责任公司）。

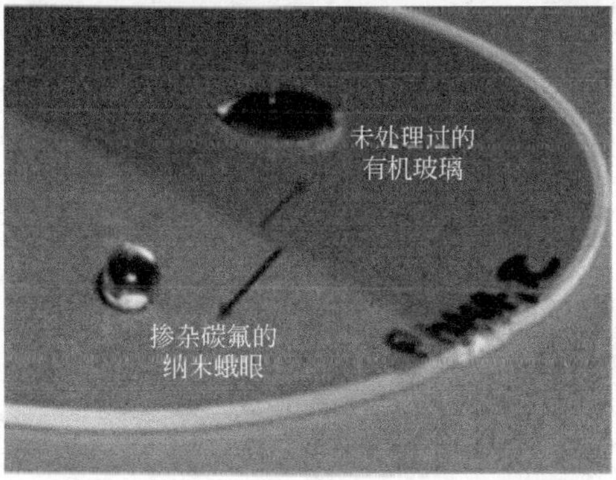

图6-19　左：在掺杂碳氟的纳米蛾眼结构上的水滴。
右：在未处理过的有机玻璃样品上的水滴

非接触三维测量技术

弗劳恩霍夫协会应用光学与精密机械研究所一直致力于研制应用于医学技术、质量控制和快速样机结构数据采集的光学三维测量技术。基于条纹投影测量的原理他们与其工业伙伴耶拿IVB有限责任公司一起研制成功了一系列具有不同物镜的用于测量的仪器（测量范围可从2毫米×2毫米×0.5毫米到2000毫米×2000毫米×1000毫米）。

一个典型的例子是用于整形外科的移动多视角系统“G-扫描”（图6-20）。这种仪器系列的最新产品是用于测量复杂铸件的“蜂鸟1500”（图6-21）。这一系统兼顾了在原始造型技术和矫形技术中不断提高的对基本组件（铸件、弯折件和冷轧件）的测量要求。这里的主要要求是，在大范围内进行复杂的几何测量，并且测量过程要自动化。这一任务已经在一个新的系统设计中完成。这一研制成功的设备利用条纹投影测量作为测量方法（Notni/Kuehmstedt/Heinze 2004）。本质的技术突破是在生产条件下应用时可以自定标，使用可靠，并且有可能实现对复杂的几何图形进行自动化测量。

在一个大的汽车生产厂（宝马），该测量系统已用于铸件生产的质量控制。“蜂鸟1500”测量系统有力支持了光学三维自动测量。

高功率短脉冲光纤激光器

光学技术一个突出的例子是光纤激光器。由于其内部结构的优点，它有

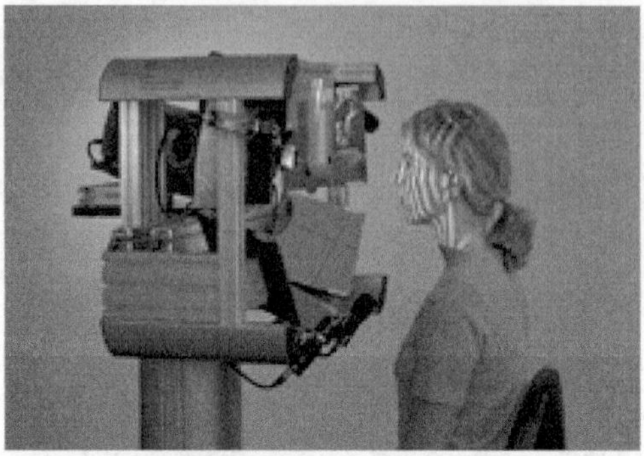

图 6-20　应用于医学技术的 G-扫描测量系统

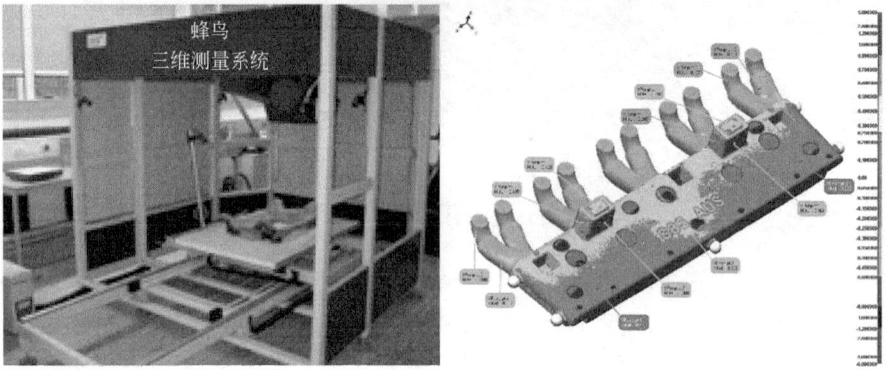

图 6-21　左："蜂鸟 1500"测量系统。右：一个马达的排气管道

潜力带来应用激光技术的革命。光纤激光器的概念打开了开辟新的光谱范围的可能性，从而实现在保持结构紧凑并能有效控制温度的同时达到最高功率和最好光束质量。光纤激光器的光束质量仅由折射率结构确定，而光纤的折射率结构早在光纤制作时便已确定。相比之下，热效应对折射率有很小的影响，光纤的表面到激活体积之间有很好的热传导，即使是高功率激光器，也不需要额外的冷却。利用合适的掺杂，可以得到红、绿和蓝波段的激光束，这对数字投影技术特别重要。

与耶拿弗里德里希－席勒大学应用物理研究所密切合作，弗劳恩霍夫协会应用光学与精密机械研究所研制了紧凑而有效的光纤放大器。值得一提的是超短激光脉冲的产生，脉冲宽度只有 150 飞秒，光束质量接近衍射极限，在重复频率为 75 兆赫兹时的平均功率高于 10 瓦。

用这样的超短脉冲激光可以进行准确的材料加工。相对于其他激光，光纤激光具有明显小的热效应，在眼科、牙科和在材料加工应用中均具有明显优势。

2. 光学技术在德国弗劳恩霍夫协会物理测量技术研究所（IPM）

德国弗劳恩霍夫协会物理测量技术研究所重点从事光学传感器和照明系统的研究和研发工作。该所坐落在弗赖堡，可为工业界和公众提供元件和模块，以及样机和可立即投入使用的系统。该所研制的测量仪器可用于气体和液体分析、近程和远程测距仪及产品和生产过程的非接触监测。在环境监控和生产控制、轨道测量技术、生物分析和激光照明技术等方面，该所提供了很好地解决方案。特别值得指出的重点是利用了微型系统技术和微光学的整体系统的组装。

该所在光学和电子学的一个新的工作重点是太赫兹测量技术。太赫兹电磁波是位于从 30 微米到 3 毫米的电磁波谱。在与弗赖堡大学分子与光学物理系的合作中，科学家们首先实现了太赫兹光谱仪的测试性试验设备。该演示系统用于研究材料在太赫兹范围的光谱特性。需要测试的材料主要是与安全技术和质量控制有关的材料。作为该所在凯泽斯劳滕技术大学的驻外机构，“太赫兹技术”课题组主要研究基于太赫兹波的成像方法。

在热电领域，该所研制了微型结构的热电制冷器。借助批量生产技术制做出的热电元件将会广泛应用于微电子和光电子领域。利用他们在热电材料领域的研究基础和技术，该所研发了高效热电发电机。任何地方，只要有残余的热量存在，未来的热电发电机均可派上用场。

该所的科学家还从事生物分析，特别是与光学有关的系统研制。这些应用领域的要求是，不但需要了解光学，而且必须在生物、表面化学、系统技术、数据运用和图像处理中有竞争力，以便能够找到适用于实际应用的总体解决方案。作为一个例子，该所与另一个弗劳恩霍夫协会研究所合作，研制出用于生命细胞检测的自动化系统。这一系统将可保证在细胞培养（作为生命科学的一个标准程序）中培样条件的可比性。与弗赖堡大学合作研制的太赫兹光谱仪测试设备见图 6-22。

在快速获取几何尺寸的竞争领域，该所有多年的实践经验。最主要的是科学家和工程师们把测量相位移动时间的方法再次用于一维、二维和三维的测量技术。该所研制的用于控制电力机车高压输电线的高速动态扫描仪同样可被应用于工业领域的测量。然而对该系统而言，除了技术上的可行性之外，高可靠性、低维护成本和高运转稳定性具有更重要的意义。对于零故障产品测量技术的进一步要求是快速的信号处理。为此该所再次利用了他们在轨道测量技术方面的经验，这种技术保证测量系统在速度高达每小时 200 千米时仍能提供可靠的实时测量值（图 6-23）。

图 6-22　与弗赖堡大学合作研制的太赫兹光谱仪测试设备

图 6-23　在全世界范围内，已有 20 多台由弗劳恩霍夫协会
物理测量技术研究所研制的轨道测量系统投入使用

除了测量技术，该所在光学领域的另一个工作重点是（摄影）曝光技术。基于激光为基本工具的技术在过去结出了丰盛的果实。就像技术方面的成果一样，该所利用激光摄影机获得的经济效益也很显著。除了用于电影的阿莱激光摄影机（ARRILASER，图 6-24），该所还受杜斯特公司的委托，研制成功了大尺寸相纸的曝光仪。这两套系统目前都已在世界上被采用。在成功完成了这些项目之后，研制者又开发了进一步的应用：借助激光曝光技术，

将数据以非常高的存储密度存放到高稳定的聚合物胶片上。这种材料保质几十年，且不依赖于当时的软件，可用简单的光学扫描仪再次读取。这个方案在安全可靠的数据长期存档方面是一个突破。

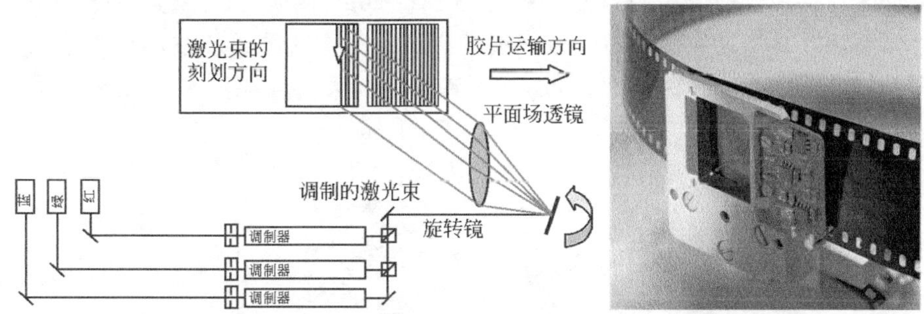

图 6-24　左：阿莱激光摄影机（ARRILASER）中光学系统的示意图。
右：阿莱激光摄影机中的图像框架

因为许多相关的材料在中红外波段（MIR）有很尖的吸收峰，可以此为根据准确地证明某种材料的存在。所以中红外波段对环境控制和生产检测十分重要。该所通过完成多个与此相关的项目而积累了很多中红外光谱仪的经验。此外，该所还研制成功了一种用于分析废气的测量系统。这种具有高时间分辨率的系统多年来被应用在德国大众车厂的滚筒检测装置中。中红外测量系统可以同时计量从马达的四个不同位置排放出的三种气体。

（三）在光电二极管模块案例中的创新加速

项目“紧凑型光电二极管光源”（简称光电二极管模块）被列入由德国联邦教育与研究部资助的课题“紧凑创新光子束”。项目起止时间为 2002 年 6 月到 2005 年 5 月，共获得 790 万欧元的经费。除了弗劳恩霍夫协会应用光学与精密机械研究所，还有很多其他的合作伙伴参与这一项目，其中包括：奥斯莱姆光半导体有限责任公司，德累斯顿技术大学应用光物理研究所，耶拿卡尔·蔡司有限公司（蔡司股份公司的一个子公司），西门子威迪欧（VDO）汽车专用设备和西门子集团信息与通讯移动装置分部。

该项目的目标是，探索和展示光通量为 30～100 流明、强度和颜色可调的半导体光源。紧凑光电二极管光源适合于工业应用，并能符合在汽车工业技术中、办公室和实验室中、信息和通讯技术中以及在消费领域中的系统要求。

在大量创新性的光应用中，光电二极管光源是不可缺少的关键部件。它们可望有新的应用领域，并且已经在效率和寿命上明显超过传统的光源，如卤素灯。光电二极管光源原则上能够在半导体芯片上产生更高的功率密度，能够使光学系统的投影达到最佳化使用（图 6-25）。因为其体积小、结实、寿命长，而且有多种多样的颜色，光电二极管光源特别适合用于光学仪器中。然而，要适应当前应用的需要，光电二极管的功率在项目开始时还远远不够。这就要求在光学功率上要有一个显著的提高，要有新的组装技术，要兼顾热学的、光学的和电子的功率，同时还要有一套光束耦合（传输）系统。

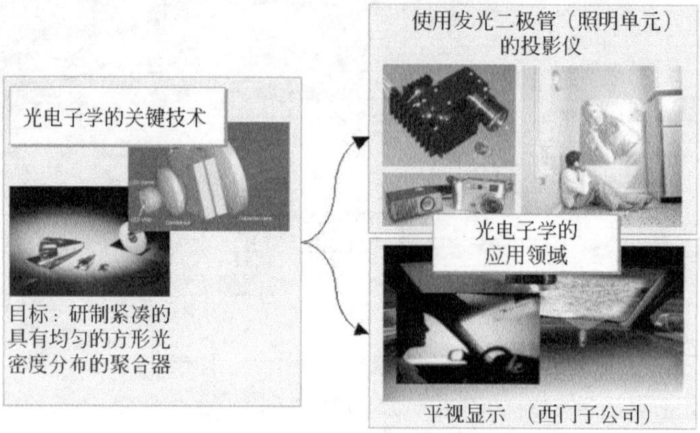

图 6-25　光电二极管光源的应用领域

项目完成后，光电二极管光源的基本技术在下面几个例子中得到了验证：生产的光电二极管光源被用在汽车的平视显示器（HUD，又称抬头显示器）、紧凑而小型化的投影仪和显微镜中。项目对质量和技术的严格要求将使后续的产品开发变得容易并能保证这一技术的持续发展。

这一研究项目的主体处于产品生命周期的早期和中期阶段。项目开始时已经有了光电二极管应用，但直到项目进行时，光源的功率才达到了应用所需要的水平。整个项目期间，中等到高等的复杂性表现在多个方面：想要解决的问题（如组装技术、光束引入等）、项目合作伙伴联合组织的构成（一个弗劳恩霍夫协会研究所、一个大学的研究所和多个工业伙伴）以及要实现的多种应用（汽车工业、消费领域和显微镜等）。

在光电二极管项目的前期，通过几次讨论和协商后，把项目的主要思路确定下来并通过协议草案的形式具体化。应用伙伴和元件提供商在这一初始阶段已经对项目所期待的结果有了一个明确的概念。这一路线图不仅可以极大地加速项目草案的提出，而且在达成各方同意和理解上均起作用。特别是具有明确的目标构思可极大地支持第一阶段“前期准备”和第二阶段“指标确定”，使项目提出者和此后的联合组织的领导受到鼓励，积极推动研究项目的进展。这种有益于创新的领导方式和及时的财力资源分配，再加上工业界、研究机构和领导机关之间的密切联系，对项目的及时启动相当有利。

在第二阶段要列出合作伙伴对产品的要求并与其核心能力做比较。在第三阶段“设计”要理论上确定出各种要求之间的基本联系、鉴定和选择可利用的设计工具，以及最终修改或定做自己所需的工具和光学元器件。在第二阶段到第三阶段，通过早期的合作，所有合作伙伴都能明确理解光电二极管模块设计、电子和机械之间，系统集成和各领域、各组件之间的相互关联及具体要求。这是具有不同职能的协议方之间能在第四阶段“实现”尽早合作的前提。

依据在第三阶段完成的第一个光学设计，在第四阶段要实现控制、系统构造的研发和安装以及样机制作。在这一“设计”和“实现”阶段特别强调的是，所有项目参与者的高度积极性（或工作动力、愿望）可以加速项目的完成。工作动力可以是内在的，即工作人员自觉自愿地积极参与、积极学习新知识和发明新东西；也可以是来自外部的，即工作人员得到肯定、工作在一个很好的环境中、没有根本利害冲突、存在一个开放的交流机制等。

光电二极管模块案例中的时间内耗因素图见图 6-26。

在第五阶段“测试与反馈”期间，三台样机被测试和重新设计：①平视显示器的照明系统；②显微镜的照明系统；③背投影电视。贯穿所有项目进

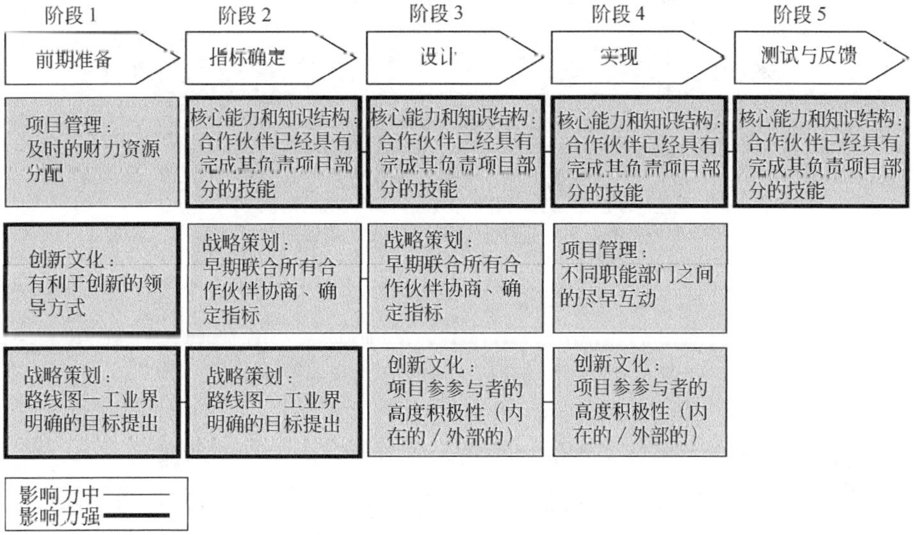

图 6-26　光电二极管模块案例中的时间内耗因素图

行的阶段，从指标确定阶段一直到测试和反馈阶段，各合作伙伴把已有的技能最佳地应用到了他们各自负责的项目部分中。为了使项目完成，工业界可以动用已有的光电二极管技术的基础。从弗劳恩霍夫协会应用光学与精密机械研究所方面来讲，依靠了其经过验证的光学方案和系统知识。

那些确定的时间加速器就是采用各种辅助措施和方法的结果。从项目经验出发，可以找出一些个别因素，这些因素使得项目的进行在时间利用上达到最佳。这就涉及下面将提到的“学到的教训”，其中包括图 6-27 中起相反作用的同类因素：时间内耗因素。

时间加速因素	支持的方法和措施	时间内耗因素
有利于创新的领导方式模式	统一管理思想，建立在使用值分析上的推动模型，记点评价程序，作为协议执行者明确自己的职能，进一步的论证提供具有更高创新级别的项目结果	缺乏作决定的技能和缺乏工作动力
路线图——工业界明确的目标提出	设计任务书，共点分析法	项目开始时的目标不明确
及时的财力资源分配	经济计算（静态 + 动态），强有力的管理过程，和合作伙伴保持良好的关系	不合时宜的资金分配
合作伙伴已经具有完成其负责项目部分的专业技能	竞争图：通过个人接触、项目初期的合作和其他非正式渠道了解到伙伴的技能以达到最佳化伙伴选择	合作伙伴缺乏专业技能
早期联合所有合作伙伴协商、确定指标	设计义务书，网络计划技术，流程图，领先用户分析	再提出总体概念时合作伙伴间联系不够
项目参加者的高度积极性	一致管理，公开企业文化，团队精神，决策灵活，自主负责，价值肯定，在私人环境中也得到肯定，清楚地了解自己对项目的贡献，师傅学生原则，个人目标/利益与项目任务/目标的协调，健康的身体	工作者缺乏工作动力
不同职能部门的尽早互动	并行工程，寻找问题的前方移动法（front-loading），流程图，网络计划技术	项目工作者之间联系太晚

图 6-27　时间加速因素和时间内耗因素对比

（四）在时间内耗因素案例“市场入口不准”中的创新加速

弗劳恩霍夫协会物理测量技术研究所为大众汽车研发的激光光谱仪在改良后可用于敏感探测一氧化碳和二氧化碳。这两种气体的浓度是反映钢在电弧熔炉里熔化过程中燃烧程度的主要参数，在生产过程中通过准实时调节其相应浓度可以极大地节约能量和氧气输入（Kleimt/Köhle 1996）。钢铁工业作为耗能大户，因为法律的要求以及能源价格的上升，将在未来几年加强对现代化节能措施的投资。因此，有望在钢铁工业中应用中红外光谱仪。技术基础已具备，课题的提出似乎也很吸引人，但作为时间内耗因素十分明显的是市场入口不准。

新技术提供者在推销其技术产品时通常会局限于自己专业领域的圈子里。迈入一个崭新的领域总是缺乏信心。而当新技术的应用全面展开时，对于某一已确定应用的生产过程，决定性的步骤往往尚未健全：原则性的问题虽然可以在产品模型那里找到答案，但第一个坯件还没进入到具体应用，不足以证明它是否合乎具体应用。

在新技术提供者的眼里，新技术进入传统工业领域总是伴随着各种各样的问题。由于缺乏应用知识，技术提供者可能不了解其技术在目标领域中应用的可能性，或者不能够有说服力的介绍新技术与目标领域的关系。在这样的背景下问题就来了：马上与系统制造商对话是否有意义？尽管在很多情况下系统制造商最后会成为研发服务的客户，然而直到能认识到系统使用者的需求，生产者才投资进行产品开发。所以与使用者一起提出课题将是十分有效的。首先根据生产过程的需要提出课题并互相确认。为了试一试而引入新技术的启动门槛可能很高。生产者或使用者不管怎样都必须在企业中找到正确的合作伙伴，因为一个创新技术或许会影响到多个工作领域，必须有尽可能多的参加者加入到对话与讨论中来。

基本上可以预见，技术提供和实际需求将不断接近，而课题的提出则变得更加具体。这一渐进的技术提供和实际需求之间不断接近的过程到最后是促成了一个具体项目，还是半途中止了呢？到目前为止，多数情况下这个问题的答案就像是一个偶然事件一样，都有可能。为了明确在创新前期阶段的阻碍因素和成功因素，下面对招揽生意的过程进行分析。弗劳恩霍夫协会物理测量技术研究所在弗劳恩霍夫协会项目范围内的创新加速中，致力于在新领域推销新技术的招揽生意过程。用于钢铁工业的光学技术便是一个具体的例子。

在项目开始时，弗劳恩霍夫协会物理测量技术研究所未曾与钢铁工业有过接触，对钢铁部门中生产过程的许多现实情况还不甚了解。进一步的创新过程取决于是否能够赢得技术设备制作的关键合作伙伴。此外，有必要与用户密切联系，以便明确样机开发中具体的课题。

行业部门地图：对市场缺乏清楚了解

技术创新点的实际应用原则上可以出现在很多不同的应用领域。作为技术提供者通常只了解那些应用领域中与技术创新点有关的情况。为了把一个技术思路变成创新，必须对现场条件进行准确了解。首先在复杂的计划中单纯具备应用条件的知识是不够的。此外关于宏观和微观经济现状的信息也是很有意义的（Spang 1993，Kotler 2003）。例如，可以问这样一个问题：

设想的解决方案从费用的角度考虑是否有竞争力？人员方面需要知道参与者是否原则上准备好了去接纳和使用新技术（Witte 1973）。

潜在的客户不会轻易相信新技术，新技术的说服力是否能够提供公司课题的解决方案。这可能是一个对已有产品改良后的新产品，也可能是一个对生产过程改良后的新产品。作为技术提供者，如果想与市场参与者对话并说服对方，就应该了解相应的产品和生产过程。因此，作为先驱性的工作，进一步的信息搜索和处理很重要，以便能够尽快开辟新市场和新应用。因为在多数情况下，技术提供方通常不止一个人，而是多个人参与招揽生意过程，在处理调查研究的结果时，应该将所有参加者的调研结果作为信息基础加以综合利用。调研可以持续一段很长的时间，而且应该尽可能地延续到进一步的招揽生意阶段。所以信息处理很有意义，应将信息处理的结果放在供参考学习的文件中并定期更新。鉴于较少的资金和时间，在信息搜集时要注意调研不应太具体，但还要保证能从中得到有价值的信息。

在弗劳恩霍夫协会创新过程加速的项目框架内，在对市场不了解的情况下，可用一个叫做“行业地图”的工具作为信息处理的帮助工具。“行业地图”可基于元规划（Metaplan）技术获得。它接纳了所有宏观和微观的信息，用大比例尺描绘出关于目标行业的经济条件和网络信息，用小比例尺描绘出公司数据以及人事资料。在元规划中，将所有这些信息汇总和结构化。单纯的事务性的信息从一开始就通过背景信息加以补充，这样就把阻碍创新和能使创新成功的各种条件标识了出来。在这里还要输入人事因素，如某些人对新技术的保留态度，或者某些活动家的技术鼓舞力（Strothmann 1988）。最后要强调的是，要将注意力特别放在行业关键人物和思想超前者的身上。

要强调的是这一工具的已知的主观特征。由于所涉及的结构和条件极其复杂，在一个给定的时间和预算框架内，整理出一个完整的数据是几乎不可能的（Haagen/Baaken 1986）。由于调研员在多数情况下会成为以后招揽生意的活动家，他们在所筹备信息的基础上提出主观的调整是合情合理，并可方便日后联系。行业地图中应该经常添加那些对招揽生意有潜在影响的因素。

行业地图的使用可通过用于钢铁工业的红外测量技术的案例加以说明（图 6-28）。为此，要从行业地图中选出示范性的几个要点。包含的信息首先来源于发表的刊物、互联网，其次也可通过参加展览会得到。另外要接触信息源。记者、咨询人员、协会代表、送货的人、研究机构的代表以及商业代表原则上都是各个行业的知识载体，应引起足够注意。

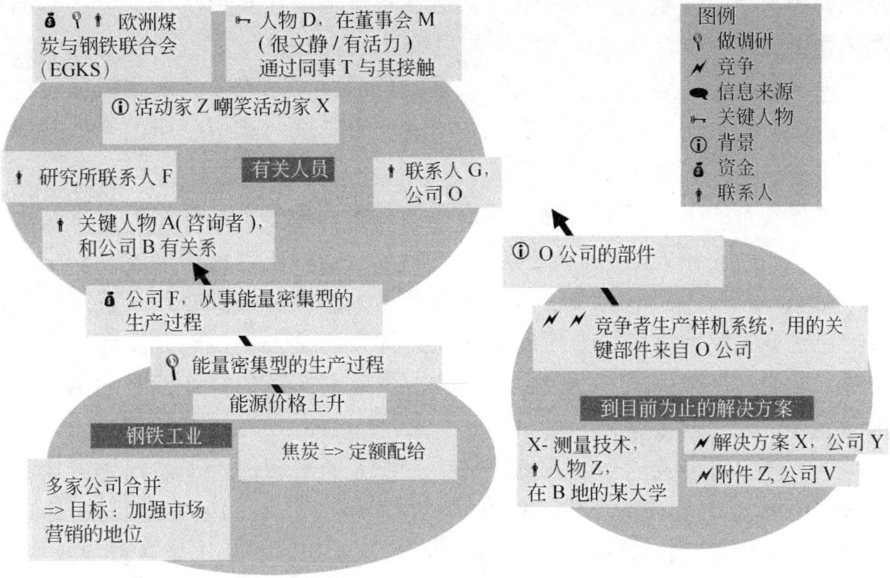

图 6-28　行业地图的例子

此外，元规划技术（Metaplantechnik）允许直观表达各阶层间的相互关系。借助于醒目的图标可以在多元图表中快速定位。例如可以标示出关键人物，极力推动者和反对者（Witte 1973），或者对风险用图形明示出来。根据这个行业地图能很快地在招揽生意时对下一步的动作做出决定。

以建立信任为目标

成功推销的一个决定性因素是客户对供货商的信任（Bruhn 2001）。毕竟，在公司的政策中研究与开发起关键作用，具有深远的战略意义。作为对目前的市场不太熟悉的新手来说，可以预见的是，市场参与者可能会对他们提供的新产品新技术不怎么感兴趣。在一个具体的开发项目进行之前，首先必须奠定好信任的基础。

已证实有多个措施在建立信任时是富有成效的。其中，经纪人可以扮演重要的角色。这些经纪人自然必须享有目标客户的信任。举例来说，社会上的咨询人员、协会代表，或者目标客户的商业伙伴都可以作为所谓的流动代理商（Witte 1993）。他们拥有该部门的知识和背景信息，同时还可以打入决策者的圈子。

进入一个行业的另一个可能的途径是通过工业协会。在这里可以首先把一个新技术以大型论坛的形式介绍给大家，然后通过专业委员会还可能进一步联系到重要的合作伙伴。这些活动的目的是，在用户圈子里打开知名度，并征询用户新的需求。在这一阶段，尽管不能不关注直接承接工业项目的可能性，但这一可能性往往还不够明显（Bruhn 2001）。

为了与潜在的客户建立深入的联系，还可以共同确立一个临时联合组织来完成一个公共项目。这样，从一开始就可以尝试与相应公司的合作并同时致力于建立一个充满信任的合作机制。

选择各自的工具完全取决于所提供的技术和服务、目标部门、可实现的项目大小和与此相关的用于招揽生意的资金。到目前为止在实际操作中广泛使用的能够成功用于市场推销的工具对新技术的推销并没有什么特别的广泛影响。建立系统网络似的全面展开联系总体来说是得不偿失，没有什么大的影响。然而在复杂的研发过程中，适应客户及其课题的特别需要的招揽生意活动往往可以实现目标。

总的经验告诉我们，在人员往来中，个人的亲和性对于谈判的成功具有决定性的影响。这一现象已不断得到科学验证（Evans 1963，Kliche 1991）。特别是当信任在取得成功中起主要作用时，这些个人行为因素具有重要意义。与此相应的，在选择首次接触的联系人时要深思熟虑。此外，可以预见，在目标客户那里，有很多人参与决策过程。这些人具有不同的职能和个性结构。在提前确定好分工后，和供货方建立一个相应的混合小组可以明显提高生意成功的机会。

研发推销的尝试

在上面提到的经验中，已有一些理论支持。尽管难以找到直接用于研发推销的参考文献，但在相近的市场领域有多种机制被描述。这些机制可以部分被移植到研发推销中来。

市场营销（B-to-B-Marketing）是一个高一级的专业领域，但重点放在市场工具－交流上。这一课题领域描述的是交易过程。所有参加的伙伴都是在公司或组织的高层（Merhold 1994，Pepels 1999，Godefroid 2000）。市场营销与消费品市场有特别的不同。消费品市场是生产商与消费者对话的关系，而市场营销是关于公司和它们的供应商，生产商和贸易伙伴间的关系。相应的贸易关系受制于长期性、交易额以及客户要求的产品和价格定位。研发推销肯定是属于这一领域。

一个详细讨论的与市场营销有关的科学领域是工业货物和投资货物的推销（Kotler 2001，Backhaus 2003）。创新推销或者是技术推销可以看作是投资货物推销的部分领域（Gemuenden 1981，Strothmann 1987，Kliche 1991，Baaken 1990），它和研发推销的接近程度就像其名称一样，直接明了。但创新推销或者是技术推销只与创新产品的推销有关。以服务为重点的研发推销与众不同，它的特征是对客户经营战略有强大的影响力。此外，在创新推销中，报价阶段的产品已经略显轮廓，而在研发推销中的产品开发包括做报价。基本上说在创新推销中客户同时也是使用者。与此不同的是，在研发推销中的样机开发，生产者自己又是客户。尽管如此，各个领域之间的过渡还是流畅的。毕竟这是事关两个领域复杂的合作关系和新技术的推销。来自各个领域的各种知识可以互相转用。

在文献中已找到对研发推销有意义的进一步的课题领域：市场和客户的关系。关系管理集中在对提供的产品和服务的思考，是否满足客户的需要和期望（Bruhn 2001）。特别是网络的建立意义非同寻常。不断增加的更加复杂的世界市场结构要求建立战略合作伙伴关系。

对于具体的市场工作，社会技术方法可以给出有用的支持。这一专业方向的目标是，把社会科学和心理科学的知识注入商业运作和市场营销（Hansen/Jeschke 1992）。

上述关于在具体专业领域的研发推销的简短概括不可能阐明这个课题，但要表明的是，有关市场文献的资源是巨大的。在给出的文献中和利用相应的关键词可以找到许多提示，特别是像在已经存在的领域中推销新技术这样复杂的课题。在进一步开展的活动中，将已有的文献在研发推销的背景下进行评估并尽可能地加以补充将无疑是很有意义的。

五、自适应技术：结构将变得主动

原著：
迈尔兹（Tobias Melz）
德罗赛尔（Welf-Guntram Drossel）
孔策（Holger Kunze）
马提亚斯（Michael Matthias）
拉伊（Jens Leyh）
拉乌夫斯（Uwe Laufs）
司拉马（Alexander Slama）

（一）自适应技术在国民经济和技术中的重大意义

自适应技术是一种决定性的面向未来的技术，它能在产品的经济性、安全性和舒适性获得最优化的同时，减少乃至避免震荡以及不希望的畸变和噪声。应用自适应技术的产品和方法能够获得决定性的竞争优势。

自适应技术的概念描述了一类新的“智能组件/智能结构”，这些智能组件在工作条件改变的时候具有一个主动适应和目标优化调节的机械特性。这种主动的组件满足了改善系统机械特性、效率、性能及其他特性的要求。这里，除了在经济的前提下选用材料、扩展功能和提高舒适性以外，还包括安全方面的问题，如碰撞特性的优化或是损坏的监控等。

自适应技术最早被德国弗劳恩霍夫协会作为主导性革新选出并且作为革新课题列入整个德国弗劳恩霍夫协会的业务范围。自适应技术是一种通用的结构技术，它为机械制造的所有领域提供了一种与行业无关的优化机械性能的潜力。它有一种特别强的跨行业的知识密集型技术特性。这种技术特性除了直接的技术和经济意义外，还包括附加的明显的优点：它保证了德国的工作位置。

自适应技术首先是在20世纪90年代前期作为一项基础研究在德国航空航天研究所开展起来。当时的研究重点是探索在航空航天领域内的材料研究和自适应结构在原则上的可行性。特别值得一提的是由德国教研部资助的主导研究项目——自适应技术，在这个项目里德国的许多科研机构（包括多个德国弗劳恩霍夫协会研究所）以及企业第一次在自适应技术上大规模地进行合作。当时德国弗劳恩霍夫协会的主要任务是材料研究、传感器及制动器的研发，其中重点是压电陶瓷材料的研究。在这一点上很快达到了一个领先的水平。此外也必须提到ADAMES（德国科研联合会研究生院）对项目的支持及马格德堡大学对项目的参与，他们重点参与了材料特性及组件的数学仿真。

作为一种与行业无关的结构技术，自适应技术变得越来越重要。继最早由航天航空工业的研发开始之后，自适应技术的应用重点行业已转向交通技术（主要是汽车制造）和工具机械制造。其应用领域不断得到扩展。

自适应方案的关键在于在机械结构中引入自适应功能。其中特别是离散和平面结构在机械传递链中的介入以及结构整合及应用成为几个重要的专题。目前电子机械转换结构具有最大的技术经济潜力。除了全控制系统，半主动乃至被动调控系统都具有一定的潜力。

参与研究的德国弗劳恩霍夫协会研究所认为，建立一个有效的和综合各个参与自适应系统开发研究单位的核心能力的合作网络是至关重要的。这个合作应最终导致建立起一个完全的研发产业链，以便作为一个中央负责机构能尽快地介入可行性分析以及整个自适应系统解决方案的面向应用的开发工作中。这就涉及有效地组合以上提到的核心能力领域：材料原件领域、数学及实验仿真、电气技术、控制技术和系统以及相应的方法和工具。其目标是把自适应产品开发生产的市场做大做深。

对德国来说，一个由德国弗劳恩霍夫协会主导并由其市场网络伙伴一起参与的研究表明，自适应技术在汽车技术方面的市场的年产值在2010年预计可达2.25亿欧元（Melz/Drossel et al. 2001）。工具机械制造在德国是一个传统行业，它在过去的七年中的产量增加大约90%。目前的产值为大约100亿欧元。整个机械行业的产值在德国为大概1200亿欧元。自适应系统的潜在应用领域包括所有能通过调整个别组件的动态特性来改变其性能的其他产品领域。总体来说自适应系统（不含机械电子）的市场潜力大概为4亿欧元，这其中包括工具机械、纺织机械、精密电子设备、机器人、自动装配及打印机械等。

如果估计在2010年自适应系统增长为0.5%的话（供比较：控制、传动和信息技术目前的增长率至少为10%，且有增加的趋势），那么市场总额将是4千万欧元。我们应该认识到，因为极高的技术要求，尤其是耐久性的可记录性，使得工具加工业有着高额的开销及紧迫的革新压力，工具加工业是一个理想的市场介入点。

从研发的角度来看，对自适应结构的要求变得非常经济。从专门的可行性分析到实验硬件的样机制造，此类需求愈来愈多，不同的公司，特别是在汽车领域，扩展了自适应技术在本公司技术战略决策中的地位。同时推动了德国弗劳恩霍夫研究协会内部与自适应技术相关的合作伙伴的战略合作关系。这种合作自2003年以来变得愈来愈密集。

有重要意义的是，降低成本、提高设计和实施效率、加速革新和提高系统组装的成功率都有助于自适应技术目前的商业化。

“更快”、“更好”和“更便宜”是获得成功的关键词。如果自适应技术作为一个复杂的技术能够更安全地被掌握的话，那么它在经济政治方面也有着很重要的意义，因为该技术至少是短期内不会被抄袭。由此，自适应技术对德国经济地位稳固也起到了积极的作用。由弗劳恩霍夫协会12个研究所组成的专题“自适应技术”联盟正在从事“以市场定位的战略性超前研究”（MAVO），启动一项目“通过自动系统内压电技术和软件技术的结合增强自适应结构的功能”（FASPAS 2005），目的是要求德国弗劳恩霍夫协会针对这个题目从材料到系统给出战略上的研发解决方案，为加强德国经济做贡献。

（二）自适应技术所涉及的领域

自适应技术的特别潜力在于有目的组合功能，也就是说加强机械系统中机械、电子信息及控制技术的功能。通过把“主动的”材料结合到“传统的”结构中，加上传感器和驱动器，可以开拓传统的载重和框架结构的功能（参阅图6-29和图6-30）。这使得在机械结构中，能直接地和主动地控制干扰，实现一种能满足需求的独立结构（系统工作时随着工作条件的变化而变化的动态结构调节）。如果应用传统的被动的机电方法，很难实现产品的生产和优化，但是“自主调节”原理使得技术上和经济上的可行性变得现实。自适应技术在技术系统开发中的引入是实现一类新的、智能型的和面向未来的产品的基础。

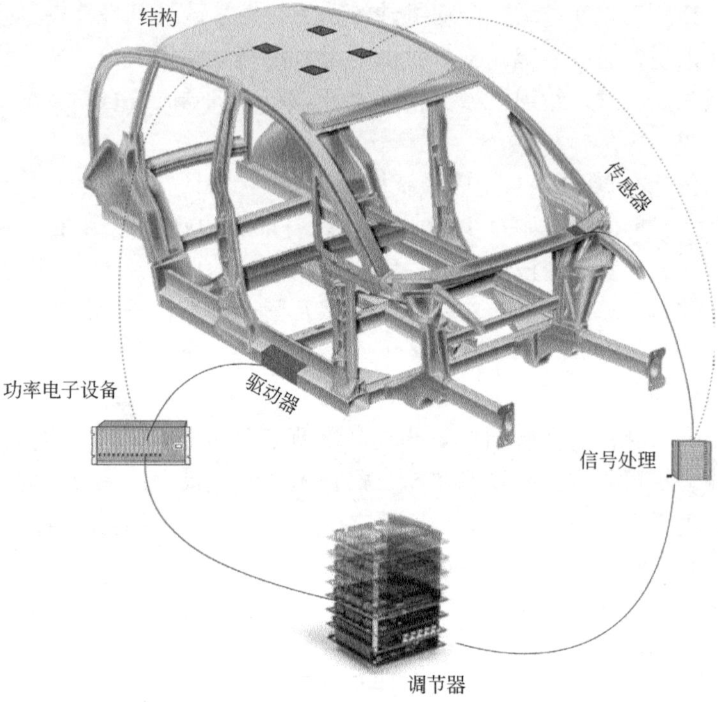

图 6-29　一个自适应系统的工作原理：自适应车身

资料来源：弗劳恩霍夫协会工作可靠性研究所

通过应用自适应系统，我们可以得到现代的构件，它们又轻又紧凑，震动小，噪声低，而且/或者不易变形、具有集成在结构里的监测功能。这样可以保护原材料，在噪声和排放的意义上来说，减低了对环境的损害，降低了系统及其运行的开销，同时提高了系统的功能。与机械技术大部分是通过增加部件来扩展系统功能相比，自适应技术具有以下核心特点：

- 它持续不断地介入到整个系统的结构，主要是结构动态特性中；
- 通过使用具有自适应特性的重量轻和体积小的多功能零件来替代系统组件，它可用于系统优化。

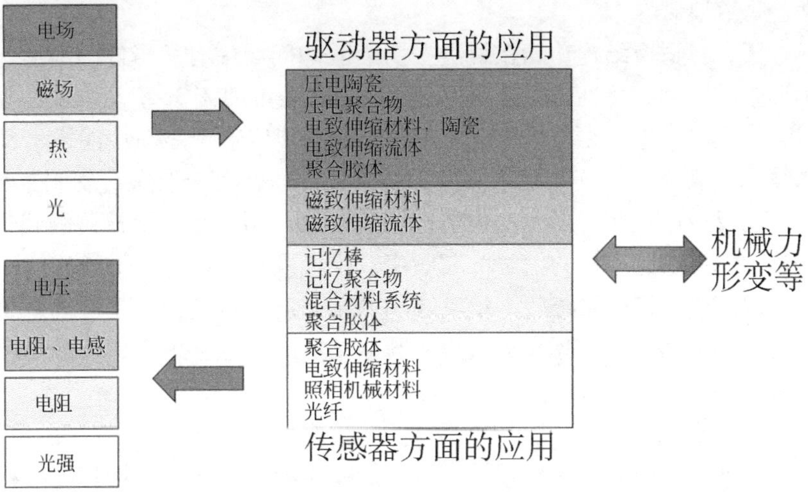

图 6-30　驱动及传感单元对结构的影响

自适应技术的目的在于影响系统的结构。通过影响结构，使用者会获得一种用于产品优化的新技术。如图 6-31 所示自适应技术的主要应用领域在于减少振荡、降低噪声以及结构上的损伤监控。它在外形检查及精确定位上也有重要的意义。除此以外，通过部分改进还可以得到其他功能。借助于自适应结构方法，产品的功能、生命周期、舒适性、安全性、生产的效率和生产质量都能得到提升。同时，产品的重量及成本都降低了，产品得到合理应用，不受过度的机械的和电的作用。

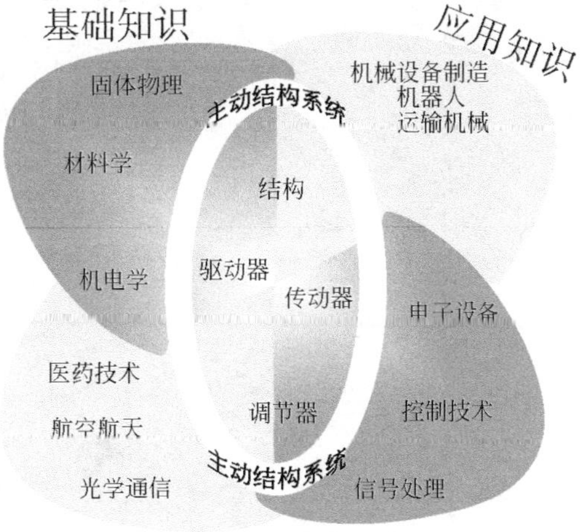

图 6-31　自适应技术的应用领域

资料来源：弗劳恩霍夫协会工作可靠性研究所

自适应振荡衰减

今天，自适应结构功能在解决振荡衰减的问题中有相当好的潜力，通过持续调整结构动态特性可以使得系统去适应变化的工作环境。为此，特殊的“转换”材料被组合在结构的机械支柱架中，其传感及驱动功能被借助一种控制技术“智能”地连接起来。振荡衰减的原理就在于干扰或被干扰系统部分的主动反应以及两者之间的传递链路的互动。当一个干扰被监测到后，一个合适的能反映此干扰的信号（其频率、幅值及相位要与此干扰相应）就在结构内部产生出来。系统的主动反映和调整是产生抗衰减或是隔离干扰源或是产生反相振动（弗劳恩霍夫协会专题论文集：自适应技术 Fraunhofer-Themenverbund Adaptronik 2005）。

自适应噪声衰减

与被动的噪声减少方法相反（被动的噪声减少方法是指增加结构机械阻抗及通过补充材料来获得结构型的噪声衰减），自适应的噪声衰减方法主要基于这样的原理：用主动的多功能的部件来代替被动的系统组件（图 6-32）。通过合理地调节这些主动的部件，能在噪声开始传递以及干扰能量开始传播时加以阻碍而不是等干扰的后果显现出来后再开始行动。

这意味着，理想情况下通过应用主动组件干扰能量的传播不是被减小了

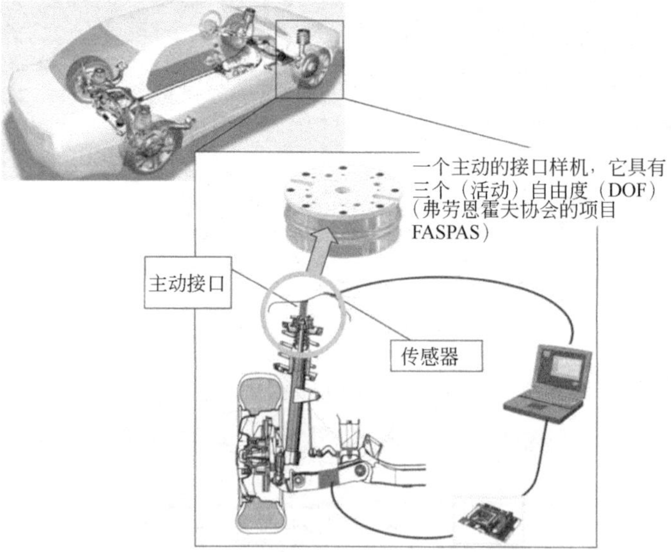

图 6-32　利用一个主动臂来主动地削减振荡

资料来源：弗劳恩霍夫协会工作可靠性研究所

而是被阻止了。这种主动的结构性影响的引入被称为“主动结构性声波控制”（ASAC，图 6-33）。与此相反，根据著名的主动噪声控制原理，在主动噪声影响中的目标是，通过使用人工产生的音场及逆结构的干涉来减弱主噪声声源及其传播的噪声。这些次级声源比较适合于电子调节（弗劳恩霍夫协会专题论文集：自适应技术 2005）。

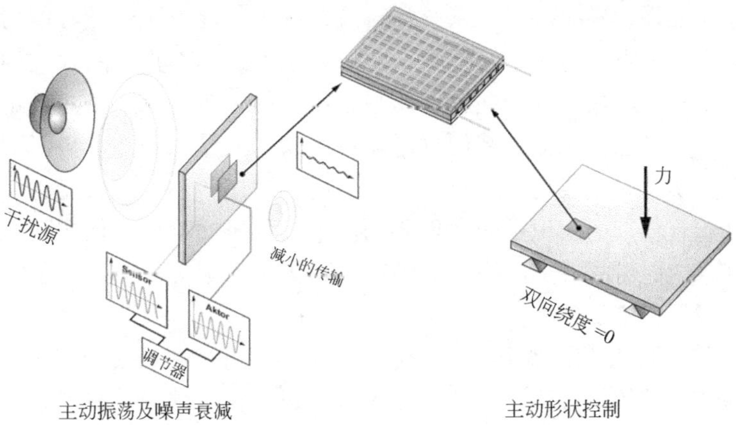

图 6-33　主动结构性声波控制（ASAC）
资料来源：弗劳恩霍夫协会工作可靠性研究所

结构型的健康监视系统

结构型的健康监视系统（SHM）技术使得系统或是组件在运行及安装状态时就能发现损伤（图 6-34）。与传统的无损探伤方法不同，这里使用了集成在系统中的驱动器和传感器来评估结构的时实状态。损伤一般会改变结构的特性，比如一些震荡方式的谐振频率或是高频波的传递特性都比较适合作为损伤的特征值。

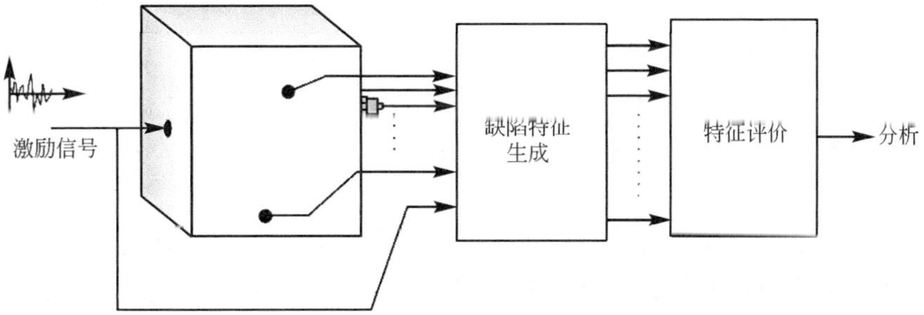

图 6-34　一个结构型健康监视系统的工作原理

结构型的健康监视系统可以监测出由于损伤而改变的结构特性。借助于一些合适的算法，比如人工神经网络的算法，我们可以对这些损伤的特征进行分类，并进一步确定损伤的位置及程度。基于这种分析我们一方面可以根据结构现状实施修理，另一方面可以预言结构的生命周期。

成功实现自适应结构系统的一个基本条件是有效地组合智能材料系统、自适应系统元件、系统装配、系统运行及系统可靠性方面的核心能力。我们必须明确理解一点：这里结构技术和自适应技术远远不止产品开发的知识以及多功能材料的应用。这种理解以及与之相应的主要研究工作在战略上的推广形成了一个平台，保证了利用自适应技术获得大量的经济和科研成果。也就是说，要实现一个成功的、具有竞争力的自适应产品，创新能力、加速研发能力和组合复杂的知识是非常重要的。未来科研的重点必须在系统组合及装配上述系统的可靠性上。为了达到市场领先的目标，德国弗劳恩霍夫协会必须加强发展相应的独特性（Unique selling point）。

在过去的10年里，在德国弗劳恩霍夫协会内部的科研活动着重于建造智能材料系统领域的核心能力。特别是压电陶瓷材料领域，受德国弗劳恩霍夫协会内部和外部的推动，成功地研究了压电陶瓷材料的生产、加工、评估，直到驱动器和传感器的开发。几个公开的自适应技术项目是：MAVO FASPAS（通过自动系统内压电技术和软件技术的结合增强自适应结构的功能）（FASPAS 2005），WISA PZT-光纤连接材料，InMAR（主动噪声衰减中的智能材料）（InMAR 2005），自适应技术主导项目（LPA 2005）以及德国研究基金会重点项目1156 工具机械自适应技术。

最近弗劳恩霍夫协会把从事自适应系统的主要核心单位组成一个专题为“自适应技术”的联盟。在弗劳恩霍夫协会工作强度及系统可靠性研究所的带领下，目前共有12个研究所参与这个专题的研究，以尽快让这项科技成果早日投入市场。

参与研究的各研究机构在自适应系统方面的主要核心能力、中期跟踪续研潜力和研究目标主要集中在下面几个领域（弗劳恩霍夫协会专题论文集：自适应技术2005，核心能力网络自适应技术 Kompetenznetz Adaptronik 2005）。

材料和元件

具有除了传感和驱动功能外还具有承受负载功能的多功能材料对自适应系统的成功应用至关重要。对于工业应用来说，适合应用自适应系统的切入点主要在于改善工作频率、驱动幅度和功耗。把机械的偏转幅度以光信号向外发出的材料可被期望用于提高自适应系统的功能，比如在带记忆功能的光纤和压电陶瓷棒基础上继续研发的传感器和驱动器。

数字和实验性的仿真

自适应系统成功与否主要取决于驱动器和传感器的合理数目和布局。为此有必要考虑应用节约成本的数字和实验仿真技术，研究用于开发元器件和系统的布局、系统组装和运行的方法、技术和工具。只有在仿真工具进一步发展的前提下，才能根据和预定目标（比如减轻震动或噪音）相关联的复杂结构来推导出调节策略的模型。这样，自适应系统才能作出有效的判断。

电子技术和控制技术

系统器件的有效性取决于其中的传感器和驱动器是否以合适的调节策略互相连接起来。为了通过与应用有关的开发、软件技术和电子技术元件的优化（信号的处理和传播，功率电子设备，控制技术）使传感器和驱动器得到尽可能有效的利用，还需要做进一步的研究。这涉及一方面要削减电子器件的成本、降低其重量和体积，另一方面还要保障其系统性能。

系统

复杂系统是否能可靠的运行对实现自适应系统是一个挑战。有足够多的好方法来评价自适应系统，比如说通过仿真系统来明确各个材料、结构、制作方法和环境影响对元器件和系统的牢固性、有效性及可靠性的影响。因为自适应系统的复杂性主要与一系列系统模块的交互作用有关，会出现复杂的连环现象，因此我们还需要进一步研发综合的方法和技术来评价系统的可靠性。

生产

目前仍没有大规模的生产和继续加工自适应系统部件的技术，但是这一点对自适应系统向广阔的技术发展是一个极其重要的前提。要注意的是，我们必须在技术“层”上引入在自适应系统中分散的技术方法（如结构材料的成型、转换器材料的合成以及通过电子掺杂和绝缘技术来确保机械和信息的关联）的同时，还要避免生产成本大于功能的附加值。

（三）自适应电子技术在德国弗劳恩霍夫协会工作可靠性研究所 LBF

60 多年以来，弗劳恩霍夫协会工作可靠性研究所就致力于研究一些方法来分析和评价结构系统。2001 年开始，其研发工作重点扩展到自适应结构系统，这种结构系统得到了愈来愈多的商业应用。机电及自适应技术中心致力于研究和实现有市场价值的智能化结构系统。目前工作的重点是主动的震荡衰减（AVC）、主动的噪音控制（ASAC）、基于叠代方法的结构实时观测以及安全性能的影响。在这个领域里的开发包括：离散系统被耦合成完整系统（如主动界面结构），结构阻尼及能量重建的简单解决方案（如电子开关压电转化系统），外加系统（如主动补偿器）及开关系统（如快速联动、共享内存结构“SMA”的自动闭锁机关)。此外，我们还开发并应用了用于评价主动结构系统可靠性的方法。

最主要的目标是把所有需要的研发步骤和方法系统性地综合起来，这样一来就能加快系统研发的进度，并创造一个和用户建立有效合作的基础。另外要和技术伙伴通过标准化（如对嵌入式系统的使用)，系统集成（如功率电子器件的小型化）和集成生产（比如智能化的铸造件）来减少生产成本，以保证智能化的结构尽可能容易地商业化。

（四）自适应电子技术在德国弗劳恩霍夫协会加工机械和加工技术研究所 IWU

弗劳恩霍夫协会研究所的自适应系统应用部门在智能材料技术的基础上研发高度集成的智能机器和车辆。根据不同的问题和结构把用压电陶瓷制造的驱动器和传感器、不易变形或是电磁绝缘的材料集成到金属或复合材料的元器件内。这样一来强负载驱动和驱动/传感功能就能被完美地结合起来，用优化的控制技术确保工具多方位的高精度的移动，以使机器的静、动态变形最小化，降低车辆部件的振动或主动衰减机器和车辆的噪声。

在每一个创新项目开始时，都有一个具体的分析和研究过程。对自适应系统而言，这一过程则是用数字或实验仿真确定机器或车辆本身的干扰因素，定位重要的噪音源并确定其在全部噪音中占的份额。在过去的几年里弗劳恩霍夫协会加工机械和加工技术研究所构建了完美的基础设施。除了一个弱反射的高精度的噪声室（图 6-35 左）为，这里还有一个必凯科技公司（ Bruel & Kjaer ）的 105 通道移动式声音测试系统，可用来处理静态的、瞬时的噪声结果（如启动马达）和定位主噪声源。图 6-35 右边以图片方式描述了测试结果。这种对主噪声源产生地点和特性的认识无论对于被动系统还是主动系统有效的噪声衰减都是非常重要的。

弗劳恩霍夫协会加工机械和加工技术研究所的自适应技术部门的主要核心能力除了刚才提到的对机器和交通工具声音的分析外，还包括对多功能材料的分类、对交通工具的自适应系统元件和生产机器的主动元器件的研发。图 6-36 展示了一个已经实现的应用实例。

球形螺纹驱动器的一个经典目标冲突在于一方面为减少额外时间需要有高的前向推进速度，而另一方面为提高加工精度却又需要高度刚性。通过自适应系统元器件能解决这个矛盾。电子控制的压电式压缩驱动器能以其多方位可调节的灵活性在较小的安装空间内加强元器件的刚性。

自适应技术的学科交叉性体现在弗劳恩霍夫协会机械工具及成型研究所内跨专业的工作小组上，这个小组由来自不同领域的专家（材料学、结构学、控制学和系统技术）组成。

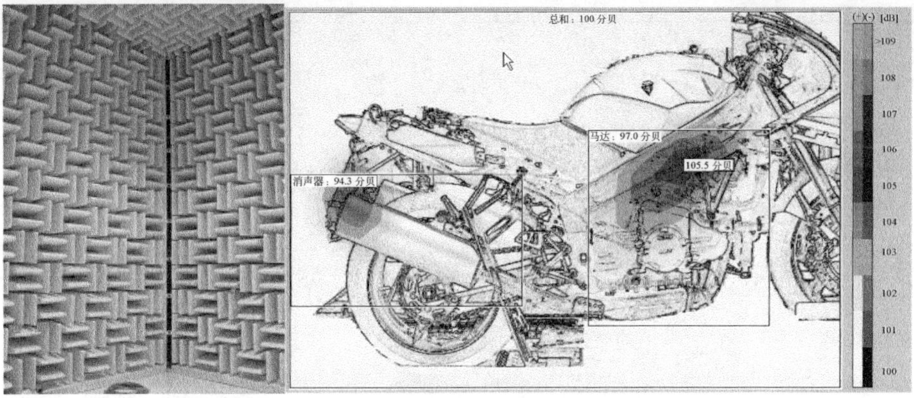

图 6-35　左：弱反射噪声室。右：主动声源示意图
（弗劳恩霍夫协会加工机械和加工技术研究所）

图 6-36　球形螺纹驱动器样品（弗劳恩霍夫协会加工机械和加工技术研究所）

（五）　在“自适应结构系统应用于航天技术的可行性”技术论证中的时间内耗因素和成功因素

在一个持续两年的项目中我们进行了技术论证，其目的在于检测自适应系统在一个冷却的动态光学系统里是否能有效地减轻畸变（MELZ 2002）。共有 16 个伙伴参与了此项目。

在后验（Ex-post）分析中，我们需要根据第四章介绍的项目进展来定义图 6-37 中画出的各个阶段。图 6-37 中定义的项目阶段对于复杂的自适应电子技术研发项目来说是非常典型的。要注意的是，此项目反映了自适应电子技术的早期技术手段，主要运用于要求很高的航天领域。从此种意义上来说，这个项目当时是对技术的一大挑战，为改善当今的技术手段提供了有益的基础（FASPAS 2005）。

阶段		描述
P01	项目开始	启动项目、制作项目规划及申请
P02	问题分析	逐步精确定义项目目标及制作任务书
P03	系统方案	确定系统方案及如何达到项目目标的执行方法，进行可行性评估
P04	预设计	执行预设计来确认方案，得到可行性结论
P05	机械设计	在完整的设计基础上规划系统建造
P06	实施	生产、采购及制定所有元件并进行主动系统组装
P07	系统试运行	在组装好的系统上进行功能测试
P08	质检	质量评估，在系统通过仿真环境下的测试后鉴定通过
P09	报告	总结结果

图 6-37　技术论证的各个阶段

项目开始（P01）阶段的特点是，尽管项目的目标早就基本成型，但一部分与项目有关的人却很晚才参与进项目起步阶段的。因此，在项目初期，项目的目标没有得到优化，导致项目延迟。

只有在问题分析阶段（P02）项目目标才被逐条地精确定义。在这个阶段，首先要精确定义自适应系统所应用的环境条件，因为环境条件对与成本、可用空间、重量、动态性、电磁兼容性、供电系统和自适应系统运行开销（其中有供热、能源及机械）的计算等有关的目标参数有着重要的影响。在此基础上会进行材料测试，其目的是为了限制使用那些受环境条件影响较大的材料并建造合适的组件。此外还需要确定在以后测试中（在更严格的模拟环境中）需要的传感器及驱动器上得所需的元件以及它们的潜在供应商和实验机构。这个阶段的项目重点在于下述工作包：

A01　定义要求；

A02　定义和设计质量合格的驱动器；

A03　购买和生产驱动器及系统组件；

A04.1　实验仿真实验室/系统；

A04.3　实验仿真材料测试。

由于对材料和多种材料测试的特殊要求，有必要尽可能灵活地购买材料，特别是特种材料。在一个动态的采购过程中利用标准的采购程序来确定一个高效的供货商是困难的。一方面，对特定材料的采购过程只可能部分地遵守标准化；另一方面这也依赖于所选中的供应商的供货能力。

系统方案阶段（P03）定义了如何介入系统和在一系列可行性评估后（开销预算、干扰因素、几何尺寸、质量和成本）选出最佳的方法。此阶段工作的重点是工作包：

A05　系统方案。

在研究中所希望的人员流动及包含的知识的流失在这个阶段被称为时间内耗因素。这首先要归结于由于时间压力在人员流动前未完成的已结束项目工作的归档工作。另外，在内部也缺乏一个质量管理系统。继任者不能从项目中汲取以前的经验教训，当然这也与自适应电子技术是一门比较新的技术有关。

部分地由于人员及知识的流失需要在第 2、3 阶段检验许多其他解决办法。用来测试材料所需的特殊装置的可用性也被定义为时间内耗因素，因为他们只能有限地被使用并要事先预订，同时还要根据工作的进度来进行调整。

在预设计阶段（P04）要对系统进行定义并预设计各种可能性，模拟系统行为，以便最后设计完成一个解决方案。其工作重点分为下述工作包：

A05　系统方案；

A06　系统机械设计；

A07　数字仿真。

在预设计阶段所选定的解决方案的基础上会首先定义并验证一种驱动器，这种驱动器的最后设计是按照问题分析阶段所选定的指标、工作负荷和材料，经过重新模拟后确定的。在这个阶段，由于模拟环境接近实际使用目标要求的超常环境条件，最终的材料和供货商选择变得相当重要。此阶段的工作重点在于以下几个工作包：

A01　定义要求；

A02　定义和设计质量合格的驱动器；

A03　购买和生产驱动器及系统组件；

A04　实验仿真材料测试；

A06　系统机械设计；

A07　数字仿真；

A08　调节器开发。

在采购各种材料、驱动器和传感器以及在内部或外部生产单个元件并进行热学处理之后，整个自适应系统在实施阶段（P06）进行机械组装。其工作重点是工作包：

A09　生产；

A10　组装整个系统。

这个阶段项目的延迟是由于项目参与者对项目内部所需工作的评估有所不同，而且对此表决得太迟而造成的。这与合作方式有关。它可归结于项目参与者缺乏一些基本的认同点，而这又是与他们的交叉学科特性有关。另外，有些供货商必须返工，这是因为他们的产品质量还达不到要求。

在下一个系统运行阶段（P07），所有的组件要组装到一起并进行运行。在一个实验性的初步分析及所研发的调节器成功工作的基础上，参考及强化测试在实验室里得以实施。结果发现所设计的系统不能工作。通过实验及有限元分析发现一个驱动单元模块不能正常运行，那里有一个设计概念上的欠缺。于是我们必须重新设计驱动系统并重新生产元件，以便调整后的系统在更新调节器后能重新工作。这里证明了一个长期可靠的供货商能在极短的时间内生产并供应重新设计的驱动器。由于系统瘫痪，这个阶段项目工作不仅包括总装系统（A10），还包括以前的工作程序。

在质检阶段（P08），这个自适应系统会在真实的环境下运行监测，包括畸变，震动及老化测试，其目的是得到在运行环境下系统的特征值。为此，下列工作包成为这方面的重点：

A04.1　实验仿真实验室/系统；

A04.2　实验仿真质检；

A10　组装整个系统。

在项目通过一个得到认证的试验室验证接收后，此项目就进入到项目报告阶段的工作包，在撰写报告的同时也要进行产品的生命周期测试：

A11　项目文档。

一个各个阶段的综合分类表（图6-38）表明不可能有一个明确定义的工作阶段分类。这表明了自适应技术项目的复杂性，并且其只能归咎于以前我们描述过的时间内耗因素及项目中突然出现的各类问题上。

尽管有着不同的要求及突然出现的问题，这个项目从项目参与者及项目委托方的角度来看是成功的。对于这个成功，有决定意义的是各个项目参与者在实现技术要求时的高度的工作愿望。这表现在每个人的参与的热情和非常明显多出来的工作量上。这最终也使每个人的职业生涯变得更加宽广了。随着项目的向前推进，在项目内部形成了基于实事求是的批评基础上的紧密的合作氛围。除了所有的项目参与者精湛的专业知识外，员工的试验经验和快速而又可靠的供货商对于项目目标的实现以及项目的成功都是不可或缺的。

所分析的技术研究中的时间内耗因素见图6-39。

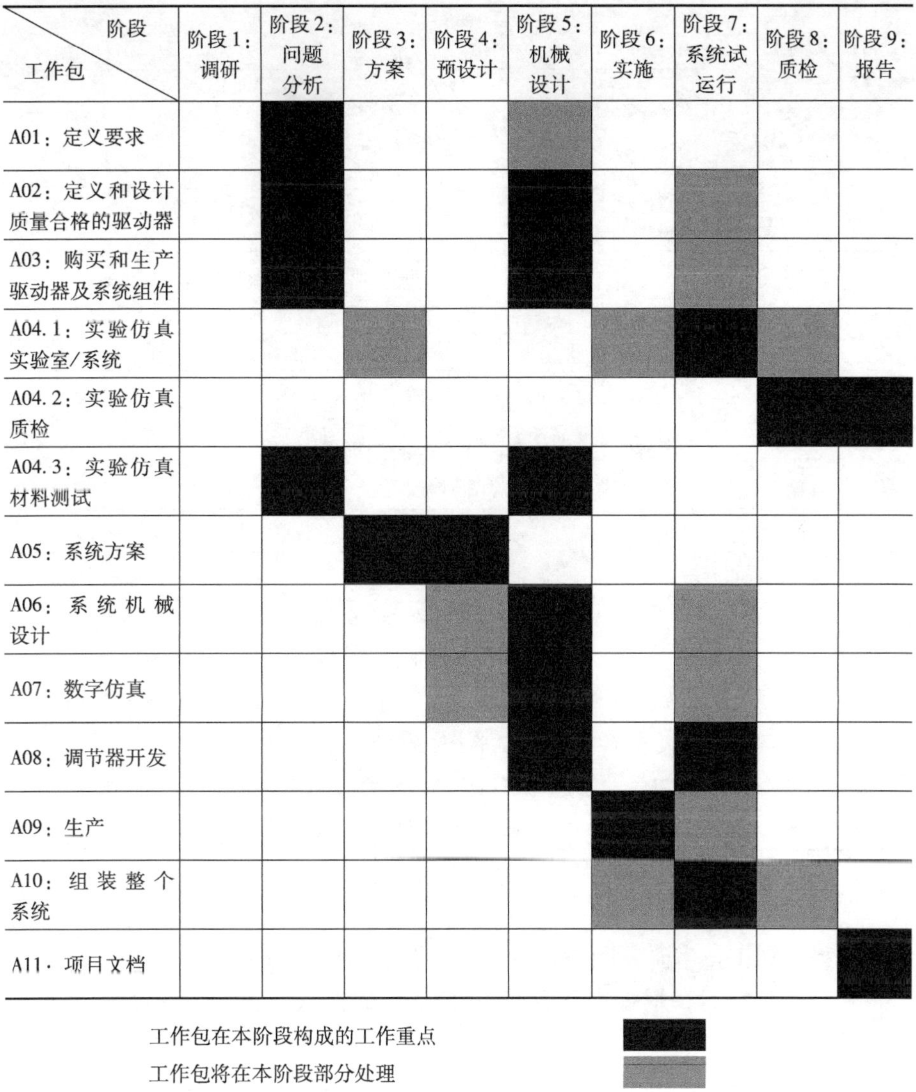

图6-38　各个阶段的综合分类

在图6-40中，与此项目相关的时间内耗因素和成果因素被总结并以创新过程模型（见第三章）的分类方式排列出来。

（六）用于验证主动万向轴可行性的样机研发中的时间内耗因素和成果因素

在这个一年半的项目里，我们开发了一个针对方向轴的自适应系统的控制方案。其目标是检验所有方向的陶瓷材料是否可以减少汽车万向轴的振荡，并且在一辆试验车里安装自适应万向轴进行验证。除了德国弗劳恩霍夫协会

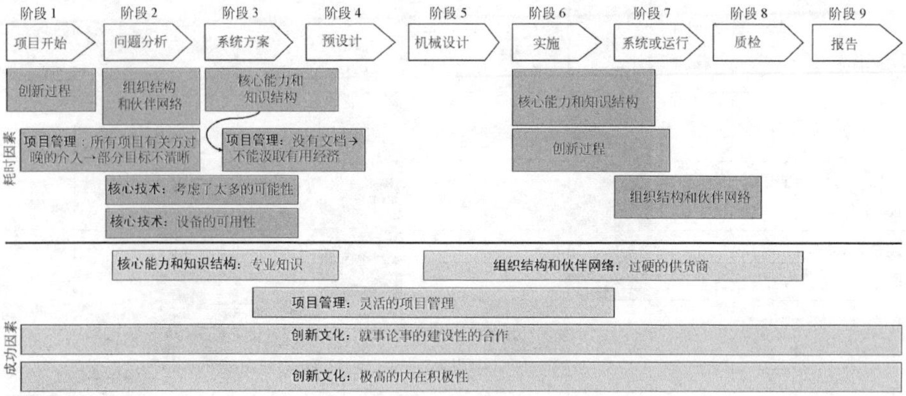

图 6-39　技术研究中的时间内耗因素

序号	阶段	描　述
P01	项目开始	确定项目内容及范围
P02	系统分析	测量技术检查及应用目标仿真分析
P03	元件研发	对陶瓷的性能进行仿真估计
P04	调节器研发	制定调节方案并借助于数学公式和仿真来实现调节器
P05	实验台测试	在实验室实验台上进行测试
P06	机动车辆测试	在行驶的机动车辆上进行实验测试
P07	项目结束	项目过程及所取得的目标归档

图 6-40　主动万向轴的可行性验证阶段

加工机械和加工技术研究所外，一个汽车制造商也参与了此项目。

在项目分析时，根据在第四章中所介绍的方法，我们定义了 7 个阶段（图 6-40）。

在这个项目中，由于项目目标中极高的革新尺度，项目定义阶段（P01）就占了整个项目时间内耗的三分之一。汽车制造商在自适应技术方面并没有太多的经验，这就导致了项目目标具体化时所产生的大量迟延。许多重要的信息被项目委托方分散到不同的部门里，这些重要的信息必须通过许多决策环节和大量的信息交换过程来获得，使得最终项目目标的具体化直到第三阶段（元件研发阶段）才完成。此外，关于项目委托的谈判也延长了，原因是和项目委托方同时进行的几个框架协议的谈判。

在系统分析阶段（P02）我们测到了万向轴的振荡图。为此，通过实验模态分析我们仿真了转弯模式，以便能建立起一个按照目标要求减少振动幅度的控制器模型。

因此，我们可以在产品研发阶段（P03）通过仿真来确定驱动器陶瓷的性能和购买主动系统所需的元件（压电陶瓷、驱动器、传感器和试验台）。在把陶瓷安装到万向轴上、验证完传感器和驱动器的安装后，校验了驱动器的特性及传感器的功能，此阶段到此结束。

本阶段项目进度推迟的原因是：与项目委托方达成的项目终止期限、最早在项目目标具体化时所产生的拖延、制造过程中必须遵守的职责规范以及对外部因素没有进行充分的规划。

借助于在系统分析阶段得出的用于减少振荡幅度的模型，在控制器的研发阶段（P04）控制器的数学公式被充分地仿真和调整，直到控制器的代码能够在控制计算机里运行。在试验台上的测试阶段（P05），直接在万向轴上用不同的放大因子和不同的实验参数（激励幅值强度、轴的转数、采样时间和采样速率）测试和优化了控制代码。

在接下去的试验车的测试阶段（P06），一个主动万向轴的可行性在一辆机动车上得到验证。在试验数据、源代码以及实验记录的归档后，项目就结束了。利用归档的档案可以在以后任何时候重建此试验。

在项目进程中只出现个别大的时间内耗，除了需要对调制和测量技术、车辆和机器制造及主动系统的专业知识外，项目成员之间以目标为主的和灵活的讨论决定是一个重要的成功因素。再加上一个小而清楚的项目和团队（工作气氛是建设性的、合作性的。比如在项目试验阶段，项目委托方非官僚地提供了实验用硬件），使项目最后能顺利按时完成。

按照卓越创新模型（见第三章）的各个阶段，图6-41再次总结了对此项目有意义的时间内耗及成功因素。

我们跳离在此项目中定义的时间内耗及成功因素来分析一下普遍意义上的有效的时间内耗及成功因素。我们把在创新项目管理中出现的最重要的要求总结如下：

• 为达到一个共同的认知基础，必须确定项目的开销及所需的时间，此开销随着跨行业项目参与者的增多而增加。

• 一个紧急问题的解决算为成功创新项目管理的重要组成部分。在这种背景下，存在一种危险：标准的正规的过程与从项目角度看必要的过程相违背。

• 创新项目的目标可能从项目开始后就不能唯一界定。随着各个子项目的完成，目标的表述可能随之而改变。只要这种改变在项目规划阶段没有定义的话，就存在这样的危险，不清晰的目标界定会带来模糊的项目理解，随

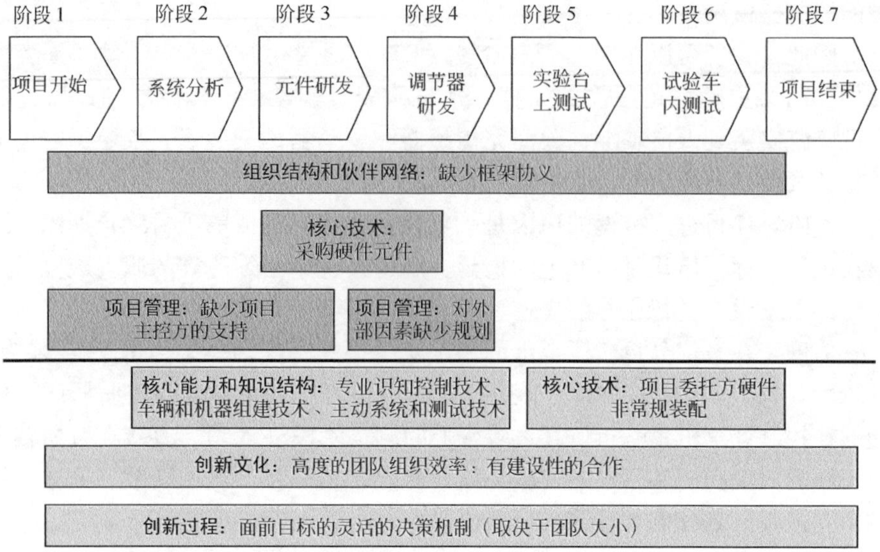

图 6-41　所研究项目的时间内耗因素图

后根据伪随机具体规划方法的理解会与实际行动相违背。

• 一个对于成功的创新项目管理的至关重要的因素是：项目参与者及项目领导者的素质，特别是个人的能力，项目管理（项目内的交流），问题归类及其后果的评估（决策能力以及项目层面上的策略掌控能力）。

参 考 文 献

Allen, K. (2005): Organic Light-Emitting Diode Displays, in: iSuppli, April 2005, ebenso publiziert in: Markt&Technik 16/2005, S. 1

Baaken, T. (1990): Technologie-Marketing, in: Kliche, M. (Hrsg.): Investitionsgütermarketing, Gabler, Wiesbaden, S. 289-309

Backhaus, K. (1995): Investitionsgütermarketing, 4., überarb. Aufl., Vahlen, München

BMBF (2002): Färderprogramm Optische Technologien-Made in Germany, Berlin

BMBF (Hrsg.) (2005a): Duale Ausbildung in innovativen Technologiefeldern - Hochqualifizierte Fachkräfte für unsere Zukunft, Berlin

BMBF (Hrsg.) (2005b): Optische Technologien-Innovationschancen für Deutschland, Programm zum Kongress am 22. Februar 2005 in Berlin

Bruhn, M. (2001): Relationschip Marketing, Valen, München

Clemens, W.; Fix, W. (2003): Vom organischen Transistor zum Plastik-Chip, in: Physik Journal 2 (2003), Nr. 2, S. 31-36

Der Lenkungskreis "Optische Technologien für das 21. Jahrhundert" (Hrsg.) (2000): Deutsche Agenda Optische Technologien für das 21. Jahrhundert-Potenziale, Trends und Erfordernisse, (ISBN 3-00-006083-9)

Ellis, V. (2004): Der European Quality Award, in: Stauss, B. (Hrsg.): Qualitätsmanagement und

Zertifizierung, Gabler, Wiesbaden
FASPAS 2005: Funktionsverdichtete adaptive Strukturen durch Kombination von Piezotechnik und Softwaretechnologie autonomer Systeme, http: //www. faspas. de/
Fraunhofer-Themenverbund Adaptronik 2005, http: //www. fva. fhg. de
Freitag, M. (2004): Schnittstellenmanagement bei der Organisation der Dienstleistungsentwicklung, in: Luczak, H.; Reichwald, R; Spath, D (Hrsg.): Service Engineering in Wissenschaft und Praxis, Deutscher Universitätsverlag, Wiesbaden
Freitag, M.; van Husen, C (2003): The role of design concepts in service companies, Proceedings Servsig 2003, 12. -14. 6. 2003, Reims, Frankreich
Fähnrich, K. -P.; van Husen, C. (Hrsg.): Entwicklung IT-basierter Dienstleistungen in der Praxis - Kurzstudie zum Co-Design von Software und Services in deutschen Unternehmen, Fraunhofer IRB Verlag, Stuttgart
Godefroid, P. (2000): Business-to-Business-Marketing, 2. Aufl. Vahlen, München
Grabow, G.; Wurps, H.; Freitag M.; Meiren T. (2004): Umsetzung von Service Engineering bei Océ, in: Luczak, H.; Reichwald, R.; Spath, D (Hrsg.): Service Engineering in Wissenschaft und Praxis, Deutscher Universitätsverlag, Wiesbaden
Hagen, F.; Baaken, T. (1986): Marktforschung für technische Innovationen, in: planung und analyse, Nr. 7/8, 1987), S. 285-287
Hansen, U.; Jeschke, K.: (1992): Nachkaufmarketing-Ein neuer Trend im Konsumgütermarketing, Nr. 2, Marketing ZFP, S. 88-97
Harrop, P.: The Future of Chipless Smart Labels, in: IDTechEx, ISBN 0-9539221-7-0, S. 12
InMAR 2005: Intelligent Materials for Active Noise Reduction, http: //www. inmar. info/
Kleimt, B.; Köhle, S. (1996): Schrottvorwärmung und Nachverbrennung bei der Elektrostahlerzeugung, Düsseldorf
Kliche, M. (1991): Innovation, Wettbewerb und Marketing, Diss., Freie Univ., Berlin
Kompetenznetz Adaptronik 2005: http: //www. kompetenznetze. de/navi/de/Kompetenznetze/adaptronik. html
Kotler, P. (1998): Grundlagen des Marketing, 3., überarb. Aufl., Pearson Studium, München
LPA 2005: Adaptive Verbundstrukturen für den Leichtbau-strukturkonform integrierte piezoelektrische Fasern und Folien, http: //www. lp-adaptronik. de/
Malorny, C. (1999): TQM umsetzen: Weltklasse neu definieren, Leistungsoffensive einleiten, business excellence erreichen, 2. Auflage, Schäffer-Poeschel, Stuttgart
Melz, Tobias: Entwicklung und Qualifikation modularer Satellitensysteme zur adaptiven Vibrationskompensation an mechanischen Kryokühlern, Dissertation, Darmstadt
Melz, Tobias; Drossel, Welf-Guntram, et. al. 2001: Gemeinsame Studie Marktpotential und Anforderungsprofil für adaptive Systeme im Werkzeugmaschinen- und Automobilbau auf Basis piezokeramischer Materialien, Fraunhofer-Gesellschaft
Notni, G.; Kühmstedt, P.; Heinze, M. (2004): "Systemkonfigurationen photogrammetrischer 3D-Messsysteme - Anwendungsbeispiele", Photogrammetrie, Laserscanning, Optische 3D-Messtechnik, Hrsg. Th. Luhmann, Wichmannverlag, S. 30-37
Spang, S. (1993): Informationsmodellierung im Investitionsgütermarketing, Gabler, Wiesbaden
Spectaris (2005): Branchenbericht 2005. Die optische, medizinische und mechatronische Industrie in Deutschland, Berlin
Statistisches Bundesamt (2002): Dienstleistungen in Deutschland-Ergebnisse der neuen Statistik, Statistisches Bundesamt, Wiesbaden
Statistisches Bundesamt (2004): Wirtschaftszweig-Statistik 2004, WZ 33
Stille, F. (2003): Produktbegleitende Dienstleistungen gewinnen weiter an Bedeutung, in: Wochenbericht

des DIW Berlin 21/2003
Strothmann, K. -H. (1987): Innovationsmarketing - Herausforderung für Theorie und Praxis, in: Baaken, T. (Hrsg.): Abnehmerqualifizierung als Instrument des Technologie-Marketing, Erich Schmidt, Berlin, S. 181-189
Webster, F. E.; Wind, Y. (1972): General Model for Understandig Organisational Buying Behavior, in: Journal of Marketing Nr. 4, 1972, S. 12-19
Witte, E. (1973): Organisation für Innovationsentscheidungen, Verlag Otto Schwartz & Co., Gõttingen

译者简介：

田　丰　德国电子工程博士，德国奇梦达股份公司高级工程师
feng. tian@ online. de

胡坐春　德国电子工程硕士，德国英飞凌科技公司高级工程师
huzuochun@ online. de

张钦成　德国光学工程博士，美国 JDSU 激光部工程师
zhang_qincheng@ yahoo. com

李宏志　德国电子工程博士，德国奇梦达股份公司高级设计工程师
hongzhili_tiger@ yahoo. de

第七章　创新项目管理

英国音乐师威廉·赫歇尔偶然发现天王星的故事告诉我们：值得进行利用本体论来分析、描述和实现自主创新的软件（原型）管理的尝试！

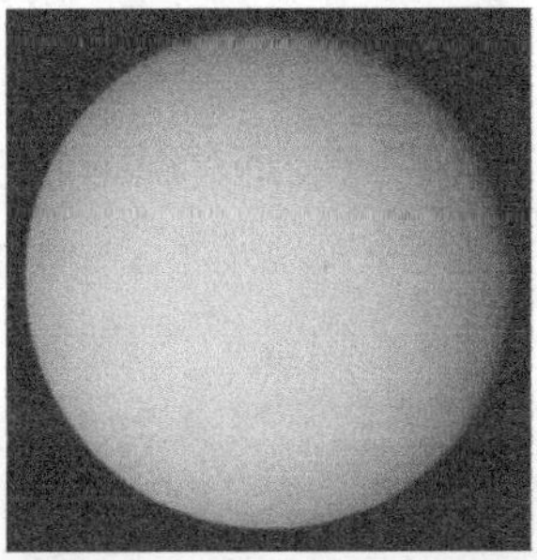

原著：劳福士（Uwe Laufs）
莫斯科集屋里（Claudio Muscogiuri）
尼德瑞（Claudia Niederée）
舒马赫（Oliver Schumacher）
司拉马（Alexander Slama）
斯坦切尔（Rodolfo Stecher）

翻译：郭子牛（本章编辑）
许世谚

审校：杨明红
曹瑄玮

计算机辅助创新的重要意义:

量化表征时耗因素，准确定位耗时因子。

优化组合项目结构，科学分配有效资源。

高效缩短开发周期，快速实现产品创新。

❖ **利用本体论来分析、描述和实现自主创新的软件（原型）管理**

计算机辅助创新的现行模式:

建立合适的数学模型，对创新项目及其时耗因素进行计算机语言表达。

采用本体论的软件系统，对创新项目的状态进行结构化的描述和鉴定。

定义时耗因素的分析规则，准确定位耗时因子和及时化解时耗因素。

计算机辅助创新的未来展望:

主要系统：基于本体语言的、开放源代码的开发系统。

开发方向：资源要求模型和可支配资源模型的相互协调。

发展目标：开发可动态交互的和普遍适用性的软件原型。

更快更好地实现产品创新的能力，植根于对时间驱动因子的分析和制定相应的如何缩短开发周期的策略。这些关于如何实现创新加速的知识使得创新进程的加速成为可能。

以下介绍软件系统的设计和开发。此系统支持创新项目经理更快更有效地实现创新。该系统开发了一个有代表性的标准创新项目模型，在此基础上把项目分析和评价所必需的不同数据，如基本的项目结构及其他一些间接相关的信息如企业的组织结构或员工的隐性知识和技术诀窍等，加以集成。借助该系统可以对一个项目的状态有所了解，比如在现有的项目管理系统下，专家经验对项目进展所起的副作用不能被识别出来，因为目前的系统通常只考虑项目的结构和资源，而且描述得不够完全，从而不能做一个全面的评估。

为了建立这么一个模型，对不同应用领域中的不同创新项目做了调查。根据所获得的经验对该模型进行评估和进一步的改进，实现了从不同学科收集经验知识并用于建立模型和软件系统。由此产生了一个可应用的现代项目管理工具的概念，这个基于开放式的模型在将来也可以把成功项目管理所必需的其他方面集成进去。为此所必需的信息资料可以用很简单的方式编制到模型中去。这样就为软件的进一步应用，如考虑对时间、成本或品质、人员招聘计划或企业创新优异指标分析等的优化，奠定了信息基础。

一、创新过程加速的知识表达

快捷有效地开发新奇产品和技术并导入市场的能力，在很大程度上依赖于工作人员在整个创新过程中的知识和有创造力的绩效。目前还缺乏一个在计算机辅助下的解决方案，以支持项目成员进行有效的创新加速。创新加速的系统必须有一个模型，它能够对创新项目以及其中的时间驱动消耗因素的复杂关联和语义在计算机中进行描述。另外，这个系统还要对特殊的时间驱动因子和相应的应对策略有所了解，也就是要有知道如何实现创新加速的知识。

尽管在过去几年里出现了不少支持企业知识管理和项目管理的系统，但是项目经理仍然跟以前一样常常面临这样的问题，即应用领域的知识跟项目结构不能结合起来。参加项目的人员要拥有应用领域的知识以及项目结构的知识，这样才能有效地进行项目管理。

关于对信息－技术联系的恰当执行，实际中常常是要么根本不投入要么是花费很高的代价去加以实现。在企业应用集成（EAI）领域所显示的问题在实际应用中更是突出，因为信息的语义含意没有被很清晰地加以定义，如企业资源计划系统（ERP）就是这样的情况。对有关知识进行信息技术表达和联系的一种可能是对它们进行语义描述，借此可以将有关信息完整的、以计算机可实现的方式阐述。

近年来，随着本体论①的产生，知识表达领域有了显著的发展。这些知识表达可以在应用领域（专业）进行语义描述，此外，还可以对不同领域（专业）的集成进行支持。

（一）基于本体论的知识表达

来源于哲学的本体概念被引入到信息科学中。本体论的哲学意义是关于存在的知识。借此，我们可以感知，将“本体”这个概念引入到信息科学中意指对现实世界的领域进行计算机可以理解的描述。一个本体就是在计算机中可以表达的知识结构，它对应于现实世界中相关的部分。为了理解现实世界中一个简单的状况，就必须运用很多典型的概念，并对它们的含意以及相互间的关系进行阐述。为了减少复杂性，人们还是做了一些让步，仅对那些现实世界中绝对必要的现象加以考虑。在此我们要表达的现象就是具有时间驱动和可能的应对策略特征的创新过程（Warschat/Slama/Schumacher 2005）。

本体论（Ontology）应用于知识的加工处理以形成知识的表达和知识的交换。对概念架构、关系和属性的确定可以使软件应用于对信息的推论和提取以及产生可搜索的文件索引。因此，一个实体展示了现实世界或其中一部分的形式化的模型，通过它们的概念和关联呈现出一个达成共识的定义。一个应用此模型的机器就是在这种被严格限定的范围内作出反应和行动的。我们必须对“本体”的概念与“知识基”的概念加以严格区分。本体论描述了人们在讲述应用领域时所必需的词汇，而知识基则是人们在某一情境下要解决某一特定问题时所必需的知识。因此，知识基可以是实例（Instance）数据的集合，是建立在本体论的基础上的。这样的模型除了可以进行情境依赖的搜寻外，还可以进行模型化规则的实现。因此，隐性知识可以变得透明并推演出新的知识。本体论的概念已经跨出纯学术的范畴，越来越多地被应用于生产领域。我们可以确定四组应用领域（Jasper 1999）：

- 中性编辑：本体论可用来对信息以不受应用范围限制的本体语言进行描述，并且在需要时翻译成另一种目标语言。它首先要求的是信息的重复使用性和可维护性。
- 本体作为特定说明：一个基础词汇可以通过本体来加以定义，该词汇以后又可以服务于软件的开发。除了可重复使用性和可维护性，该方法还支持软件的存档记录。在本体论基础上建立的对基础词汇的假设区别与在程序

---

① 译者将根据需要把 Ontology 翻译成本体论或本体。“本体”这个术语来自于哲学，它是研究世界上的各种实体及其如何关联的科学，被广泛用于 OWL Web 本体语言。

语言中对假设具体转化的应用的逻辑。

• 信息的公共入口：不管是机器还是人的互相交流，交流各方必须使用相同定义的词汇。通过本体可以达到此目标并能实现相互间的操作。这一构想的核心在于交流各方对明确规定的词汇具有共同的途径。

• 基于本体的搜索：借助本体可以简化对信息的搜索并提高搜索引擎的命中率。搜索引擎将不仅能按照关键字来搜索，还能按照事物间的关联和关系进行搜索。

（二）本体论对创新项目的表达

创新项目是一个复杂多变的过程，受到许多内部和外部因素的影响。典型的情况是，关于这些项目的知识只是部分被明确的以书面方式记录下来，其他大部分的知识只是以隐性知识的方式存在于项目参与者的头脑中，并且仅能通过如项目参与者间的直接交流这样的非正式的形式实现知识的传递和交换。还有一部分的知识尽管是明确的显性知识并被书面记录下来，但却不是计算机可分析的形式，如电子邮件、报告、会议记录等。要对创新项目有关的数据进行系统化、机器化的分析要求对项目相关方面及其相互关联做正式的描述，以便能够在此基础上得到结论。

本体论提供了一种可能性，通过一个模型，使得计算机辅助的创新项目表达和加速创新的知识分别在所有相关的层面展示，借助信息将不同应用领域和资源加以连接，为更快、更好地创新做好准备。这样，在模型的层面上就可以对识别和克服时间内耗所必需的不同因素加以考虑和整合。

本体不仅可以对类、它们的实例以及类和实例的相互关系进行一般的表达，而且能表达辅助条件，在元层面（Metaebene）上做结论，以及灵活地扩展元层面。通过一个创新本体可以确定一个可扩展的描述创新项目中相关概念、相互关系和外界条件的词汇库。在建立创新项目这个本体时，可以回溯到现存的顶层本体，即那些对诸如过程、目标等基础概念做出定义的本体，以及对一般概念如时间进行模型化的本体。

（三）网络本体语言 OWL

本体的实现可以借助几种本体语言。在一定程度上，这些本体语言的描述能力有着明显的区别。OWL（OWL 2005）是一种在万维网（Kost 2003）上用来发表和交换本体的语义描述语言，并受到因特网媒体界的推荐。下面将进一步介绍 OWL 语言。

对 OWL 利用的可能性在于通过对类和它的特点、个体和它所展示的特点、类和个体的含义对于 OWL 语言的正式语义的程度加以定义而对某一领域进行模式化。因而，一个 OWL 的实体能包含类与数据类型特征的分类关系、类要素的属性和对象特征的描述以及对类要素间关系的描述的分类关系（McGuinness 2003）。除此以外，还能在一定程度上对类的实例（instance of class）和实例特征（Instance property）进行描述。

对于特殊用户，OWL 提供了强有力的 3 种分支语言：

OWL Lite：首先支持对分类级别和简单限制有要求的用户；同时，还可以很方便地为 OWL 提供支持工具；此外，通过 OWL Lite 还可以为分类和分属提供道路；

而且 OWL Lite 没有 OWL DL 复杂。

OWL DL：支持最大限度的表达能力，它包含有计算机处理和决策能力。这就是说，所有的结论肯定是可计算的并可以在有限的时间内得到。OWL DL 包含了所有 OWL 的语言构件，这些语言构件仅能被有限地使用。OWL DL 是 OWL 的基础。

OWL Full：针对那些除了要求最大限度表达能力，还要求资源描述框架（RDF）句法自由的用户，计算机的可处理能力不能得到保障。OWL Full 允许对一个本体围绕先前定义的 RDF 和 OWL 词汇进行扩展。

运用 OWL 进行本体开发时，需要考虑哪种分支语言最能满足实际需要。选择 OWL Lite 还是 OWL DL 取决于用户是否需要更强的表达能力。反过来，选择 OWL DL 还是 OWL Full 则要考虑到用户是否需要 RDF 模式的模型化特征。在使用 OWL Full 时要注意到，由于 OWL Full 至今还没有实现，目前还不能支持对最终结果的预测（参考文献 McGuinness 2003）。

（四）已检验的本体开发系统

本体的构建和应用除了要有合适的本体语言外，还需要有能对要描述的应用领域进行模型化处理的软件技术支持。例如在实体构建和校验中所需要的软件系统包括：对本体数据的输入和维护以及对这些数据及其相互关联的查询和分析。

目前有很多软件工具可以对本体的构建过程和一定范围内本体的应用进行支持。在此情况下，在对创新项目本体进行开发时，可以对现有系统的适用性进行检验。以下将对此做进一步阐述。

OntoStudio

OntoStudio（OntoStudio 2005）是本体编辑程序 OntoEdit 的升级版，由 Ontoprise公司推出。OntoEdit 是经过一系列的研究项目开发后，最终形成市场化的产品。目前在工业界得到应用的有 OntoStudio 以及与其类似的 OntoBroker 和 Semantic Miner。

OntoStudio 以图形表达的方式支持本体的构建并具有情境化的菜单以完

成编辑任务。此软件工具安装在 IBM Eclipse（IBM Eclipse 2005）上，它作为生成编辑器的基本框架具有很广的应用前景。

OntoStudio 通过表格化的用户界面对概念、关系和属性的构建进行支持。编辑器提供事先定义的假设，使得建立关联时方便。比如：对称的特性或者基数限制。F-逻辑句法规则的构建可以以文本的形式或者也可以用图形界面的方式加以支持。

OntoStudio 以层级式的结构反映在本体中定义的概念和关系，借助于此，这些要素特点的遗传和细化就可以比较清晰地得以表达。

OntoStudio 除了可以对主存储器中的本体进行管理外，还提供了与关系数据库相连的可能性，以对模型进行存储。此外，OntoStudio 还可以基于数据库进行模型的构建，如可运用于作为不同模式间语义整合的基础。

输入和输出功能支持不同的输入和输出格式，包括 F - 逻辑，OXML，OWL，RDF（S）。

OntoStudio 本体编辑程序见图 7-1。

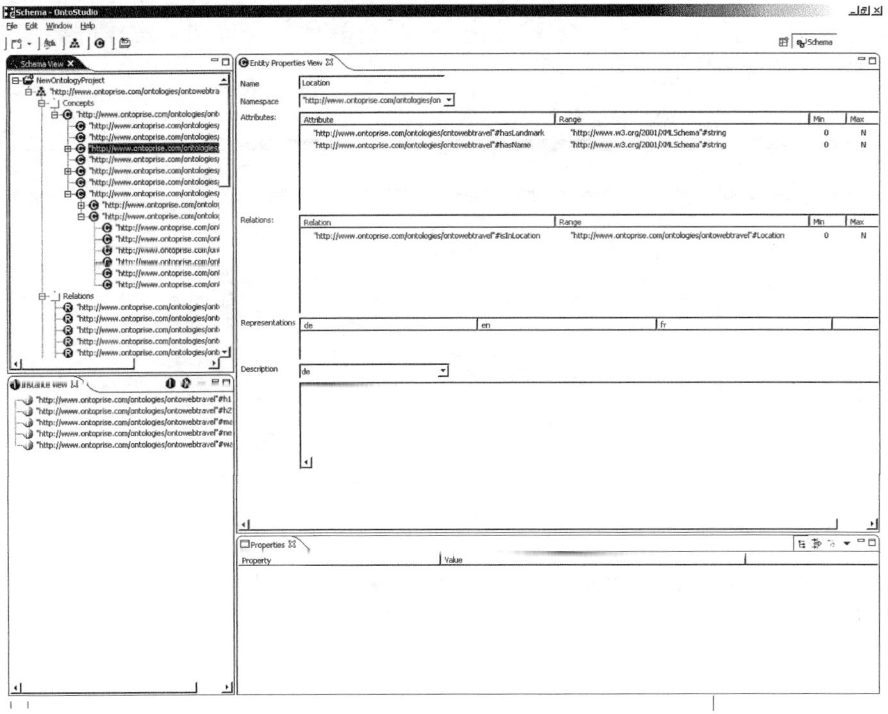

图 7-1　OntoStudio 本体编辑程序

Kaon

Kaon 环境（Kaon 2005）下的本体编辑器是一种开放源代码的软件工具。

它是在不同的研究项目结果和研究项目的交换过程中产生的。此后，Kaon 作为卡尔斯鲁厄大学 AIFB 研究所和卡尔斯鲁尔信息技术研究中心成员单位的共同项目得到了进一步开发。

Kaon 本体编辑器的基本模型和应用表达语言与语义网络标准下的 RDF 和 OWL 有一些区别。Kaon 对一个模型的概念和关系提供词典式的信息，与真正的本体模型是紧密相关的。

图形界面可以指示不同概念及其相互间的关系。概念可以被交互式地选定，以便在一个位置扩展该图形或者展示某一概念的细节，如顶层概念或词典式的信息。概念的文本界面会显示顶层概念、关系及进一步的信息。

在对概念或关系重新定义了以后，可继续选择并对定义进一步细化。可以对顶层要素、已定义的前提条件如对称性和转换性以及辅助的词典式信息或者反演等加以明确规定。本体编辑器的用户界面能支持不同的浏览模式，包括：本体的图形表达、对所选定概念的文本说明、用于对用户定义的问题进行回答的特定窗口以及已输入的本体目录。输入的本体将以参考目录的形式显示。如其中某一个参考内容被选中，所有其他属于该选定本体的要素将以图形的形式被展现出来。

Kaon 本体编辑器见图 7-2。

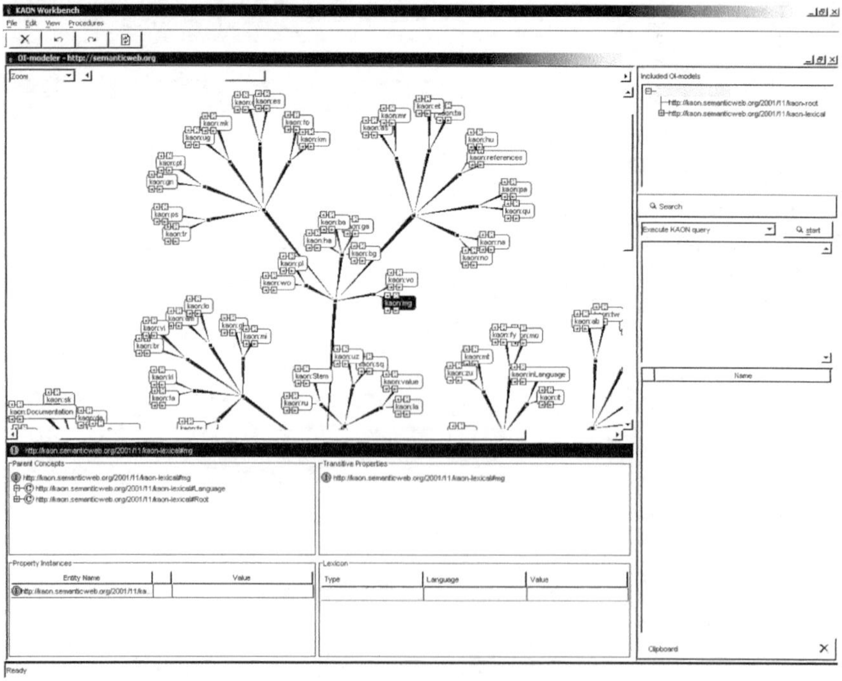

图 7-2　Kaon 本体编辑器

为了对特定的概念、关系和一般问题进行搜寻，搜索问题的特定窗口提供了一组预先定义好的提问目录。当然，也可以用特定的 Kaon 查询语言搜索用户自定义的问题。

本体规定的程序可以用图像表示。和概念一样，实例也可以通过用户界面进行进一步的拓展，以及对现有的进行检验和修改。

通过交互式的图形界面可以使得本体的直接交互成为可能。同时在图形中表达很多不同的方面，使本体工作起来困难，对于这种特殊的表达方式的接受需要一个习惯的过程。

借助 Kaon 工作平台，Kaon 本体编辑器具有集成的功能。比如：通过 Kaon服务器可以实现组分在关系数据库中的本体存储。对于大型模型的维护管理或者不同用户对本体进行同步修改时，这点是非常重要的。当现有的模型被编辑时，为了定义编辑器的指令，还存在多种配置可能性。例如，当某一概念被删除后（底层类别和实例的删除或者与顶层类别的联系被删除），可以确定必须实现哪些操作。

Kaon 本体编辑器不直接支持 OWL 本体的建立，也不能对已有的或通用的关系做出定量的限制。但是它提供了引入 RDF/RDF（S）模型并输出 OWL 和 RDF/RDF（S）模型的功能。

Protégé

Protégé（2005）是一种免费的本体编辑器，由斯坦福大学医学院医学信息组开发的。此程序原本用来辅助医学领域的知识展示。

Protégé 从面世后就不断地被连续开发，并最终实现了今天所看到的能够对领域本体的构建、适于表格输入以及在这些表格基础上构建实例的功能。这个平台基于 Java 开发，并免费提供开放式源代码。程序的插件结构使二次开发成为可能，新功能可以以用户定义的界面方便地集成于其中。可扩展性和免费使用使得 Protégé 成为研究项目中一个深受欢迎的工具，反过来又推动了 Protégé 的快速扩展和优化。

Protégé 提供基于本体的图形界面（图 7-3）。概念、关系和实例的展示是用不同的、特定的界面来描述的。概念和关系用细化的层次结构来展现，此外，还具有情境化的弹出式菜单，以在层级结构中构建新概念或关系，并且层级结构本身也可以被交互性地修改。

此外，为了展示概念及其内部关系，Protégé 提供了一个工具用来建立输入的表格，可使用此表格对实例进行定义。

一些本体表达语言还为用户提供了插件，可免费下载并安装到计算机中去。因此，对特定表达语言的支持一般通过插件就可以实现而并非 Protégé 软

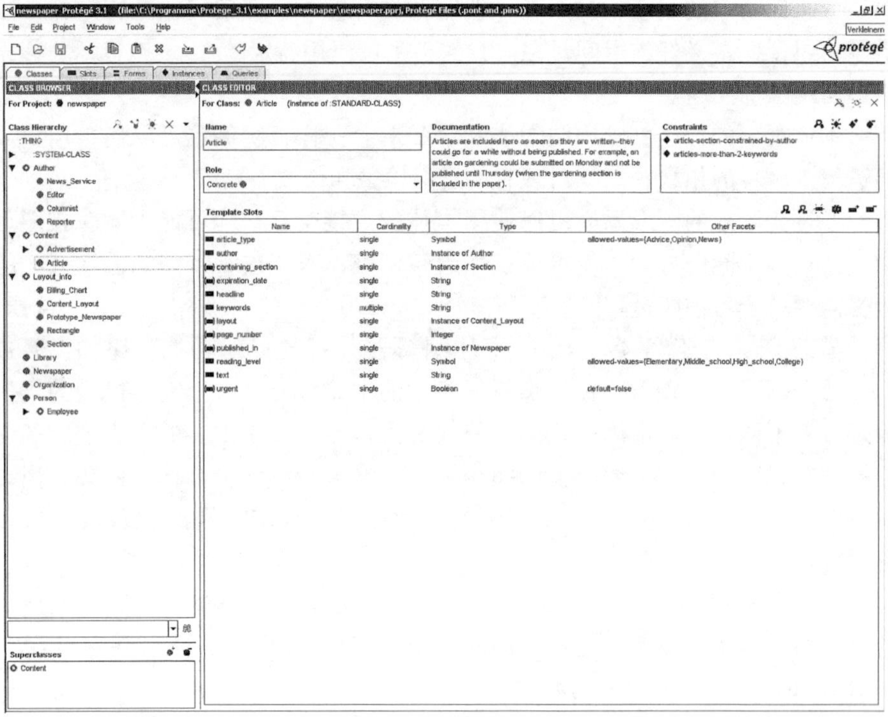

图 7-3　Protégé 本体编辑器

件本身。

Protégé 3.1 第二版以及其插件支持表达语言 RDF 和 OWL。为此，也提供外插件以将这些格式输入和输出，以及作为简单的数据文件或关系数据库进行存储。

Protégé 的 OWL 插件支持 OWL 表达语言。借助于此语言可以确定概念、关系和所受限制范围。限制范围可以用逻辑公式定义，这里有图形化的用户界面供操作。

除此以外 OWL 的插件也支持对本体一致性的检验。为此，有一系列的可配置的检验方法可供使用。此外，这些插件还可以对所使用的 OWL 分支语言（OWL Lite，OWL DL 和 OWL Full）进行识别。还能按照分类对概念进行自动排序以及对推导出的类型进行计算。

进一步地，OWL 插件也可以对那些不能由 OWL 直接支持但可以通过特定模型构建而取得的模型样本的应用进行支持。这些模型样本可用来表现 n 阶关系，即多于 2 个要素之间的关系。此外，通过元数据可以对本体的含意进行解释以及以分组的方式构建类。在 OWL 插件中，也支持假设的建立及对关系的排序。

由于对 OWL 本体构建的多方面支持以及它的进一步扩展（很可能有不断的进一步开发），该工具被选定为合适的软件开发工具。

（五）本体的系统化开发

为了开发和建立一个能够使用创新程序本体描述的信息的简洁型系统（Ecosystem，生态系统），模型本身应该通向宽广的应用范围（群落）。由于本体的开发和维护很像软件的开发，因此有必要借鉴软件开发的方法对本体的开发进行支持。可以确定的一点是，随着在本体管理中有越来越多的工具可使用，今后会有更多的项目运用语义技术。

相应地已有一些（Repertoire）可应用于本体和部分本体，这有点像开发源代码库那样具有可重复使用性和组合性，从而能够使开发和维护的成本最小化并进而强化某一共同认识的基本原则。频繁使用的本体部分已经可以在一些现有的资源中获取，如 Dublin core（参考文献 http：//dublincore. org）。本体可重复使用的一个前提条件是对本体进行系统化开发。

本体的发展过程可按照 Staab（2002）提出的知识元过程的概念来解释。可分成五个阶段：

（1）可行性研究；

（2）项目启动；

（3）细化；

（4）评估；

（5）维护和保养。

这里 Staab 按照 CommonKADS（Schierstedt 2001）的方法，提出一个成功的方法以对基于知识的系统进行。

在使用正式的、基于本体的表达方法时有一些优点，但是也同样面临着一些挑战，比如在建模方面以及对具体项目进行总结方面。要成功地应用基于本体的表达方法，必须解决这些问题。

建模：在建立模型时选择合适的细分等级（Granularitaetsstufe）很重要，这里指的是我们计划的对创新项目的分析。此外，创新项目本体要求具有高度的灵活性，能在以后继续应用，并在应用于不同的创新领域（创新的应用领域）中有良好的可扩展性和适应性。

项目的总结概括：在总结项目数据时，正式的模型必须用单一项目的具体数据加以实现。这应该由参与项目的人员完成，因为只有他们才掌握每一项目所必需的细微知识。本体形式化级别的提高，同时也提高了应用本体做总结的花费。在此，需要注意的是，项目记录人员往往很少直接使用，所以要做好额外花费的准备就是比较受限的。要克服这个困难，总结花费可以通过合适的工具尽可能地加以控制。项目记录人员要用合适的工具，以最少最简单的方式来克服在做总结概括时的困难。另外也可以尝试一下，用基本的本体做一个附加的应用，这样至少可以部分地抵消总结的附加花费。比如，可以发展智能化的服务如支持建立项目团队的服务，以减轻项目中的工作。

知识元过程见图 7-4。

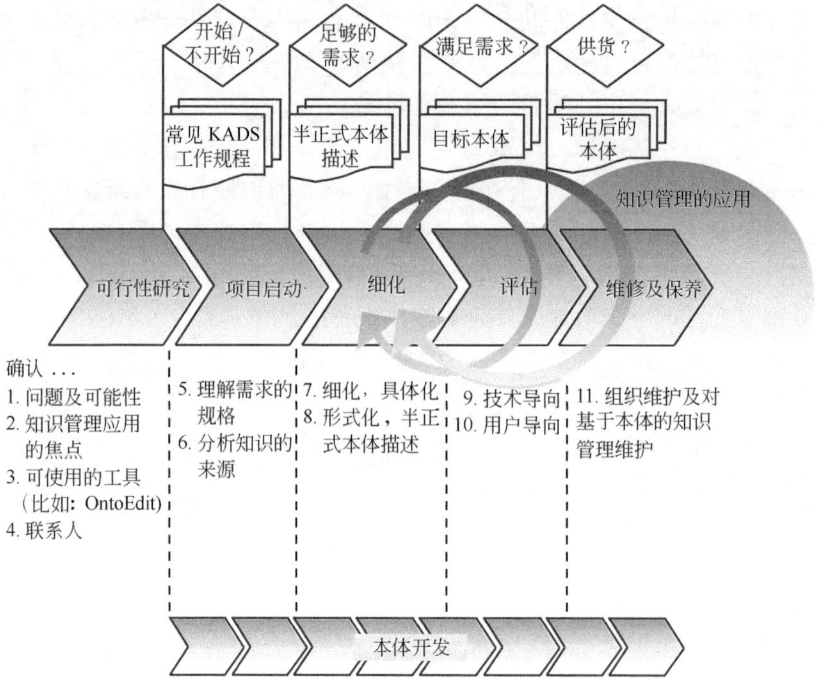

图 7-4　知识元过程（Schierstedt 2001）

二、项目模型：基于本体论的创新管理的基础

要对关于项目的知识进行明确的、正式化的建模和总结，有不同的方法可以应用，其中大多数都是嵌入在支持项目进展的软件中的。重要的如项目管理工具，它是建立有关要素如任务、管理职责和可调配的资源以及这些要素之间的相互依赖关系模型的基础。在这种情况下，对项目信息的概括无疑是与可操作的项目执行的需求情况密切相关的。

对时间驱动因子进行分析的基础是模型的开发，只有通过模型才能对要调研的不同创新项目进行刻画和描述。在对时间要素进行考虑的时候，项目的进展过程和基本结构当然也是建模时要考虑的。

由于在创新项目中常常存在不同专业的交叉，因此，要求项目管理能对不同的领域知识、词汇以及文化进行整合。鉴于这种情况，必须对创新过程中对人员在方法和专业方面的要求仔细考虑。在那些开发新技术的项目中，还必须注意竞争能力的动态变化，因为创新项目中的知识密集型工作对学习新技术、新方法的要求是很高的，相应地也会促进这些新技术、新方法的进步。因此，描述人员能力的静态模型就是不合适的，必须将学习所带来的变化考虑进来。

另外一个常常在研发机构中出现的问题是，研发人员通常不仅仅是只参与一个项目。因此，要求对创新项目进行描述的模型必须考虑到来自不同项目的人员会同时平行地参与到项目中及与此相关的对资源的充分利用和人员的投入。

为了达到结构上的一目了然，首先把项目模型分成四个方面：

（1）项目结构；

（2）组织机构；

（3）角色；

（4）要求和能力。

此外，以后也可以补充有关对资源或成本的介绍。为了使模型能够以有效的方式运行，在建模时要尽可能地对它“瘦身”。在模型中仅需考虑根据一般经验、项目开发管理所必需的部件及其属性和分析时间驱动因子所必需的标准，以避免以后系统不必要的复杂性。

项目结构

项目结构的图例可分为三个层次。第一层次表现了一个项目的不同阶段，各个阶段不存在时间上的交叉，每一阶段都通过一定的“决策门系统”（Stage-gate-process）分开的，只有达到一定的成熟度才能开始一个阶段。通过划分不同的成熟阶段，可以对处于同一发展阶段的不同项目的进展状况进行描述和比较分析。在模型中，对“阶段”的定义是非常灵活的，能够对典型阶段过程，如在不同领域中普遍存在的那样，进行模型化描述的都可以被定义为阶段。

第二层次对项目按照功能加以区分。对整体工作包的划分可以定义为工作拆分结构（Work breakdown structure）。整体工作可以随意地按照层级结构进一步细分，直到每一工作步骤都被给定，然后进入第三层次。此时，要对不同的工作任务指定相应的工作负责人，在比如更大的项目中，还要考虑到工作负责人的专业素质、所属组织部门和地理（比如住处和工作点的距离）等因素。

在工作任务层面上，可以基于模型进行不同的分析和优化。对关键路径的计算有助于项目规划，即根据要求和结果对工作任务以时间次序和工作任务间的关联进行定义。在新项目规划时，建议考虑工作任务的时间顺序，考虑相应的依赖性以及对诸如成本和时间等参数的优化。此外，根据其他关于项目的描述要素，比如完成工作任务所必需的工具，可以建议实施平行工程和制定人员招聘计划。

在已经提到的第三层次中描述了达到工作任务结果所必需的行动。这些行动已经很具体，不能被进一步再分为子行动。在项目模型构架下，行动指的是通过一个或多个人以及机器所执行的特定方法或技术。要对活动的顺序进行表达就需要运用业务流程模型，目的是减少计划的要素。根据项目的特点，即创新的发展，通常可以假定它涉及的是一个首次运行的过程，是不可规划的。所以，首先要放弃那些描述项目中迭代回路和条件的要素。项目模型的基本结构仍然允许对控制结构加以整合，以便对以后的项目和过程进行相应的规划和描述。项目结构的层次如图 7-5 所示。

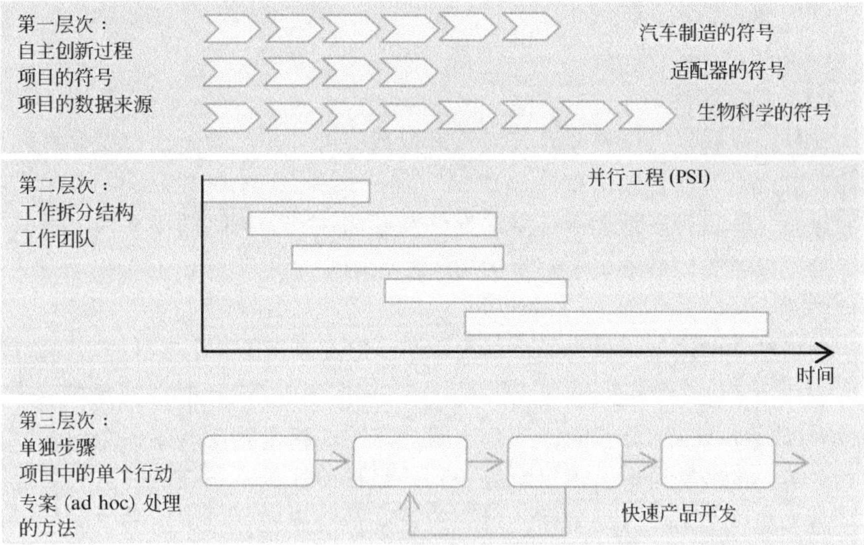

图 7-5　项目结构的层次

组织机构

在项目开发中非常普遍的一种情况是，项目的很多工作是由多个项目伙伴执行的，由此存在分包开发的情况。不同的机构起着不同的作用，从任务的发包方到任务的承包方，从供应商到子合同的承担者。不同的角色代表不同的利益，并进而影响到每个项目合作者的合作态度及行为。因此，要对创新项目进行描述，就需要在项目模型中对参与到项目的各个组织进行描述。

此外，了解某一企业的内部结构对项目的执行也很重要。例如，矩阵型的组织就常常面临由于项目和组织结构的原因给员工造成冲突并进而对作为项目伙伴的企业也带来冲突的问题。因此，在模型中给出项目伙伴的内部结构也是非常必要的。为了将模型描述的范围控制在合理的范围内，仅对参与到项目中的人员和企业部门进行描述。虽然有时也可以对企业的间接部门进行介绍，但这并非在任何情况下都是必需的。

角色

与对组织形式和项目伙伴进行描述一样，根据参与项目的人员的角色对其进行描述也是必要的。出于职责范围的考虑，有必要弄清楚哪些人是某一工作任务的领导或者是某一供应商的联系人，以便以合适的方式通过项目管理（作为进一步的角色）对正在进行的项目更好地加以控制。为了对创新项目进行描述需要将大量不同的在项目开发过程中所反映的角色减少到在项目和组织范围内所代表的角色。

要求和能力

创新项目的成功首先依赖于参加项目人员的素质和积极性。但即便是高素质的项目伙伴，如果他们不能在项目中将他们的能力相应地发挥出来，也不能保证在所有情况下项目会成功。对项目要求过高或过低都会对项目人员必要的积极性造成负面影响，但是也有其他一些人借此进行学习并很快成为项目骨干。有鉴于此，项目模型应该尝试对项目参与人员及其能力要求进行描述。但是需要强调的一点是，这些描述最终反映着项目参与人员的评价，包含着复杂、敏感的信息，所以一般不容易获得。相应地，在应用这些信息时也要非常小心。在将项目模型转化为软件技术应用时，至少在德国，由于可能的行为和绩效控制需要企业工会的同意，所以应和工会商量。

项目模型中用来描述能力和竞争力的模型常参考奎因（Quinn）提出的模型（Quinn 1996）。这种模型将能力划分成四等，从知识不全面的初始者到一个研究或者应用领域的专才，也就是专家。通过这个简单的分级，人事部门的工作人员不需要受特殊的培训就会完成对项目工作人员的评定。

在一个时间较长的创新项目中，特别是在开发项目的合作中，很自然地，项目工作人员需要学习，或者不再使用以前的获得的方法和技术，甚至将其遗忘。项目工作人员的能动性（愿望）可能会决定项目研发的周期。

企业本体

作为项目模型开发的基础，首先要对相关领域中已有的本体和模型进行调研。研究结果表明，企业本体可以是一个合适的参照点（Uschold 1995）。下面将对此做介绍。

企业本体最初是在英国政府为了推动知识系统在企业建模中的应用而倡导的一个企业项目中开发出来的。该项目着眼于对企业的变革管理过程给予有效支持。企业的绩效同时依赖于内部和外部因素，如企业希望能提高客户满意度、增强财力、缩短资本循环周期及尽可能好地使企业适应经济景气的波动。为了能够成功地适应变化的要求，企业必须一方面监控自身的发展并同时与战略目标进行对比，以便能对企业行为进行调控。

企业本体包括了许多在企业中普遍存在和使用的概念和最基本的方案。在本体中概念的定义反映了其常用性。企业本体的范围和重点仅限于一些在企业项目中所需要的概念。该企业项目的一个主要目标是，提供一个共同的语言，以支持企业领域中不同代理（人和软件代理）间的交流。

三、创新项目本体论

基于本体论的创新管理为实现创新项目的加速奠定了方法、工具和解决问题策略的基础。这里的目标在于建立创新项目本体，它应该能识别出时间驱动因素。

创新项目本体是一个形式上的语义模型，它可以将一般已知的对有关创新项目的知识进行传播。它包括该知识领域的相关概念并按照一定的分类标准对之进行归类。描述创新项目的这些概念层级将会在以后的分析中对这些概念的描述、属性以及它们之间的关系得到拓展。现有本体或本体模型要素，如企业本体的可重复使用性是应用该方法的一个基本考虑。

通过本体描述的如何对创新进行加速的知识有助于对改进潜力的识别，即系统已经具备了一种诊断能力，在此基础上应用者会得到比较合适的对创新项目进行优化的可能性方案。对这些知识的创造性利用当然最终是由人决定的。但基本目标是，通过对创新加速的知识准备对参与项目的人员进行支持，以使他们能够加速项目的进程。

对于那些比较明显的时间驱动因素可以通过合适的规避策略对之进行识别和处理。与此相对的是，难于弄清那些隐藏的时间驱动因素。对这些隐藏的时间驱动因素，只有借助特定的工具对大量的数据进行推演才能够弄清。识别隐藏的时间驱动因素表明，创新项目本体的应用是一个合适的方法。借助创新项目本体可以在计算机的辅助下克服复杂性并获得创新项目质量（同时考虑到知识和组织的方面）的信息和预测，这些是在传统的过程分析下无法实现的。这样，通过计算机辅助可以获得详细而且快速的对创新过程的时间驱动因素的鉴定。

相比于现有的一些过程模拟软件，如 ARIS（IDS-Scheer 2005）或 MS

Visio,本体有可能把关于过程、领域和组织的知识统筹到一起加以联系，并以计算机可识别的方式加以描述，从而具有对时间驱动因素进行总结和识别的可能性。为了建立一个基于本体的创新管理以对不同知识和研究领域进行加速，本体必须满足普适性以及能提供不同方法和时间花费多少的要求。为此，需要把不同知识领域作为多学科交叉的创新项目本体的基础。在接下来的系统化和标准化过程中可以对本体示范应用的创新过程加以刻画。通过相应的使用概念和询问算法的执行和应用，可以通过计算机辅助支持对时间驱动因素加以识别。(Warschat/Slama/Schmacher 2005)。

通过对创新项目本体应用推演的方法，可以获得进一步的补充知识。比如：通过拓扑学方法对过程模型的相似性加以识别和判断，用多年积累的时间序列数据来展示时间驱动因子分析的发展方向和趋势，情景建议作为显示自身（渐进）变化的创新过程，利用本体挖掘（应用于本体的数据挖掘）析取隐含的不太清楚的信息，以及建立一般的规则和公理。此外，可以预见的是，将来对本体的改进要求进一步明确的信息如成本和质量等，以便能对它们的驱动因素和相互依赖关系进行分析。

四、创新项目的记录

为了对作为本体开发基础的项目模型及其所产生的本体进行验证，从一些选定的创新项目中提取了项目信息。在本体开发的这个阶段，也就是，在这个阶段对知识结构的预先评估意味着对本体评估的加速，虽然可以用本体开发环境的一般的使用步骤对实例数据进行输入，但通常只能提供非结构化的实例分类和非常没有头绪的细节。

为了对创新项目的数据进行有效的知识获取，需要对本体的预先评估一个系统化的、结构化的预先规定。可以使用基于表格进行输入的软件微软Excel，这样可以在以后对所获取的数据进一步进行电子化处理。

使用Excel的一个显著优点是可以在表格中合理地进行分类，单元格的数值可以由用户来定义，已经填好的单元格（实例和属性值）在以后也可以使用。Excel竖元表达类的属性和关系。每一行显示了实例的分类。每一行显示了实例间的关系（图7-6）。

类和关系	工作人员		受雇于	公司
类的属性	名字	工作号码		名字
举例	温德	29949		技术股份公司
举例	施密特	29572		技术股份公司
举例	米勒	30112		技术股份公司

图7-6　部分知识数据库的表格形式

基于此项目模型产生具有 8 页表格的创新项目电子版的项目文件。它又分别编成 2 组，即项目描述和项目结构：

1. 项目描述
   1.1 总论
   1.2 数据源
   1.3 甘特图
2. 项目结构
   2.1 项目组织和角色
   2.2 项目流程
   2.3 能力和要求
   2.4 角色的分配
   2.5 目标、结果和风险

“项目描述”这章节是对要调查项目的一个简短总结。数据源包括项目的名称、项目的缩写词、项目的目标、项目经费预算、项目承接人/客户以及项目的起始和结束的时间。在甘特图中是对工作任务的描述（下面对项目流程的介绍中会提到）和项目任务的时间进程。

在“项目结构”的子章节项目组织和角色中，是对所有参加项目的组织的介绍，给每一个组织分配一个项目中典型的名称（角色名称）。同一角色的名称可有两个角色的类型。除了项目发包者属于“客户”角色外，所有项目合作伙伴和实例都是“网络角色”。客户可以指定项目的目标并负担项目经费。这样，所有参加项目的组织单元（比如部门）和下属单元（小组）以及个人和项目小组都进入角色。从项目的角度出发，一个人可以在项目组织中担任一个或多个角色。如果有多个角色时要用分开的字行，用不同的名称表示。角色名称可以用下列三种角色类型之一加以表示：

- “项目经理”对项目负责任；
- “工作包负责人”负责指导工作包；
- “项目执行”指具体操作实施项目。

角色最终用关键字加以描述并要给出在什么时间段内承担该角色。如果在项目进程中在项目或企业中遇到角色转换的情况，必须记录下接受该角色的新人的名字、日期及用关键字表达的原因。从企业的角度来看，一个人可以在建设组织中承担一个或多个与项目不关联的角色。

在“项目流程”中首先要对项目的不同阶段进行命名和简单描述。不同的阶段是通过“生产传递过程或决策门”如报告、软件或样机/示范模型来终结或相互分开的。各个阶段没有时间上的交叠。对项目中不同阶段的分类可以有自己独特的标记，如在轿车开发中的典型阶段划分。

这之后将按照层级结构对工作任务、子任务以及活动进行定义，有些情况下也会按照相互间的关系如投入－产出关系、前序－后序关系等对分工进行定义。一个活动是指在一个创新项目中的工作任务/子任务范围内所做的事情，它至少要由一个人力来完成。一个活动就是一个“原子”（Atom），不可对它进行再分。一项活动持续的时间是由起始和终止时刻所限定的。要执行某一活动还需要有时间约束的对物资资源的利用以及需要应用某一方法。对同一活动应用多种方法是不可能的。对活动的执行会将所产生的输出变为结果，该结果又会被作为其他活动的投入。当需要一种投入，而它又不是其他活动的输出时，将这种投入称之为“外部投入”。

在“能力和要求”里将对参与项目的每个人员的竞争力以及他们所负责的工作和在项目中的角色做出说明。对于项目中的每一个角色和应用的方法都会有一个相应的要求。对能力的模式可以分为社会能力、方法能力和专业能力三个方面。社会能力是指人们所具有和应用的认知、情感和行动方面的行为方式。方法能力是指应用于行动目的的工具性的能力，方法行动方面及对信息进行结构化表达和展示的能力也包括在其中。专业能力包括专业的能力、与任务有关的能力以及分析能力。根据奎因（Quinn）提出的等级将能力和要求分为下列四个方面：

- 知道是什么（Know-what）：掌握专业领域的基础（基本知识、书本知识）。
- 知道怎么办（Know-how）：将专业知识应用于复杂问题时的能力和经验。
- 知道为什么（Know-why）：对系统集成的理解，高度发达的敏感和直觉。
- 关心为什么（Care-why）：创造性行动，绩效激励，渴望成功。

在“角色分类”中对项目、工作任务和活动中各个人员的角色进行说明。对角色的分类会在角色和人员间建立起时间约束的联系，由人员来完成。对角色的感觉会对项目、工作任务和活动产生影响。如果是这种情况的话，会通过角色分类的相应关系描述出来。在项目进行中发生的角色类型的改变会以多种角色分类的形式加以说明。一个人在项目、工作任务和活动中的角色可以分为“咨询”、“实现”、“辅助”以及“通知”。角色的分类是在一定的时间范围内进行的。如果没有对终止时间加以说明，那么各个人员的角色就一直持续下去。一个人也可以通过一个角色与很多角色分类加以联系。对时间的分类可以在表格“组织和角色”中的数据得到，这里就不再赘述。

在最后对项目目标做了说明。对目标的说明要给出名称、描述以及确定的时间。所有的项目目标都要被分解到所有参与项目的组织、子组织单元以及个体。但是，在项目的进程中也可以有目标的改变甚至是出现完全崭新的目标。为此，需要将新的项目名称、对新项目的描述、确定的日期、目标改变或设立新目标的原因以及谁做出的改变全部记录下来。最后，还应该给出随着新项目目标所取得的结果。

通过对表格的不断操作，在基于创新项目本体基础上对创新项目进行记录的应用最终完成以前，用户可以使用本体评估和知识获取软件。

图 7-7 显示的是电子项目文件的一部分，用户可以使用下拉式列表框连接已经给出的信息，并避免更多的花费和失误。

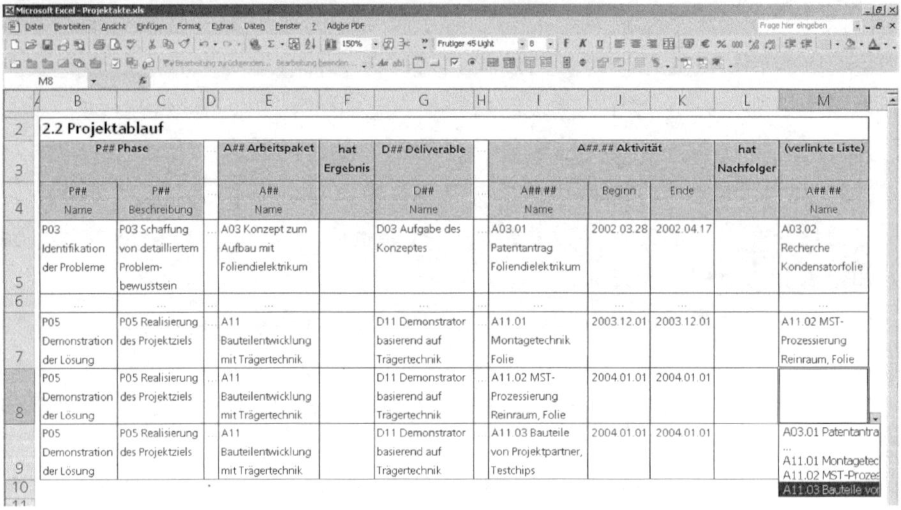

2.2 Projektablauf

P## Phase		A## Arbeitspaket	hat Ergebnis	D## Deliverable	A##.## Aktivität			hat Nachfolger	(verlinkte Liste)
P## Name	P## Beschreibung	A## Name		D## Name	A##.## Name	Beginn	Ende		A##.## Name
P03 Identifikation der Probleme	P03 Schaffung von detailliertem Problem-bewusstsein	A03 Konzept zum Aufbau mit Foliendielektrikum		D03 Aufgabe des Konzeptes	A03.01 Patentantrag Foliendielektrikum	2002.03.28	2002.04.17		A03.02 Recherche Kondensatorfolie
…	…	…		…	…	…	…		…
P05 Demonstration der Lösung	P05 Realisierung des Projektziels	A11 Bauteilentwicklung mit Trägertechnik		D11 Demonstrator basierend auf Trägertechnik	A11.01 Montagetechnik Folie	2003.12.01	2003.12.01		A11.02 MST-Prozessierung Reinraum, Folie
P05 Demonstration der Lösung	P05 Realisierung des Projektziels	A11 Bauteilentwicklung mit Trägertechnik		D11 Demonstrator basierend auf Trägertechnik	A11.02 MST-Prozessierung Reinraum, Folie	2004.01.01	2004.01.01		
P05 Demonstration der Lösung	P05 Realisierung des Projektziels	A11 Bauteilentwicklung mit Trägertechnik		D11 Demonstrator basierend auf Trägertechnik	A11.03 Bauteile von Projektpartner, Testchips	2004.01.01	2004.01.01		A03.01 Patentantra … A11.01 Montagetec A11.02 MST-Proze A11.03 Bauteile vo

图 7-7　电子文件的摘录

五、时间驱动因子分析和规则

时间驱动因子是指在创新项目中一个以偏离最佳状态为特征的、以延长时间跨度为结果的影响因子（请参见第四章）。举例来说：缺少合作的准备、缺乏框架协议、没有及时进行供货期确认、没有明确区分职责或项目成员缺乏专业能力。一个时间驱动因子在自然语言表达中，是一个用来进一步阐述主语、主语本身或是宾语的定语。

举例来说，在时间驱动因子中的“项目成员缺乏专业能力”，可以理解为，是一位或数位参与项目的成员，缺乏在限定时间里完成工作所必需的专业能力。也就是说，“成员”、“活动”及“专业能力”这些元素都起一定的作用，并且“成员”这个要素通过“执行”的关系与“活动”建立起联系，通过“具有”的关系与“专业能力”也建立起联系。“活动”通过“要求”的关系与“专业能力”建立联系（图7-8）。

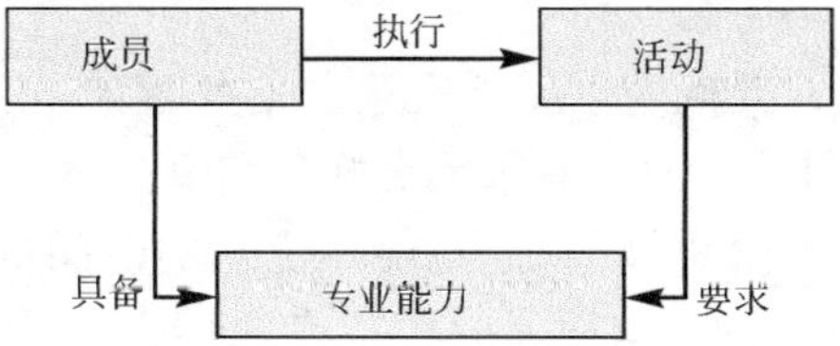

图7-8　在时间驱动因子“项目成员缺乏专业能力”中的元素

通过这么一个模型可以对项目中每个成员各自的具体活动加以描述。每个成员都可以清楚每项活动所要求的专业能力是什么。但是该模型还缺乏一个信息，就是在什么条件下会存在“不匹配”的情况。也就是说，需要一个能以时间驱动方式影响要素状态的规则。要将该规则模式化到模型中，需要为专业能力和它们的价值领域确定要素的属性，以及一个逻辑运算符以描述现有的价值和要求的价值间的不匹配程度，比如“大于”。经修正后的模型见图7-9。

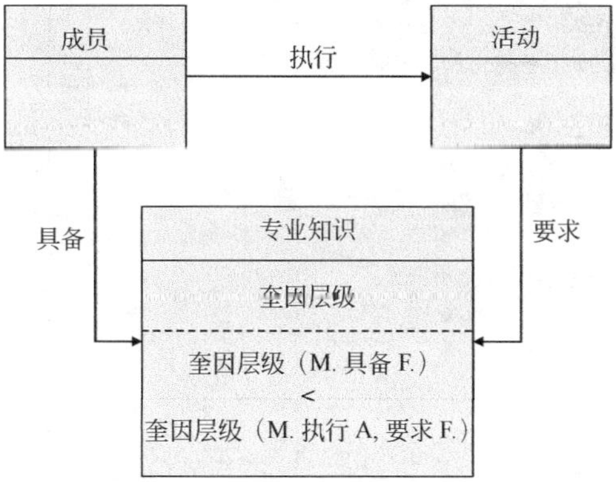

图7-9　对时间驱动因子“项目成员缺乏专业能力”的形式化

对专业能力的数量化引入奎因（Quinn）提出的能力的四个等级作为要素的属性（知道是什么、知道怎么办、知道为什么、关心为什么）。其中，“知道是什么”是最低级的能力、“关心为什么”是最高级的能力。据此，在要素“专业能力”中就存在一个不匹配。该规则被融入到要素“专业能力”中，以一条虚线分开。其中，“奎因层级”（M. 具备 F.）表示，某一项目成员具有某一特定奎因层级的特定专业能力。"奎因层级"（M. 执行 A.，要求 F.）表示某一成员执行某一特定任务，该特定任务要求某一特定奎因层级的特定专业能力。逻辑运算符"小于"表示，当且仅当，现有的奎因层级没有达到所要求的能力层级时，会存在不匹配以及相应的时间驱动因子和时间内耗的情况。

以下的例子将会对此阐明，员工法兰克先生拥有一定的专业技能，在此为奎因层级"Know-what"的"有限元分析"知识。现在法兰克先生要完成一项活动"前车轴的数值模拟"，但是要在优化的时间内完成该项活动需要奎因层级"Know-why"的"有限元分析"专业能力 。如此便出现了时间内耗的结果，因为奎因层级"Know-what"未能达到所需的奎因层级"Know-why"的要求。

<table>
<tr><th>时间内耗因子的名称</th><th>时间内耗因子范例</th><th>类</th><th>关系（类之间的关系）</th><th>属性</th><th>属性的价值范围</th><th>不匹配</th></tr>
<tr><td rowspan="3">项目成员缺乏专业能力</td><td rowspan="3">在"前轴"部门中，由于有项目"Mini-Car"，钱比较多。相反在"内装"部门中，有位低薪的员工"法兰克先生"。
表面上看起来法兰克先生满足对专业能力的要求，因而他换到前轴部门，但实际上所要求的专业能力要高于所预期的。为此，法兰克先生必须首先刻苦弥补所欠缺的知识。这样就对任务的完成造成时间上的次优。
<u>员工姓名：</u>法兰克先生
<u>员工职业：</u>专业员工，设计师
<u>员工专业特长：</u>二维制图（Know-how），三维设计（Know-why）
<u>员工专业需求：</u>三维模拟（Know-why）
<u>在项目中定位：</u>参与工作任务 03 和 04</td><td>成员</td><td>成员—具备—专业知识
成员— 执行—活动</td><td></td><td></td><td></td></tr>
<tr><td>工作</td><td></td><td></td><td></td><td></td></tr>
<tr><td>专业知识</td><td></td><td>奎因层级</td><td>Know-what
Know-how
Know-why
Care-why</td><td>奎因层级（成员具备专业知识）
奎因层级（成员执行工作所需的专业知识）</td></tr>
<tr><td rowspan="3">在项目开始时目标不明确</td><td rowspan="3">在项目开始时，项目参与人项目不清楚项目目标，也不了解达到目标的过程。这使得有效率、有目标地达成工作受到了阻碍，而且将订定规格参数推迟至项目开始之后。
<u>定位：</u>项目开始前</td><td>项目</td><td>项目—追求—目标</td><td></td><td></td><td></td></tr>
<tr><td>目标</td><td>目标—必须被分解至—时间点目标—已被分解到—时间点</td><td></td><td></td><td></td></tr>
<tr><td>时间点</td><td></td><td>日期</td><td>数据</td><td>日期（至何时，尚需被估算）
日期（至何时，已被估算出来）</td></tr>
</table>

图 7-10　时间内耗因子的形式化

很多时间驱动因子都可以用规则来加以阐述，并由此通过所谓的推断机制来加以发现。这些元素可以通过元素属性而产生或不产生不同的可操作化的状况，而且相互之间建立起一种状况样本。当没有达到所要求的状态时，即存在不匹配的情况，状况样本就会以时间次优的方式产生影响。这就是所谓的时间驱动因子分析。

图7-10所示的图表阐述了时间内耗的产生。通过用一个项目中的实例对时间内耗因子加以说明，知识拥有者才具有对时间内耗因子的要素和属性进行描述的能力。对要表达的现象进行阐明后，就可以对所有实际需要的类、属性和不匹配加以说明并建立起逻辑联系。

六、基于本体论的创新管理的软件原型

已经有一套软件系统原型可以对创新项目数据进行基于本体论的描述和进行分析，下面对此做进一步介绍。

（一）计算机辅助支持的时间驱动因子分析模块

创新项目本体一方面要确定描述要素和关系以对创新项目进行记录，主要关注于时间驱动因素，一般也称之为“轻量级的本体”。另一方面，通过编码化的规则和相干分析，即对隐含的不能直接进行描述的知识进行挖掘，也可以对时间驱动因素进行识别。围绕规则进行扩展后的轻量级本体被称为“重量级的本体”（Esperonto Services 2002）。借助本体语言，可以对信息以计算机可识别的方式加以描述和处理。

通过这个在计算机内记录下来的创新项目，相干分析仪可以借助条件关系“原因——时间驱动因子”的查询对重量级本体中的时间内耗情况进行识别，并对个体/实例层面上的原因加以描述（Warschat/Slama 2005）。

用以加速创新项目的重量级的本体见图7-11。

通过应用重量级的本体，就无需再在应用时单独地执行识别时间驱动因素的规则。这样就可随意对创新项目本体进行体扩充，以使规则能够适用于发现额外的时间驱动因素，而不必对应用该本体进行分析时必须适应规则。因此，对本体的应用局限于对明确的已知知识的查询。为此所需要的形式和规则可以应用OWL和SWRL语言加以实现（SWRL 2005）。

SWRL具有描述静态规则的第一级逻辑的软件模块，这些静态规则是由条件和结论所构成的。规则的实质是，当条件成立时，结论也必须同样成立。这很适合于对时间驱动因素的因果关系进行描述。

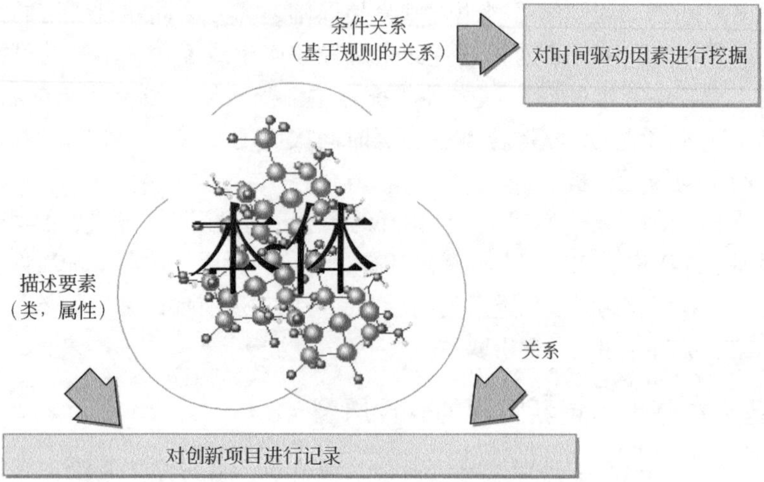

图 7-11　用以加速创新项目的重量级的本体

使用 SWRL 的一个好处是它可以与 OWL 兼容。目前有很多工具、编辑器及框架程序可供使用，它们都可以使用 SWRL 和 OWL。这样就可容易地、清晰地建构一个大的本体，如说前面介绍过的 Protégé 系统。尽管如此，但无论是 Protégé 所提供的插件还是其他可免费获得的模块，都无法在 SWRL 所定义的本体在个体/实例层面的规则中应用。这也就是说，目前可以对相互间的联系和规则在一个统一的句法基础上加以定义，但是要进一步扩展就需要另外的模块，即 SWRL 的相干分析仪。

模块 SWRL2Jena 使用开放源代码框架 Jena 2. 1 （Jena 2005） 及 SweetRules（SweetRules 2005） 见图 7-12。耶拿（Jena） 提供推理机，即对规则进行分析。SweetRules 则是把规则翻译成推理机可以理解的格式。

目前，SWRL 还只是作为在万维网上对规则进行表达的一个参考标准，至今尚未被软件系统所支持。对规则的翻译，如耶拿框架程序所需的 RDQL-查询，就得采用其他办法。

图 7-12　SWRL2Jena 模块组成部分

模块 SWRL2Jena 通过嵌入到软件原型，可以对时间驱动因素进行相干分析并给出结果，并逐一列出所识别出的可以进一步优化的潜力。这个模块也可独立地通过现有的图形用户界面（GUI）加以应用，可以对轻量级或重量级本体中的任意关系进行查询。通过规则，即条件查询可以对时间驱动因素加以编码，并可以通过模块对时间驱动因素加以查询。

目前对本体结论的支持大都局限于对类属的查询，也即没有考虑个体/实例层面的情况。借助 SWRL 模块，还是可以通过相关的规则对时间驱动因素的因果链进行分析。SWRL2Jena 本身不是编辑器，也不是本体生成程序，而是对本体中个体间的关系进行查询的工具。当然，这种关系应该是可以被识别出来的，在 SWRL 规则的帮助下这些关系仅能被隐含地给出。

（二）面向终端用户的本体应用

要求及目标

由于网络本体语言谱系（OWL 2005）借助万维网所形成的准标准化，目前正在形成统一的、不断扩展的语言范围对语义进行格式化的描述。借助统一的语言可以对其他应用程序进行开发，这些应用程序可以对要刻画的信息进行描述、交换、加工或便利于使用者对这些信息的处理。

虽然可以对语义进行格式化描述，但是以当前标准应用程序如微软 Word 在使用便利性方面的标准来看，这些应用程序仍面临着数据量很快达到极限的问题，

例如，在生成和描述一个文本文件时，一个格式化的描述可能包括如下的信息：一个文件包括以自然语言表达的文本并分为若干个章节。这些章节是由标题、段落甚至子章节所构成。这个文件是由一个或多个作者所完成，某些单一章节或许是由几个作者共同完成。当然我们可以随意地进一步细化对文件的描述，如可以按照章节的主题或形式化的描述的知识加以归类，而不会混淆按照“章节”和“作者”所进行的分类。基于这些信息，程序就可得出逻辑性的结论，譬如说哪些作者已经写过某一特定题目方面的内容以及具有与此相关的一定的专门知识。

一个只能在格式化描述的信息基础上进行工作的应用程序在数据获取仍面临着问题，即程序无法“知道”，这些数据究竟代表何种意义，也不知使用者希望如何应用这些数据。比如，当使用者在微软 Word 中对已标定的文字按下鼠标右键，则 Word 会提供给他一个选择菜单，以便于使用者对选取的文字进行复制或查找同义字。就算 Word 不了解被选取文字的意义，Word 的研发者还是提供这种功能，以便使用者灵活地、方便地对文件进行操作。这是可以实现的，因为 Word 就是要解决一个明确的问题。当然 Word 可将生

成的文件加以保存，这同样也是格式化的数据结构所要求的。这里的不同之处在于，由于Word只是应用于某一专门领域，原则上，它只能对唯一特定的数据结构进行处理，并在结构和所属的功能方面实现了最优化。对文字编辑以外的应用范围，Word就不能，或只能做有限的支持。

相反，借助本体论，我们可在给定的语言范围内随意地对结构及相互关联进行描述。一个应用程序，如果有这样的结构但依赖于任意信息的含义，则在某一具体应用情况下不会达到专门化的标准，这些标准可以提供为特别针对某一应用领域以及针对某一具体数据结构而开发的应用程序。

在本体编辑器方面，现已有一些应用程序，它们除可对本体进行生成和处理外，还提供了很多其他可能性，如按照现有本体的结构对信息进行输入或修改。通过对本体结构信息的应用，借助编辑器还可以对生成的用户界面的表现形式进行配置，生成视图化的格式或以插件的形式进行其他扩展或进一步的自我开发。

虽然已有这么多应用的可能性，但现今能投入终端应用领域的本体编辑器仍是非常有限的。这一方面要归咎于本体编辑器的基本功能。对于本体没有什么了解的使用者来说，本体编辑器的操作还是非常复杂的。将那些对于数据录入和数据展示不必要的表面构成加以隐藏，通常来说是不太可能的或是花费非常巨大。用户界面的结构总的来说也是非常刚性的，不够灵活。在很多应用中，还欠缺一些必要的功能如针对用户所需的（能进入保护区的树）分配（并非每个用户都会对总的数据构成关注和处理）。应用视图化进行展示的可能性也由于一般的、跨越本体的可应用性的目标而同样受到局限。也不能用柱形图的形式对项目进程的情况进行展示。此外，适应不同用户群体的需求，如为管理者和专业人员提供特定的视图，也不能或仅能部分地得到支持。

基于这些限制我们可推论，终端用户对诸如项目数据获取这样的系统的接受还是非常有限的，并且应用于这样的情形也是很少有目标导向的。目前还没有任何软件解决方案可以克服以上的这些局限。

实现的可能性

要实现终端用户界面就必须开发特定应用软件。这样的应用软件可对具体的要求做细节上调整，并且理论上可实现所有希望的功能。借助程序代码的通用生成工具及应用现有的软件组件及数据库，可以缩短开发的时间。尽管如此，要开发一套完整的软件应用还是需要耗费大量的时间及经费。由于软件的高度专用性，通常最多也仅能在很少的情况下将软件重复地用于其他应用领域。

另一个明显的缺点是在于对本体做出修改时缺乏灵活性。当一个软件应用使用某一种本体的数据时，这个应用就关联到本体结构及组成部分的程序代码。若其因为变更而不再一致，那就得经常耗时来变更程序代码，否则应用就无法执行。在软件开发后期所产生的变更，甚至要对软件的整体概念框架做出修改，就极可能导致彻底的重新开发，以及考虑到巨额花费使得对本体的修改成为不可能的事情。

由于现有的编辑器和本体应用软件不能满足终端用户的需要，而开发一套完整的、专门的应用软件又花费非常高，并且最终的成果几乎不能被重复使用，以及在对本体进行修改时又缺乏灵活性，因此，合适地引入一种能结合两个方面的优点并将缺点降低到最低的应用，就显得有其意义。最理想的，应是创造一个类似一个通用的本体应用软件的平台，任意本体可在其上工作。但是同样要求，尽可能以较少的时间和资源花费对具体的应用情况做足够的修改。

概念

类似 Protégé 本体编辑器中（Protégé 2005）基于表格的输入功能，第一步将给出本体构成部件间的相互关联以及它们在用户界面上各自的描述。可以预计的是，在本体中包含的数量描述要素可以通过用户界面中相应的输入栏加以刻画。

这些动态的、以本体要素中的信息为基础的界面构成仍只能作为进一步适应的基础。软件原型的适用性遵循一个过程，该过程可以在实现所提出要求时随时中断。由此所产生出来的适应花费是随着过程的进展而增加的。基于规则所生成的默认用户界面具有进行配置性调整的可能性，如排版、界面要素的交换或者移除在终端用户看来不相关的界面构件。接下来就是根据已经实现的界面概念和其构件进行配置。

视图

在图形用户界面的开发中，一个很重要的概念是“视图”。它是因 IBM 的 Eclipse Rich 客户平台而变得出名的。基于 Rich 客户平台最有名的应用程序是 Eclipse IDE。目前，它已经被视为 Java 软件开发中的标准开发环境。

一个视图就是一个视觉的窗口，它为数据库的可视化和导航提供视角，它同时也是对数据进行处理的编辑器。此外，还可以把功能要素随意地捆绑进视图中。对于 Eclipse IDE 来说，还可用多个区域，比如可整合到视图中（主区域）的具有通信功能如即时通信和聊天的插件。

借助越来越多的视图，具有不同要求的客户群的需求可以得到满足。此外，通过视图的优化也可以解决那些经常遇到的应用情况。

可调整的外观

本体中常含有可通用化的结构。树状结构就可看作是一个一般的结构，可应用于数据库数据系统的层级结构化。借助这种对树状结构通用的但是可配置的视角，可以实现对本体层级化的部分结构的展示，如同把项目分解为阶段、工作任务和活动而没有执行费用一样。若在软件原型的调整过程中有一个以这个结构为基础的导航可供使用，那就只需要对相关的关系箭头进行配置。数值型的视图如饼图或长条图，事实上可通过展示本体相应的数值属性以及有关处理规定的定义而通用化，并使软件原型可被调整地适用于任意的本体和应用情况。

优化调整可以通过诸如本体类图标的展示、排版或标签的配置加以实现。通过可调整的外观常常可以处理具体应用中的大部分调整要求。

时间工作流程图的外观见图 7-13。

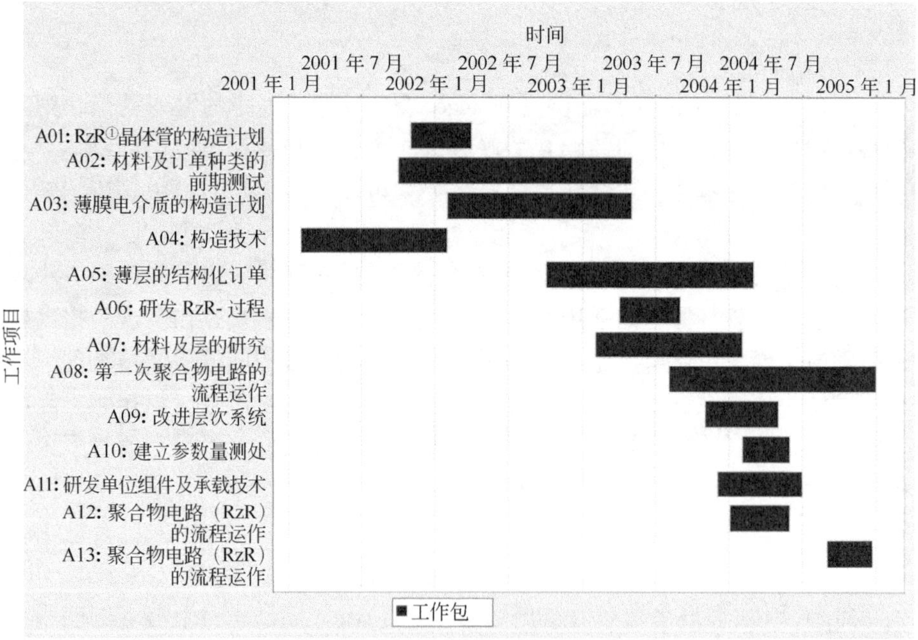

图 7-13 时间工作流程图的外观

特殊的外观及功能要素

尽管通用的、可调整的外观有很多可以应用的可能性，但是，它仍不能涵盖所有遇到的情况。为了实现随意的扩充，提供了接口，以对现有表面概

① 译者注：RzR 是“卷带式”roll-to-roll 的德语缩写。

念的任意外观和功能进行生成和整合。

实现

软件原型的实现是通过应用 Sun Microsystem 的面向对象的程序语言 JAVA 而取得的。通过转换成 Web 应用程序，软件原型可通过在服务器上一次安装，供客户群体使用。免费的 Web 容器软件 Apache Tomcat 可被用作运行时间管理。

以后，软件将被改写到 Eclipse Rich 平台上，新软件原型应该能够除了实现界面互动性和方便性外还可以独立的（Stand alone）在台式机上运行。

层次模型是建立在软件原型的基础上的。每一层的功能会在下面给予进一步的描述。

本体阶层

本体阶层可分成两个模块，第一个是专门用来分析本体结构。这在生成动态界面要素时是需要的，以获得经验，如本体中有哪些类、有哪些遗传的层级或不同类之间通过哪些基点有何关系？这个模块对惠普（Hewlett Packard）的耶拿数据库进行了抽象（Jena 2005），为了将位于较高阶层前的复杂性隐藏起来，并能对耶拿数据库中可能的改变向中心负责反应。此外，将明显减少在较高阶层和扩展中的执行成本。

软件原型的结构概况见图 7-14。

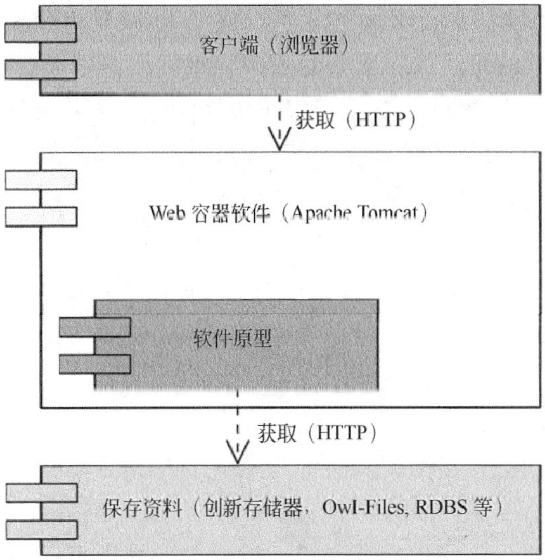

图 7-14　软件原型的结构概况

软件原型的阶层模式见图 7-15。

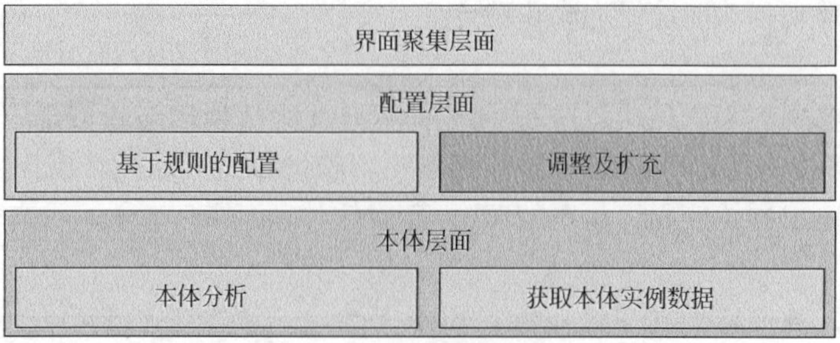

图 7-15　软件原型的阶层模式

本体实例获取模块的任务是对实例的获取进行抽象化。借此，对实例数据的维护将可以通过运用任意的持续机制进行。举例来说，通过应用关系数据库系统，可以存储数据或通过网络服务获取的存储元件“创新存储”。理论上，通过该实例获取模块还可以实现对多数据源的透明整合。例如，可以将一个关系数据库系统中所包含的本体实例数据与 SAP 系统中的实时数据（Live data）加以整合。该模块还可进一步提供其他功能，如对数据类型的转换或对数值和数值范围的检验。

配置阶层

在基于规则的配置中，软件原型的缺省模式是按照界面要素的动态产生而定义的。其目标是，利用原先的设定，而不必花费大量的配置成本，来尽可能取得所希望的成果。以定义好的规则为基础，缺省配置将以 XML 数据的形式生成。这些生成的 XML 数据足以生成功能性的用户界面。对软件原型的调整，可通过对 XML 数据的修正和扩展而得以实现。此外还可以对所包含要素的视图和互动关系加以定义。

界面聚集层

界面聚集层是用来聚集单一的界面组成部分并实现软件原型的。这个阶层用来说明已有的配置并在运行过程中生成用户界面。所有的用户互动都将被展开，用户的行动被转到更深层次中进行。

（三）存储器元件

要对数据进行保存和维护就需要开发一个存储器元件，这里是“创新存储”。存储器对 OWL 和 RDF 本体（T-Box）以及实例（A-Box）的存储、查询和更新进行维护。该元件提供 API，以通过 SOAP 实现对网络服务的激活（http：//www. w3. org/TR/soap）。该元件是基于 RDFCore 基础上的（Esposito 2003），应用带有 MS-SQL（结构化查询语言）数据库的 Jena API（McBride 2002）作为存储的基础（Backend）。

储存系统的结构见图 7-16。

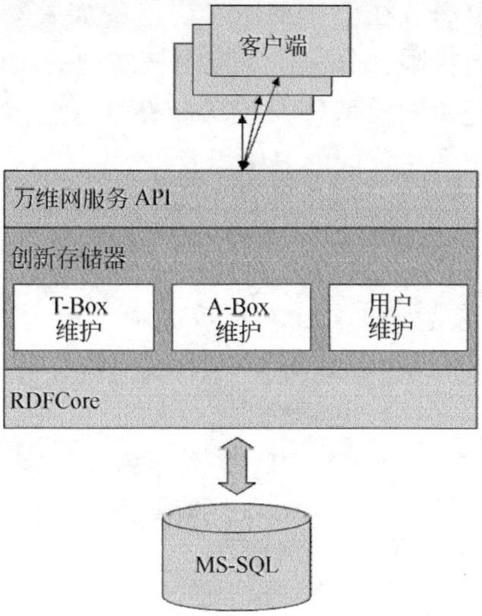

图 7-16　储存系统的结构图

创新存储器这个元件把所有的模型都看作被定过版本的对象，对象要么可以显示为写保护状态要么是在修改模式下被处理。修改后的模型将被当作新版本登入并保存在数据库中。可分别对不同版本的模型进行提取。

已储存的本体模型被视为完整的对象和单元。实例模型（关于实例的大量陈述，A-Box），也被视作完整的对象，并且通常也像本体模型一样被处理。在实例模型中，可获取单一的 RDF 陈述，也可在这层面上进行修改。如此，可选择一个特定的陈述并加以更改。

在对本体和实例模型进行维护时有如下一些重要的功能：

功　能	说　明
add	储存一个新的模型，或储存一个已存在的模型的新版本
delete	删除一个模型的所有版本
delete version	删除一个模型中的特定版本
get	呼叫一个模型中的最新版本
get history	显示一个模型中所有已执行的工作
get version	呼叫一个模型中的特定版本
list	显示所有该使用者有存取权限的模型
list version	显示一个模型的所有版本
lock	封锁一个模型，使得其他使用者无法对其变更，直到这个模型重新被开放
Manage access rights	对一个特定的模型，设定读取或更改权限给一个使用群组
unlock	开放一个被封锁的模型
update	更新一个模型版本，而没有制定新版本

除了储存模型外，也支持对用户及用户群组的管理。其中包括加入新的用户、建立新的用户群组及在已存在用户群组中加入新的用户。一个模型的制定者通过对用户群组权限的分配，来控制该模型的获取权。

除了上述用来管理实例模型的通用功能外，一些附加的功能还被加入于存储器元件中，他们被列在下面的表格里：

功　能	说　明
通用查询功能	允许执行一个任意的 RDQL-查询
存储实例	在一个本体内概念里，储存一个或多个新的实例，及其所有的关系，还有在操作内的数值
更新实例	在一个呼叫里，更新在一个实例模型里的数个实例 加上新的关系，删除已存在的关系或更新其数值
检索实例	从储存器里寻找数个实例
删除实例	删除特定的实例
查找实例	传呼所有实例，其与所给定的参数相符合。参数可为：概念类型，关系或关系及其数值。也可以使用一个这样的参数组合

（四）软件原型的应用

软件原型可以使终端用户对项目数据以方便于用户的方式在创新项目本体中加以描述和视图化，以及根据定义好的规则对现有的时间驱动因子进行分析。为此，要对软件原型做适当的调整以符合应用情况。相应的视图如项目结构视图和专门的外观也需要被给定。

通过结合 SWRL2Jena 模块，可以在制定好的规则基础上对时间驱动因子进行分析，并对要描述的项目数据在整体环境下进行视图化的展示。此外，基于软件原型灵活性和可扩充性的情况，有可能以较少的花费实现对本体层面的修改和扩充或对额外的功能扩展加以整合。

（五）后续发展（未来展望）

基于本体论的协调服务，以支持创新过程中的项目管理

在对一个项目中的资源进行决策时，如果要得到自动支持，那就需要两个模型的互相协调，即对资源要求的模型和对可支配资源进行描述的模型之间的协调。此外，对资源的协调还需要进一步的知识处理步骤，以对决策过程进行支持（Wiederhold 1997），譬如从可能的资源中选出最好的。

由不同应用所共享的创新项目本体，允许所有成员与应用在如下三个不同主题的项目管理阶段生成和共同使用一个词汇库：

• 资源模型化阶段：在这个阶段，对描述能力和活动的词汇加以定义和应用，以用来描述资源。

• 项目模型化阶段：在这个阶段，第一阶段所生成和应用的本体可被重复使用。

• 资源协调的模型化阶段：在这个阶段使用本体是为了获得对不同项目模型及资源模型进行比较的情况。其结果是一个对活动的选择和分配所需要的可能资源的分层次的列表。

协调团队成员的行动方法

资源模型化和有效的分配需要一定的规则。为了达到这个目标，传统的协调系统（Weimin 1999；Huang et al. 1998、1999），以类似 SQL 的语言，来执行资源协调的三个细分任务：即资源的描述、需求的描述和协调步骤的策略。

基于本体论，对资源协调的方法在两个方面区别于建立在 SQL（结构化查询语言）上的解决方案：

• 项目本体可以对要进行的不同活动和所要求的资源间的关系进行建模，而不要求用户在低层（类似 SQL）使用语言。

• 基于本体的方法在资源的描述、需求的描述和协调策略这三个方面，没有语言上的差别。根据本体论所建立模型的共同点是，不仅可以在所有阶段交换词汇，也能推断隐性交换规则。而这些隐性交换规则是基于“资源的语义相似性”作为匹配算法的服务数据库转化而来的。

在选定的方法中，资源按照不同的类层级加以组织；通过对所要求资源的多级分类可以对协调策略加以支持。因而在资源模型中，在类“经理”下的人力资源可以被描述为素质层级或组织层级的单元，且具有一定的权限，以便执行特定的工作（譬如：设计、编写程序、行使同意权）。此外，也可按照某一合适的领域本体对资源进行分类（譬如：能力、语言、国家）。

在项目需求的模型中，在类“程序化”下的一项活动会要求某一资源，该资源被分类为具有相关素质的“工程师”。

一般来说，可使用已存在的本体类层级，以在领域知识的基础上得出结论（如通过归类）。由此，可以减少项目建模中的工作开销。

团队组织中的标准

对一项工作，如果有充足的资源可供使用，那就需要一个建议名单，来对最合适的资源提出建议。一个资源的能力度可根据动态范围来对其分级（譬如：变动的工作负荷、社会的相互影响）。

团队的组织将主要分三步骤进行：

（1）计算可能的团队组合

（2）计算每一个团队的品质值

（3）针对面临的工作，建议出最适合的团队

对团队组合的计算，将使用语义的相似性，其使用本体来描述能力。当一项要求的资源和一项可供使用的资源在素质的分类中被分为不同的概念时（也就是说所需的和所要求的素质不是同一回事），可通过这两个概念在分类中的相对位置，对二者之间的相似性作评估（Muscogiuri 2004）。

一个团队的成功组织，取决于模型中的各个不同细节，这些以不同的方式影响着团队质量。有时，当团队成员在所有方面都存在尽可能的相似时，则团队的质量会提高。而有时团队则会因为成员间性格的互补性而获益。这种相对的影响可通过相容性来表达。建模中对不同细节的考虑可以被解释为基本情况比较的分类，这种情况比较在某一特定领域是相关的。对相似性的计算也要考虑到所有的细节，以同样的方式进行分类。模型中不同的细节能被很容易地调整及扩充。同样，相似性计算的逻辑，也可自动地应用在一组通用的算法上。

在分配人力资源时，也该注意过去的信息。可将过去的活动以相互冲突或互补的方式来加以分级（Shen 2003）。当遇到相冲突的工作时，则应将相关的资源从可能的候选人名单中去除。对互补的工作，也有类似的要求。这里有两个不同的原则可以使用：工作专业化及工作充实化。在工作专业化上，将分配类似的工作给同一人。从他至今所完成的工作中，可以很容易估计出分配给该人的相似工作。在工作充实化上，相似指数将会相反。也就是说，成员将会被分派到与其到目前为止已完成的工作中相似性最小的工作。

参 考 文 献

Eclipse RCP (2005): http://eclipse.org/rcp/, Juli 2005

Esperonto Services (2002): Deliverable 1.1, State of the Art in Ontologies from the Semantic Web perspective, S. 2

Esposito, F.; Iannone, L.; Palmisano, I.; Semeraro, G. (2003): RDF Core: A Component for Effective Management of RDF Models, in: I. Cruz and V. Kashyap (Eds.), Proceedings of the First Workshop on Semantic Web and Databases, VLDB 2003, Berlin, Germany, Sep 7-8

IBM Eclipse (2005): http://www.eclipse.org/, August 2005

IDS-Scheer (2005): http://www.ids-scheer.com, Juli 2005

Jasper, M.; Uschold, M. (1999): A Framework for Understanding and Classifying Ontology Applications. Proceedings of the IJCAI-99 Workshop on Ontologies and Problem-Solving Methods (KRR5), vol. 18, Stockholm, Schweden, 1999

Jena (2005): http://www.hpl.hp.com/semweb/jena.htm, Juli 2005

KAON (2005): http://kaon.semanticweb.org/, Juli 2005

Kost, M. (2003): Web Ontology Language (OWL) bzw. DAML+OIL, 27. Januar 2003, dbis: Humboldt-Universität zu Berlin, http://www.dbis.informatik.hu-berlin.de/lehre/WS0203/SemWeb/artikel/4/Kost_SemWeb-OWL-Ausarbeitung.pdf

McBride, B. (2002): Jena: A Semantic Web Toolkit, IEEE Internet Computing, Vol. 6, N. 6, S. 55-59

McGuinness, D. L.; van Harmelen, F. (2003): OWL Web Ontology Language Overview, 18. August 2003, W3C Candidate Recommendation, http://www.w3.org/TR/owl-features

Minxin Shen; Gwo-Hshiung Tzeng; Duen-Ren Liu (2003): Multi-Criteria Task Assignment in Workflow Management Systems, in 36th Hawaii International Conference on System Science (HICSS 2003), IEEE, 2003

Muscogiuri C.; Niederée C.; Paukert M.; Hemmje M. (2004): Dimensions of Innovation: Knowledgebased Resource Mediation for Innovation Process Engineering, in 5th European Conference on Knowledge Management (ECKM2004)

OntoStudio (2005): http://www.ontoprise.de/, Juli 2005

OWL (2005): http://www.semaweb.org/dokumente/w3/TR/2004/REC-owl-features-20040210-DE.html, Juli 2005

Protégé (2005): http://protege.stanford.edu/, Juli 2005

Quinn J. B.; Anderson P.; Finkelstein S. (1996): Managing Professional Intellect: Making the Most of the Best Harvard Business Review; March/April 1996

SweetRules (2005): http://sweetrules.projects.semwebcentral.org, besucht im Juli 2005

SWRL (2005): http://www.w3.org/Submission/2004/SUBM-SWRL-20040521, Juli 2005

Ünal, Akif (2002): Resource Description Framework, 30. April 2002, TU München, http://www11.informatik.tu-muenchen.de/lehre/seminare/seminarSW-SS2002/extension/rdf.pdf

Uschold, M.; King, M.; Moralee, S.; Zorgios, Y. (1995): The Enterprise ontology, in http://www.aiai.ed.ac.uk/~entprise/enterprise/ontology.html

Warschat, J.; Slama, A. (2005): Ontology-based Innovation Management, in: International Symposium: Research – Education – Technology; Gdansk University of Technology – Faculty of Mechanical Engineering, May 2005, S. 333 – 338

Warschat, J.; Slama, A.; Schumacher, O. (2005): Ontologie-basiertes Innovationsmanagement, April 2005, in: WM2005: Professional Knowledge Management Experiences and Visions, S. 493-498

Weimin Du; Davis J.; Yan-Nong Huang; Ming-Chien Shan (1999): Enterprise Workflow Resource Management, HP Laboratories Palo Alto, HPL-1999-8, January, 1999

Wiederhold, G.; Genesereth, M. (1997): The Conceptual Basis for Mediation Services, IEEE Expert: Intelligent Systems and Their Applications, 12(5): S. 38 - 47

Yan-Nong Huang; Ming-Chien Shan (1998): Policies in a Resource Manager of Workflow Systems: Modeling, Enforcement and Management, HP Laboratories Palo Alto, HPL-98-156, September, 1998

Yan-Nong Huang; Ming-Chien Shan (1999): Policy-Based Resource Management, in 11th Conference on Advanced Information Systems Engineering (CAiSE '99), Springer, S. 422-428

译者简介：

郭子牛　工学博士，德国摩天宇飞机发动机有限公司研究与开发高级工程师

ziniuuta@ hotmail. com

许世谚 机械工程硕士，德国蔡司半导体制造技术股份有限公司台湾客服工程师
s. hsu@ smt. zeiss. com

杨明红 理学博士，德国莱布尼茨协会分析科学研究所研究员
minghong@ isas. de

曹瑄玮 柏林自由大学管理研究所博士研究生
cao@ zedat. fu-berlin. de

第八章　缩短创新周期和德国弗劳恩霍夫协会的使命

海王星是太阳系中离太阳最远的行星，

也是第一个通过天体力学计算后被发现的行星。

可谓易者，简易也！

技术演变有律可寻，弗劳恩霍夫协会的业务特点值得借鉴！

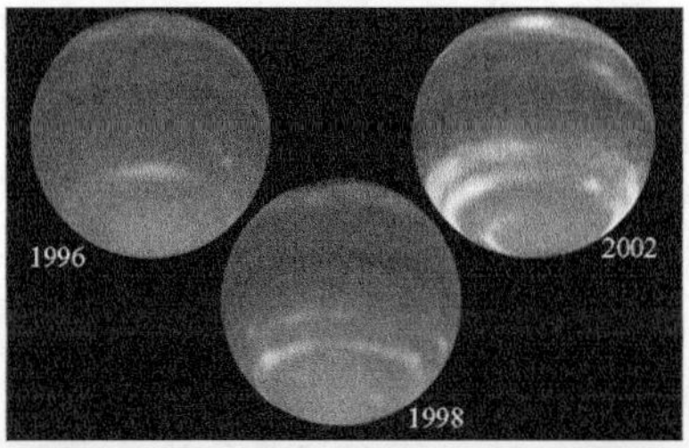

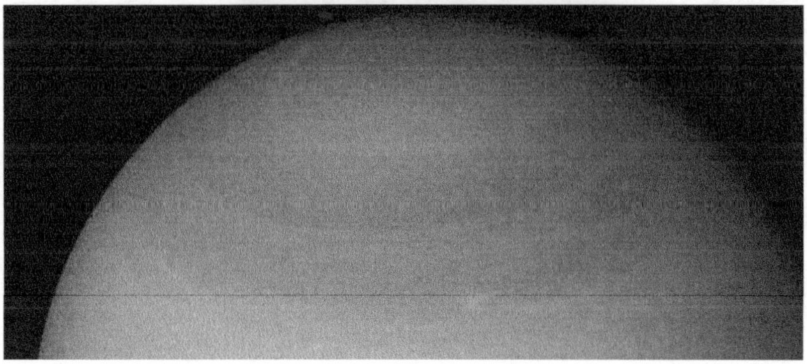

原著：德赫尔（Carsten Dreher）

弗里契（Rainer Frietsch）

海莫尔（Jochim Hemer）

施莫赫（Ulrich Schmoch）

翻译：张志坤（本章编辑）

冯平

审校：曹瑄玮

太阳 Sun　水星 Mercury　金星 Venus　地球 Earth　火星 Mars　木星 Jupiter　土星 Saturn　天王星 Uranus　海王星 Neptune

创新体系、路径模型、案例分析

从组织到实践，由抽象到具体。

创新周期的六大阶段：

基础发现引来新技术的探索；

新技术的出现激发产品创意和市场开发；

由新技术带来的新问题对企业的生存提出挑战；

企业依靠“破坏性创新”渡过难关；

整体方案促进产品热销；

有效生产与附属创新决定竞争胜负。

❖ **技术演变有路可寻，弗劳恩霍夫协会的业务特点值得鉴戒**

弗劳恩霍夫协会成功的秘密

工作人员高素质，

先行研究是王牌，

产品绩效促竞争，

研究范围跨领域，

创新管理定乾坤。

一、引言

创新是一个非常活跃的现象，它涉及变迁、革新和对过去状态的改善。这点尤其反映在技术创新，即主要基于研发成果而开发和改进的产品及工艺，及其在市场和生产中的导入。对于每个企业来说，创新的战略、集中攻关产品的时间和产品打入市场的时机，以及鉴于新技术可能性情况下目标明确的资源投入都是至关重要的。

为了加强德国经济界企业的创新能力，除了扩大创新资源和加速企业创新过程外，对基础技术和宏观、突破性的发明的有效利用也是必需的。当然每个企业都必须根据其能力及所拥有的可能性制定、发展适合自己的创新战略，以求把技术和市场条件最佳地和最有效地利用于创新。此外，企业还需要对它们的创新路径有一个定位，即如何通过该定位塑造出创新战略形成和发展的基础并引申到具体项目的执行中。（Hausschild 2004；Gerybazde 2004；Christensen 1997，第一章）。

只有通过对不同竞争力的协同，如研究与开发、培育与开放潜在市场，加速整体经济的创新进程才是可能的，即快速走上创新路径，以在国际竞争中占据创新路径的顶尖位置并能够成功地加以巩固。

不仅是企业，整个科研体系中类似弗劳恩霍夫协会这样的参与者也都会面临这样的问题：

- 什么时候应该扩大或者缩小研究领域？
- 如何把握那些不断变化的客户群具有什么样的需求特点？
- 怎样才能及时地为不断变化的主题做好准备？

和企业一样，作为德国创新体系中应用研究机构的弗劳恩霍夫协会的角色，不能仅单单从静态的、制度化的观点来进行观察，而必须在考虑到德国创新体系所面临的挑战的前提下，对各个相关的创新路径进行判断（Mayer-Krahmer 2001）。

下文我们将对有关创新体系中创新动态的基础问题进行探讨。首先分析了创新体系应具有的动态性；在此基础上，讨论有关模型构建的概念并通过创新路径的定性模型对这些概念加以进一步阐释，该模型通过案例加以说明。为此，我们在由弗劳恩霍夫协会主席布凌格教授发起的项目中，对弗劳恩霍夫协会系统技术与创新研究所（ISI）的数据库进行了分析；对检索和出版物数据进行了调查和评估并开展了问卷调查。这些数据和分析结果作为专家鉴定的材料也提供给了汉斯贝克勒基金会（Hans-Boeckler-Stiftung）（Dreher 2005）。对战略选择的讨论，我们首先从整体上关注创新周期，然后逐步具体到弗劳恩霍夫协会的任务和可能的行动上。

二、国家创新体系和“动态效率”

创新的实现不仅仅依赖于战略、市场、核心能力和企业所实践的日常惯例，也可能会受到创新体系的促进、支持或阻碍（Dreher 2005）。按照 Grupp（2004）的定义，创新体系——涉及国家、区域及部门的层次——根据国际上统一的理解，包含所有这些机构所构成的“文化景观”——即所有从事科研、积累和传播知识、培训劳动力、研发技术、开发和推广创新产品和工艺的机构。此外，国家创新体系也包括相应的规制（标准、规范、法律）及国家对相应基础设施的投资。（Freeman 1982；Lundvall 1992；Edquist 1997；Grupp et al. 2004）。这样一来，创新体系的范围就涵盖了学校、大学、研究所、科研型企业、政治管理部门以及这些参与者之间所形成的网络。创新体系是“综合”的，它代表社会的一部分，其“光芒”深深地照射着社会的其他部分：创新体系对一个社会的现代化进程起着决定性作用。

多年来“国家创新体系”（缩写 NIS）这个概念一直仅被认为是一个国家的研究和发展的基础设施。90 年代人们逐渐意识到除了大学和科研机构外，公共、半公共和私人机构也是构成经济资助、项目执行和规制制定的组成部分。因此，这些机构本身以及它们之间的相互作用都是构成关乎利益的创新体系的组成部分（图 8-1，Mayer-Krahmer 2001；Lundvall 2002）。

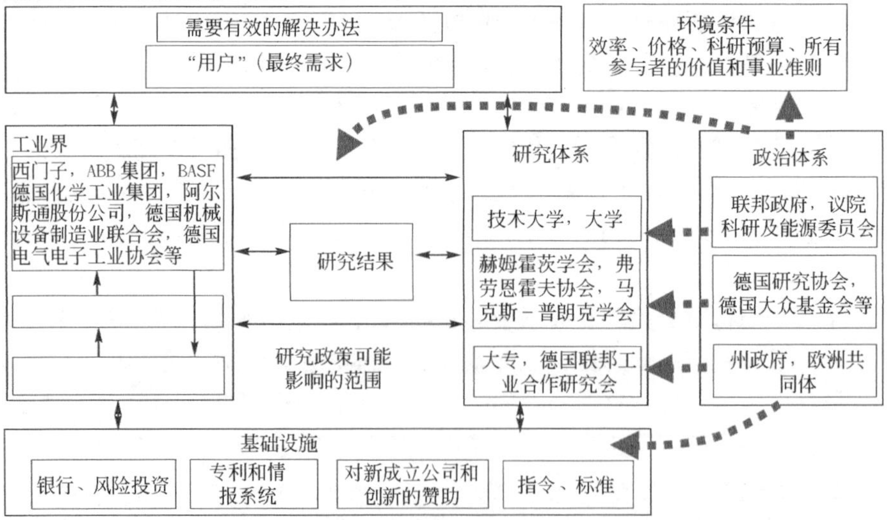

图 8-1　德国创新体系：以能源为例

资料来源：弗劳恩霍夫协会系统技术与创新研究所瑞士联邦技术高校（苏黎世）

和企业创新行为相似（整体的视角和动态的路径依赖，参阅第一章）可以把对创新的挑战归纳为下述两个方面（Dreher 2005）：

• 根据研发活动扩大创新体系的视野。

（1）一方面向着其重要性日趋增长的生产产品（Cooms/Hull 1998；Tijssen 2002；Schmoch et al. 2000）。

（2）另一方面向着成功的市场化及在优惠市场条件下由市场需求引导的创新。

• 把能开拓新的发展道路的突破性发明作为国民经济增长可能性的基础。

企业界创新实践的变革把知识生产推向一个全新的形式（Gibbons 1994）。这种变革突破了原有线形的、在专业学科基础上联系起来的和注重内部结构的知识生产模式，即从基础研究到应用研究再到产品开发的创新模式。德国的创新体系以前就是建立在这一模式基础上的，而现在则必须突破传统模式下产品与市场间相脱离的情况。新模式最显著的特点就是研发过程中的跨学科性。长期的应用型基础研究在许多技术领域日趋重要（如生命科学）。多样性和强竞争力成为衡量创新体系发展能力的主要条件（对技术变革的评估请参阅 Grupp 1997）。

这样一来，新的跨越边界、以学习为导向的互动机制以及来自产、学、研和政府部门的富有竞争力的多元化的参与者作为知识生产的重要构成要素被整合到创新体系中（Etykowitz/Leydesdorff 2000，经济、国家和科学三者交叠的模型），由此，创新体系在拓展市场方面的重要意义也就不言而喻了（Beise 2001）。

因为学习和反馈过程变得非常重要，从需求者的角度来看，在创新体系中将市场导入、生产、应用和最终处理等各个环节的参与者联结起来，对于实现“以市场需求为导向”（市场拉动，Market pull）的创新很重要。通过创造新的环境条件及对现有优势的利用，这种机制可以被用来创造潜在的市场（Beise 2000）。在此，最根本的是要保证不同政策领域之间的协调，同时考虑到在创新竞争中的胜败，必须强化政府部门政策的连贯性（Mayer-Krahmer 2004）。

德国在这两方面都面临着国际化的挑战。不论是对知识生产的考虑还是在大多数国民经济体系中贴近市场的参与者的“牵引”力量，都必须从国际的角度考虑这些问题，创新体系也要相应地注重国际化（Reger 1999；Malerba 2003）。

在考虑创新体系的基础和扩展的同时，还必须识别出那些创新体系能对经济增长发挥最重要作用的领域，尤其是颠覆性创新（在本文中也称基础创新或宏观创新）发生的那些领域。

如果前期市场成熟和创新体系能够很快自我适应于所有领域，上述的创新实施虽然带有冲突，但是能提供最大的增长机会。适应性最强的创新体系将成为“赢者”。当然，在这个过程中也具有显著的变化，有赢、有输、还有对创新过程的必要调整（Mayer-Krahmer 2004）。

一个创新体系的吸引力不单单是由静态的比较竞争要素，如工资或成本决定的，而更取决于它的“动态效率”，也就是它瞄准目标的能力！而“动态效率”的取得又取决于“战略智能”① 在发现和执行新的组织结构及市场方面的措施。这点与颠覆性创新在企业层面的“商业模型竞争”相类似绝不是偶然的。快速调整资源和核心能力是关键。上述的每个革新阶段都提供了成功定位于新途径的可能性。

三、创新周期的现代理解

（一）基础知识

首先试着从国民经济的角度来描述“典型”创新途径的定性模型及其标志、参与者、竞争因素和发展阶段。然后根据这种典型的过程（Mayer-Krahmer/Dreher 2004），在四中对加速创新的可能性和德国弗劳恩霍夫协会在研发方面的任务进行讨论。

为了对技术周期模型进行修正，可以追溯下面三个重要的讨论主题：第一，从基于技术人员和工程师的经验表达转向技术发展和学习曲线（Weule 2002；如表面技术，Rickerby/Matthews 1991）。第二，从先前盎格鲁－萨克逊人的贡献转向技术管理（综述，Tidd et al. 2001；Reger/Schmoch 1996；Christensen 1997），比如主要围绕不同时间进程中对创新的投入（Utterback，Abernathy 1988；Stumpfe（O. J.）；Mauri/McMillan 1992）。这两个讨论主题具有很大的相似性，但有趣的是，参与第一个讨论主题的工程师把企业是否能应用由于知识产权限制的技术这个问题复杂化。第三，对来自历史、演化观点的创新研究的重要发现应当引起重视。这些研究超越了从单个企业个体层面上去看待创新的视角。这样的技术周期就可以把参与者团体（Klepper 1996）、竞争条件（Werker 2003），国家与部门层次创新体系的关系（Edquist 1997；Archibugi/Lundvall 2001；国家性的，Meyer-Krahmer 2001；部门性的，Malerba 2002；地区性的，Dalum et al. 2002），技术发展和科学的相互依赖关

① “战略智能”是不同工具和方法的总称，它们被用于系统地提供为在科学、研究及创新政策中制定方案和计划所需的信息，主要由预测、评价和技术评估领域中的各种方法组成（Grupp 等 2004）。

系（Coombs，Hull 1998；Tijssen 2002；Schmoch et al. 2000）以及发展道路和主导设计的发展都联系起来（Dosi 1988；Cainarca et al. 1992）。此外，创新的扩散模型虽然略显过时，同样也属于这个范畴（Rogers 1983；Geroski 2000）。演化创新研究最重大的贡献无疑是对技术变革可测性的探讨。文献计量、技术计量、专利分析、扩散分析等都可以提供指标，以帮助对创新路径的定位（Grupp 1997；Kleinknecht et al. 2002）。

（二）六阶段模型

Kondratiev 于 1925 年提出了技术周期发展理论中最著名的观点。他把经济发展中的“长波”和技术的“涨落”联系在一起。Freemann（1982）又进一步把这种思想引入到了创新理论的联系中。Freemann 的观点后来为许多学者进一步采纳并在许多领域被采用，比如，Loucâ（1997）发表了一篇非常系统和有趣的文章。一个长的技术周期往往和较高的技术累积水平，即宏观技术，联系在一起，因此它不能应用于对具体技术的预测。为了区别于那些涉及具体产品和工艺过程的微观技术，这种技术累积水平可以称作是中观技术。

Dosi（1988）曾发表一篇对技术范式和技术发展路径具有前瞻性的文章，很显然，他是针对中观技术而言，并没有指出随时间进程而变化的典型的发展模式。因此，近来一些学者，如 Rogers（2003），提出 S-曲线理论，用以解释技术产品的扩散。（译者注：国内常用新技术生命周期曲线，该曲线理论认为典型的新技术从出现到成为主流技术并不是简单上升的，而是经过一个相对曲折的过程）该曲线解释了产品/工艺在市场导入后的发展并跟随了一个研发的过程。在 Rogers 主要对应用者累计数量感兴趣的同时，Pfeiffer（1982）却考虑到了销售额和利润的市场周期，并在一个钟形曲线的设想下提出了在 S 曲线中扩散阶段后的“市场饱和”和“退化”阶段。按照他的理解，研发阶段，又被称为“产生周期”，应该和“市场周期”一样长，主要的一个特点是成本的不断增加。经典的 S 曲线增长，随后是饱和阶段。这一想法也同样被其他学者如 Debackere（1994）所接纳。

另一个非常有趣的周期曲线概念的变种是由咨询公司 Gartner 所提出的“技术成熟度模型”（Hype Cycle）（Linden/Fenn 2002）。该模型反映了常见的观察结果，不管是多么不同的技术发展，它们总的来说都在时间进程中遵循着特定的模式：前两个阶段，一个阶段振奋人心，接下来是一个思考的觉醒阶段，然后是逐渐改善趋于成熟的阶段。“技术成熟度模型”的特殊贡献是：它赋予一项新技术在初期超热阶段以特别的重视。Gartner 大约从 1995 年就开始宣传这个“技术成熟度模型”，也就是说在 2000 年信息技术超热之前，对很多客户提出了注意错误投资的警告。和 Rogers、Pfeiffer 及 Bischoff 的技术周期概念相比，“技术成熟度模型”的曲线展示了一个突出的、但持续并不长的高潮期。它代表了一个标准成长路径上的过早中断。“技术成熟度模型”的例子说明了传统的S曲线不足以描述不同影响因素随时间发展的情况。为了更好地认识这些不同影响因素之间的变化关系，Meyer-Krahmer/Dehner在2004年提出了如下由知识周期和扩散模型组合而成的更有见解的模型。

该模型通过一个三维图展示了这六个阶段（图8-2）。图的三个坐标分别代表创新在不同阶段的状态（活动水平：通过多种指标加以测量）、研究活动及可能应用领域的广泛性及时间。

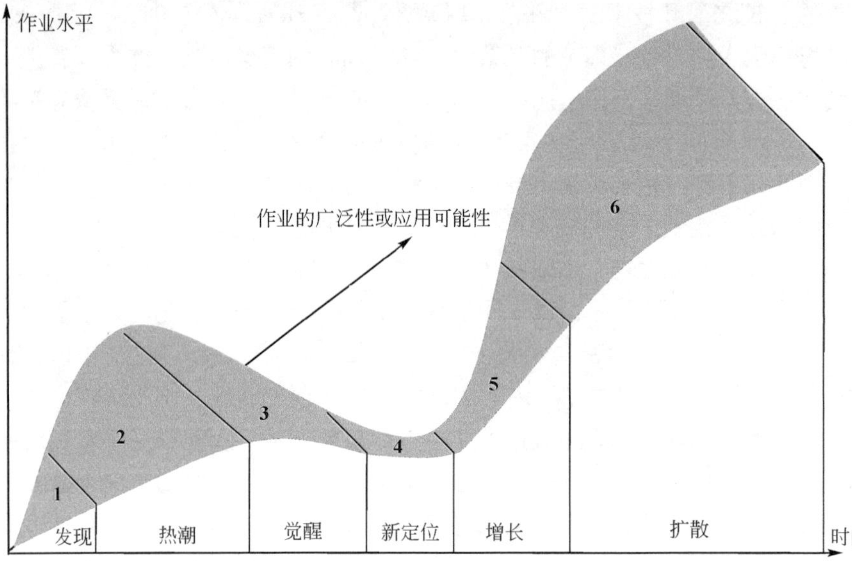

图8-2　中观技术的创新过程模型示意图

在新的发现和探索后（第一阶段），与此相应的新技术原理和科学解决方案将会在更广的前沿领域加以研究并通过跨学科的方式应用于对其他研究问题的处理。由此将在逐级扩大的科研团体中对这个新技术的应用可能性产生极大的热情（第二阶段）。随着时间的推移，有些选择被证实或者是由于科学，或者是由于经济的原因不能被实现，因此研究工作必须受到限制，甚至终止（第三阶段）。最后导致了一种不确定的境况，这时要么是那些准备持久攻坚下去的参与者，要么是那些对技术发展的重新定位做好全新投入的企业才会有所贡献（第四阶段）。他们在业内取得第一个突破性的创新，以最快的速度投入市场，以其新技术（主导设计）来展示未来的市场图景。（第五阶段）。新技术的应用性在扩散阶段（第六阶段）又会层面性地蔓延开来，因为规模效应会降低新技术的应用成本，由此可以开发新的应用领域。

每个阶段都有特定的参与者，通过相关的企业领域和指标加以分类。下面我们对此作简要的说明。

第一阶段：发现和探索

这一阶段纯粹是科研人员所做的工作，有了一项基础发现后接着就是探索和检测一个新技术的可行性。首先是由于好奇、科学的召唤以及基础研究资助的重点，在这一阶段主要是通过文献分析和引用频繁的方法促成进一步的指标发展。

第二阶段：热潮

人们对新技术的理解在这一阶段里迅速地增长，尤其是通过跨学科的工作利用原有技术解决老问题的可能性被大大推进。这激发了新的、雄心勃勃的产品创意以开发更广阔的潜在市场。新技术解决方案的原创性是必要的。除来自基础研究的科研人员外，还有来自研究机构和大企业的从事应用研究的代表一起构成创新的参与者。新成立的企业，它们要么仅需要极小投资的技术，要么是进行新的知识生产以促成新的商业模式，例如在生物技术发展的初期。这一阶段可以通过文献计量对跨学科性衡量的指标及专利分析来阐明。

第三阶段：觉醒

随着时间的推移，由新技术所引发的问题也越来越多，为了实现初始的产品创意，技术开发的努力要么以失败而告终，要么必须投入更多的开发成本。日益活跃的企业界开始系统地致力于发现新方案或者对方案的淘汰。原先看来很广泛的潜在应用可能性又开始减小，人们只是关注特别的非常有希望的领域。在这方面，企业里除了研发部门外，其他部门如营销、战略产品规划及生产部门都会变得更加积极有效。对于新成立的企业来说，它们开始进入选择阶段。在这个阶段，一些企业由于其产品创意或商业模式不能及时地进行调整，开始退出。已开发的解决方案的技术质量及市场的可行性是整个决策的核心要素。新旧技术的替代成本对于潜在的应用来说，无疑将成为障碍。指示信息来自对于专利的分析，即对重点培训（涉及系统化的专利群）及科学知识被引用的状况，以及专利注册时间之间不断扩大的偏差（专利引用分析）进行分析。通过分析，我们得出的结论是，新技术并不能很快地解决这些问题。

第四阶段：新定位

接下来我们讨论一下新定位的问题，它是由一些特别的事件所引发的，如新技术替换的可能性或者像巨额债务等经济发展中的特别事件。因此，在这一阶段将会决定，一项技术能否以一种形式渡过低迷的阶段，或者借助令人信服的功能为市场带来创新的气息（“颠覆性创新”）。在这种情况下，那些在竞争中生存下来的来自企业或者应用研究的参与者在其中扮演了重要的角色。对于中型或者刚刚成立的公司来说，只有当它们抓住那些为大的竞争对手所错误估计的发展情况的时候，它们才有可能获得机会，成功地向前发展。从专利指标和对第一应用者所做的扩散分析得出的结果有助于对该阶段的识别。

第五阶段：增长

当凝结着新技术的首件产品诞生的时候，由于竞争者的存在，模仿创新也直接地获得了成功，这种模仿过程要求对主导设计进行培训。在这个过程中，由应用研究和那些中型企业所进行的继续开发起着重要的作用。产品功能的可信性和产品的新颖度是竞争要素的核心。其中，形成一套包含服务在内的整体方案是至关重要的。稳定的产品生产和良好的服务工程（Service Engineering）在企业的发展过程中具有重要作用。价格作为竞争要素的重要性开始慢慢体现出来。价格的发展、销售额的增长、用户的增加及市场份额是这一阶段的重要指标。

第六阶段：扩散

这一阶段，与第四阶段有一个呼应关系，会产生更多应用层面的可能。新技术将更好地应用于新的领域，比如在元器件方面。这项任务将由中型企业来完成，它们在先行研究的初始阶段承担不起资金负担。在主导设计的应用领域当中，报价（绩效、价格比）将成为决定性的力量，由此，有效的生产以及所附属的创新工艺技术和服务体系将决定着竞争的胜负。

在整个的过程中，有两个比较明显的增长阶段，所以这个过程又可以称为“双峰过程”。

（三）可操作化、可测量性和抽样验证

我们将以相关的专利、公开发表的统计数据及一些零散的数据信息为基础，对创新路径的描述和判断过程的可操作化进行介绍。目的在于，对由文献得出的模型在实践项目条件下的可行性进行验证。

对专利注册的分析已经被证明为一种描述技术发展的有效方法。专利发明是发明活动在技术领域中的一种反映，而且事实上40%～60%的专利都会被应用于市场上新产品和新工艺的创新活动之中（Grupp 1998）。所以，在某一特定领域注册的专利数量反映了创新能力的水平，而不仅仅是一个数量的问题。相应地，在一般的技术推动模型中，在有关产品或工艺进入市场前，专利活动是应该能够清晰可见的。应用专利统计方法的一个显著优点在于，通过专利分类代码在较长时间内对技术活动进行跟踪的可能性。比如，对美国的专利就可以借助实时的分类代码对技术活动进行跟踪，因为电子数据库中所有的文件随后都会被重新进行分类。然而，美国国家专利商标局(USPTO)所统计的专利也存在着明显的弊端，即相对多数的专利都是来自美国的发明家，而这又进一步导致主要的技术发展趋势看起来都出自美国。这种所谓的“母国优势”及与之相联的国家联盟已成为所有国家专利局的特点。另外一种较为合适的替代方案是选取在欧洲专利局（EPA）注册的专利，因为在这个专利库中对不同国家间的注册的专利较为平衡，而不会较为偏向于某一国家。尽管美国和日本注册的专利数量是比较显著的并且美国仍然以绝对数量领先于其他国家，欧洲专利局也还存在着一定程度较为偏向于欧洲国家的情况（Hinz/Schmoch 2004）。总的来说，这应该是公平的，而且也是能够令人接受的，欧洲专利局的专利趋势不仅反映了某一国家的创新活动，也反映了世界范围内在创新活动方面技术导向的发展趋势。

在欧洲专利局，技术领域也是按照国际专利分类代码（IPC）进行定义的；而没有像美国专利分类系统（USPOC）那样进行后续的回溯式再分类。然而在内部，欧洲专利局的认证人员使用欧洲分类标准（ECLA），这个标准比国际分类标准区分得更精细一些，并且进行了回溯式重新分类。通过PLUSPAT（Orbit-Questel）数据库可以对欧洲分类标准代码进行正式检索，并且可以使欧洲专利局及许多其他的专利局进行长期分析。例如，Dominguez Lacasa（2003）借助欧洲分类标准对德国专利局1879年到1999年间的注册专利进行了专利分析。借助欧洲专利局进行分析的一个明显不足是，该局成立还不到30年时间（成立于1978年），并且直到80年代末，直接向各个国家的欧洲专利局进行注册的方式才逐渐地发展成为向欧洲专利局集中进行注册的方式。就目前的情况来看，绝大多数的外国专利都在欧洲专利局进行注册，而在本地专利局注册的数量可以忽略不计。因此，大概从1990年开始，在欧洲专利局注册的国际专利开始出现平衡发展的态势，即越来越多的来自不同国家的专利都开始在欧洲专利局进行注册。对于从1978年到1990年这一时间段，必需同时对在欧洲专利局和各个国家专利局的注册情况进行分析；对于1978年以前的情况，我们只能获得在各个国家的欧洲专利局注册的有关情况，其中当然包含了由于“母国优势”所带来的偏差。

为了应用上面所介绍的分析方法，需要用到下列几个方面和方法：

- 根据欧洲分类标准编码方式对技术领域进行界定；
- 在欧洲专利局对1990到2001年间的专利优先取得年（即第一次专利注册的年份）进行检索；
- 对于1990年以前不在德国注册的专利需要在欧洲专利局和德国专利商

标局（DPMA）同时进行检索和补充；

• 对于1990年之前在德国注册的专利只需在德国专利商标局进行检索即可。为了对由于“母国优势”所带来的偏差进行补偿，只需在分析中把握住趋势以及对欧洲专利局1990年所登记的德国注册专利的绝对水平进行平衡。经过转换后的德国注册专利数与非德国注册专利数将放在一起进行统计。通过这种方式，就可以得到对自1970~1989年间虚拟欧洲专利局的长期注册专利统计。

据此，将可以较一致地实现对国际均衡的注册专利的长期比较，以反映出技术活动的变化情况。这一长期比较将围绕以下四个技术领域展开：“机器人技术”、“激光在制造加工中的应用”、“导电聚合物”、“固定酶”。

与之相关的科学活动可通过“科学引文索引”（SCI，Host STN）网络版的出版物统计予以描述。科学引文索引保存了自1975年之后世界范围内的所有公开发表情况的数据资料。对出版物进行搜寻的根本问题是，对能正确反映出所观察技术领域内容的各个科学活动加以识别。另一个问题是，必须解决技术和科学定义间的相似性问题（Grupp 1998）。因为科学引文索引的划分是很粗糙的，主要是通过对关键词的组合进行搜寻开始。对于“导电聚合物”以关键词方式在科学引文索引中进行搜索，只能获得很少的匹配结果，那么就要在PASCAL（Questel-Orbit，参阅图8-3译者注）数据库中执行操作，就能得到比较精细的分类。对于公开出版物一般以出版的年份作为时间索引。而对于专利分析来说，则是优先取得年，也就是第一个专利申报的时间，即最接近新技术出现的时间。对于公开出版物来说，由于存在一个审稿的过程，必须对稿件送抵编辑部到正式在期刊上发表的时间差加以考虑。所以，一般来说公开出版物存在一年左右的时间滞后①。

由于不规则的分类方法，在经济活动中的产品分工或部门分工常常不能被直接地归类与某一技术领域，因此，要获得内容上比较接近的经济数据就比较困难一些。在分类有所变动及未能考虑到最新的发展趋势的情况下，经济数据也不能进行事后的再分类，因此，也就不能反映新的技术领域。由于这些原因，我们使用从弗劳恩霍夫协会系统技术与创新研究所的调查问卷得来的分散数据，对德国企业中“机器人技术”和“激光在加工制造业中的应用”两个生产领域的创新情况进行考察（Lay/Maloca 2003）。当然，这些数据尚不能完全代表这类生产活动的国际水平，但总体上国际上的最新发展动

① 一般来说，一篇文章的完成要早于其出版一年左右的时间，以便获得一个与专利的优先年更好的关系。

态也能通过在广大德国市场上的活动加以反映出来。有关“导电聚合物”的案例，我们使用一家咨询公司的销售预测情况进行说明。关于“固定酶”，要得到合适的数据还有些问题，因为大多数的统计数据只有关于酶的一般数据，而没有针对“固定酶”的专门数据。尽管如此，我们还是成功地找到了一个数据源。该数据源包含了不同的工业酶，按照“食品”、“饮料”、“洗涤剂”、“其他”等加以分类。因此，将“固定酶”对应于该数据源中的“其他”，看来也是可行的。总而言之，尽管在引入经济指标时会有些问题，但却是可行的。

为了更好地理解创新周期，我们将详细地分析下面四个技术领域。就像（二）所阐述的那样，对新发明的期待将引发第一个创新周期，以后的发展也将由于技术方面的问题而受到严重的阻碍。这样的特征暗示了这样的创新是建立在复杂的、基础的科学领域，有助于许多重大发现，而事实上，这些技术的实现却往往比刚开始所想像的要难很多。因此，人们开始探寻这些技术并很快找到合适的实例。这样的名录可以很容易地进一步得到扩展。根据研究需要，我们将选取已经提到的几个技术领域，即“机器人技术”、“激光在加工制造业中的应用”、“导电聚合物”以及“固定酶”。

对于“机器人技术”领域的统计结果，其发展模式呈现出典型的双峰周期的特点（图 8-3）。第一个专利的出现到第一个发展峰值，它们之间相差十年，第二个峰值与第一个峰值之间时隔八年；可见第二个峰值与第一个专利发明之间的时间相差将近 20 年。

与应用基础研究和应用研究有关的出版活动，几乎是与专利活动同时开始的。“机器人技术”具有不同的科学背景，尤其是机械、信息技术以及控制技术。要准确地说出最初是哪项科学发现奠定了“机器人技术”几乎是不可能的。然而，第一个工业化的机器人的出现却是众所周知的：第一个机器人叫做“Unimate”（万能机器人），于 20 世纪 50 年代后期建成（University of Texas 2005）。从最初的理念到技术上的实现以及相关的科学和技术活动存在着巨大的时间滞后，这点可以从公开出版物和专利中反映出来。

有意思的是，出版物的数量差不多在专利注册的第一个高峰期的前三年就达到了相对停滞的阶段，而且新一轮的出版物的回升也早在专利注册的第二个高峰期出现前四年就开始了。

作为经济活动的指标，我们准备对德国加工制造企业有关机器人的普遍应用（即累计安装的机器人数量）的问卷调查结果进行分析。因为这些数据是通过抽样调查获得的，绝对数字就不太重要了，重要的是与科学技术活动的进展进行对比能反映出趋势来。机器人在加工制造企业中的推广早在第一

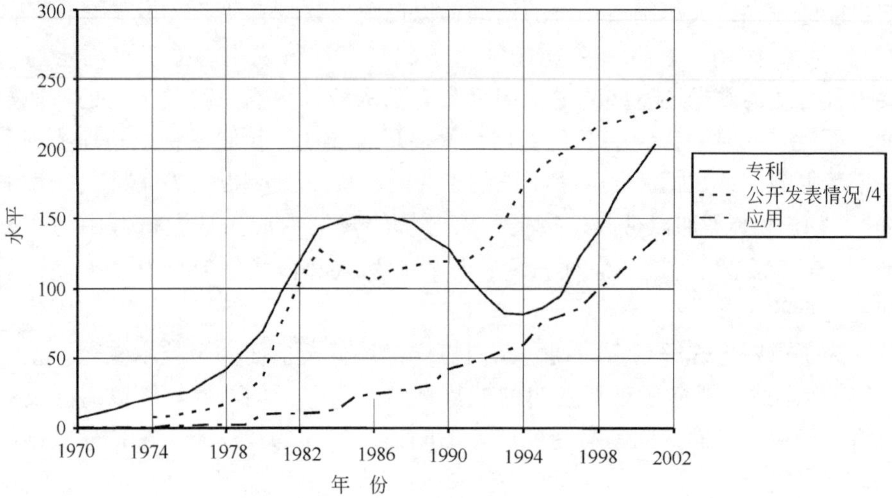

图 8-3 机器人技术创新过程分析

资料来源：PLUSPAT（Questel-Orbit）（译者注：法国的 Questel-Orbit 国际联机检索系统。Questel-Orbit 国际联机检索系统是以提供全面和权威的专利信息和商标信息检索服务而著称于世的，也收录了大量的科技数据库。Questel-Orbit 系统收录了 29 个独立的专利数据库，为了进一步向用户提供一步到位的专利信息检索服务，该系统于 2000 年底又推出了 Pluspat 数据库）。SCISEARCH（STN）［译者注：科学引文索引（国际科学技术信息网）。Lay/Maloca（2003）］

次专利高峰期的前六年就开始了，然而，只有在第二次专利高峰期开始后，机器人应用推广的程度才达到一个较为现代化的水平。

第二个例子就是“激光在加工制造业中的应用”，其发展模式与“机器人技术”的发展模式类似。20 世纪 80 年代初期开始出现缓慢的专利注册数增长（图 8-4），其走向基本与激光源技术的第二次增长的开始阶段成平行关系（Grupp/Schmoch 1992）。直到十年之后，也就是 90 年代初期，才达到第一个专利增长的高峰。之后是小幅回落，然后是比较显著的第二次增长。

与之相关的出版活动要早于技术活动，但其快速增长则始于 1982 年，与早期的专利注册基本同步。同样地，与激光加工有关的出版物在第一次专利注册的高峰前就达到一个停滞的状态并在第二次专利注册高峰到来的前五年形成新的一轮增长。激光在加工制造业中的应用推广始于第一个专利申报，并在此之后持续地增长。随着第二次专利注册高峰的到来，这种扩散也得到了自我发展的动力。

“可以导电的聚合物”，简称“可导聚合物”，实际上是一种基因技术。与“机器人技术”和“激光技术”不同，该项技术代表了基础原理的复杂应用。该领域的科学实践是日本在 20 世纪 60 年代后期开展起来的，但是该技

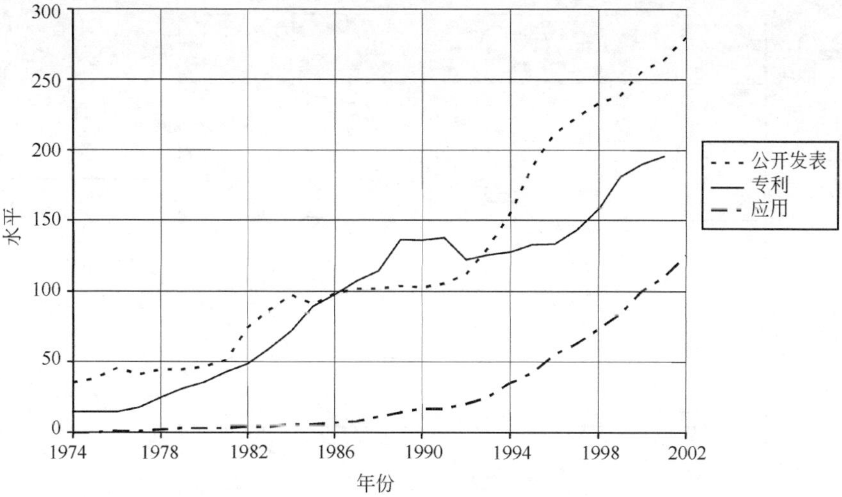

图 8-4　激光在制造业中应用的创新过程分析

资料来源：PLUSPAT（Questel-Orbit）；SCISEARCH（STN），Lay/Maloca（2003）

术最具突破性的发展是在 1976 年到 1977 年（Shirakawa 2001）。正是由于这一发明，Shirakawa（白川英树，日本筑波大学）、MacDiarmid（马克迪尔米德，美国宾夕法尼亚大学）和 Heeger（黑格，美国加利福尼亚大学）获得了 2000 年的诺贝尔化学奖。导电聚合物的技术发展潜力早在 1977 年就已经显露出来，随后专利发明开始不断涌现并在 1991 年达到专利注册的第一个高峰（图 8-5）。此后经历了比较明显的回落，直到 2000 年开始出现第二次专利注册的高峰。

和上述几个例子一样，该领域的公开出版物在第一个专利注册的高峰到来之前就已经进入停滞阶段，并在第二个专利高峰到来的前十年又有所增长。目前，导电聚合物的市场还处在初级阶段，其发展前景还很难预测。不过，专家们都一致认为，这项技术在光电子或微电子等领域的应用还是蕴藏着巨大的市场潜力。该项技术的市场活动最好在第一个（专利）高峰结束后开始。

最后的一个例子是“固定酶”，指的是生物催化剂。为了降低这种催化剂的成本，就要把酶与载体固定在一起，以便能够多次使用（参考 Reiss 1990）。将催化剂固定在载体上面的想法可以追溯到 20 世纪 50 年代为实现聚合反应而开发的 Ziegler-Natta 催化剂（“齐格勒－纳塔”催化剂）。但是，这一概念向着酶的方向的转换要取决于这样的一个技术条件的实现，即把不稳定的蛋白分子固定在载体之上。对酶在技术工艺中的系统应用起始于 20 世纪

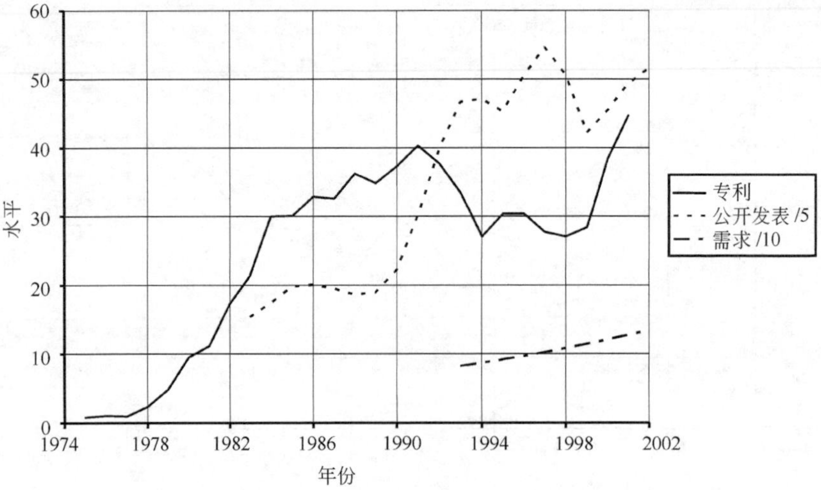

图 8-5　导电聚合物的创新过程分析

资料来源：PLUSPAT（Questel-Orbit）；PASCAL（Questel-Orbit）；Freedonia（2005）

60 年代中期，但是对酶的固定化的研究和应用要晚差不多十年左右时间。从 1978 年注册专利的陡然增加，可以看清这个发展过程，相应的出版物则差不多早在 5 年前就开始了（图 8-6）。

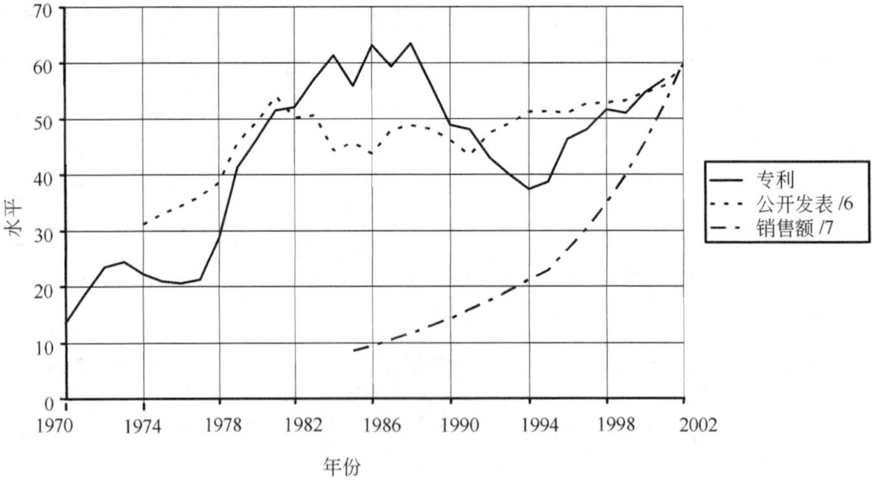

图 8-6　固定酶的创新过程分析

资料来源：PLUSPAT（Questel-Orbit）；SCISEARCH（STN）；BICKERSTAFF（1997）

第一次注册专利的高峰出现在 20 世纪 80 年代后期。大约在此之前的五年，有关该领域的出版几乎就开始进入停滞的阶段。在这个领域，公开出版物的第二次增长不像其他领域那样增长迅猛，但还是提前于第二次专利高峰五年左右时间。固定酶成功地进入市场是在20世纪80年代的中期，与第一次专利增长几乎同时发生。但直到第二次注册专利的高峰期才达到一个比较显著的水平。

“双峰”的发展态势是这类复杂的、基础科学技术的显著特征。因此，我们更有理由仔细地对此进行观察。这种关注不仅仅局限于上面所提到的四个例子，而其分析过程也受到了其他研究的类似结果的影响和启发。当然，并不是所有的科学技术的发展都会呈现出这种双峰的变化过程。对于可能的发展路径和导致创新周期中“双峰”的特殊因素，我们需要更丰富的经验。任何情况下，把对长期变化趋势的调查扩展到更广的范围以及对相关的科学发展进行系统的分析都是非常重要的。总的来说，以上这些实例验证了所介绍的六阶段模式，毕竟真正的扩散阶段只有在经历了技术周期的第一次消退之后才开始。

值得指出的是：还需要进一步的研究工作，因为困难并不在于专利分析之中。上面所介绍的方法，借助数据库和专利系统等方面的知识，可以在大多数案例中得以实现。困难在于，我们要找到合适的公开发表的出版物数据库。例如，科学引文索引尽管覆盖了较长的时间范围，但其分类仍然是比较粗的，对有关领域的概念在较低一级的累积水平上进行分类就不太可能了。其他专门领域的数据库常常可以提供较合适的分类，但仅能涵盖较短的时间范围。在很多情况下，人们没有记录下分类的变化，或者由于数据库政策方面的变化而在时间轴上出现突然的断点。无论如何，为进一步可靠地获得更长时间范围的出版物的趋势，把分析的范围扩展到更广的出版物数据库是非常必要的。然而，随之而来的问题是经济数据的可获得性，因为“正式的”统计数据，不管是国家或者国际上的机构，都是很笼统的并且没有或者不能令人满意地涵盖最新的领域。在这种情况下，人们就不得不利用市场调研机构的数据，尽管这些数据一般都不太完整①。另一个数据来源是对扩散过程的分析，正如在激光加工和工业机器人例子中所使用的那样。投入的不断增长可以通过长期考察研究的方式得以保证，它能够更好地促进我们对技术发展的理解，对战略规划和技术预测给予支持。更多可能的应用可以通过将以上这些方法与对创新体系中参与者的分析结合起来。在此，我们将对弗劳恩霍夫协会在研发服务提供者市场及在支持典型的技术和创新路径方面的作用加以阐述。

① 通过与其他的数据源进行比较，此处的误差估计还是做得很好的。

四、在创新周期中作为研发服务提供者的弗劳恩霍夫协会

（一）德国研发服务中的弗劳恩霍夫协会

研发服务由公共的、半公共的或者私人部门的参与者组成①：

• 就基础研究的情况来讲，尤其像马克思－普朗克研究协会、大学或者赫姆霍兹德国大研究中心联合会（Helmholtz-Gemeinschaft Deutscher Forschungszentren）基本是以探求自然和社会的基本原则和规律为主要研究任务。

• 应用研究推动已有的基础研究发现走向更精确的、面向问题解决的深化和转化。应用研究遵循的目标是，为新的产品、方法、技术工艺和配置方案提供作为科学基础的新的生产和效率原则。应用研究致力于研究结果的实际应用，它以潜在用户的需求为导向，最终目标是提供技术解决方案及通过实际案例证明技术方案的可行性、可再生性和可应用性。对于比如弗劳恩霍夫协会、高校附属的研究所、应用技术大学、德国联邦工业合作研究会（AiF）"Otto von Guericke" 以及部分莱布尼兹科学协会（WGL）的研究工作来说，这种工作方式是很典型的。

• 此外，许多联邦和州的研究机构以及各个州的研究机构也都在从事于从基础研究到应用研究以及实验开发的工作。这些研究机构实际上承担了很繁重的任务，因而仅提供很少的面向第三方的研发服务。

• 随着前东德经济的转型，出现了一些营利性的及公益性的贴近企业的研究机构，开始提供研发服务。各个联邦州从制度上都有支持这些研究机构发展的措施。这些研究机构一般都提供贴近市场和贴近客户的研发服务，其中很大一部分是研发服务。但是只有当它们具有的科技能力和独特的研发诀窍以及培育了密切的客户和市场关系的时候，才可能取得以上的绩效。

• 此外，一些创新型的生产企业也属于研发服务提供者的范畴，它们的研发是针对具体的产品和工艺的。虽然这些企业提供的研发服务大多数与产品或技术的特性有关，但是在客户对产品的使用过程或者通过推销自己产品或零件开发生产过程中的独特的研发诀窍，他们也可以通过技术咨询、应用工程、产品宣讲、组织重组、质量认证等方式提供研发服务。

要使基础研究能够对创新产生直接的贡献，似乎还不可能，毕竟基础研究机构通常离产业化过程都有相当大的差距，尤其是把研究知识直接转化为

---

① 这一部分引自：Koschatzky，K.，Reinhard，M.，Grenzmann，G.：德国的研究与发展服务——一个繁荣市场的结构和观点．弗劳恩霍夫协会区划和建筑与施工信息中心出版社（IRB，Information Center for Regional Planning and Building Construction），斯图加特．16～19。

实际应用也并不属于基础研究的首要任务。基础研究机构的贡献在于，为产业化创新活动奠定基础。而另外一些基础研究机构的情况是开展应用研究或实验开发，它们的工作或多或少都会对企业的创新产生影响。这些机构构成贯穿企业的创新过程的核心。

研发服务者如何能够按照企业需求提供研发服务以及如何将研发结果转移给企业，这对于研发服务者来说是很重要的两个问题。以下这些问题有助于研发服务者对这两个问题的思考：

- 研发结果是否贴近实际？这些结果是否能被普通老百姓所理解？
- 利用企业的资源，是否可再生产、应用及转化这些研发结果？还需要多少研发资金？还需要多久才能转化为产品和工艺？
- 有没有工商业保护法？谁享有使用权？
- 研究所与该企业能否形成良好合作关系？

弗劳恩霍夫协会研究所应该按照既定的目标完成这些任务，但是要通过一种特殊的方式。弗劳恩霍夫协会最大的竞争对手自然是高校内的研究所（尤其是工科高校，在一些领域也包括应用技术大学）、依附于高校的研究所、赫姆霍兹研究中心的一些研究所、企业界的研发服务提供者和研究机构以及研发型的企业。

通过 2001 年的调查，在选定的一些竞争领域内，我们得出显著不同的研发服务业务范围，如图 8-7 所示。图表并没有对不同服务类型的相关竞争差异进行验证。

接受问询的弗劳恩霍夫协会研究所认为下列几个方面是它的竞争强项（被提及次数的百分比）：

（1）自主的先行研发（100%）；

（2）实验、试验（83%）；

（3）样机的生产与试验（83%）；

（4）跨学科性（75%）；

（5）向客户方转移（75%）；

（6）特殊技术研发（71%）；

（7）研发项目管理（63%）；

（8）研发-营销的整合（58%）；

（9）分析与诊断（58%）；

（10）辅助生产（21%）。

其中，第 1、2、7、8、9 项是以知识和研发为导向的绩效（先行研究），而第 3、5、10 项则反映了专门的贴近市场和客户或者相关的转换能力的绩

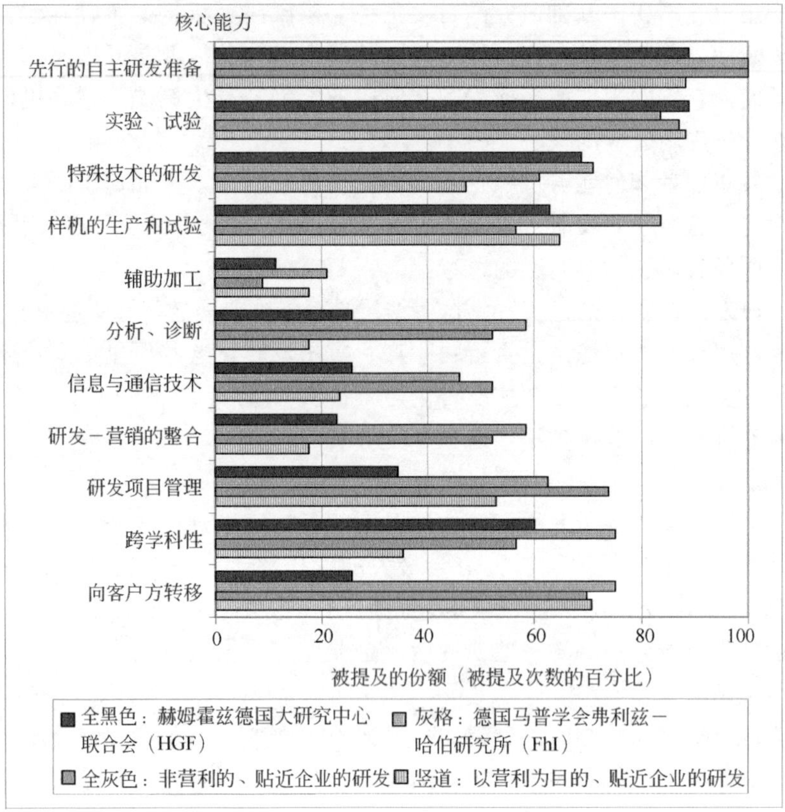

图 8-7　不同类型机构实现研发服务的核心能力（可多选）

资料来源：Koschatzky et al. 2003，第 111 页

效。对于这些竞争领域来说，弗劳恩霍夫协会研究所与其他机构类型相比，其绩效常常是处于前两位，即使在与转化能力相近的竞争领域也是如此。值得一提的还有在研发－营销整合和研发项目管理方面较高的自我评估，这一点在与企业界客户的合作中是非常重要的。

说起具体的竞争优势来，大学之外的研发机构（包括弗劳恩霍夫协会研究所）在开展先行研究、竞争范围、工作人员素质以及产品和绩效质量等竞争领域都有较大的优势。这些机构的不足主要体现在有关对市场的了解、价格及执行力的速度等方面。高校及附属研究机构作为大学外研究机构的重要竞争对手，在很多竞争领域都同样能取得较好的甚至更好的绩效，尤其是在价格方面。但是在速度和灵活性方面，大学及附属研究机构的表现就明显地不尽如人意了。最重要的研发服务提供者的竞争策略必须要有所不同，因为每个小组都具有它独特的相对竞争优势。弗劳恩霍夫协会研究所同样也要发展出它自己的区别于高校、研究型企业和其他高校的研发机构特殊策略（Koschatzky et al. 2002）。

高校之外的研发机构本身也代表了一个异质的（独特）集团，在其中，具有下列相对的竞争优势和劣势（图 8-8）。该描述没有对两者相互间的竞争关系做出说明。

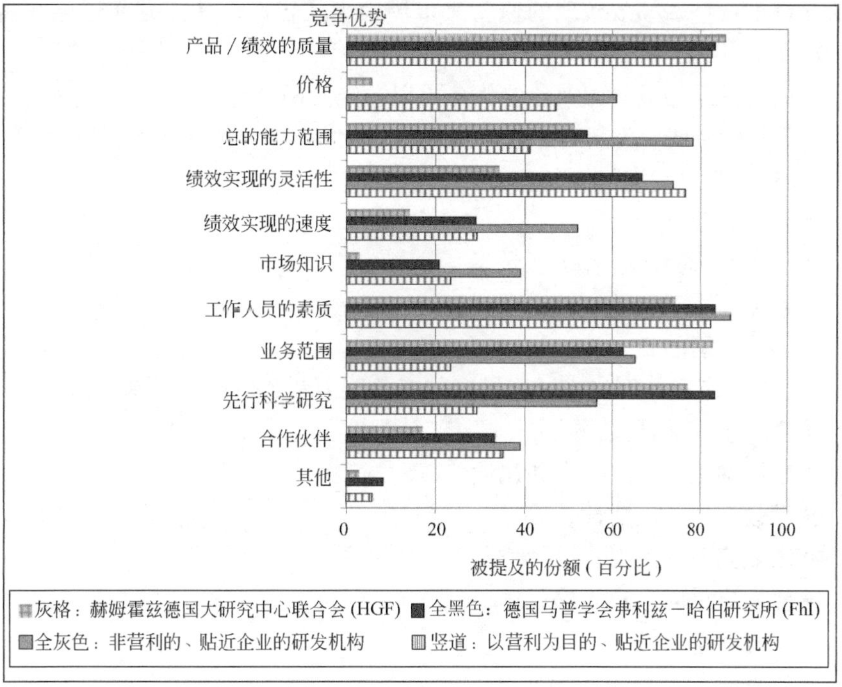

图 8-8　高校之外研发机构的竞争力优势（可多选）

资料来源：Koschatzky et al. 2003，第 115 页

受问询的弗劳恩霍夫协会研究所认为它们所具有的竞争优势表现在如下几个方面（被提及次数的百分比）：

（1）科学上的先行研究（83%）；

（2）产品和绩效的质量（83%）；

（3）工作人员的素质（83%）；

（4）绩效实现的灵活性（67%）；

（5）业务范围（63%）；

（6）能力范围（54%）；

（7）合作伙伴（33%）；

（8）绩效实现的速度（29%）；

（9）已有的市场知识（12%）。

就上面分类中的第 1、2、3、4、6、8 项而言，弗劳恩霍夫协会研究所在所有四种类型机构中占据相对领先的位置，涉及研发和基础科学领域以及应用导向的领域。这显示了弗劳恩霍夫协会研究所在非常宽广的范围内都具有相当的竞争实力。然而，从图 8-8 中也可以清楚地看出，弗劳恩霍夫协会研究所在诸如价格、绩效实现的速度、市场知识及合作伙伴等方面还存在着不小的差距。

上面所提及的竞争力及竞争优势可以总结为两个部分：

I. 以科学和研发为基础的竞争能力和竞争优势（对先行研究意义重大）：

- 自主的先行的科学研究；
- 实验和尝试；
- 分析和诊断；
- 业务领域；
- 能力范围的整合。

Ⅱ. 贴近市场和客户或过程导向的竞争能力和竞争优势（基于销售）：

- 样机生产和试验；
- 辅助加工手段的开发和建设；
- 绩效实现的灵活性；
- 绩效实现的速度；
- 研发成果向客户转移；
- 已有的市场知识；
- 研发管理。

根据 2001 年的调查可以看出：弗劳恩霍夫协会研究所同时在第一组和第二组指标方面都具有较强的实力和能力，其能力表现在能够架起科学先行研究与将其研究成果进行经济转化的桥梁。由于其他的研究机构也同样具有这些能力，因此，有必要在下面阐述清楚，与其他大学外研究机构相比弗劳恩霍夫协会研究所是如何定位的。根据上面变量的被提及频度（可以使用效用分析的方法进行计算），计算出两个总合变量（基础变量具有相同的权重），如图 8-9 的坐标所示。同样，其他方法也能得出相似的结果。

可以看出，根据弗劳恩霍夫协会系统技术与创新研究所 2001 年调查的数据，弗劳恩霍夫协会研究所与公益性企业研究机构在与四组大学之外的研发机构的比较中，不相上下。弗劳恩霍夫协会研究所在提供最好的前提条件、推动先行研究向产业化转化等方面都是不错的。令人惊讶的是，弗劳恩霍夫协会研究所在 2001 年较高地自我评估了与其他核心能力相比意义较小的绩效实现速度。

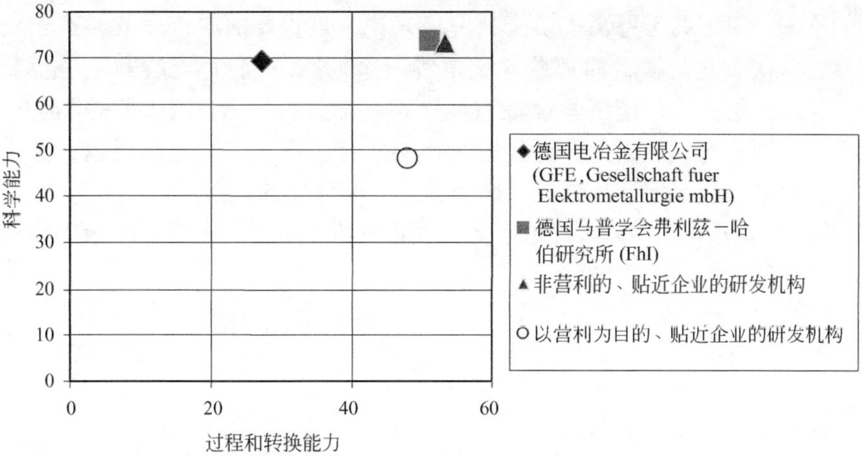

图 8-9　科学和过程/转换能力的矩阵。坐标中的数值是通过效用分析得到的

（二）弗劳恩霍夫协会研究所在创新周期中的任务

由于以上的思考是对 2001 所调查的研发服务提供者的主观评估，缺少从需求者角度（即研发机构的客户与委托者）对研发绩效的评估。通过综合考虑上述评估以及通过对可信性的考虑，这里尝试提出一个概念，并借此指明：弗劳恩霍夫协会研究所凭借哪些能力、在创新路径的哪些方面做出了最有影响的贡献。

接下来，我们将会了解到，弗劳恩霍夫协会研究所已提出的和将要提出的服务种类及主要对应于创新路径模型的阶段（图 8-10）。

提供服务的种类	创新周期的阶段					
	1	2	3	4	5	6
研究、开发	X	X	只有开发	只有开发	X	X
测量、检测			X	X	X	X
分析			X	X	X	
试验			X	X	X	X
仿真		X		X	X	
实验设备、仪器			X	X	X	
加工					X	X
机械设计、工程师服务					X	X
鉴定、可行性研究、认证	X	X	X		X	X
软件、开发					X	X
咨询、策划				X	X	X

图 8-10　弗劳恩霍夫协会的服务项目以及在技术和创新路径模式中的地位

依我们看来，对于弗劳恩霍夫协会研究所来说，最重要的应该属效益产出较多的第二、四、六阶段，而那些定义范围较窄的服务项目，如测量、检测、分析、尝试、仿真、供应试验设备和仪器等在关键的第三、四阶段是不会单独存在的，因为它们可以为弗劳恩霍夫协会研究所提供一些边际贡献，并能帮助研究所渡过技术周期中缺乏科研任务的“寒冬”阶段。

图 8-11 以另外一种方式展示了弗劳恩霍夫协会研究所在哪些技术周期阶段能够最大限度地发挥它的能力。

提供服务种类①	创新周期的阶段					
	1	2	3	4	5	6
自主的先行研发	X	X	X		X	
实验、尝试	X	X	X		X	
特殊技术的研发				X	X	X
样机的生产和检测				X	X	X
辅助加工				X	X	X
分析、诊断	X	X	X		X	X
研发－营销的整合		X	X		X	X
创新管理		X	X		X	X
跨学科性		X	X	X		X

图 8-11　弗劳恩霍夫协会的能力优势以及在技术和创新模式中的地位

可以看出，弗劳恩霍夫协会研究所战略性的重要竞争领域及一些独特的竞争力主要是在增长阶段和收益强的阶段。而在关键的第四阶段（上文已提到：这是一个空间很有限的市场），弗劳恩霍夫协会研究所应当更多地将它的竞争能力投入到实现这些细分的服务领域，如实验和试验或者辅助加工等。重要的是，为了帮助克服技术周期中的“低谷”以及获得在先行研究阶段产生的领先优势，在分析和诊断以及研发－营销整合等方面的能力也被投入到第三阶段。

现在的问题是，弗劳恩霍夫协会研究所能在哪些阶段最有效地投入它的哪些竞争优势。

- 毫无疑问，工作人员素质的优势应在所有的阶段予以积极的投入。
- 在先行研究方面的力量是弗劳恩霍夫协会最强的王牌。尤其是在通常

① 能力范围信息与通信技术（IuK）作为唯一的技术领域，但从逻辑上并不适合这一分类系统。

情况下具有相对较多的研究资金以及对新研究领域的普遍的好奇心都是最高的时候，先行研究将能最有效地产生影响。在这一阶段的活动为研究所创造出“超前、领先知识”，如果弗劳恩霍夫协会研究所要在日益增长的竞争中还能以较高的成本立足的话，那么就必须把所获得的“超前、领先知识”至少保持到最后一个阶段。

• 只有当在竞争中产品和绩效可以比较时，产品和绩效的质量才会对竞争力产生影响。这点最早可以从一个阶段中看出来，在该阶段隐性技巧、研发过程、方法以及正在开发的工艺和产品彼此都接近，也就是说，在该过程中应用了一定程度的标准化和惯例。（出现“主导设计”）。这个过程出现在创新周期的第五和第六阶段。

• 弗劳恩霍夫协会的每个单独的研究所以及弗劳恩霍夫协会整体的广泛的研究范围，有助于研究的视野超越各自的研究领域并关注周围邻近的领域。相反，窄的能力范围能较容易地形成专业化及单个主题范畴内的独特性（unique selling point），这一点尤其在第一和第二阶段表现较为突出。较宽的能力范围暗含了对新研究领域的搜寻和开发，也提供了一个渐进的专业化。要在一个持久不衰的研究领域中确保一定的位置必须进行仔细筹划。（从第五阶段开始）。

• 很明显，创新管理也应该属于弗劳恩霍夫协会研究所的竞争优势之一。它不仅有助于项目的效率提高，而且它还帮助弗劳恩霍夫协会研究所在与其他的研发服务机构的竞争中处于一个更有利的位置，因为企业期待着从弗劳恩霍夫协会那里获得启示以开展自己的创新过程。

通过有目的地把先行研究和创新管理能力结合起来，弗劳恩霍夫协会能够在与竞争对手的较量中显著地超越对手。要实现整体经济创新能力的提高，必须对这两方面加以培育。此外，还要能快速满足企业客户创新过程所需要的服务。

五、加速创新路径的策略

总体说来，以上所讨论的创新路径和国家创新体系的范畴还是比较复杂的，而且通过不断变换观察的层次，就更不容易理解了（Dreher 2005）。

有关经济创新研究和创新管理的文献很少对不同企业创新领域间联系的意义、从整体上塑造的创新过程和创新路线、企业和企业间技术及人力等“软”竞争要素的重要性产生过怀疑。从解决方法等方面对整体创新的理解所进行的详细讨论为企业及其员工指明了道路和解决方案。目前，通过具体的方法，创新中存在的巨大潜力已经得到发现和利用（参考本书的第一章以及其他相关部分）。

同样重要的是企业和员工对创新体系中环境变化的敏感性。尤其是突然的趋势中断、多种发展道路或是新出现的技术都是一些警示企业考虑创新策略的信号。由此，必须做出判定，现有核心能力在多大程度上能够实现重组或开辟新方向。一个具有前瞻意识的企业领导很有可能是偏好于调整核心能力。

对于一个企业来说，如何在各个技术和创新路径上进行定位是一个核心问题。在此，我们提出，必须摆脱依靠具体的、严密的组织创新项目开展长期的、路径导向式的技术发展的模式，转而进行精益创新（“Lean Innovation”，Suter/Tschirky 2005）。

对具体创新项目的搜寻可以参照在第一章介绍的对整体创新的理解的矩阵。企业在双周期创新路径上“劈波斩浪”，并根据自身条件，确定自己的创新目标及重点。因为除了实际的市场和企业条件外，对技术和创新路径发展的长期期待也起着中心作用。

要想加速技术和创新路径，创新体系以及与宏观发现有关的变化就是必不可少的。对德国创新体系所作的讨论，显示了在制度方面适应能力以及在变革过程中协调与控制的战略智慧方面存在的问题，尤其是在需求的范围内，以帮助创新能尽快产生及利用重大发现的机会（Dreher 2005）。此外，在国际范围内比较起来，德国的科学研究通过企业和政府获得的经济资助也是很一般的。联邦内政策的协调，以及欧盟、联邦和各个州对创新政策的表决要求都表明了政策缺乏灵活机动的转换能力（Grupp et al. 2004；Smits/Kuhlmann 2004）。

在讨论政治发展时，我们需要以动态的眼光来看待创新体系。创新周期和各种形式竞争能力的发展很接近，它们不仅涉及创新体系水平协调的过程和路线，而且也涉及不同创新周期的资源和知识准备的时机。如果人们回到协作层面，如果在重要的主题领域没有运用动态的观点，尽管人们会塑造较好的条件，但还是在一定程度上放弃了通过采取积极的、塑造好的政策以利用重大发现所带来的增长机会的可能性。

至此，下面的问题还是悬而未决的，人们如何弥补在教育、研发系统一般投资与通过创新导向的政策协调而开辟增长机会间的差距。为了实现增长的机会，除了对长期、时间协调的发展的需求外，还需要特殊的能力以实现创新路径。因此，可以从宏观上扩展对创新周期的思考。

具体来说，下面的几个方面具有一定的思考和检验的价值：

• 创新路径需要方法上的能力，这些能力也可在研究项目中得到试验和进一步的发展。其中可能涉及诸如以下的问题：创新管理、服务发展、生产现代化、企业的组织架构、过程和路线以及企业核心能力管理。一旦创新体系的“动态高效”取得进步，那么这些就变得非常有价值，因为，如果不是这样的话，利用经济领域内机会的转换能力以及在加速创新路径上的研发服务将会受到限制。

• 应该对现有的技术和创新的促进情况进行检验。以便人们能够开始尝试对创新周期中的技术——专业项目所涉及的主题范围进行定位，并使促进措施与所得到的需求相适应。例如，对于一个项目来说，尽管还在初期阶段，必须马上将一个面向应用的基础研究列入日程。在以后的阶段，可以扩展专门的能力，或者开始构建中等水平的供应结构。而且，对于创新领域的关注情况也会随着时间而发生变化。在纳米技术中，产品的发现应该处于重要位置，而在其他的领域项目中，生产技术的发展可能地位更高或者比如在信息和通信技术中服务的发展是增长的成功要素。如此，人们就可以对创新和技术促进的组合进行检验、修改、补充，并实现工具的现代化。

• 这些建议不仅对企业和创新政策，而且对于公共的和私人的研发机构都提出了调整创新方向和增强适应能力的要求，并能够提高能力转换的速度，成为创新周期关键阶段的能力载体。

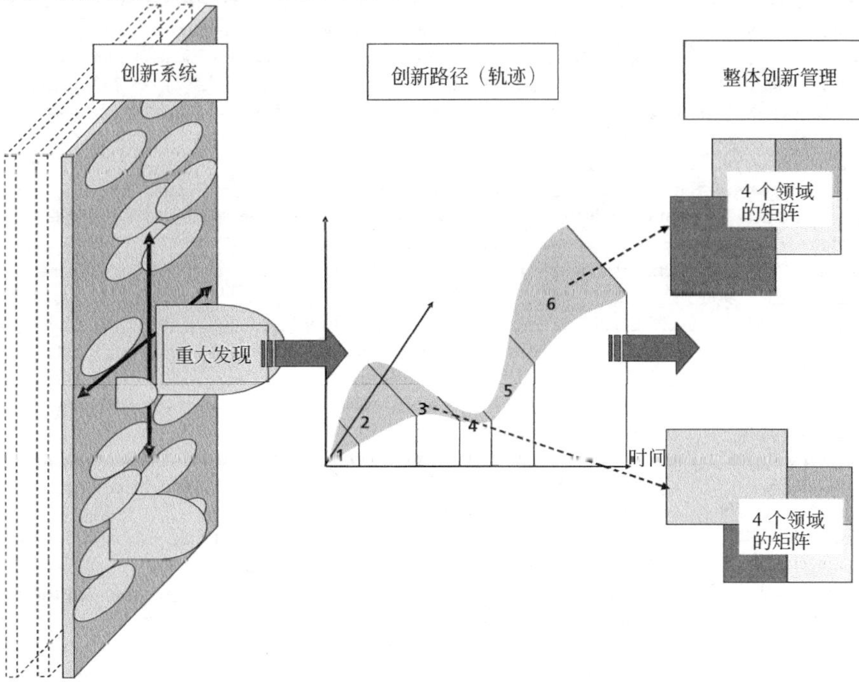

图 8-12　创新体系、创新周期和企业的创新管理

根据已有的数据分析，弗劳恩霍夫协会的定位还是比较科学的，它们正是向着创新体系的方向发展的。在这种情况下，作为两个特征之一的先行研究，其意义是非常重要的。另外一个特征是竞争的创新管理，对于上面这些内容，本书的其他章节也可以看作对于弗劳恩霍夫协会研究所的建议和支持（图 8-12）。

参考文献

Archibugi, A.; Lundvall, B.-A. (ed.) (2001): The Globalizing Learning Economy, Oxford University Press Inc., New York

Beise, M. (2001): Lead Markets: Country specific Success Factors of the Global Diffusion of Innovations, Heidelberg

Bickerstaff, G. F. (ed.) (1997): Immobilisation of Enzymes and Cells, Humana Press, Totowa

Cainarca, G. C.; Colombo, M. G.; Mariotti, S. (1992): Agreements between firms and the technological life cycle model: Evidence from information technologies. Research Policy 21 (1), S. 45-62

Christensen, C.R. (1997): The Innovator's Dilemma. When New Technologies Cause Great Firms to Fail, Boston MA.

Coombs, R.; Hull, R. (1998): Knowledge management practices and path-dependency in innovation, Research Policy 27, S. 237-253

Dalum, B.; Pedersen, Ch. R.; Villumsen, G. (2002): Technological Life Cycles: Regional Clusters Facing Disruption, DRUID Working Paper No 02-10, S. 1-23

Debackere, K.; Clarysse, B.; Wjinberg, N. M.; Rappa, M. A. (1994): Science and Industry: A Theory of Networks and Paradigms, in: Technology Analysis & Strategic Management, 6 (1), pp. 21-37

Dominguez Lacasa, I.; Grupp, H.; Schmoch, U. (2003): Tracing technological change over long periods in Germany in chemicals using patent statistics, in: Scientometrics, 57 (2), pp. 175-195

Dosi, G. (1988): Sources, Procedures and Micro-Economic Effects of Innovation. In: Journal of Economic Literature XXVI, S. 1120-1171

Dreher, C. (2005): Herausforderungen des ganzheitlichen Innovation sverständnisses an das deutsche Innovationssystem - Stärken, Defizite, offene Fragen und Chancen der Partizipation auf dem Weg zu einer modernen Innovationspolitik, Expertise für die Hans Böckler Stiftung, Fraunhofer ISI, Karlsruhe

Edquist, C. (1997): Systems of Innovation Technologies, Institutions and Organisations, Pinter London, Washington

Etzkowitz, H.; Leyendorff, L. (2000): The dynamics of innovation: from National Systems and Mode to a triple helix of university – industry - government relations, in: Research Policy 29 (2000), S. 109-123

Freedonia (2005): Conductive Polymers Online: www.the-infoshop.com/study/fd20220_conductive_polymers.html (Accessed: 2005-05-13)

Freeman, C. (1982): The Economics of Industrial Innovation, Frances Pinter Publishers, London

Geroski, P. A. (2000): Models of technology diffusion. Research Policy 29, S. 603-625

Gerybadze, A. (2004): Technologie- und Innovationsmanagement, München

Gibbons, M. (1994): The New Production of Knowledge. The Dynamics of Science and Research in Contemporary Societies, SAGE Publications, London, Thousand Oaks, New Delhi

Grupp, H. (1997): Messung und Erklärung des Technischen Wandels, Grundzüge einer empirischen Innovationsökonomik, Springer Verlag, Heidelberg

Grupp, H. (1998): Foundations of the Economics of Innovation - Theory, Measurement and Practice, Edward Elgar Publications, Celtenham, Northhampton

Grupp, H.; Legler, H.; Licht, G. (2004): Technologie und Qualifikation für neue Märkte. Ergänzender Bericht zur technologischen Leistungsfähigkeit Deutschlands 2003 – 2009, BMBF, Berlin, Bonn
Grupp, H.; Schmoch, U. (1992): At the Crossroads in Laser Medicine and Polyimide Chemistry. Patent Assessment of the Expansion of Knowledge, in: Grupp, H. (ed.): Dynamics of Science-based Innovation, Springer, Berlin, Heidelberg, New York, pp. 269-302
Hinze, S.; Schmoch, U. (2004): Opening the black box. Analytical approaches and their impact on the outcome of statistical patent analyses, in: Moed, H.; Glänzel, W.; Schmoch, U. (eds.): Handbook of Quantative Science and Technology Research. The Use of Publication and Patent Statistics in Studies of the R&D System, Kluwer, Dordrecht, Norwell, New York, London, pp. 215-235
Kleinknecht, A.; van Montfort, K.; Brouwer, E. (2002): The non-trival Choice between innovation Indicators, Economic Innovation New Technology 11 (2), S. 109-121
Klepper, S. (1996): Entry, Exit, Growth, and Innovation over the Product Life Cycle, American Economic Review Nashville, Tenn. 86 (3), S. 562-583
Kondratiev, N. (1925): The major economic cycles, in: Voprosy Konjunktury. English translation reprinted in Lloyd's Bank Review, no.129 (1978), 1, pp. 28-79
Koschatzky, K.; Reinhard, M.; Grenzmann, Ch. (2003): Forschungs- und Entwicklungs-Dienstleistungen in Deutschland, Struktur und Perspektiven eines Wachstumsmarktes, Fraunhofer IRB Verlag, Stuttgart
Lay, G.; Maloca, S. (2003): Innovationen in der Produktion 2003, Fraunhofer ISI, Karlsruhe
Linden, A.; Fenn, J. (2002): Emerging Technologies Hype Cycle: Trigger to Peak, Gartner Group (ed.), Stamford, CT, p. 148 (unpublished work)
Louçâ, F. (1997): Turbulence in economics - An evolutionary appraisal of cycles and complexity in historical processes, Edward Elgar Publications, Celtenham, Northhampton
Lundvall, B.-A. (ed.) (1992): National Systems of Innovation: An Analytical Framework, Sage, London
Lundvall, B.-A.; Johnson, B.; Andersen, E. S.; Dalum, B. 2002): National systems of production, innovation and competence building, in Research Policy 31 (2002), pp. 213-231
Malerba, F. (2002): Sectoral Systems of Innovation and Production. Research Policy 31 (2), S. 247-264
Mauri, A. J.; McMillan, G. S. (1999): The Influence of Technology on strategic Alliances: An Application of the Utterback and Abernathy Model of Product and Process Innovation. International Journal of Innovation Management Vol. 3, 4, S. 367-378
Meyer-Krahmer, F. (2001): The German Innovation System, in: Larédo, Philippe (Hrsg.); Mustar, Philippe, (Eds.) (Hrsg.): Research and Innovation Policies in the New Global Economy: An International Comparative Analysis Cheltenham (UK): Edward Elgar Publishing, S. 205-252. (New Horizons in the Economics of Innovation) (ISI-P-70-01)
Meyer-Krahmer, F. (2004): Innovations- und Technologiepolitik; in: Gerlach; Ziegler F.; A. (Hrsg.): Neuere Herausforderungen der Strukturpolitik, S. 181-204
Meyer-Krahmer, F.; Dreher, C. (2004): Neuere Betrachtungen zur Technikzyklen und Implikationen für die Fraunhofer-Gesellschaft, in: Spath, D. (ed.): Forschungs- und Technologiemanagement. Potenziale nutzen - Zukunft gestalten, Hanser, München
Pfeiffer, W., Bischof, P. (1982). Produktlebenszyklen – Instrument jeder strategischen Produktplanung, in: Steinmann, H. (ed.): Planung und Kontrolle, Vahlen, München, pp. 133-166
Reger, G.; Beise, M.; Belitz, H. (1999): Innovationsstandorte multinationaler Unternehmen: Internationalisierung technologischer Kompetenzen in der Pharmazie, in der Halbleiter- und Telekommunikationstechnik, Schriftenreihe des FhG-ISI, Heidelberg, Bd. 37
Reger, G.; Schmoch, U. (ed.) (1996): Organisation of Science and Technology at the Watershed, The Academic and Industrial Perspective. Series of the Fraunhofer Institute for Systems and Innovation Research (ISI), Vol. 3, Physika-Verlag, Heidelberg
Reiß, T. (1990): Perspektiven der Biotechnologie - Wo steht die Bundesrepublik?, Verlag TÜV Rheinland, Köln
Rickerby, D. S.; Matthews, A. (1991): Advanced Surface Coatings: A Handbook of Surface

Engeneering Blackie Glasgow and London, Published in the USA by Chapman and Hall, New York, S. 343-364
Rogers, E. M. (2003): Diffusion of Innovations, Free Press , New York
Rogers, E. M. (1983): Diffusion of Innovation, 3rd edition, Macmillan, New York, London
Schmoch, U.; Licht, G.; Reinhard, M. (ed.) (2000): Wissens- und Technologietransfer in Deutschland, Fraunhofer IRB Verlag, Stuttgart
Shirakawa, H. (2001): Die Entdeckung der Polyacetylenfilme - der Beginn des Zeitalters leitfähiger Polymere, in: Angewandte Chemie, 113, pp. 2642-2648
Smits, R.; Kuhlmann, S. (2004): The rise of systemic instruments in innovation policy, in: International Journal of Foresight and Innovation Policy, Vol. 1, No. 1/2
Stumpfe, J. (o. J.): Product Design and Manufacturing Process: Dynamic Implications for Innovation Management, Arbeitspapier Industrieseminar der Universität Mannheim, ohne Jahresangabe
Suter A.; Tschirky, H. (2005): Wenn der innovationsablauf innoviert werden muss, in: io new management Nr. 5
Tidd, J.; Bessant, J.; Pavitt, K. (2001): Managing Innovation, Integrating Technological, Market and organizational Change, Second Edition, Wiley-VCH Verlag, Weinheim
Tijssen, R. J. W. (2002): Science dependence of technologies: Evidence from inventions and their inventors, Research Policy 31, S. 509-526
University of Texas (2005): Robotics.Online: www.robotics.utexas.edu/rrg/learn_more/history/ (Accessed: 2005-05-12)
Utterback, J. M.; Abernathy, W. J. (1975): A Dynamic Model of Process and Product Innovation, Omega 3, S. 639-656
Werker, C. (2003): Innovation, market performance, and competition: lessons from a product life cycle model, Technovation 23, S. 281-290
Weule, H. (2002): Integriertes Forschungs- und Entwicklungsmanagement, Grundlagen, Strategien, Umsetzung, Hanser Verlag, München

译者简介：

张志坤 柏林自由大学博士研究生
naturezzk@ hotmail. com

冯　平 理学学士，著有《我的梅梅很有趣——一对中国小兄妹在德国的成长故事》和《美丽的童年——梅梅和她的伙伴们》等
Jian_ping_feng@ yahoo. de

曹瑄玮 柏林自由大学管理研究所博士研究生
cao@ zedat. fu-berlin. de

第九章　德国蔡司创新

太阳系中除了太阳、八大行星、几十颗卫星外，
还有成千上万的小行星和彗星。
这好比世界上成千上万的公司、企业和研究单位。
它们运行在各自独创的轨道上，
依靠不断创新，保持明亮，永不消失。

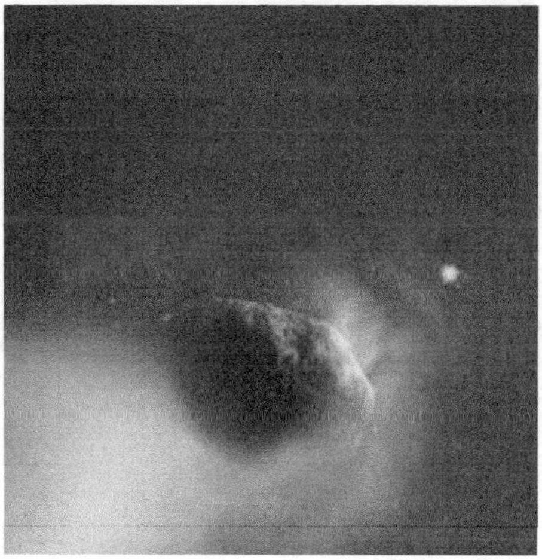

撰写：迈儿(Meyer)

创新——我们的使命和成功所在！

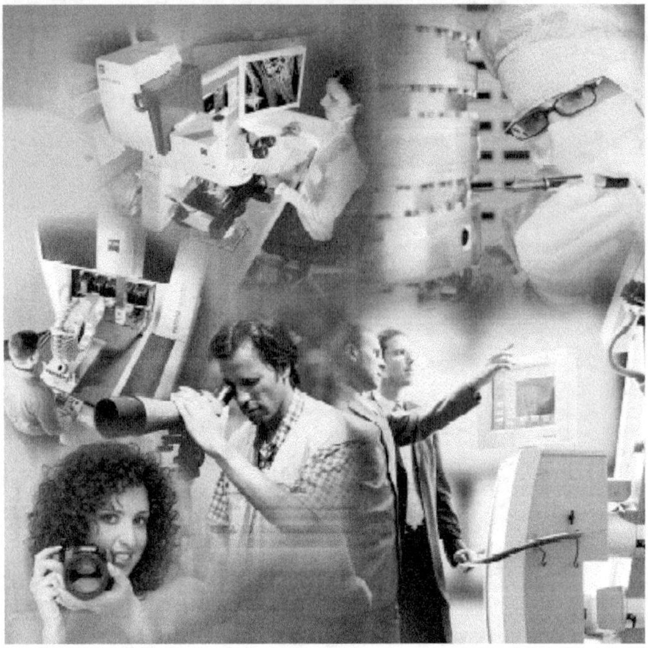

运用科学技术辨识迄今为止不可见的事物——以蔡司闻名世界的卡尔·蔡司股份公司当仁不让地接受了这一任务。这一任务成为160余年成功历史的基石。通过与企业品牌共同宣传的“We make it visible”这一口号，这一任务被提升至内容宽泛的企业远景规划中。

企业的远见明确制定了应当实现的目标。这些目标主要有：确保光学科技领域的领先地位以及明确以客户为导向。只有企业保持持久的创新能力，方能实现这些目标。卡尔·蔡司股份公司着力与客户、科技人员以及科研机构建立合作伙伴关系。

蔡司将创新视为必须通盘考虑和系统考虑的事业。这样的创新就不仅仅局限于科技领域。创新还包括向实践转化。在转化过程中应考虑经济和社会因素并破解问题。在市场和销售领域、在生产过程中以及在员工的意识中，创新无处不在。创新是合作、合资以及业务拓展的产物。创新以持续转变为前提。这一转变以客户的需求为出发点并为客户以及企业的成功奠定了基础。

正如本书的作者汉斯-约克·布凌格教授在中文版前言中所指出：本文应当作为第八章介绍的角色以及弗劳恩霍夫协会（Fraunhofer Gesellschaft，FhG）实例的延续。可以展示一家企业——本文中即为卡尔·蔡司股份公司——是如何将创意转化为创新，并运用创新拓展新的业务领域。

这一主题纷繁复杂，本文无法也无意全面涉及。本文打算列举来自工业界若干新的创新领域的实例。通过实例可以看出：卡尔·蔡司股份公司自创始起就是一家充满革新精神并不断锐意进取、通过持续追求创新获得成功的企业。其他德国企业的实例将在今后的版本中予以介绍。

一、卡尔·蔡司股份公司——业务遍及全球的企业

卡尔·蔡司股份公司是光学和光电子业界全球领先的企业集团（图9-1）。作为一个面向未来的关键性行业的充满创新精神的产品和服务提供商，蔡司是最为注重科技研发的集团之一。蔡司以增长和企业价值稳定提升为目标。公司的创始地位于德国图林根州的耶拿市（Jena），总部位于德国巴登-符腾堡州的奥伯科亨（Oberkochen）。蔡司各业务部门在全球主要市场提供各类产品，其海外销售额百分比超过80。生产基地主要位于德国。此外，蔡司在欧洲其他国家、北美、墨西哥以及亚洲——尤其是在中国拥有生产基地。蔡司为非上市公司的股份公司。公司的所有股份由卡尔·蔡司基金会持有。该基金会也完全持有卡尔·蔡司的兄弟公司——位于美因茨的肖特（Schott）股份公司的股权。

图9-1 卡尔·蔡司股份公司①在2005/2006财政年度再次实现业务增长；集团收入增长至24.33亿欧元

(一) 成长的市场

公司各业务部门在工业解决方案（Industrial Solutions）、医学及研发领域解决方案（Medical and Research Solutions）以及日用产品（Lifestyle Products）等具有战略意义的市场基本占据第一或第二的位置。各独立核算的业务部门通过其产品和服务侧重于为半导体、汽车工业和机械制造业以及生物医药研究和医药科技等行业提供系统解决方案。全世界数以百万计的消费者使用的天文仪器以及照相机镜头或望远镜等高档消费品均带有蔡司的标志。

工业解决方案（Industrial Solutions）

蔡司的半导体科技产品业务部门专注于半导体生产设备所用的微平版印刷成像和照明系统、半导体生产所用的检测系统、半导体生产所用的掩模修复系统以及半导体工业、材料分析和生物科技行业用光学和粒子束检测、分析和测量系统。

---

① 主要包括：Carl Zeiss MicroImaging GmbH（卡尔·蔡司微显影像有限公司）；Carl Zeiss Meditec AG（卡尔·蔡司医疗技术股份公司）；Carl Zeiss Surgical GmbH（卡尔·蔡司外科技术有限公司）；Carl Zeiss Semiconductor Manufacturing Technology（SMT）（卡尔·蔡司半导体生产技术股份公司）；Carl Zeiss Industrie Messtechnik（IMT）GmbH（卡尔·蔡司工业测量技术有限公司）；Carl Zeiss Optronics GmbH（卡尔·蔡司光电子有限公司）；Carl Zeiss AG（卡尔·蔡司股份公司、集团）；Carl Zeiss Jena GmbH（卡尔·蔡司耶拿有限公司）；Carl Zeiss Sports Optics GmbH（卡尔·蔡司运动光学有限公司）；Carl Zeiss Vision International GmbH（卡尔·蔡司光学国际有限公司）。

公司工业测量业务部门凭借众多高精度测量系统和高性能自主研发软件满足业界客户的多样需求。同时辅以完备的服务，包括应客户要求执行全面的测量任务。

医学及研发领域解决方案（Medical and Research Solutions）

该业务领域的产品和系统极其多样。针对生命科技领域的客户，公司显微技术业务部门提供图像处理和存储、激光扫描显微术以及荧光相干光谱等技术所需的多种光学显微镜产品和系统。

卡尔·蔡司医疗技术股份公司（Carl Zeiss Meditec AG）是下设两大主要业务部门的医药技术企业。在眼科学领域，该公司为四大基本医学影像提供全面解决方案：视觉缺陷（屈光）、白内障（翳眼）、青光眼（绿内障）和视网膜疾病（视网膜病变）。该公司的子公司卡尔·蔡司外科技术有限公司（Carl Zeiss Surgical GmbH）在手术显微技术和神经外科、颈外科、耳鼻外科可视化解决方案方面全球领先。医疗科技类产品库中不断增添创新的极具前景的未来科技，例如：内部光束手术疗法（图 9-2）。

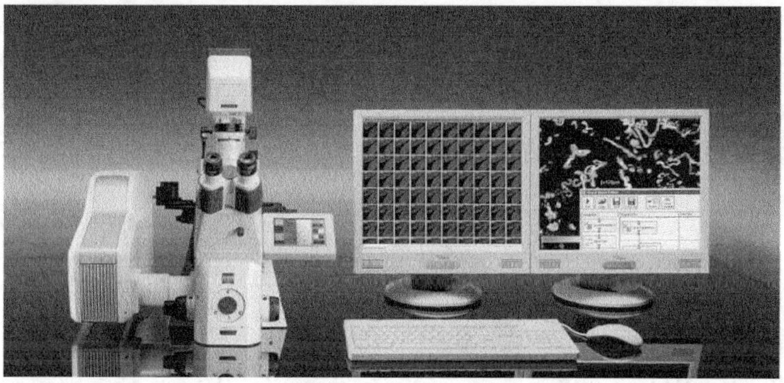

图 9-2　激光扫描显微镜 LSM 5 LIVE 以每秒高达 120 帧图片的速度“拍摄”活体细胞的活动状况

日用产品（Lifestyle Products）

运动光学部门（Sports Optics）专为观察运动、旅途和自然界中的入微细节提供创新的光学仪器。该业务部门提供广泛的产品线，从望远镜直至拥有顶级性能和品质的一流猎枪瞄准镜。

来自该业务部门的产品——照相机镜头，是“蔡司”这一品牌的重要代表。业余和专业摄影师所使用的照相机镜头、拍摄《指环王》或《金刚》等电影所用的摄影机镜头以及与索尼和诺基亚等合作伙伴生产的镜头使得“卡尔·蔡司”这一品牌在全球更为知名，并平添了众多感情色彩。

作为天文光学仪器市场的全球领先者，蔡司也能为天文台提供各类型号和规格的机械光学和电子系统（图 9-3）。

图 9-3　北京天文馆

（二）蔡司——卓越的品牌

“蔡司”这一品牌不仅仅在专业领域享有极高的知名度。这一品牌的起源要归功于企业的创始人——大学相关专业毕业的机械师卡尔·蔡司先生。他于 1846 年在德国耶拿创建了自己的科学仪器车间。业务创建伊始，创始人就将追求科学和技术置于核心地位。追求创新和卓越的科技能力这一企业精神尤其受到卡尔·蔡司先生的业务合作伙伴——恩斯特·阿贝（Ernst Abbe）教授的影响。通过开创性的理论测算和大量的发明，阿贝教授为公司的技术领先和在全球市场所取得的成功奠定了基石。

公司早在 1901 年和 1903 年就分别在伦敦和俄罗斯的圣彼得堡建立了销售分支机构。1911 年在巴黎和东京成立分支机构；1914 年则于阿根廷首都布宜诺斯艾利斯设立了分支机构。

1978 年在香港成立了卡尔·蔡司远东有限公司（Carl Zeiss Far East Co. Ltd.），负责中国市场医疗技术产品、显微镜和测量设备的销售、安装及售后服务。1985 年，蔡司在香港理工大学设立测量技术培训中心。除香港的分公司外，位于北京（成立于 1991 年）、上海（成立于 1997 年）和广州（成立于 1998 年）的销售办事处各分别为中国市场提供服务。这些机构为工业测量技术、眼科学设备以及显微外科可视化系统、激光扫描显微镜、光学显微术、图像处理系统及电子显微镜和天文仪器提供产品和系统解决方案。1999 年，卡尔·蔡司上海有限公司（Carl Zeiss Shanghai Co. Ltd.）在上海外高桥保税区正式开始运作。子公司蔡司工业测量技术（上海）有限公司［Carl Zeiss IMT (Shanghai) Co. Ltd.］和蔡司微显影像（苏州）有限公司［Carl Zeiss MicroImaging (Suzhou) Co., Ltd.］分别自2004年和2006年起投入运营，从而能为远东地区客户提供更加贴近的服务。蔡司工业测量技术（上海）有限公司在上海附近地区为中国和亚太市场生产数控桥式测量机 CONTURA® G2。此外，卡尔·蔡司工业测量技术有限公司分别在深圳和上海设有演示中心。位于广州的卡尔·蔡司光学（中国）有限公司［Carl Zeiss Vision (China) Ltd.，图9-4］拥有500名员工，生产眼镜镜片。

图9-4　位于广州的卡尔·蔡司光学眼镜镜片厂

自2006年6月底起，位于上海的创新办公室（PIOC）开始运作（负责人：顾春时博士）。该机构得到位于奥伯科亨的集团总部的大力支持，承担下列任务：

- 加强蔡司在中国的网络布局能力和活动；
- 协助公司机构在中国市场上对于蔡司具有重要意义的行业进行调查；
- 为公司业务部门寻找合作伙伴并提供有益信息。

二、持续转变促进创新

创新——无论是在显微技术、医疗技术或是眼科光学方面，还是在工业测量技术或用于半导体生产设备的光学仪器方面，使蔡司能应对不断变化的市场和科技发展态势并占据科技领先地位。蔡司这一光学设备公司所特有的“创新传统”应当为客户带来巨大的收益。这使得创业伊始的卡尔·蔡司股份公司获得成功并取得经济上的持续增长。因此，卡尔·蔡司股份公司很早就具备国际竞争力。如今，公司是光学业界的创新推动者之一并且在公司涉足的众多领域的全球市场占据第1或第2位。

这一方面是在研发方面长期大量投资所取得的成果。另一方面，高效的运作流程确保这一努力得以成功。同时，创新的文化也是至关重要的。来自研发部门的科学家和技术人员与来自市场、应用和销售部门的实践工作人员之间展开深入的对话。针对客户当今以及未来的需求提供的创新解决方案、运用最新工艺以及蔡司各业务部门正确的面向未来的战略，是在光学领域追求技术领先这一持续精神的体现。公司有针对性地促进创新文化，并鼓励在公司内部围绕最佳创意展开竞争。这不仅体现在研发这一庞大的业务部门，也体现在全球范围的建议机制，该机制创建于100多年前。

创新和知识管理也需要具备能与公司外部进行交流的氛围，包括向最优秀的企业学习。在这一方面，蔡司着力与相关行业的伙伴企业展开经验交流。同时也寻求与光学行业并不相关的企业进行对话。

（一）用于研发方面的投资

凭借创新的产品和解决方案，蔡司在光学科技方面成为先驱。获得这一成功的先决条件是具备优异的研发实力。同时也在研发方面投入大量资金。多年来，这一投入占销售额的比例均达到10%。在2005/2006营业年度，研发方面的投入提高到2.54亿欧元。2006/2007年度上半年时，用于研发的投入达到最高值：蔡司为加强其创新力量共投入1.37亿欧元，这相当于公司销售额的11%。蔡司集团将近60%的销售额是通过面世未满5年的产品创造的。平均每个工作日申报1~2项发明专利。

（二）从创意转化为新的业务领域

蔡司创建了系统的运作流程，以便有针对性地选择能够创造新业务领域的创意。这一流程有助于探明是否存在客户感兴趣之处、一项创意是否原则上具备可转换性和足够的市场潜力等。在选择和评估创意时可以寻求各类工具的支持，例如情景管理工具。在设定的未来情景中，可以获取有关未来市场如何发展以及哪些产品将获得重要性等相关信息，同时也可以评估现有的创意是否在各类未来情境中具备潜力。

选择可能的业务领域的流程共分为四个阶段：筛选和选择（Screen & Select）、评估和规划（Evaluate & Plan）、确认和演示（Validate & Demonstrate）以及移交和实现（Transfer & Realize）。每个阶段之间均设有一个障碍，即"决策门系统"（Stage gate process），确保只有具备现实成功机会的项目方能过关。

新的寻找进程启动后，即展开建议搜集、评估等工作。含有5项机遇标准和5项价值标准的评估手册能有助于断定创意的适合程度并作出初步选择。例如，包括市场的大致增长情况、创意对与客户和使用者的吸引程度、相关市场的进一步长期开发潜力、技术可行性方面可能面临的障碍以及对创意的成功市场开发。

在第二阶段，对市场进行分析并制定业务创建方案。此外还对风险以及可行性进行调查。接着是寻找重点客户以及对技术和商务风险进行评估。这一阶段至关重要的是实施哪些项目？

在第三阶段，也就是“确认和演示”阶段，主要是在业务开创方面进行准备并组建核心团队。这一团队也将在今后建立新的业务领域。除了组织架构方面的活动外，也有具体的任务：生产样品以供重点客户测试。如果项目能克服该障碍，则产生新的业务领域。但是第三阶段的“风险投资理事会（Venture Board）”，即：决策委员会，仍有可能因未达到事先制定的目标而中止该项目的运作。如果“风险投资理事会”对该项目放行后，将把项目移交（第四阶段）给相应的业务部门，并实现新的业务领域。

（三）四个实例：新近进行的创新和业务领域

创新可以来自创意，但也可以来自与客户的合作。创新来自于其他相似的主题或是业务模式的移植。可通过对现有科技补充其他科技或者工艺，从而产生创新。

浸没式光刻技术：更高的分辨率、更大的景深范围

通过第一款用于浸没式光刻技术的镜头——Starlith® 1250i（“i”代表“浸入”），卡尔·蔡司半导体生产技术股份公司（Carl Zeiss SMT AG）为芯片制造商取得技术突破铺平了道路。曝光波长为193纳米（nm）的浸没式光刻技术填补了目前所使用的193纳米镜头的分辨率空白，并使得数十年来对远紫外线（EUV）光刻技术的梦想成真。

Starlith® 1250i的数值孔径（NA）为0.85，可实现70纳米的分辨率。用于微芯片生产的折反射镜头Starlith® 1700i（2005年近入市场）是集折射和反射系统与一身的同类型首款产品。它的数值孔径为1.2，可实现最高45纳米的分辨率。这是用“干物镜”所无法达到的分辨率。

浸没式技术的原理要追溯到恩斯特·阿贝（Ernst Abbes）1878年的发明：显微镜物镜同质油浸。晶片和物镜前透镜之间的水可以提升物镜的分辨率，从而一举攻克了芯片曝光过程中面临的核心问题。较小的景深晶片或感光树脂层的不平整在曝光过程中几乎没有任何影响。因为水改变了光线的路线，因此在给定的分辨率下可以使用更大的景深范围。

卡尔·蔡司半导体生产技术股份公司于2002年秋季启动了浸没式光刻技术项目。该项目是从对已有的Starlith® 1150物镜进行改造起步的。在已有产品基础上应尽可能获得价廉物美和与创新相结合的新产品。在这一原则指导

下，2003 年夏季时已经向荷兰半导体设备制造商阿斯麦（ASML）公司提供了产品样机——Starlith® 1150i（图 9-5）。在 ASML 处建立的晶片扫描器于 2003 年 10 月进行了首次曝光，该曝光完全达到预期结果。

图 9-5　采用浸没式光刻技术的 Starlith® 1700i 物镜已经使油浸技术在芯片制造上足以满足批量生产的要求。因此在半导体技术方面完成了一项重要的创新

工业计算机断层摄影术：METROTOM®在零件内部测量

一种通过一次扫描即可从整体上对零件——包括几何形状以和体积，进行测定和评价的测量手段。该手段可以提供完整可靠的尺寸和公差数据并能保证对质量进行评价。这种测量工具一直以来就是工业生产质量管理上所追求的首要目标之一。凭借断层计量摄影术®，蔡司距离实现这一目标近在咫尺，并在工业测量技术方面取得了重大突破。

当对具有复杂几何外形的零件进行测量，或者某些测量关键点无法测量，或因阴影效应而无法获得足够的光学效果时，如果需要进行完整测量时，经常会非常困难或非常耗时，而且费用昂贵。一般情况下无法发现裂缝、砂眼、气孔或进入零件内部进行测量，除非将零件拆毁。蔡司在过去十数年中坚持不懈地对工业用计算机三维断层摄影术进行深入研发，并在测量技术方面具备专业实力：因此于 2006 年推断层计量摄影术®这一概念，该技术融合了

“计量学”和“断层摄影术”，形成全新的测量工艺。

METROTOM®系统是第一款专为工业用途研发的计算机断层摄影机（图9-6），该系统足以满足测微领域的高精度计量要求。该系统使得测量和检测流程实现自动化，获取客观的测量结果并集多种测试方法于一身。该系统具有多样的应用领域，亦可用于检测新型轻质原料，如：塑料、镁、泡沫塑料或陶瓷等。因此能不断开拓新的应用前景：从最小的零件到安装组件（ESP传感器、电动牙刷等）直至浇铸成型的铝气缸头，这一灵巧、高精度的测量检测系统均可大显身手。

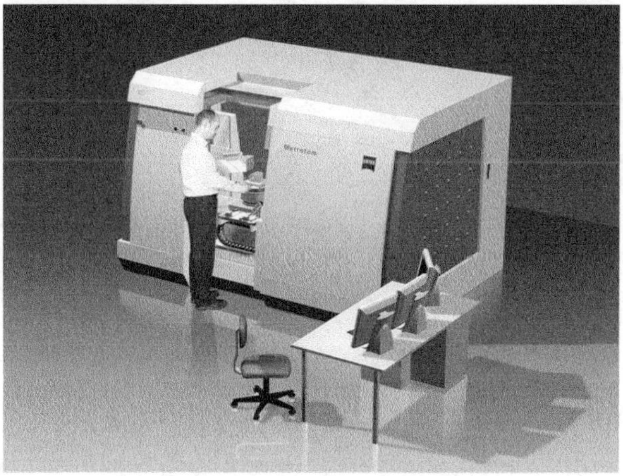

图9-6　计算机断层摄影机X光射线能使材料内部外部均可见，这是接触式传感器无法实现的

METROTOM®是从其他应用领域类推而获得的创新的实例。在这种工业用摄影机中针对三维空间测量用途特别使用了医学领域长期使用的科技并加以进一步研发。因此，蔡司成功实现了从当前广泛使用的主观检测工艺向客观测量技术的转变。之所以能如此快地完成这一测量系统的研发，是内部协力攻关的结果。研发和技术部门以及卡尔·蔡司影像解决方案有限公司［Carl Zeiss Imaging Solutions GmbH——该公司系卡尔·蔡司微显影像有限公司（Carl Zeiss MicroImaging GmbH）的子公司］共同在图像处理领域提供专业解决方案。作为电子显微镜领域公认的专家，卡尔·蔡司纳米技术系统有限公司（Carl Zeiss NTS GmbH）在高压技术方面提供专业指导，零膨胀玻璃（Schott Zerodur）样本则由其所有公司卡尔·蔡司半导体生产技术股份公司生产。

OPMI® Pentero®：绝不仅仅是一台手术显微镜

用于神经外科和脊柱外科的手术显微镜OPMI® Pentero®对“手术显微

镜”这一概念进行了全新的诠释。该产品如图 9-7 所示，将核心的基本要求与众多附加功用结合在一起：手术荧光、完整的内置式视频链、将手术显微镜接入医院的信息和通信系统以及对于手术操作人员而言友好的操作方式。

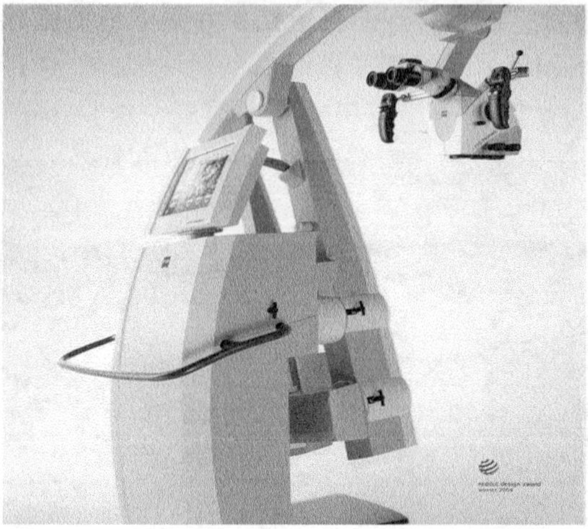

图 9-7　OPMI® Pentero®：第一台可选式完整内置荧光血管造影和肿瘤切除手术显微镜

针对 OPMI® Pentero®研发了革新性的全内置型荧光科技。借助该科技可在手术时获取肿瘤和血管疾病的影像。通过荧光引导的肿瘤切除时，患者术前服用人体较易承受的光敏物质 5-ALA（5-氨基乙酰丙酸）。在人体的新陈代谢作用下，数小时后肿瘤区即可在荧光下被观察到。正常的人体组织在荧光下呈现蓝色；而肿瘤以及对于手术而言至关重要的肿瘤边沿则呈红色。外科医生可以非常容易地发现并切除肿瘤组织，同时尽可能保护相邻的健康组织或对于生命非常重要的脑部区域。

头戴式显示器（Head Mounted Displays）：2 维和 3 维绚丽影像

2005 年中期时，蔡司全资子公司卡尔·蔡司移动光学有限公司（Carl Zeiss Mobile Optics GmbH）开始运作。该公司研发、生产和销售头戴式显示器（HMD）。蔡司研发部门在过去数年中制造了 HMD 样品，从而为之奠定了基础。通过开始运作实现 HMD 的商业化，这一创意来源于“新业务产生”流程 NBG［参见（二）］。公司的开始运行标志着 NBG 流程的胜利结束。

HMD 近似于一个微型投影仪，佩戴于眼睛前方并生成虚拟影像。虚拟影像位于在观察者眼睛前方 2 米处，相当于正常工作距离下观看 19 英寸显示器的效果。蔡司在眼镜方面的强大实力确保头戴式显示器既具备佩戴舒适性，同时也具有优异的光学性能。

HMD 的应用范围极其广泛：与照相机和电子设备相连，HMD 可被高度近视患者用作电子视力辅助装置（Electronic Vision Assistant）。在对机械设备进行维护和检修时，HMD 可用作通讯工具：服务工程师可通过头部摄像机将影像传输给远程专家。专家可在影像基础上向技术人员有针对性地下达指令。与上述过程相反，从远程专家处下达的重要数据传入 HMD，这可在维修人员工作时提供支持。未来可实现将机器设备的图纸调入 HMD 中，实现虚拟成像与机器的实际影像重叠显示，以此可以提高工作效率。也可考虑将其用于工业生产流程监控。在这些应用中最为重要的优势是：使用者的双手不被占用，可以继续工作。此外，HMD 也可被设计师用于对其 CAD 系统中的模型进行三维观察。

蔡司 HMD 的起源可以追溯至 20 世纪 90 年代末的研发项目“Arvika”。该项目以汽车工业的要求和需要为导向。然而，蔡司当时暂时推迟批量化生产。当时进行的一项研究表明：尽管该产品性能非常优异，然后产业化所需的费用太过昂贵。此外还缺少接口以及终端设备。

2004 年 HMD 的工作重新启动。盈利性业务的曙光就在眼前。从研究用样品到 HMD 成品（图 9-8）的研发工作仅耗时 1 年。产业化过程中动用了内部和外部的协同攻关。该电子设备是与外部的合作伙伴共同开发的。如今，蔡司移动光学有限公司可提供高性能和多用途移动虚拟化方案。

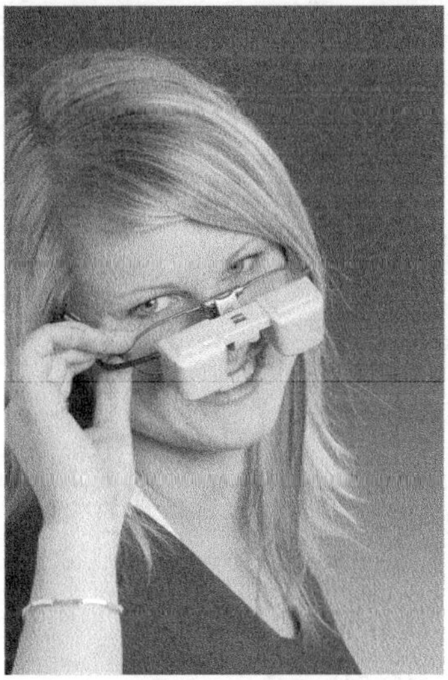

图 9-8　先进的 HMD 可提供 40 度的广角视野。因此，观察者可以观察到如同正常距离下观看 19 英寸显示器相同的绚丽影像

（四）技术卓越

“技术卓越项目”（Excellence-in-Technology-Project，简称“EiT”）的作用是发展和确保核心能力的可靠性。该项目的重点是奠定科技基础，尤其是有关设计、转换以及生产科技等主题。它的目标是确保蔡司在核心领域的技术领先地位。通过研发面向未来的技术，EiT 项目能加强企业的技术实力并夯实知识基础。

EiT 项目尽可能在任务中融入所有与之相关的基础项目。核心团队由来自研发、科技部门以及相应业务领域的 4 至 6 名人员组成。以此形成了由致力于研究同一个科技主题的人员组成的网络。

两个技术卓越（EiT）项目实例

衍射光学

技术卓越项目“衍射光学”于 2005 年年底结束。

项目任务

• 构建专业网络和知识基础，以便实现复杂的混合（折射和衍射）光学系统。知识基础应当达到国际同类科技水准，并使得蔡司在局部领域达到世界领先水平。另外也侧重于增进自身的知识产权（Intellectual Property）基础以及在衍射光学元件和混合光学系统的光学设计和制造工艺方面创建和继续发展实力。尤其侧重于蔡司内部的联网和科技转换。

• 对使用衍射光学原件（DOE）的产品和新用途进行评估，包括对样品的选择和转化以及混合光学系统首批样机的实现。

为完成上述任务，蔡司担当 BMBF（德国联邦教育和研究部）联合项目 HYBROS 的联络人。该项目中对衍射和反射/折射光学镜头在新型混合光学系统中的合成作用进行了基础性研究。

成果

制定了能对混合光学系统进行模拟、制造和特征表述的方法和流程。

• 在子项目“建模和设计”中研发了对 DOE 进行苛刻计算和模拟的基础性数学方法和软件；

• 在“技术”子项目中拟定了生产 DOE 所需的技术性前提。

在有关混合光学系统的各类样品、样机和功能样品基础上进行了直接转换。

自由曲面光学——自由（Free）

任务和目标设定

建立蔡司研发和大规模生产非对称光学功能面（自由曲面）的产品的能力。

其中：

- 扩大自由曲面相关的网络，尤其是采购自由曲面元件；
- 准备并实施针对价值链的投资和奠定未来投资决策所需的基础；
- 提供自由曲面产品研发的支持（受业务和公司相关部门委托）；
- 研发和制造样品。

中期结果

如同 EiT 项目“衍射光学”一样，能够制定方法和流程，从而对带有自由曲面的光学系统进行模拟、制造和特征表述。在超精确处理自由曲面所需的数据流处理方面取得了巨大的成功。

融合和兼并

蔡司通过优质的产品、强有力的营销以及贯穿整个价值链——从生产到按时交货直至优质友好的服务的优异表现，在现有的成长市场扩大规模。另一种扩大业务的可能途径是进军临近或者新市场。

2006 年卡尔·蔡司半导体生产技术股份公司（Carl Zeiss SMT AG）完全兼并了美国 Peabody ALIS 公司。ALIS 公司研发的氦离子显微技术补充了 SMT 纳米技术系统（NTS）方面的产品系列，并向未来市场迈出坚实一步。新近研发的氦离子技术可用于纳米领域结构的成像和分析以及样品的高精度结构化。卡尔·蔡司半导体生产技术股份公司由此进一步扩大了其在纳米科技方面作为技术和系统供应商的全球领先地位，并促进了在多种工业领域和科研方面的业务。

自 2006 年 3 月起，PALM 微激光技术有限公司（PALM. Microlaser Technologies GmbH）成为卡尔·蔡司微显影像有限公司（Carl Zeiss MicroImaging GmbH）的全资子公司。多年以来，两家企业共同致力于激光微控制器方面的研究。在过去几年中，双方组建了强大的销售联盟。该联盟发挥了巨大的作用。因此，联合是成功的合作伙伴关系顺理成章的结果，但同时也是持续性投资战略的组成部分。该战略以持续提升蔡司应用技能为目标。目标是将技术和应用知识整合至总体解决方案中，从而完美满足现代生物医药和医学研究和日常方面的需求。

卡尔·蔡司医疗技术股份公司（Carl Zeiss Meditec AG）通过兼并（2005 年控股）位于法国拉罗歇尔（La Rochelle）的眼人工晶体制造商 Ioltech SA 公司后以及位于美国加利福尼亚州圣地亚哥的激光诊断科技有限公司（Laser Diagnostic Technologies, Inc.），得以整合利用大量内部资源并在眼科学领域集成实力。与上述公司合并后，卡尔·蔡司医疗技术股份公司以全球方案提供商的形象活跃于眼科学的成熟市场。

卡尔·蔡司光学有限公司（Carl Zeiss International Vision GmbH）于2005年由SOLA国际有限公司（SOLA International Inc.）和卡尔·蔡司股份公司（Carl Zeiss AG）眼光学部门共同组建。公司总部位于德国巴登符滕堡州的阿伦（Aalen），在欧洲、美国及亚太地区等全球所有重要市场为客户提供服务，在全球眼镜市场位居第二位。卡尔·蔡司股份公司和私人基金EQT各拥有50%的股份。

合作和网络化

蔡司在全球拥有400多家合作伙伴和大量的联系人，从而能保证创意和学术交流顺利得以进行。一方面邀请来自工业和技术领域的核心客户、生物医药研究领域的科研人员以及来自几乎所有医疗领域实践一线的医生参与交流和研发工作。另外还举行客户大会。与会客户向蔡司各部门的员工介绍蔡司光学产品的实际运用以及所面临的问题和客户的期望。另一方面则举行诸如蔡司创新大会等内部活动。来自研发、市场、销售和生产部门的员工能在活动中相互交流。

• 在德国国内蔡司与来自科技界和金融界的优秀代表［（马克思·普朗克研究所（MPI）、弗劳恩霍夫协会（FhG），德国工程师协会（VDI）、德国精密机械和光学工业协会（Spectaris）等］紧密合作，同时参与由联邦研究部领导的“经济-技术研究联盟”项目和德国其他科技及工业优秀共商如何更好地加强德国高科技地位的战略问题准备并实施针对价值链的投资和奠定未来投资决策所需的基础。

• 在欧洲和国际范围内蔡司积极承担不同学术团体和委员会的工作如：国际标准化组织ISO/TC 172“光学和光子学（Optics and Photonics）”项目主席以及德国联邦教育和研究部（BMBF）光学技术项目委员会发言人；欧洲精密机械和光学工业联盟（The European Federation of Optical and Precision Mechanical Industries，简称“EUROM II”）主席。同时，蔡司与国际知名专家共同致力于将光子学以“光子学21欧洲科技平台（Photonics 21 European Technology Platform）”的形式纳入欧盟第7个框架计划（The European 7th Framework Programme）。此外，蔡司与来自德国（弗劳恩霍夫协会，戴姆勒-克莱斯勒股份公司等）和其他欧洲国家的优秀代表致力于推进以“制定（欧洲制造型企业创新的着力点）和实现欧洲战略研究论坛（SRA）”为目标的欧洲制造创新计划（未来制造技术平台，“The Technology Platform on Future Manufacturing Technologies”），从而在2020年提升欧洲制造型企业的国际竞争力。

（五）蔡司的创新——超高精度的魅力

蔡司提供的创新产品能提高工作效率并提升生活品质。这些产品能在诊断和治疗以及获取信息方面提供支持。从精细的微齿轮直至庞大的船用引擎均可使用蔡司产品测量。使用蔡司产品能观察到最为细微的结构，同时也能获取优异的视觉效果和绚丽的影像。

工业解决方案（Industrial Solutions）

极紫外线蚀刻技术（EUVL）：2006 年夏，年卡尔·蔡司半导体生产技术股份公司（Carl Zeiss SMT AG）的战略合作伙伴荷兰阿斯麦（ASML）公司分别向位于比利时鲁汶（Leuven）的研究机构 IMEC 以及位于美国奥尔巴尼的纽约州立大学纳米科学与工程学院（CNSE）各交付了首台“EUVL Alpha 演示工具”。这些机构使用该工具筹备将该科技应用于芯片的批量生产。预计 2010 年年底前可将极紫外线蚀刻技术（EUVL）应用于芯片生产。

成功完成上述两台 Alpha 工具得益于一系列基础性研发工作。首先进行设计以及 EUVL 所需的镜面光学设备的成产转化。与设计生产透镜系统一样，ASML 也使用了卡尔·蔡司半导体生产技术股份公司的技术。在进行近 10 年的研发后，ASML 于 2005 年生产出首台 EUVL 反射光学设备。

极紫外线蚀刻技术是一种新型生产工艺，可用来制造功能更为强大的芯片。该技术的基础是波长仅为 13 纳米的超短波光束曝光。芯片制造商使用该工艺可在 32 纳米范围内制造芯片，从而大幅提高芯片的密集度和性能。

与传统的蚀刻系统不同，EUVL 反射光学设备完全由镜面组成，因为不存在能使短波光线透过的材料。对镜面的技术要求非常苛刻：非球面镜面，也就是不采用球面形状的镜面，必须以仅有几个原子间距的精确度制造。表面粗糙度也不能超过几个原子间距的误差，以避免产生散射光。整体系统由 6 块彼此精密搭接的镜面组成。系统在真空中运行，因为即使微量的空气也能吸收极紫外线。镜面表面的涂层也具有非常重要的意义。该涂层能起到反射作用。镜面表面只有超过 50 层钼硅（Mo/Si）多层膜，才能获得足够高的反射率。而每层薄膜的厚度仅仅不到 10 纳米。

浸没式平版印刷术项目：Starlith® 1250i 镜头的面世标志着实现 193 纳米浸没式平板印刷术大规模生产方向上迈出了重要一步。

Starlith® 1400i 是用于曝光波段 193 纳米的浸没式平版印刷术的进一步发展。该产品的数值孔径未 0.93，分辨率达 65 纳米。与对应的“干式物镜”相比，Starlith® 1400i 具有更大的景深范围。

Starlith® 1700i 首次突破了数值孔径 1.0 的限制。该产品的数值孔径达 1.2，在全视景情况下能比上一代产品的分辨率提高 30%。从而使大规模生产 45 纳米结构的芯片成为可能。

UHRTEM：具有超高分辨率的最新一代蔡司透射电子显微镜。其分辨率达到0.08纳米，已成功实现0.1纳米级的成像。这一具有里程碑意义的突破是通过新近研发成功的200 kV透射电子显微镜UHRTEM取得的。该设备部分经由与位于德国海德堡的CEOS公司合作而研制，包括修复图像失真所用的电子元件、电子束单色化装置以及能量过滤成像装置。UHRTEM是专为采用创新纳米科技的高精材料和零件结构的0.1纳米级特征描述而研发的。

JetSCAN：这一轻型便携式系统能检测飞机驱动装置的状态。该系统采用扫描电子显微镜技术，系与罗尔斯·罗伊斯公司（Rolls-Royce）和英国皇家空军合作研发。JetSCAN能检测驱动系统中的油料沉淀情况。如果油料中存在过多的磨损颗粒，就应当更换驱动系统。系统中一旦出现沉淀，JetSCAN将自动启动。分析结果被输入一个软件系统中。该系统能判断驱动系统是否运行正常以及是否需要进行维护。使用JetSCAN系统能在当今军用飞机的飞行性能检测方面达到一个全新的标准。

GageMax®：卡尔·蔡司工业测量（IMT）有限公司的这一检测设备能实现灵活经济的测量手段。该设备能被无缝纳入生产线中。油料、灰尘、地面震动或是温度波动均不会对GageMax®产生不良影响。总体测量装置内置在3D盒中，从而保护敏感的部件。顶尖套筒是坚固的耐温碳纤维部件。设备底座采用与其他生产设备相同的材料，即矿物铸铁。GageMax®能在温度15～32 °C范围下稳定工作。如选用特殊配件，则可在最高40 °C温度下正常工作。

选用标准配件VAST®科技或特殊配件VAST®导航器能使GageMax®成为高速、高效的扫描系统，从而能被无缝纳入生产线中，且不占空间。倾斜式工作台可从三面进入，确保能被纳入链式系统、机器人垫仓板装料和装卸系统。使用探测器转化匣能进一步提升系统测量性能。因此，配有或不配有转向台的GageMax®以及周边设备非常坚固。此外，GageMax®能被完全纳入链式生产中心的安全方案中。

医学及研发解决方案（Medical and Research Solutions）

LMPC：创新的LMPC工艺（激光显微切割和压力捕捉）为高难度的生物试验提供了帮助，从分子层面上解释了分子运动过程。新一代的PALM显微光束是激光显微切割的新标准：无接触、无污染地切割提取活体细胞组织，可实现对DANN、RNA和蛋白质的分子学分析。灵活高效的工作方式为制药业和生命工程研究以及动植物学的发展带来了巨大帮助。该系统是基于2006年10月蔡司推出的新型科研显微镜AxioOberserver而发明的。增强的影像分析、高要求的荧光技术和数码照相技术拓宽了视觉界限。

PALM显微光束使得人们可以深入到高精度、高可靠度的应用领域。借助不同分子的合成，该系统在未来的科研工作中能有所作为，能实现活体细胞的切割和捕捉。细胞的捕捉和原材料的分析开拓了一个新的研究领域，比如病理学研究、肿瘤研究，也可以是干细胞研究和个性化医药。

激光扫描显微镜 LSM 5：生物科学和医药学面临大量的研究任务。卡尔·蔡司微显影像（MicroImaging）有限公司生产的 LSM5 系列产品能为攻克这些任务提供大量的成像系统：

- LSM 5 EXCITER 是应用于生物实验室的共焦系统。
- LSM 510 META 提供了光谱成像的高自由度的染料选择。
- LSM 5 LIVE 为细胞生物学和物理学研究提供了快速的影像获取能力。
- LSM 5 DUO 是多功能激光扫描工作站。
- LSM 5 MP 是具有高穿透性多像显微功能的激光扫描显微镜。
- LSM 510 ConfoCor® 3 拥有高灵敏度成像和单分子分析能力。

ApoTome®：创新的荧光影像澄清化系统 ApoTome®能通过荧光标记在光学显微镜下快速显现高清晰的 3D 神经细胞影像。在降低费用和设备技术成本的同时，ApoTome®提供了高质量的显微图片以及 3D 剖面影像。该系统在医药研究领域向更多的研究人员提供了此前仅为特殊的研究机构和大型影像中心所独享的更加可靠的成果。

IOLMaster®：（图 9-9）人工晶体的成功测量是白内障手术研究的一个重要阶段。IOLMaster®在白内障手术前测量病人的人工晶体。它的成功使得卡尔·蔡司医疗技术公司克服了原先测量方法的缺陷。IOLMaster®第一次高精度、无接触地测量了具有重要意义的人工晶体数值：角膜半径和前房深度。它采用光束测量而不是传统采用的超声测量方法。1999 年 9 月开始批量生产 IOLMaster®，3 年后已售出 3000 台。

至今仍无可匹敌的 IOLMaster®除了拥有 5 倍测量精度外还具有许多其他优势。它是眼球测量的黄金标准，并且是 30 年来白内障手术最重大的创新发明。

最新型 IOLMaster®简化了屈光度的测量。通过新的计算公式，提高了角膜曲率半径的计算精度。总而言之，这项新技术的应用降低了测量干扰。

MEL 80™：卡尔·蔡司医疗技术股份公司推出 MEL 80™为眼科医生进行眼外科手术提供了降低手工操作缺陷的现代化仪器。它的效率和可靠性经过了权威的研究机构：美国健康研究中心 FDA 的验证。MEL 80™使激光修正 93% 的成功率提高到了 100%（图 9-10）。

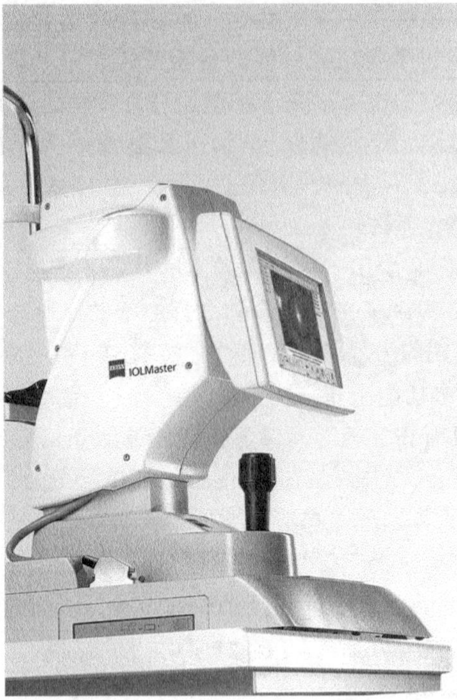

图 9-9　蔡司 IOLMaster®

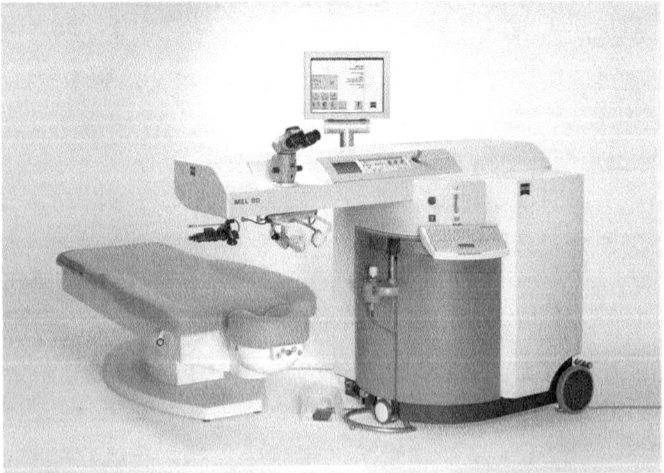

图 9-10　蔡司 MEL 80™

超过 40% 的患者视力达到了 20/12 或者更高，而且没有不良的副作用，这是原先超声修正所无法达到的。MEL 80™易于操作，尤其是在精度校准方面。在整个研究过程中，它的眼球追踪功能始终能锁定瞳孔和叶片（巩膜中角膜真皮）。美国眼科医生认为这台机器是非常完美的。

Superlux® Eye：创新的 X 光照明使蔡司在白内障手术上达到了最高标准。它明显改善了眼科手术工作条件：通过更加的颜色处理获得了更逼真的颜色，对比度得到提高，更完善的细节实现，接受图像更加清晰。X 光照明对显微手术比如 Neuro- 和 HNO-手术而言并非新发明，但对眼科学而言，它并不是十分合适的。蔡司致力于优化眼科手术的 X 光照明。Superlux® Eye 使得 UV 能过滤 408 纳米，这个波段长度堪比卤素照明。除此之外 Superlux® Eye 还有另一个优势：它红外部分很少，减少了角膜的热负荷。这使得手术更加可靠和完美。

日用产品（Lifestyle Products）

LotuTec®：是眼镜镜片和望远镜透镜涂层的典范。它的表面特性使得水滴呈水珠状且不易粘灰。LotuTec®涂层具有 3 大优点：清洁简便、长久洁净和水滴易呈水珠状。此外 LotuTec®降低了温度快速交替状况下镜面结雾的情形，比如冬天从室外进入这一从寒冷环境进入温暖环境时出现的结雾。这对于镜片、光学观察和狩猎而言是决定性的优势。

LotuTec®的表面光洁度使其具有理想的耐久度，它是通过离子轰击表面层再冷凝实现的。此外，通过钠离子加强硬度，使镜片不易受到机械外力影响。它集成了超反射和多视角系统功能，达到了 99% 的透明度。这种高端涂层镜片是眼镜镜片产品中的顶端产品。

Teflon®：蔡司在 SOLA 镜片项目中采用了特富龙（Teflon®），这是眼镜镜片项目的一次成功应用。带有特富龙涂层的镜片拥有防水和防油的表面，不易粘灰，便于清洁。Teflon®是杜邦公司的专利商标。

（六）密不可分：环保和创新

卡尔·蔡司股份公司在整个产品生产流程，从产品构思、产品完成到废弃物清理，始终重视环境的保护。蔡司无论在国内还是国外的生产基地，都具有很强的环保意识（图 9-11）。蔡司不仅注重生产工厂的环保，也介入生活环境的环保，尤其是周边环境的美化：卡尔·蔡司 SMT 公司在奥伯科亨建立新工厂时，在屋顶和周围都种植了很多树木。

员工希望拥有理想的环境——居民和住户也有同样的要求。理所当然会遵守相关法律和法规要求。

为了达到环保要求，需要制定一个对环境无害的产品生产流程。这就需要做到：把生产过程中的有毒材料安全处理，生产过程中注意防辐射。工厂的工作安全和工作医疗保障需要共同努力。

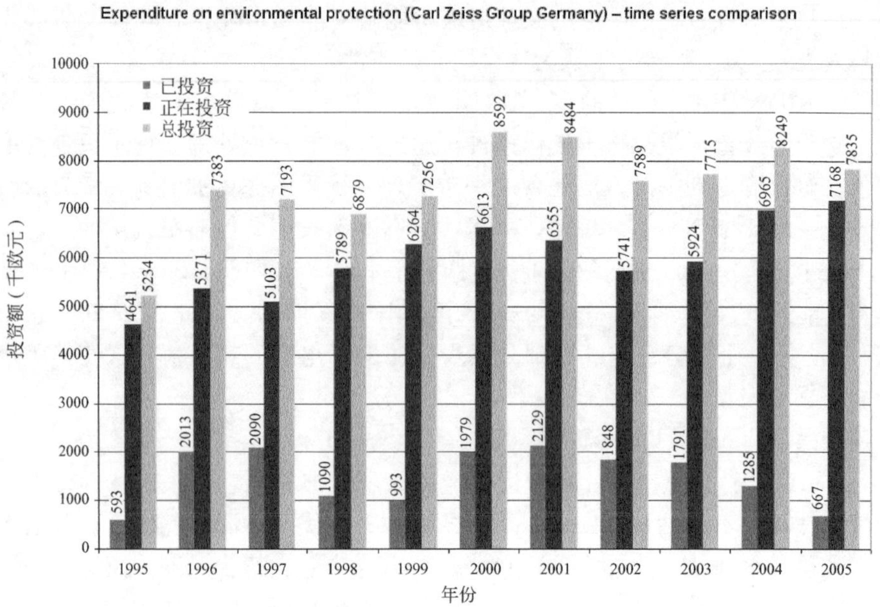

图 9-11　卡尔·蔡司股份公司自 1995 年以来在环保方面的投资

产品集成的环境保护（PRODIUS）

为了保护环境，不仅要采取措施对生产流程进行环保处理，更重要的是在产品生产的准备阶段就提前考虑环保对策。蔡司的企业项目 PRODIUS 按照欧盟 2002/95/EG 规定，系统地处理铅、镉、汞、铬等原材料供应并采取两级防火措施。项目的第一阶段从 2005 年 2 月到 9 月，在蔡司集团，尤其是工业测量技术有限公司内，成功取得了库存能力、方法改进、软件应用等方面的提高。这一阶段的完成提出了所谓的“为环境而设计”（Design for Enviroment）的口号。

第二阶段从 2005 年 10 月到 2006 年 9 月，针对 RoHS-Richtlinie（危害物质禁用指令），在企业内部开展了培训、研讨会和讲座。该项目是通过与德国弗劳恩霍夫协会劳动经济和组织研究所（IAO）的合作开展的。

ISO 14001 认证

通过 ISO 14001 认证应拥有合法的土地登记册，包括符合环保标准的设备和土地登记的批准证书。登记的法律批准能确保这些设备是符合环保法规的。带有更新服务的计算机数据系统包含了应满足的环保法规条文。我们通过定期评审确保法规的执行。

蔡司最重要的环保工作里程碑：

2003 年：在奥博科亨和耶拿制定了综合质量、环保和工作安全性的管理体系，建立了计算机危险材料登记制度。

2004 年：奥博科亨、耶拿、墨西哥最大的产品生产基地符合 ISO 14001 认证标准。

2005 年：依照 RoHS-Richtlinie 的环保要求，完成了 PRODIUS 项目的第一阶段。

三、蔡司——成长源于具有创新精神的员工

2006 年起卡尔·蔡司股份公司在现有公司领导式职业发展模式下，向员工灌输了专业型职业发展模式的思想。对拥有高度技术专业知识的专家，尤其是研究者和开发者，卡尔·蔡司股份公司给予他们广阔的自我发展和提升的机会，使得技术专业知识得到不断的拓展。来自不同地区的专家用他们的专业技能促进了企业科学技术的进一步发展。这些具有高级专业知识的员工是企业革新的宝贵资产，他们能带创造企业长期的蓬勃发展。相比领导式职业发展模式，专业型职业发展模式是提高员工自身素养和进取心的有效工具，从而带来企业最大限度的技术革新。

截至目前已有超过 300 名员工追求这样的职业发展模式，他们包括 5 个阶层（图 9-12 和图 9-13）：资深，主资深，首席，资深首席（科学家或工程师）和蔡司院士。在领导式发展模式下，资深首席和蔡司院士与高级管理人员平级；主资深和首席是中层管理者；从工作层面上讲，资深首席和蔡司院士会给员工布置工作计划及个人职业发展方向。

根据需要，每个有潜力的员工可以在这两个职业层面中调动。

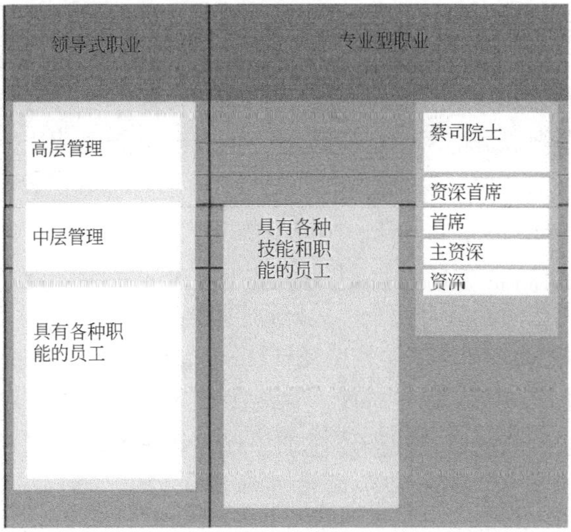

图 9-12　蔡司领导式职业发展和专业型职业发展模式概况

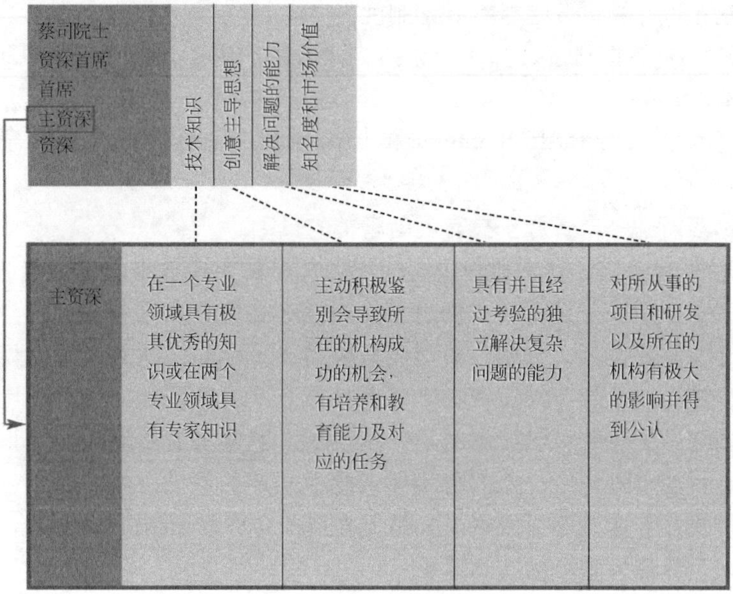

图 9-13 “主资深（Staff）”的标准

技术知识、创意主导思想、解决问题的能力及知名度和市场价值是分等级的标准。上述五个等级分类的标准已经通过上图矩阵详细的描述。技术知识是通过功能区域、能力范围和知识领域来定义的，而职员的成功与否是通过其对 2 个知识领域专业知识的掌握程度来判定的。

（一）蔡司的创新阶段

蔡司的创新阶段包括制定创新目标和促进创新。每一个能为创新做出贡献的人都会被邀请加入到创新项目中。创新项目提出后，公司的各个部门、所有员工、董事会成员都尽自己所能促进创新。创新过程中，其他公司甚至大学的科研机构也会加入来完善创新。

2003 年公司提出了创新的第一阶段“建立创新的网络（Creating Networks for Innovation）”。它的中心主题是如何建立创新的网络，即在保证安全交换企业知识产权的同时，使企业更好地协同合作。

2004 年，根据“制定创新的途径（Managing the Innovation Pipeline）”的思想，公司提出了创新的第二阶段。它的中心主题是卡尔·蔡司股份公司如何找到创新的途径和线索。此外还讨论了如何评估想法和制定创新途径、如何处理知识产权问题、新完成的体系如何运作以及如何找到和运用折中的方法。

2005 年，公司深入讨论了前年提出的“建立创新和增长的文化（Creating a Culture for Innovation and Growth)”的议题。为了达到创新的目的，公司深入讨论了创新的各个领域和层面，包括对这一过程的理解和加强协同合作的重要性。

2006 年的议题是“创新的回报（Generating Return on Innovation）”。讨论的中心议题是技术创新、过程创新、社会创新以及卡尔·蔡司股份公司是否在这些方面取得了足够的成果。蔡司完成了 2 个成功的项目：光学显微镜 OPMI® Pentero®，依靠它公司利润取得了明显的增长；软件 Software πWEB®（PiWeb）。πWEB®系卡尔·蔡司股份公司位于德国德雷斯顿（Dresden）的测量技术创新中心和位于德国乌尔姆（Ulm）的戴姆勒-克莱斯勒（Daimler-Chrysler）研究中心合作研发。使用该软件能实时分析产品开发应用过程。面对未来创新过程的挑战，可以看到软件开发能力、与合作伙伴以及科研机构的协同合作观念对创新能否实现具有重要作用。

2007 年提出的创新阶段是“为客户创新和携手客户创新（Innovating For And With Our Customers）”。

（二）蔡司内部创新奖项

创新阶段的最高潮是颁发创新奖项。卡尔·蔡司股份公司董事会向由来自科学领域和经济领域的专家组成的外部评委会选出的项目颁发奖项。创新奖项的评定包括下列 6 大领域：

- 创新商业的设计（Innovative Business Design）针对商业过程、商业领域和产品来评估创新。这些创新项目能够缩短周期，提高销售额或者实现节省开支。

- 领先地位的技术（Leading Edge Technology）包括世界范围内拥有领先地位的技术发展，这些技术在国际范围内是起决定性作用的。技术的领先与否是由它的生命周期和应用范围决定的，即该项技术的发展在某一领域是否能被取代。“促能技术”（Enabling Technologie）就属于这个范畴。这种技术在市场上虽然不能直接显现出来，但能起到加速产品面世、降低生产成本的作用。

- 短时间内被市场认可（Short Time to Market）较高的发展速度和极短的市场认可时间的项目是具有创新价值的。

- 高风险项目（High Risk Project）创新项目具有高风险和高收益的特点。在新的商业领域，这样的项目给企业带来很大的风险，但同时带来了巨大的收益和市场占有率。

- 成功的失败（Successful Failure）有些项目可能会成功，也可能由于某些原因，比如市场的变化，而未能实现。但由此积累的经验和技能对于今后新的项目而言是非常有价值的。

• 知识共享（Best Knowledge Sharing）创新项目能促进企业里技能知识的共享，在同一个组织内能起到长期的有利效果。

（三）蔡司的企业建议—— 一个成功的案例

2005 到 2006 年间，蔡司的员工共提出 10000 条建议，由此节约了 260 万欧元，这是企业历史上最大的一次开支节省。

美国、德国和英国的蔡司机构大约独立收集了 1880 条建议。卡尔·蔡司股份公司是德国收集员工建议最多的公司。

收集的建议大多是关于产品的，这提高了产品的产量、简化了产品加工方法、提高了产品质量、改善了工作条件、减少了次品率、通过原材料和工作时间的减少又节省了成本。为企业提建议这种现代的企业模式增加了企业内部的交流和员工的工作积极性。蔡司这次创新的目的已不仅是减少生产成本，更多的是考虑员工的工作积极性、协同工作的能力以及企业的文化氛围。这些对企业的进一步发展而言举足轻重。

为企业提建议这一创新做法，使得从原先的为企业管理提出方案的初衷发展成为了培养个人创新想法的启蒙教练。在金钱和实物奖励甚至股份奖励的激励下，员工提高了创新的积极性。随着时间的推移，优化建议会显著减少，卡尔·蔡司股份公司随后通过局域网给所有员工机会表达他们的建议并对实际操作性进行提问。这些意见的评定会通过电子邮件的形式广泛得到处理。

这些意见会在卡尔·蔡司股份公司所有在德国的子公司得到推行。随着系统的发展，还会进一步在全球的蔡司子公司得到推广。

（四）革新行动：虚拟创意交易所

2006 年卡尔·蔡司股份公司开展了“虚拟创意交易所”的行动，鼓励员工提出创新想法。所有员工拥有起始资金 10000 元 CZS（蔡司货币单位），他们在虚拟交易所内购买他人的创新意见，并将自己的创新建议引进这个虚拟交易所。企业通过收集这些意见，使卡尔·蔡司股份公司能够进入新的商业领域。同时，虚拟交易所的引入大大提高了员工为企业出谋划策的积极性。

“虚拟创意交易所”像真正的股票交易所一样运作。如果一天某条创意获得采纳，它就可自由买卖，即员工能以 100 CZS 买入。只要有足够的参与者，这些股票就能自由流通、进行买卖。每一笔的买入都会提升该条建议的股价，反之每一笔的卖出都会使得股价下跌。局域网内还设立了交易所论坛，参与者在论坛可交流讨论各自的想法，还有专家会给参与者投资建议。

企业给员工提出如下问题：2016 年望远镜的外观会是怎样的？有何功

能？（创新产品）蔡司的光学技术在2016年会带来哪些创新？交易所收盘后（股票的周期：一般5周），专家委员会会对这些建议进行评定。委员会成员来自经济，教育和研究领域。评定标准取决于股票的价值。拥有蔡司货币最多的前10名参与者将得到实物奖励。

建议交易所的创办是一个巨大的成功，共有19个地区642名员工参加，共收集到420条建议，其中102条得到了采纳。建议交易所中的很多条建议被运用到蔡司今后的革新途径中，并且有机会在将来的某一天成为现实。

（五）蔡司荣获的创新奖项

新千年伊始，蔡司及其子公司就已荣获多个创新奖项。尤其是光学系统的性能和面向客户的创新设计方面的奖项。此处仅举数例：

2007年卡尔·蔡司半导体生产技术（SMT）股份公司凭借其采用浸没式平板印刷术的镜头Starlith® 1700i荣获德国经济大型企业创新奖。该产品使采用浸没式平版印刷术的芯片生产实现了产业化。这项技术也对半导体技术的创新发展起到了重要的作用。此外，卡尔·蔡司股份有限公司因在过去十年中提出的创新最多而荣获“年代大奖”。

卡尔·蔡司微显影像有限公司因其优异的显微技术方案而连续5次荣获世界研究与发明技术最高奖“R&D 100 Award”。其中3项就是LSM 5（激光扫描显微镜）系列产品获得的。LSM 5 DUO（LSM 510 META和LSM 5 LIVE的结合）的发明，使得一些要求很高的试验，比如活体细胞的动态变化过程的观察，成为了可能。LSM 5 DUO为卡尔·蔡司微显影像有限公司第14次获得“R&D 100 Award”大奖。

卡尔·蔡司微显影像有限公司的全资子公司P. A. L. M. 微激光技术公司的创始人因激光显微切割技术（Laser Microdissection and Pressure Catapulting，简称“LMPC”）而荣获嘉奖。通过该项技术可以借助激光光束标记活体细胞及其组成，通过接收器的激光脉冲无污染地捕捉活体细胞。此前，公司创始人因研发激光切削系统而荣获Philip-Morris奖。

卡尔·蔡司半导体生产技术股份公司子公司卡尔·蔡司纳米技术系统（NTS）有限公司结合电子显微镜和离子光线同时操纵来观察分析微生物活动，因而获得了根据维也纳经济大学企业中型企业机构创新奖“Top 100”奖。蔡司位于耶拿的研发中心因“小型LED光源”项目而在弗劳恩霍夫协会2006年年会上受到嘉奖。

卡尔·蔡司股份公司凭借35毫米ARRI摄像机的成像技术2次获得了移动成像科学机构颁发的科学工程奖。

卡尔·蔡司工业测量（IMT）有限公司2次获得了博世公司每2年办法一

次的工业测量技术杰出贡献奖。博世公司优秀供应商奖（Bosch Supplier Award）是评估生产厂家工业测量技术质量、成本、物流甚至技术发展潜力的一项标准。

卡尔·蔡司医疗技术（Meditec）股份公司针对提高视力和生活质量而首创的白内障手术仪 IOLMaster®，它的创新价值受到了德国图林根州的嘉奖。

多年前产生的创新甚至也具有获奖价值。例如卡尔·蔡司股份公司员工亚历山卓斯·马库拉（Alexander Smakula）于 1935 年发明的光学防反射镀膜技术荣获"视觉之星奖 2000"（Star of Vision Award 2000）。该奖项专门授予为光学视觉业发展做出贡献的个人。

（六）蔡司颁发科学奖项

卡尔·蔡司股份公司也会评估创新性和奠定科学基础的工作。1990 年起，卡尔·蔡司股份公司每 2 年颁发一次卡尔·蔡司研究奖，授予全球为光学研究做出杰出贡献的个人。为了适应德国科学的发展，卡尔·蔡司基金会于 1988 年起代替了原来的奥托（Otto）研究奖，给予获奖者 25000 欧元的奖励。

1990 年和 1992 年卡尔·蔡司研究奖（Carl Zeiss Research Award）的 2 位获奖者同时获得了表彰世界范围内为科学做出杰出贡献个人的诺贝尔奖：埃及教授艾哈迈德 A. 泽维尔（Dr. Ahmed A. Zewail）1999 年凭借毫微秒闪光成像技术获得了诺贝尔化学奖，美国物理学家艾里克 A. 科纳尔（Dr. Eric A. Cornell）2001 年凭借凝聚态物质性质的研究获得了诺贝尔物理奖。

1990 年，卡尔·蔡司微显影像公司创办了卡尔·蔡司课程（Carl Zeiss Lecture），为了德国深入研究细胞生物学（DGZ），邀请了世界上著名的科学家来参加年会。卡尔·蔡司课程开设了 DGZ 年会，嘉奖世界范围内在光电显微印刷技术领域内为细胞生物学的发展做出杰出贡献的个人每人 5000 欧元。获得卡尔·蔡司课程嘉奖的许多细胞学学者也获得了诺贝尔奖，比如 Christiane Nüsslein-Volhard、Bert Sakmann、Erwin Neher、Günter Blobel 和 Timothy Hunt。

（七）基金会活动

蔡司在社会上扮演了举足轻重的角色。根据卡尔·蔡司基金会的章程，卡尔·蔡司股份公司支助地区的科学和文化设施甚至是经过挑选的人道主义项目和机构。卡尔·蔡司股份公司也注重加强和大学以及高等技术学校的协作。卡尔·蔡司股份公司着重培养光学技术领域的年轻人才，因此基金会每年赞助大学和高等技术学校的客座教授们资金进行科学研究，这样一方面支持了学生科学技术能力的锻炼、满足了工业发展的要求，另一方面使得高等学府有能力聘请世界上杰出的科学家来促进学校的国际化发展。

四、卡尔·蔡司股份公司的160年发展史——革新的传统

2006年11月是国际领先的光学、光电子学公司蔡司的历史上里程碑式的一天。160年来卡尔·蔡司股份公司的产品在科学领域上取得了巨大的进步，尤其是近100年的发展在德国历史上留下了辉煌的篇章。110多年来卡尔·蔡司基金作为公司的一笔财富一直延续下来。第二次世界大战后，距今60年卡尔·蔡司股份公司在德国西部取得了重大发展。

（一）蔡司的发展足迹

1846年：卡尔·蔡司（Carl Zeiss）在耶拿创办了一家精密仪器和光学仪器加工工厂（1846年11月17日）（图9-14）。

图9-14　卡尔·蔡司（1816~1883）

1847年：蔡司开始生产显微镜。

1875年：与1866年加入公司的物理学家恩斯特·阿贝（Ernst Abbe）先生共同成为公司拥有者。他对光学理论做出了的巨大贡献并奠定了显微镜发展的基石。

1889年：恩斯特·阿贝创建了卡尔·蔡司基金，它隶属于蔡司和肖特（Schott）公司（图9-15）。

1900年：是公司历史上重要的一年。蔡司发展成为世界领先的光学公司并将领先延续至1945年。公司在世界各地开展业务：1901年在伦敦建立了

图 9-15　恩斯特·阿贝（1840～1905）

一家分支机构，1903 年于圣彼得堡、1911 年在巴黎和东京以及 1914 年在布宜诺斯艾利斯又分别创建了分支机构。

1946 年：1945 年随美国军队从耶拿前往联邦德国的管理人员和技术人员在新建的奥伯科亨光学工程公司（后更名为卡尔·蔡司公司）继续开展业务。

1948 年：在耶拿的属于卡尔·蔡司基金会的蔡司和肖特工厂被东德政府没收，改造为国有企业（VEB Carl Zeiss JENA）。

1949 年：巴登-符滕堡州政府使海登海姆成为蔡司基金会的合法注册地，由于东、西德政治上的分裂，在耶拿和奥伯科亨的蔡司工厂也各走各路。

1991 年：东西德合并，卡尔·蔡司耶拿有限公司（Carl Zeiss Jena GmbH）成立，随后在 1995 年成为在奥伯科亨的卡尔·蔡司基金会的全资子公司。

2000 年：蔡司开始致力于未来的半导体技术。在奥伯科亨蔡司建立了半导体技术生产（SMT）股份公司。

2002 年：卡尔·蔡司医疗技术股份公司建立，这是 1945 年后蔡司的第一家在证券交易所上市的企业。卡尔·蔡司医疗技术股份公司致力于生产针对眼部患者康复的仪器，这是一个具有巨大市场潜力的行业。

2004 年：蔡司公司和肖特公司改制为股份公司，两家公司 100% 隶属于卡尔·蔡司基金（图 9-16）。

2006 年：卡尔·蔡司半导体技术生产（SMT）股份公司开设新的研

发中心。

2007 年：卡尔·蔡司医疗技术（Meditec）股份公司在德国证券交易所（Tec Dax）上市。

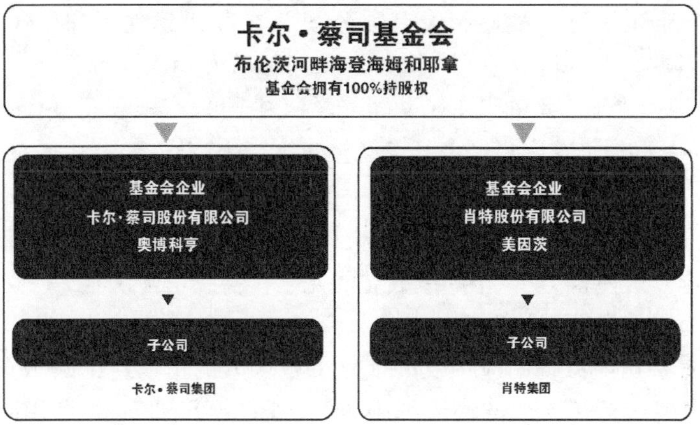

图 9-16　卡尔·蔡司基金会

蔡司在中国的发展

1921 年：蔡司和汉堡的 Carlowitz 公司达成协议，共同在中国的 13 个城市开设办事处，包括北京、上海、香港、广州和南京。

1932 年：为中国科学研究院南京紫金山天文台提供了一台 600 毫米的天文望远镜。

1957 年：卡尔·蔡司耶拿公司（VEB Carl Zeiss Jena）在北京开设分支机构；9 月 29 日北京天文馆开馆。

1965 年：卡尔·蔡司耶拿公司（VEB Carl Zeiss Jena）在北京开设办事处。

1970 年：卡尔·蔡司耶拿公司（VEB Carl Zeiss Jena）在北京的分公司竣工。

从 1978 年起，卡尔·蔡司迅速开展了中国地区的销售和服务。

1978 年：卡尔·蔡司远东有限公司（Carl Zeiss Far East Co. Ltd.）在香港负责医疗、显微镜和测量仪器的销售、安装和售后服务。

1985 年：在香港理工大学设立测量技术培训和演示中心。北京、上海和广州销售办事处分别于 1991 年、1997 年和 1998 年成立。

1999 年：卡尔·蔡司上海有限公司（Carl Zeiss Shanghai Co. Ltd.）在外高桥保税区成立

2004 年：卡尔·蔡司工业测量技术（上海）有限公司［Carl Zeiss IMT

(Shanghai) Co. Ltd.] 成立。

2005 年：卡尔·蔡司微显影像有限公司（Carl Zeiss MicroImaging GmbH）和与麦克奥迪实业集团有限公司（Motic ）（位于厦门的业务合作伙伴）合作；同时，卡尔·蔡司微显影像有限公司并在苏州建立了和蔡司微显影像（苏州）有限公司 [Carl Zeiss MicroImaging (Suzhou) Co. Ltd.]。

2007 年：位于广州的卡尔·蔡司光学（中国）有限公司 [Carl Zeiss Vision (China) Ltd.] 在广州经济开发区扩建第二生产厂。

（二）蔡司：依靠显微镜成名

很早开始，蔡司便与大学和科研机构进行科技成果共享，并寻求与客户之间的合作。这使得 1846 年耶拿成立的光学仪器和精密仪器工厂在很短的几十年里成为光学界的创新先驱。

卡尔·蔡司显微镜的应用发展依靠了很多人的帮助，比如 Robert Koch，他利用显微镜进行了无数的病体细胞研究；Henry Siedentopf 和 Richard Zsigmondy（1925 年诺贝尔化学奖得主），他们奠定了超显微镜应用的基础；Frits Zernike（1953 年诺贝尔物理奖得主），他发展了 1936 年的断层比较显微镜技术。1904 年，蔡司的合伙人 August Köhler 开始了紫外线显微镜的应用开发工作，他发展了光学显微镜的照明理论在如今依然有效。

如今，显微镜，尤其是高清晰的成像技术对科学研究来说仍然是相当重要的。它可以追踪活体细胞的动态物理过程以及分析细胞组成。显微镜的发展带动了当今数码相机技术的发展、复印设施的发展、集成控制和成像技术甚至激光技术的发展。

（三）源于同宗：眼部治疗、视觉光学、显微手术的光学技术

蔡司的第一件光学医疗技术产品是 1898 年由 Siegfried Czapski 发明的“角膜显微镜”。当今光学医疗技术发展是由 1901 年卡尔·蔡司股份公司和瑞典眼科医生即后来的诺贝尔医学奖获得者 Allvar Gullstrand 共同奠定的。他们开创了当今眼镜镜片和光学仪器发展的新纪元。如今的一些现代光学仪器是从当时的眼科医生那得到启发的。

与 Gullstrand 的科学合作，针对眼睛的玻璃平面的构造使蔡司联想到了镜片的发展和生产。Punktal®不仅是简单的镜片的升级换代，更重要的是标志了镜片技术的飞跃。这种镜片是第一种科学意义上的镜片，它达到了 40 多年前恩斯特·阿贝发明显微镜时的目的：基于科学基础的技术创造。光学医疗技术这一新的发展领域取得了空前的成功。1912 年成立了光学医疗仪器和镜片业务部门。

蔡司大多数的镜片是通过光学仪器来与眼镜匹配的。数字化系统，如

Eye Terminal，使得镜片与客户眼距参数的精度误差保持在 0.1 毫米内。借助于渐进镜片 Gradal® Individual®，在生产镜片时考虑了与客户有关的数据，如眼距参数，从而提高了视野范围和佩戴舒适度。

在光学医疗仪器领域，蔡司通过产品创新在世界市场上迅速占据了领先地位。

1911 年和 1912 年发明的光学视力检查仪具有重大意义，为眼科医生的诊断提供了帮助，在随后十年内都处于垄断地位。在今天，这些视觉检查仪仍然为医生所广泛使用。

1926 年起，卡尔·蔡司股份公司在耶拿制作的依据视网膜原理的照相机是第一次将人类眼睛看物原理运用到成像技术并产业化的产品。今天，卡尔·蔡司医疗技术公司针对不同的要求提供合适的产品。

第二次世界大战后，卡尔·蔡司医疗技术公司的手术显微镜和荧光技术写下了历史性的一页。在奥伯科亨的许多创新发明与汉斯·立特曼（Hans Littmann）分不开。他受到五官科医生 Dr. Horst Wullstein 的启发在 1953 年发明了手术显微镜 OPMI® 1。这奠定了卡尔·蔡司股份公司现代显微手术的基石。眼科医生 Dr. Heinrich Harms 第一次将它运用在眼科手术上。

立特曼通过电子闪光发展了闪光照相机。1957 年荧光科技获得了进展，这项杰出的发明毫无疑问归功于立特曼以及眼科医生 Gerd Meyer 博士。这项发明在医疗史上留有光辉的一页。它是第一次运用于治疗眼部疾病的眼科手术上的仪器。借助于它，可以对许多威胁眼睛的疾病源进行眼底成像。1984 年起，卡尔·蔡司股份公司开始运用氙闪光灯。这个仪器的发明使卡尔·蔡司股份公司开始致力于激光医疗技术的研究。VISULAS YAG III、VISULAS 532s、VISULAS 690s 和 MEL 80™这些产品的发明问世使得病人得到了眼科手术的精度和安全保障。

除了提及的 1999 年发明的无接触视觉测量仪和白内障手术仪 IOLMaster®，1996 年的视网膜相干断层扫描系统（OCT）也是蔡司的一项重要创新发明。借助这个仪器，可无接触迅速扫描眼球，二维或者三维观察各层视网膜结构。

手术显微镜的光学可行性需要专业人士来验证。医学教授博士 Mahmut Gazi Yasargil 是显微手术之父，他在 1967 年首次通过显微手术仪投影手术位置，进行了颅内脑血管手术。Yasargil 携手卡尔·蔡司股份公司对 其产品 NC 1的发展起了决定性作用。它的平衡性使医生在手术时能轻易找到希望的手术位置。如今，显微手术借助于现代的软件和可视技术运用在诊断、治疗和存档方面。

（四）望远镜和狩猎光学设备

望远镜发展历史的一个重要阶段是1893年卡尔·蔡司股份公司为双筒棱镜望远镜申请了专利。这是远程光学的一个重要里程碑。1904年第一次在狩猎时应用了瞄准望远镜。1917年蔡司望远镜是第一批应用多角度目镜来拓宽视野的望远镜。改进望远镜视野的一个革命性阶段是亚历山卓斯·马库拉发明的防反射镀膜技术。这项技术使得瞄准望远镜的光线透过度提高到80%。1979年多角度防反射镀膜使得光线透过度达到了90%。1958年起，望远镜的发展已经可以使得佩戴眼镜的人在使用望远镜时无须脱下眼镜。

望远镜的放大功能改善了人们的观测条件，一个手持的望远镜可以大约放大10倍视野。为了满足进一步扩大视野的需求，卡尔·蔡司股份公司1990年开发了20×60S的望远镜，这是第一台带有机械影像稳定器的望远镜。这能使望远镜的放大倍数提高到20倍。

卡尔·蔡司股份公司在2001年推出了高放大倍数并带有三脚架的望远镜Diascope®。对于自然爱好者及鸟类爱好者来说，这绝对是观察的好设备。带有此项技术的相机镜头DC4，是一种光学运动仪，能通过光学目镜观察并同时捕捉最佳时机拍摄数码相片。

（五）照相机和摄影机镜头

1890年保罗·鲁道夫（Paul Rudolph）发明了无像散的像场，开创了卡尔·蔡司股份公司影像技术的新纪元。短短几十年里，拥有杰出性能的一批相机发展起来：Tessar®、Planar®、Sonnar®和Distagon®。1935年，蔡司的员工亚历山卓斯·马库拉的光学防反射镀膜技术仍然应用在当今高品质镜头上。1937年卡尔·蔡司股份公司作为世界上第一批镜头生产厂家完成了透镜系列的生产。

1962年水星8号宇宙飞船以及随后几年美国著名的宇宙飞船上都安装了蔡司的摄像机。根据美国航天局（NASA）的特殊要求，摄像机必须适应太空的条件。第一次月球登陆时人类首次踏上月球的照片就是由蔡司的镜头拍摄的。不只是专业摄像采用了蔡司镜头，索尼数码相机和诺基亚手机的镜头都采用了蔡司镜头。

蔡司镜头还用在了电影拍摄上，好莱坞电影《指环王》、《泰坦尼克号》和《金刚》都留下了蔡司的足迹。拍摄电影图像的摄像机镜头只有手指大小宽，但随后出现了扩大了1000倍镜头的摄像机，为了拍摄清晰的电影图像，对镜头有着非常高的要求。电影质量取决于镜头，为了取得利润它必须长时间工作在不同的环境中：热、冷、振动、抖动、沙滩、下雨、下雪、烟雾、灰尘，由此可见镜头好坏的重要性。

蔡司镜头近年来在电影领域占领先地位（图9-17）。最新产品ARRI/ZEISS变焦镜头具有最现代的电影工业高效目标缩放功能并广泛被国际电影制片商所采用。它还拥有杰出的图像补偿和光线增强功能。这种变焦镜头既能应用在现代的数码相机上（如ARRI D-20），也能应用在专业级的电影摄像机（如ARRICAM）上。《香水》（Das Parfum）是最早应用此类变焦镜头的电影。

图9-17　鉴于为电影拍摄做出的杰出贡献，
卡尔·蔡司股份公司2次获得科学工程奖

1937年起卡尔·蔡司股份公司向它的合伙人Arnold & Richter（ARRI）提供了光线增强的电影镜头。现在ARRI与卡尔·蔡司股份公司正携手开发一个大项目，2家企业共同开发杰出的产品。

（六）天文星象仪

德国博物馆的创始人，奥斯卡·冯·米勒（Oskar von Miller）在1913年请求卡尔·蔡司股份公司建造一台天象仪模型，并且这台模型应能够模拟外太空行星运动。起初的拒绝后，Walter Bauersfeld发现了其中的原理。这个慕尼黑仪器（Münchener Instrument）由2部分组成：一个固定的球体和一个行星星球。1925年他把这个天象仪交给了慕尼黑博物馆。此后出现了2个恒星球工作的模型（图9-18）。

80年来，耶拿和奥伯科亨的工厂为了天文馆的建造发展了许多的模型。1989年是里程碑式的一年，第一个根据轴线原理发明的恒星投影仪诞生了，

图9-18　蔡司天象仪显示的恒星球工作的模型

它能用不同的光线描述星空。世界上不同大小的天文馆大概有600个。带有拱形激光投影的最现代的天文馆建在北京，它是2005年新落成的（图9-3）。

（七）工业测量技术

工业测量技术的革命——几十年后的大型测量仪和通用的测量显微镜——1973年世界上第一台数控3维坐标测量仪蔡司的UMM500诞生了。它能在三坐标上测量，精度达到0.5微米。它的测量速度很快，也是第一台运用软件支持测量方法的测量仪，它的质量保证标志着三坐标测量仪进入了新的发展时代。第一台CNC测量仪只能安装在测量室并且必须按照特殊的操作方法来运行。

如今，这种测量仪应用在研发部门，而且需要由导师检查运行状况。水平垂直测量仪装有光学传感器和X光断层摄像机来应对测量时的变化。设计测量仪时，比如水平测量仪，也需要同时考虑测量和加工工具的功能。高产量和高质量的测量仪直接被应用在生产控制流程上。蔡司坐标测量仪CenterMax®和GageMax®能在生产线上准确测量，它的精度不逊于温度稳定的测量室中测量的结果。近些年来蔡司测量仪的主要客户是汽车生产厂商及其供应商。

图9-19给出同时在奥伯科亨、明尼苏达和上海生产的数控桥式测量机CONTURA® G2，提供了经济型和灵巧型蔡司扫描技术。

世界上第一台CNC测量仪问世来的30年，蔡司作为技术的领先者引人注目。标志性的METROTOM®的诞生，意味着蔡司为工业质量保证提供了更

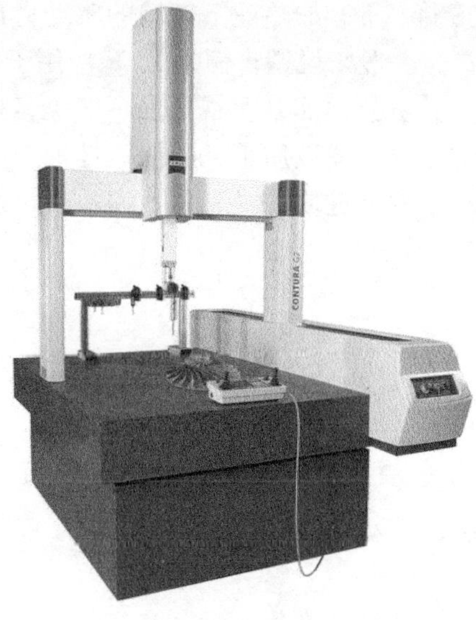

图 9-19　蔡司 CONTURA® G2

高效率的数控测量仪。它能将扫描仪和传感器伸入到原先不可能到达的工件区域，为工件公差精度的控制做了保证。

测量仪的工作能力取决于软件。基于 CAD 的测量软件 CALYPSO®——蔡司首先为测量仪研发的——也能应用于其他生产厂商生产的测量仪上。同时，和典型的 3D 坐标测量仪的手臂式测量仪、激光追踪、电脑 X 光断层摄像相兼容。

（八）半导体技术

1960 年蔡司将工作重心从影像技术产品转移到一个新的应用领域：半导体设备的超微型化集成开关。这就是卡尔・蔡司半导体技术生产（SMT）股份公司建立的初衷。第一个芯片生产的产品就是后来广泛使用的影像产品S-Planar。

1983 年蔡司为飞利浦 ASML 生产了第一台投影仪和照明镜头。1985 年 ASML 开始了飞利浦半导体技术的研究，由此建立了蔡司和 ASML 成功的合作关系。凭借这种合作，2 家公司成了世界市场上促能技术（Enabling Technology）的领先者。当今，世界上使用中的每两个投影光刻机中就有一个是用蔡司 Starlith®光学系统的。

五、展望

为了企业的进一步发展，蔡司将今后的重点放在了现有行业的利润增长以及新业务领域的开拓上。所有战略业务领域的驱动力都是相似的：加大投资保证创新能力的提高，一般来说销售额的10% 应用于研发上。与其他技术集团相比，卡尔·蔡司股份公司非常重视研发、解决客户的问题；销售产品时，为客户提供合适的方案、注重质量，即使牺牲生产成本也要提高产品质量。蔡司最重要的资产是积极进取的员工：他们是蔡司在光学领域技术发展和创新的保证。

编写者简介：

贝　尔　蔡司企业沟通部

顾春时　博士，蔡司创新办公室

王河新　博士，蔡司研究与开发部